O QUE ESTÃO FALANDO SOBRE

# A ESTRATÉGIA **ESG**



*A Estratégia ESG* é um recurso fantástico, de visão profunda e inteligente, que navega pela complexidade e nuances do ESG. Matthew Sekol oferece um ponto de vista prático e revigorante sobre os papéis e responsabilidades dos *stakeholders*, lidando com questões de lideranças, fundos e profissionais do setor em sua jornada para a sustentabilidade."

**MATT BIRD,**
Presidente e editor-chefe, *ESG News*

A abordagem de Matthew Sekol ao ESG é inovadora e profundamente consistente, desafiando a sabedoria convencional e expandindo os limites da responsabilidade corporativa e da empresa sustentável."

**GIHAN HYDE,**
Founder e CEO, CommUnique

Matthew Sekol articulou considerações multifacetadas e interconectadas de ESG. *A Estratégia ESG* é para aqueles que se interessam em ganhar uma perspectiva holística do passado, presente e futuro do ESG, e um excelente guia para aqueles que lideram o ESG nas empresas."

**VEENA JAYADEVA,**
Chief Equity e Impact Officer, Conductiv

“Matthew Sekol traz o ESG de volta às suas origens: como uma ferramenta para avaliar e fazer avançar os esforços da empresa, a fim de navegar em um mundo volátil e cada vez mais incerto. *A Estratégia ESG* é uma contribuição valiosa que oferece insight e inspiração sobre como o ESG pode moldar as operações e as estratégias de negócios para criar um futuro justo, sustentável e próspero.”

**JOEL MAKOWER,**
Chairman e Co-founder, GreenBiz Group

“Se você se vê cheio de propósito e valores e procura uma maneira de integrá-los ao seu negócio e ao trabalho diário de maneira duradoura, chegou ao lugar certo. Matthew Sekol o estimulará a perguntar: o que mais podemos fazer? O que mais eu deveria fazer? Um guia obrigatório de ESG para todos.”

**THEODORA LAU,**
Founder da Unconventional Ventures e autora de *Beyond Good* e *The Metaverse Economy*

“*A Estratégia ESG* é focado nas mudanças que acontecem dentro de todas as empresas hoje. O livro de Matthew Sekol ajudará todos a compreender a mudança de mentalidade necessária para ser bem-sucedido num contexto complexo, para andar mais rápido e ter voz mais assertiva.”

**GRAHAM SINCLAIR,**
Apresentador do Podcast *ESG and Coffee*, Instrutor na Harvard University, e Professor Adjunto da Villanova University

“*A Estratégia ESG* é uma leitura envolvente, inteligente e excelente. Matthew Sekol compreende o ESG. Explora de maneira competente o que o ESG significa, sua história, seus desafios e seu potencial. E dá orientação de valor inestimável para as empresas que querem colocar o ESG em prática.”

**PAUL WASHINGTON,**
*Diretor-executivo*, The Conference Board ESG Center

“Este é um recurso valioso para todos, para qualquer funcionário ou empresa que queira lidar com todos os elementos de um ESG efetivo. Este livro cobre tudo! Leitura obrigatória para quem quer fazer diferença no mundo por meio de seu trabalho em ESG.”

**SHANNON HOUDE,**
ESG Leadership Coach, Walk of Life Consulting, Ltd.

"Este livro é uma tentativa ousada e envolvente de esclarecer a confusão e oferece uma visão objetiva e abrangente de para onde devemos ir a partir de agora com o ESG. Uma leitura que vale a pena tanto para os praticantes de ESG quanto para os que são céticos a respeito dela!"

**HELENE LI,**
CEO e co-founder, GoImpact Capital Partners

"*A Estratégia ESG* é bem-sucedido em lidar com as complexidades do ESG, com uma narrativa acessível, informativa e envolvente, útil para pessoas em todos os estágios de sua jornada. É ao mesmo tempo um grande guia para iniciantes e uma leitura revigorante para os profissionais de sustentabilidade corporativa mais experientes sobre os desafios e oportunidades que emergem do ESG."

**MIKE HOWER,**
Founder e Principal Consultant, Hower Impact

"A brilhante análise, os insights e as ideias práticas no cenário do ESG oferecidos por Matthew Sekol constituem um guia muito necessário para os líderes atuais em sua jornada pelos desafios do mundo real de construir e comandar negócios. Este livro é leitura obrigatória para aqueles que se esforçam para obter retornos cruciais e de impacto para seu negócio e para a sociedade."

**SAMANTHA KATZ,**
Co-founder, IDiF

"Matthew Sekol oferece uma profunda exploração de como as empresas devem abordar as mudanças fundamentais exigidas para integrar fatores de desempenho Ambientais, Sociais e de Governança. É o livro perfeito para ajudá-lo a construir sua expertise em ESG e vencer os maiores desafios desses nossos tempos."

**CHRISTINE URI,**
Founder, ESG for In-house Counsel

"Matthew Sekol oferece uma maneira direta de pensar a respeito de como o ESG pode criar valor ao integrar, mais do que priorizar o ESG nas tomadas de decisão estratégicas."

**AMANDA DESANTIS,**
Founder, The Intangibles Initiative

"Matthew Sekol sublinha o valor do ESG como um indicador de investimento. *A Estratégia ESG* mostra como o ESG pode ser a solução inovadora tanto para retificar o risco material como para aproveitar uma oportunidade de criar valor para os investidores."

**COLLEEN C DAVIS,**
Delaware State Treasurer

"*A Estratégia ESG* mergulha no mundo do ESG a partir da perspectiva de seu impacto nos negócios, e traça habilmente paralelos entre a visão de longo prazo de uma empresa e seu compromisso com os pilares do ESG. A exploração perspicaz de Matthew Sekol lança luz no valor corporativo do ESG. Livro de leitura obrigatória para quem busca compreender a dinâmica em evolução das práticas de negócios sustentáveis."

**TAHMINA DAY,**
Global ESG Solution Lead, Archer Technologies

"Cada página de *A Estratégia ESG* o capacita com ferramentas para navegar no cenário em evolução dos negócios. É um curso intensivo de valor inestimável em sustentabilidade corporativa, apoiado por pesquisa intensiva e exemplos práticos. Se você está iniciando a jornada, este livro é escolha obrigatória!"

**PRERANA TIRODKAR,**
Analista Sênior de Sustentabilidade, Tango

# A ESTRATÉGIA ESG

Publicado mediante acordo com Kogan Page Limited.

Título original: *ESG Mindset: Business Resilience and Sustainable Growth*



EDITOR
*Marcelo Amaral de Moraes*

ASSISTENTE EDITORIAL
*Julia Sousa*

REVISÃO TÉCNICA
*Marcelo Amaral de Moraes*

PREPARAÇÃO DE TEXTO
*Marcelo Barbão*

REVISÃO
*Luiza Cordiviola*

CAPA
*Diogo Droschi*

PROJETO GRÁFICO
*Christiane S. Costa*
*Diogo Droschi*

DIAGRAMAÇÃO
*Christiane S. Costa*

**Dados Internacionais de Catalogação na Publicação (CIP)**
**(Câmara Brasileira do Livro, SP, Brasil)**

Sekol, Matthew
A estratégia ESG : por que cuidar do ambiente, do social e da governança é o melhor caminho para um crescimento lucrativo e sustentável / Matthew Sekol ; tradução Luis Reyes Gil. -- 1. ed. -- São Paulo : Autêntica Business, 2025.

Título original: ESG Mindset: Business Resilience and Sustainable Growth
ISBN 978-65-5928-619-5

1. ESG 2. Sustentabilidade empresarial 3. Responsabilidade social corporativa 4. Governança corporativa 5. Investimentos sustentáveis 6. Inovação sustentável 7. Gestão ambiental I. Título.

25-293465.0 CDD-658.408

**Índices para catálogo sistemático:**
1. Responsabilidade social das empresas : Administração 658.408

Eliane de Freitas Leite - Bibliotecária - CRB 8/8415

A **AUTÊNTICA BUSINESS** É UMA EDITORA DO **GRUPO AUTÊNTICA**

**São Paulo**
Av. Paulista, 2.073 . Conjunto Nacional
Horsa I . Salas 404-406 . Bela Vista
01311-940 . São Paulo . SP
Tel.: (55 11) 3034 4468

**Belo Horizonte**
Rua Carlos Turner, 420
Silveira . 31140-520
Belo Horizonte . MG
Tel.: (55 31) 3465-4500

www.grupoautentica.com.br
SAC: atendimentoleitor@grupoautentica.com.br

MATTHEW SEKOL

# A ESTRATÉGIA ESG

Por que cuidar do **ambiente**, do **social** e da **governança** é o melhor caminho para um crescimento **lucrativo** e **sustentável**

TRADUÇÃO:
**LUIS REYES GIL**

autêntica
BUSINESS

*Aos meus* stakeholders
*Julie, meu presente*
*Nora, Anna e Liam, o futuro*
*e Charlie, que só quis bons afagos*

# SUMÁRIO

CAPÍTULO 3

## Salvando a sua empresa e salvando o planeta . 88



CAPÍTULO 4

## O efeito social: pontos de inflexão e *stakeholders* . 118



CAPÍTULO 5

## Governança: a liderança ESG e a Diretoria . 146



CAPÍTULO 6

## A dupla interseção entre Tecnologia e ESG . 176

# LISTA DE FIGURAS,* TABELA E QUADROS

* Todas as figuras foram elaboradas pelo autor.

# FIGURAS



# TABELA



# QUADROS

# SOBRE O AUTOR

Matthew Sekol é um defensor do ESG e da sustentabilidade na Microsoft, empresa com sedes na cidade de Nova York, no estado de Nova York, e na Filadélfia, Pensilvânia. Ele aderiu ao ESG há vários anos e trabalhou em algumas das maiores empresas mundiais de agregação de dados na área de ESG e de serviços financeiros.

Hoje, orienta empresas de vários setores sobre a adoção de novos valores ao colocar desafios de ESG e de sustentabilidade na interseção com a tecnologia. Nesse papel atual, também faz parte do LP Advisory Committee do Next Level Fund, da Morgan Stanley, que investe em startups e empreendimentos de diversas orientações e formatos, provendo tecnologia e mentoria em ESG, além de consultoria sobre o portfólio. Sekol dá palestras e escreve regularmente sobre tópicos de ESG, e é autor e coautor de *whitepapers* e artigos online sobre ESG, biodiversidade, o risco que a tecnologia representa ao ESG, entre outros. Em 2023, a Onalytica o incluiu na lista "Who's Who in ESG".

# PRÓLOGO

Recentemente, escrevi um artigo que resume meu ponto de vista atual sobre o ESG intitulado "The ESG Arc Bends Towards Progress" ["O arco do ESG se curva em direção ao progresso"]. Quem tiver conhecimento disso sabe que esse título se baseia numa citação do doutor Martin Luther King (bastante repetida desde então) a respeito do universo moral e da justiça.* Partindo dessa importante declaração, ocorreu-me que talvez fosse verdadeiro também afirmar que:

"O arco do universo do ESG é longo, mas se curva em direção ao progresso".

Em outras palavras, como Matthew documenta com propriedade neste livro, o ESG existe há bastante tempo em diversos formatos e modalidades, mas continuará evoluindo – com avanços e recuos.

Dito de outro modo: se o arco do ESG não se curvar em direção ao progresso – apesar dos prováveis recuos e outros obstáculos –, as empresas deste planeta estão condenadas a fracassar. Isso porque, se não nos dispusermos a:

- Levar em conta a lacuna em crises climáticas e ambientais em nível pessoal, profissional, comunitário, nos negócios, em nível governamental e nos atuais níveis internacionais, fracassaremos.

- Cuidar de riscos sociais, como direitos humanos e escravidão humana, migração involuntária, abusos trabalhistas, falta de diversidade,

* A frase à qual se alude é: "Devemos superar porque o arco do universo moral é longo, mas ele se curva em direção à justiça". (N.T.)

injustiça e exclusão, não prosperaremos, e muito menos sobreviveremos como empresas.

- Aprender como governar as coisas "fáceis" (que, aliás, não são fáceis) – sem falar de aprender a integrar tecnologias exponenciais como a IA Generativa, a biologia sintética e o quantum na governança, como podemos esperar ter segurança, proteção e ética ativamente para impedir acidentes materiais, destruição da competição ou do modelo de negócios, e até mesmo temer pela própria existência?

Portanto, quando Matthew me pediu para escrever este Prefácio, senti-me honrada e satisfeita em poder destacar novamente a ideia acima, pois acredito que o trabalho de Matthew em ESG, tanto antes de escrever este livro como ao elaborá-lo, é utilíssimo para que o ESG (ou as transformações que ela sofra no futuro) contribua para criar valor e fazer progredir os negócios.

## O ESG NO CONTEXTO

O ESG tem realmente um arco, assim como um contexto muito real e concreto. E acredito realmente que esse arco se curva de maneira lenta, mas efetiva, em direção ao progresso, apesar da proliferação de bloqueios, desafios e confusões. É como dar dois passos adiante e um para trás.

Embora o ESG não seja equivalente a um "universo moral", ele representa conceitos e preocupações que vão do extremamente local ao mais global e até mesmo extraplanetário.

Como Matthew deixa claro de modo eloquente e abundante neste livro, o ESG não é um conceito novo ou radical – e tampouco uma moda passageira ou uma controvérsia política ou esportiva. A nomenclatura mudou ao longo do tempo, mas não importa se você o chama de responsabilidade social corporativa, responsabilidade corporativa, sustentabilidade ou ESG, estamos falando de temas, riscos e oportunidades comuns, que podem ser táticas ou existenciais, em várias categorias-chave de riscos e oportunidades intangíveis – ambientais, sociais e de governança (e, acrescento, tecnológicas). Na realidade, os conceitos embutidos naquilo que de maneira geral chamamos hoje de ESG são conceitos antigos que recentemente ganharam relevo visível tanto por razões certas (mudança climática) como por razões equivocadas (polarização política).

E por quais razões o ESG emergiu como ponto focal do discurso econômico, social e político nos últimos anos? Eu argumentaria que existem cinco razões amplas e convergentes pelas quais o universo do ESG continuará a se curvar em direção ao progresso – apesar dos reveses, dos desvios, da polarização e da politização. Explicarei.

## Convergência 1 - Megatendências de longo prazo estão remodelando materialmente o mundo

Existem megatendências globais de longo prazo, abrangendo vários anos, que giram com força em torno de questões ambientais, sociais, de governança, tecnológicas e, é claro, econômicas. Chamo-as de Megatendências ESGT em meu próprio trabalho, e são cinco: disrupção tecnológica à velocidade da luz, deslocamentos tectônicos geopolíticos, risco complexo socioecológico interconectado, declínio da confiança na liderança e surgimento de novas formas de capitalismo.

## Convergência 2 - O pensamento sistêmico baseado no ser humano é a nova onda

Apesar da abundância de soluções de IA Generativa – boas ou ruins – baseadas no ser humano, assistidas por IA, o pensamento sistêmico é necessário para o nosso mundo hipercomplicado, e que a cada dia se complica ainda mais. De que maneira podemos lidar com apenas um pequeno fragmento do que está acontecendo a cada momento, por exemplo, com a explosão da informação, falta de informação, com a desinformação e a má informação, em cada canto do mundo digital e físico e a cada minuto?

A única maneira de fazer isso produtivamente é se envolver em pensamento sistêmico – para estratégia, gestão de risco empresarial, desenvolvimento de produto ou governança. Embora sempre haja escaramuças subjacentes, sempre haverá padrões em cima que podemos capturar para avançar de maneira construtiva. A necessidade de uma estratégia organizacional resiliente baseada em sistemas nunca foi maior.

### Convergência 3 - Demografia e regra dos *stakeholders*

Neste mundo digitalizado massivamente interconectado, não há realmente onde se esconder, e as gerações que estão chegando, em especial, não se contentarão com dois passos adiante e dois para trás – elas querem progresso. Sentem-se empoderadas, focadas e até ansiosas, e priorizaram o que é mais importante – não é ganhar o máximo possível de dinheiro; é salvar o planeta de cometer hara-kiri. Assim, para que o mundo dos negócios possa ser bem-sucedido em competir, deve acolher e priorizar as perspectivas das novas gerações de funcionários e de outros *stakeholders* cruciais, como consumidores, reguladores e fornecedores.

### Convergência 4 - Poder tecnológico turbinado

Caso você não tenha notado: a explosão de soluções de IA Generativa está mudando o mundo. E isso é só o começo. ESG e tecnologia estão interligadas de maneira íntima e intrincada. Como Matthew destaca em dois de seus capítulos, o ESG usa tecnologia, e o ESG envolve riscos e oportunidades de tecnologia. Empresas que perderem esse barco vão simplesmente naufragar.

### Convergência 5 - Amor pelo nosso precioso planeta azul

O globo enfrenta atualmente uma série de questões materiais, estratégicas e até existenciais que exigem atenção coletiva, multidisciplinar, interseccional e internacional. Isso inclui uma poderosa mão das empresas. Uma mão que será recompensada na criação de valor, aquisição e retenção de talento e em melhores produtos e serviços.

## O TREM DO ESG ESTÁ SAINDO DA ESTAÇÃO - EMBARQUE NELE OU IRÁ PERDÊ-LO

Alguns dos maiores desafios e oportunidades do futuro, de médio e longo prazo, são: (1) conseguir ajustar a política de clima nos níveis mais extremos, tanto micro (empresas) quanto macro (planetário); (2) continuar a elevar os níveis de educação, igualdade, saúde e assim por diante da sociedade global, incluindo as iniciativas empresariais; e (3) assegurar essa governança – especialmente a governança climática e tecnológica – em todos os níveis, incluindo averiguar se a diretoria da empresa está à altura do desafio e se ela se adapta e inova rapidamente de acordo.

Existem apenas três opções reais para um negócio em relação à história do ESG – ou o que eu prefiro chamar de ESGT:

1. Identificar e implantar o ESG (ou qualquer que seja o nome que você queira dar) de maneira holística e séria em seu negócio (ou outra forma organizacional) e seguir adiante com ela.

2. Apenas comer pelas beiradas, fazendo pouco ou nada, e deixar seus concorrentes ultrapassarem você enquanto o mundo vai se tornando mais poluído, menos resiliente, mais desumano.

3. Trabalhar deliberadamente contra o progresso ambiental, o progresso social e uma melhor governança, e aprimorar a governança em prol de obter ganhos de curto prazo que inevitavelmente se tornarão perdas a longo prazo.

O ESG é uma jornada, não é um estado final. Como líder de negócios, você pode estar no trem, embarcar nele na próxima estação ou enterrar a cabeça de avestruz na areia enquanto o redemoinho captura você e sua empresa.

Outra maneira de colocar tudo isso no contexto é parafrasear o que meu grande amigo e mentor, Keith T. Darcy, disse uma vez a respeito de "ética":

> "O ESG (ESGT) não tem a ver com perfeição, tem a ver com progresso!"
>
> Andrea Bonime-Blanc, Fundadora, CEO, Diretora, Autora

# PREFÁCIO

Este livro não salvará o mundo, pelo menos não diretamente. Portanto, peço desculpas às futuras gerações. O caminho para causar impacto passa de fato pelo ESG, mas é um pouco tortuoso. E tampouco é simples. Se você está cheio de propósito e de valores e busca uma maneira de integrar isso ao seu negócio e ao seu trabalho diário de maneira duradoura, veio ao lugar certo.

Infelizmente, o ESG não se resume a propósito ou valores, mas representa, sim, três pilares interconectados que cobrem muitas das preocupações e do foco de um negócio, além do financeiro. O ESG, além de cheio de armadilhas, quebra-cabeças e potencial, é também complexo e complicado. Exige aptidões e competências adaptáveis que sejam capazes de se insinuar pelas expertises específicas de cada área e abrir novas perspectivas. No entanto, o ESG também é extremamente difícil e é introduzido nas corporações por pressão dos serviços financeiros para moldar investimentos, empréstimos e seguros. Como resultado, carece de uma perspectiva de empresa e de uma definição comum, que são extremamente necessárias.

Em vez de propor aqui uma definição, explicarei a relevância do ESG para uma empresa por meio de uma história pessoal.

Tenho uma confissão a fazer. Não gosto da vida ao ar livre. Desde criança, tinha alergias horríveis, que tornavam o clima da Pensilvânia, normalmente ameno, muito menos agradável. Gosto de ver as folhas do outono mudando de cor, mas só da janela do meu escritório. Embora os ambientes interiores não sejam muito melhores no que se refere a ácaros e alergia a animais, o pólen era muito pior. Em certas épocas do ano, toda a superfície externa ficava coberta por uma grossa camada de tom amarelado. O Vale do Lehigh, onde cresci e ainda moro, é um dos 25 piores lugares dos Estados Unidos em produzir alergias. Havia dias em que eu sinceramente desejava não ter nariz.

Por outro lado, minha esposa cresceu numa fazenda de laticínios e vivia ao ar livre. A família dela era dona de mais de 30 hectares, incluindo um lago que sazonalmente era ocupado por peixes de uma estação agrícola local. Eu cresci no meio de computadores, e ela no meio de tratores. Nossas infâncias foram opostas em vários sentidos, mas nos encontramos a meio caminho, de modo figurado e literal, na Penn State [a Universidade Estadual da Pensilvânia]. Depois da faculdade, nos mudamos para Maryland e nos casamos. Infelizmente, a empresa em que eu trabalhava estava envolvida no escândalo da Enron (problema de Governança!), então decidimos nos mudar para o Vale do Lehigh e constituir família.

Depois de alguns anos na nossa nova casa, minha esposa decidiu começar a fazer jardinagem, e então montamos um canteiro elevado no final da nossa propriedade. De início, era um simples canteiro de madeira de 20 por 40 centímetros, com uma pequena passarela no meio. Em seguida, instalamos uma prateleira para plantar tomates, com uma tela de galinheiro na parte de trás para que gavinhas de ervilhas subissem por ela. O jardim foi crescendo cada vez mais, conforme minha esposa ia desenvolvendo sua habilidade ao longo dos anos. Experimentamos várias configurações de canteiros elevados e construímos uma cerca de madeira em volta com dois portões, para impedir a entrada de cervos. Mais tarde, colocamos irrigação, derrubamos a cerca e melhoramos os canteiros. Há pouco tempo, abandonamos os canteiros de madeira e instalamos novos canteiros de aço, que devem durar pelo menos 20 anos. Também começamos a fazer compostagem com nossos restos de alimentos, reduzindo nosso desperdício e aumentando a fertilidade do solo.

De um ponto de vista de jardinagem sustentável e orgânica, acho que fomos muito bem. Eu também preciso arar uma área que não faz parte dos canteiros elevados, pois nosso terreno é basicamente feito de xisto e pedras. Essa atividade é uma exigência praticamente anual. Minha esposa não usa pesticidas e remove manualmente as pragas das flores e dos caules. Ela também, de maneiras sustentáveis, incentiva polinizadores e desestimula outros insetos, por exemplo, plantando tipos específicos de flores.

A parte interna de nossa casa, onde passo a maior parte do tempo, também é sustentável, mas não tanto quando seria possível. Substituímos as velhas lâmpadas de bulbo por LEDs de alta eficiência e temos duas bombas de aquecimento que funcionam com termostato de IA, que nós mesmos regulamos. Além disso, recentemente compramos mais aparelhos eficientes em consumo de energia, se bem que, para ser honesto, com cinco de nós dentro de casa, qualquer poupança de energia em aparelhos é um grande desafio. Ainda não entramos na energia solar, mas dei início a essa jornada fazendo uma pesquisa e conversando com alguns instaladores. Enquanto isso, descobri uma empresa de energia renovável com preço razoável para ser nossa fornecedora de eletricidade.

Do ponto de vista da justiça social, eu estive envolvido como mentor de um programa preparatório de alunos para ingresso na Penn State. Como muita gente, sempre tentei "fazer o que é certo" no trabalho. Em casa, somos ativos na comunidade. Eu e minha esposa fazemos trabalho voluntário regularmente na igreja. Estou no Conselho e Comitê Financeiro da igreja há seis anos, e nós cinco fazemos trabalho voluntário na escola dominical toda semana. Minha esposa também é voluntária no conselho escolar da creche. Acredito que estamos instilando um senso de serviço comunitário em nossos filhos.

No conjunto, considero que o que estamos fazendo está no nível do que as empresas deveriam fazer para alcançar suas metas Ambientais e Sociais. Como membros do conselho da nossa família, acho que minha mulher e eu (ela bem mais) mantemos as coisas funcionando bem. Essas atividades são todas coisas "boas", que trazem vários benefícios. Além disso, os resultados nesse caso são em grande medida movidos por valores relacionados a sustentabilidade, família, trabalho duro, conexões com vizinhos, voluntariado e propósito, para citar apenas alguns.

Nenhuma dessas coisas fantásticas, porém, lida com riscos.

Certo, mas quem é proprietário de uma casa tem várias maneiras de lidar com riscos. Por exemplo, pode cuidar da manutenção da casa e de vários aparelhos domésticos. Quanto à proteção financeira, o seguro pode lidar com desastres imprevistos. Mas, é claro, há sempre crises que não podem ser evitadas, mesmo quando se está cheio de boas intenções.

Foi o que ocorreu quando me vi trepado numa escada durante o Furacão Isaías, tentando vedar o alto da moldura da nossa porta de vidro deslizante com plástico e fita adesiva – um esforço inútil. A porta resistia bem há alguns anos, mas ainda não havia ocorrido nenhuma tempestade com aquela combinação de ventos fortes e chuva grossa capaz de deslocar o batente da parte superior da porta e deixar vazar água de chuva na nossa cozinha. Além disso, a água pingou no porão, ao mesmo tempo que a água do nível do chão subia pelos drenos. Infelizmente, eu não tinha nenhuma bomba para sugar essa água, então virou um exercício familiar: ligamos o gerador para fazer funcionar o aspirador e nós cinco ficamos recolhendo água com toalhas e escorrendo em baldes e levando-os para cima.

Foi um dos dias mais cansativos da minha vida.

No final, nem mesmo com todo o trabalho sustentável e comunitário que realizamos foi possível contornar esse risco. O evento não nos desestimulou, apesar de nossa falta de Governança, mas nos levou a reavaliar vários cenários climáticos extremos.

Portanto, assim como um proprietário de casa deve supervisionar o clima, enquanto leva adiante todas as maravilhosas atividades baseadas em valor, também as empresas devem seguir esse procedimento. Embora todos os esforços de sustentabilidade e justiça social sejam fenomenais, se a empresa não cuidar dos riscos e das oportunidades, terá de se restringir a reagir a uma crise após outra, sem nunca tirar partido do mundo em transformação à sua volta. Na esteira da globalização, essas crises estão agora juntando forças, criando ainda mais pressão improdutiva e afastando ainda mais as oportunidades. As empresas devem compreender e lidar com suas questões de ESG a fim de durar tempo suficiente para assumir o trabalho mais significativo de fazer o certo fazendo o bem.

Recursos de apoio para o livro (em inglês) podem ser encontrados em koganpage.com/esg-mindset-resources.

As empresas devem **compreender e lidar** com suas **questões de ESG** a fim de durar tempo suficiente para assumir o trabalho mais significativo de **fazer o certo fazendo o bem**.

# AGRADECIMENTOS

A história de como alguém formado em Inglês pela Penn State acabou escrevendo um livro sobre ESG é bastante enrolada. Ao longo do caminho, houve muito incentivo, mas houve também em maior medida conversas profundas, que foram aos poucos gotejando no porão da minha mente por tempo suficiente para criar uma inundação.

Eu poderia dizer que isso começou quando eu era adolescente e um colega meu de trabalho no shopping me passou um exemplar do livro *Cama de gato*, de Kurt Vonnegut. Nele, tive contato com o ICE-9 – um imenso risco Ambiental, que uma Governança insuficiente não conseguiu controlar e que levou a um desastre Social (e a um comentário satírico). Da mesma forma, poderia ter começado com Alison Cummings e o programa inclusivo na Penn State Berks, onde fui mentor de calouros que eram procedentes de áreas urbanas. Ambos valorizaram a reflexão. Poderia também ter sido o fato de trabalhar na PG&E NEGT em apoio aos Blackberries e ao Outlook Web Access, as primeiras tecnologias que permitiam trabalho híbrido. Mesmo assim, nenhum deles está totalmente certo.

Apenas quando entrei em contato com Simon Frostick, Colin Cassidy, Sháka Rasheed, e minhas colegas Sue Griffin e Ruchi Nanda na equipe de mercado de capitais na Microsoft, foi que o ESG entrou em foco e passei a ver todos esses outros eventos, e alguns outros, pelas lentes de uma mentalidade ESG. Essas foram as pessoas originais da equipe de sustentabilidade: Sana Dubarry, Christoph Pawlowski, Margaret Ann Splawn, Gina Kirby, Matt Hellman, Ramon Bosch, Maria Ferreira e Michelle Lancaster. Devo agradecer a elas por terem me encorajado a buscar esse assunto e me dedicar a refletir sobre ESG sempre que havia oportunidade.

Quando veio a covid-19, mergulhei no ESG e cultivei uma comunidade inspiradora. A doutora Andrea Bonime-Blanc, que escreveu o Prólogo deste livro, iluminou minha mente ao associar a Tecnologia como o quarto pilar do ESG em seu livro, Gloom to Boom. Liz Simmie, cofundadora da Honeytree Investment Management, igualmente acendeu uma luz em mim quando escreveu aquele "Tudo é ESG" num chat online.

Duas pessoas merecem um agradecimento especial por me fazerem aceitar a ideia de que a abordagem ESG para empresas exige uma mentalidade específica. Antes disso, lancei este título para Alexandria Fisher, que entendeu na hora, incentivando-me a ir em frente. Depois, quando estava na metade do livro, filosofando um dia com Veena Jayadeva da GreenFin, ela mencionou o fato de ter uma mentalidade ESG, sem que eu tivesse levantado o assunto. A conversa foi decisiva para validar o título.

Um agradecimento especial a Nick Hoar e Isabelle Cheng da equipe da Kogan Page, que me ajudaram a terminar o livro no prazo, e a Bronwyn Geyer que me fez começar.

Devo muito aos conselhos de Theodora Lau, fundadora da Unconventional Ventures e coautora dos livros Beyond Good e The Metaverse Economy (além de um milhão de outras coisas que ela faz). Theo esteve junto em cada passo dessa jornada e respondeu a todas as perguntas a respeito de escrita e processo de publicação, com a máxima paciência. Este livro não existiria sem sua amizade.

Ao longo do processo de escrever um livro, você aprende também o quanto a sua família sabe ser paciente. Eu trazia notícias sempre que tinha a chance, e então minha família ficava ouvindo minhas intermináveis explicações sobre como diversos problemas estão relacionados com o ESG. Eles me apoiaram durante todo o processo ininterrupto de escrita e edição, embora tivessem seus horários totalmente preenchidos, inclusive minhas impressões sobre as *Radium Girls,** que, tenho certeza,

---

* Menção a um episódio ocorrido na época da Primeira Guerra Mundial, quando mulheres que trabalhavam pintando mostradores de relógios com uma tinta à base do elemento químico rádio, recém-descoberto, tiveram sérios problemas de saúde, o que acabou levando ao aprimoramento das leis trabalhistas dos Estados Unidos. (N.T.)

também constituem uma história relacionada ao ESG. É verdade, eu vejo o ESG em tudo.

E por fim agradeço a você, caro leitor. Espero que este livro crie uma nova mentalidade em você e o coloque em contato com novas experiências que façam sua empresa durar tempo suficiente para que tente salvar o mundo com o que você aprender nessa jornada. Boa sorte!

CAPÍTULO 1

# INTRODUÇÃO AO ESG

Por que uma empresa deveria se preocupar em compreender ao ESG? Bem, a depender da pessoa a quem você fizer essa pergunta, as respostas podem variar de "É apenas uma distração", passando por "Ela ajuda a obter um ganha-ganha para a empresa e seus *stakeholders*" ou terminar com um "Ela impulsiona melhor desempenho das ações da empresa". Nenhuma dessas respostas é precisa de maneira total ou consistente. As empresas devem se preocupar com ao ESG porque ela pode aumentar a resiliência e o crescimento sustentável de longo prazo num mundo em constante mudança. O ESG vive mudando e se adaptando ao mundo ao seu redor, mas as empresas e seus líderes também precisam mudar para tirar partido das perspectivas que ela oferece.

Para entender por que uma empresa deve procurar adotar o ESG, precisamos primeiro defini-la e compreender o que ela é, de onde vem e o que significam algumas das coisas que as pessoas acreditam que ela é. Em última instância, para entender a resposta, precisamos atribuir alguma consistência ao sentido que ela tem no contexto da empresa, e não é isso o que costuma ser feito.

ESG significa um monte de coisas diferentes para um monte de pessoas diferentes. Afinal, as categorias Ambiental, Social e Governança [Environment, Social and Governance] abrangem um universo aparentemente infinito de ideias, tópicos e intenções. Embora o poder da sigla esteja na natureza abrangente, profunda e interconectada de seus pilares, ela não inclui necessariamente tudo. Essa diferenciação é crucial, já que tudo que vem depois será acrescentado a essa compreensão comum do termo e exigirá esse contexto.

Infelizmente, não há nenhuma organização global de padronização que defina e acolha a sigla ESG, embora muitas estejam trabalhando com ela e em torno dela. Como resultado, a noção sobre a sua natureza é dominada pela inconsistência, e toda vez que um órgão regulador, empresa ou firma de serviços financeiros usa a sigla, tende a explicar o que ela significa para eles naquele contexto particular. Em geral, a explicação atende ao propósito e objetivo de quem faz a comunicação, quaisquer que sejam eles, o que pode ampliar muito a definição.

A iniciativa Global Compact da ONU e os players nos mercados financeiros criaram o ESG como uma perspectiva para investir. No entanto, nesse enquadramento inicial, parece que algo se perdeu. Uma oportunidade de investimento só fica disponível se houver uma empresa na qual investir ou para a qual emprestar dinheiro. No entanto, as empresas não foram o alvo dos esforços desde o início, apenas o alvo da análise financeira. Como resultado, o ESG permanece uma prática corporativa mal definida, que foi sendo modificada e assumiu múltiplas interpretações.

## DEFININDO O ESG NA SUA EMPRESA

De novo, aqueles que refletirem melhor ao tentar envolver seus *stakeholders* em torno do ESG incluirão a definição no início de qualquer comunicação de conteúdo, reconhecendo o desafio colocado pelos seus significados inconsistentes, e este livro não é exceção. Nossa meta aqui é fornecer um ponto de vista corporativo consistente para o ESG, a fim de ajudar as empresas a construírem negócios resilientes por tempo suficiente para salvar o mundo, caso seja essa sua escolha. Com isso em mente, é melhor saltar direto para a definição do que ir em direção a ela partindo de sua história, já que essa história pode ser parte do problema.

> **ESG:** Os riscos materiais Ambientais, Sociais e de Governança que afetam a empresa e as oportunidades que conduzem a um valor de longo prazo e a um crescimento sustentável.

Essa definição tem vários componentes que vale a pena revisar, cada um com suas nuances. Faremos mergulhos mais profundos nos pilares Ambiental, Social e de Governança nos Capítulos 3, 4 e 5, respectivamente, e abordaremos o investimento em ESG em oposição a outras metodologias de investimento no Capítulo 8. De momento, vamos ver alguns exemplos de ESG de alto nível para cada pilar, a fim de compor o cenário.

- **Ambiental:** tem foco nos efeitos do planeta sobre a empresa, incluindo riscos climáticos e riscos de transição, substituição por materiais sustentáveis e diferenciação de produtos por meio de credenciais e processos sustentáveis.

- **Social:** trabalhar com os *stakeholders* as questões de diversidade, equidade e inclusão [*Diversity, Equity and Inclusion*, DEI] e a interseção com a gestão de talentos e com os diversos pontos de vista dos *stakeholders*. Entre os exemplos sociais também estão tópicos cruciais, como as questões de trabalho forçado e de normas culturais dos *stakeholders* nos diversos segmentos de mercado.

- **Governança:** ocorre no nível dos times da diretoria e da gestão, e representa os princípios, a ética e o propósito da empresa. Entre os exemplos de governança estão a experiência da diretoria e sua responsabilização, a remuneração de executivos, e preocupações quanto a corrupção e subornos.

Embora a definição de materialidade possa diferir ao redor do mundo, ela costuma significar informações ou assuntos que seriam úteis à tomada de decisões para uma pessoa razoável, normalmente um investidor. Quanto à materialidade, no que se refere ao ESG, a definição é semelhante, exceto por um foco óbvio nas questões de ESG que sejam importantes para a empresa, porém inclui uma visão sobre os horizontes de longo prazo. Nem toda a questão que cai nas categorias de Ambiental, Social e de Governança é necessariamente relevante para a empresa ou tem o mesmo grau de relevância. Por exemplo, uma cadeia nacional de farmácias pode considerar como material a saúde dos *stakeholders* em vez das emissões que sua loja varejista possa gerar. A primeira é uma questão material Social porque a saúde é relevante para o negócio essencial, e a outra pode ser vista como questões operacionais relacionadas à sustentabilidade.

Em seguida, podemos incrementar a ideia de materialidade para entender como o ESG diz respeito a riscos materiais e oportunidades. Esses dois conceitos focam como o mundo pode afetar a empresa na interseção do que é relevante para ela. Por exemplo, qualquer empresa com ativos de imóveis, como prédios de escritórios, fábricas ou lojas, deve se preocupar com riscos climáticos para seus ativos físicos e tomar medidas para se adaptar e proteger contra danos e tempo ocioso não previsto, que constituem uma disrupção material nos negócios. Não focar a diversidade para uma empresa de saúde baseada em IA é um risco Social material, porque vários fatores podem fazer surgir tendências desconhecidas e pôr a perder o que seria uma oportunidade de um produto atender melhor à comunidade em escala. Vamos comparar isso com um risco não material. Um banco pode de maneira desapegada escolher conservar água e deve, portanto, ter uma gestão de água eficiente em seu prédio como parte de uma licença de operação moderna na sociedade civil. No entanto, a gestão de água não é um risco material para um banco na mesma medida que é para uma rede hoteleira. Sem água, um hotel pode ficar impedido de atender seus hóspedes, portanto o hotel pode ir além de suas operações locais para proteger bacias hidrográficas da área a fim de diminuir tal risco.

Mas o ESG não trata apenas de riscos. Há oportunidades materiais em torno do ESG que um negócio pode capitalizar. Por exemplo, um Gerente de Recursos Humanos pode alavancar programas de DEI [Diversidade, Equidade, Inclusão] em apoio ao pagamento de dividendos e a uma cultura inclusiva, atraindo os melhores talentos para a empresa. Gestão e retenção de talentos são aspectos materiais Sociais essenciais. Para uma empresa de produtos ao consumidor, passar a usar embalagem sustentável ou introduzir materiais sustentáveis nos seus produtos pode ser uma oportunidade de se diferenciar da concorrência e talvez de sair na frente numa transição sustentável.

Nesses exemplos, o ESG trata de questões Ambientais, Sociais e de Governança que afetam uma empresa por meio de seus riscos e suas oportunidades, mas que não representam o impacto da empresa no mundo. Entretanto, essa declaração pode ficar complicada quando os *stakeholders* repercutem essa perspectiva, transformando questões não materiais em materiais, como nos exemplos de oportunidades materiais que alavancam impacto.

Nada com o ESG é simples.

Mesmo assim, há diferenças entre o efeito do mundo sobre a empresa e o impacto da empresa no mundo. Com frequência, a palavra "impacto" é usada para descrever ambas as direções. Mas, indo além, vale a pena diferenciar "efeito" de "impacto" para a maior parte dos usos deste livro, especialmente no Capítulo 11.

- **Efeito:** significa o efeito do mundo sobre a empresa por meio da mudança climática e dos problemas que evoluem a partir dos *stakeholders*, como mudança climática, mudanças em normas culturais, regulamentações, guerra e assim por diante.

- **Impacto:** refere-se ao impacto da empresa no mundo por meio de suas operações e sua cadeia de valor, incluindo poluição, contribuições à sociedade, filantropia e assim por diante.

As diferenças entre o efeito sobre e o impacto da empresa criam obstáculos às empresas e a seus líderes porque é onde estão as nuances e as incertezas, que abrem amplo espaço para interpretações. Claro que as pessoas podem considerar que ambos, embora diferentes, são impactos, mas a palavra "efeito" estabelece uma diferenciação para nossos propósitos. Cabe à equipe de gestão da empresa compreender tanto os efeitos quanto os impactos e comunicar os esforços efetivamente por vias tanto internas quanto externas, pois criam intersecções com valor e valores. Diferentes *stakeholders* ficarão mais preocupadas com alguns esforços, por várias razões. Não é fácil na prática, sempre cheia de ambiguidades, e os líderes de negócios podem não se sentir confortáveis com isso. No entanto, priorizar e categorizar esforços orienta a destinação de fundos e a subsequente execução desses esforços, o que provavelmente dependerá de como cada um cria interseções com a empresa, o que nos remete de volta à materialidade.

Embora tanto o impacto quanto os efeitos possam ser perseguidos, pivotar em excesso em direção a questões de impacto não material pode mostrar que a empresa e sua liderança não compreendem suas questões materiais de ESG.

### UMA NOTA SOBRE EMISSÕES

Reportar e gerir emissões é um assunto de destaque em razão da escalada da crise climática. No entanto, restringir-se a lidar assim com a sigla ou resumi-la a diminuir as emissões não se alinha ao ESG, porque ignora a natureza interconectada da sigla e a materialidade.

A mudança climática agrava os eventos climáticos extremos, prejudicando os ativos físicos da empresa. Se levarmos esse exemplo a fundo, as emissões de gases do efeito estufa contribuem para a mudança climática; por isso, logicamente, a empresa deve gerir suas emissões. Mas não é razoável esperar que a redução das emissões impacte o clima extremo localizado que possa resultar disso, embora isso não signifique que toda empresa esteja eximida de fazer sua parte.

As emissões podem afetar a empresa de várias maneiras, que têm menos a ver com o impacto da empresa no mundo. Primeiro, os reguladores podem exigir a revelação de dados sobre o ESG, o que cria um risco de Governança a ser gerido pelo time de *Compliance* da empresa. Segundo, as emissões podem impactar a comunidade local em concentrações suficientemente altas, fazendo isso retornar como um risco Social por meio de preocupações com a saúde dos funcionários, multas e danos de reputação.

Da mesma forma, os clientes podem procurar alinhar seus valores de sustentabilidade a seus hábitos de compra, acrescentando um risco financeiro ou de reputação. Quanto mais tempo a empresa demora a fazer a transição, mais caro fica mudar e acertar o passo com os concorrentes, o que gera um risco de Governança acondicionado num risco Ambiental. Bizarramente, o efeito na empresa de suas reduções de emissões pode não estar relacionado ao pilar Ambiental do ponto de vista do ESG, mas sim ao ponto de vista do impacto.

A próxima parte da definição de ESG contempla o valor a longo prazo de crescimento, e não questões transitórias. A intenção é derivar valor de longo prazo e resiliência ao lidar com riscos de ESG ou ao criar oportunidades. Claro que crises de ESG inesperadas, pontuais, sempre afetam as empresas, criando problemas de curto prazo com os quais a empresa precisa lidar. Mesmo assim, se uma empresa segue dando atenção ao ESG dentro de uma Governança de qualidade, pode criar previsões práticas sobre tendências emergentes e se preparar melhor. Uma estratégia saudável em relação a esses insights pode tornar a empresa mais resiliente para atravessar esses choques. Por exemplo, uma empresa que esteja fazendo uma transição para componentes mais sustentáveis em seu produto aumentará no cliente o sentimento de que ela se alinha aos seus valores, e terá potencial de poupar custos na transição a longo prazo à medida que materiais não sustentáveis fiquem indisponíveis. Em última instância, essa mudança aumenta o valor na busca da melhoria do produto. Em outras palavras, a empresa que tem atenção à gestão de longo prazo dos riscos e oportunidades terá detectado e agarrado essa oportunidade, independentemente de sua atenção ao ESG.

Portanto, será que as empresas precisam do ESG para serem bem-sucedidas?

A Governança é uma área que pode fazer uma empresa declinar, mas e quanto ao ESG? Não necessariamente, mas isso tampouco significa que não haja valor em se atentar para o ESG. Como é possível comprovar, existe um sentido oculto, talvez não intencional, na maneira como o ESG é construído como uma única sigla, e que talvez seja seu poder mais incrível. Os riscos e oportunidades do ESG, que exigem expertise nesse domínio para serem geridos, não existem apenas dentro de seus pilares isolados. Essas questões estão relacionadas e interconectadas, envolvendo considerações sobre os efeitos e o impacto. Por exemplo, um especialista Ambiental que dê consultoria sobre os riscos de uma empresa deve também considerar o impacto do problema e de sua resolução no contexto do Social e, também, como a empresa lidará com ele, o que é uma preocupação de Governança. Por isso, muitos consideram o ESG apenas como uma função da gestão de riscos ou da qualidade da Governança, mas há mais fatores envolvidos.

Se as empresas relegam o ESG à próxima iteração de gestão de risco ou excluem a sigla de vez, perdem a especificidade do domínio e a maneira interconectada de pensar nessas questões. Não é possível que essa evolução aconteça antes que as empresas integrem o ESG e essa maneira de pensar ao longo de suas organizações.

Ao definir o ESG, as razões pelas quais uma empresa deve buscá-la ficam evidentes. Essas questões são essenciais para a empresa. No entanto, segundo uma pesquisa da PwC com membros da diretoria de empresas, 55% dizem que o ESG está na agenda, mas apenas 45% afirmam ver valor nela.[1] Essa dicotomia revela uma imensa desconexão entre a ampla compreensão do tópico e como as empresas podem ou não abordá-lo. Se um time de gestão, um líder ou uma unidade de negócios não consegue efetivamente equacionar uma questão em termos de ESG porque não a compreende, estará em má posição para defender a estratégia, ou poderá achar que a abordagem está mais alinhada ao impacto e que é potencialmente aceita como uma concessão, tendo pouco valor. Para compreender e internalizar uma definição consistente de ESG e de seu valor para o negócio, todos na empresa devem entregar e proteger o valor e paralelamente priorizar um impacto significativo.

## TIPOS DE MATERIALIDADE E CONSIDERAÇÕES DAS EXTERNALIDADES

Conforme as atenções ao ESG foram crescendo nos últimos anos, a análise dos conceitos em torno dela se acelerou, e surgiram nuances. Ao considerar a integração do ESG à estratégia e às operações de uma empresa, os termos materialidade e externalidades devem ser expandidos.

Embora tenhamos coberto uma definição ampla de materialidade no contexto de um significado universal do ESG no horizonte de longo prazo, é possível que uma empresa encontre definições diferentes, dependendo de onde ela opera e com quais *stakeholders* se envolve.

Assim como ocorreu com o próprio ESG, a materialidade também foi cunhada primeiro em torno dos mercados financeiros. A Lei de Valores Mobiliários dos Estados Unidos, de 1933, refere-se a "fatos materiais" que poderiam influenciar a compra de ações e títulos.[2] A Suprema Corte dos Estados Unidos também definiu informações como aspectos materiais, pelo menos no que se refere a uma declaração de procuração e investimento, quando a omissão do item pode ser vista como algo que altera todo o conjunto de informações apresentado.[3] A Comissão de Valores Mobiliários e Câmbio dos Estados Unidos [US Securities and Exchange Commission, SEC] define uma questão como material "se existir probabilidade substancial de uma pessoa razoável considerá-la importante".[4] Esse tipo de materialidade é normalmente referido como "materialidade financeira", por sua relação com os mercados e acionistas. Como veremos ao tratar da origem do ESG, trata-se de conceitos de mercado que são sobrepostos ao mundo corporativo.

A materialidade, embora simples na sua explicação, cria muita confusão em torno do ESG, porque a materialidade financeira está no olho da pessoa que realiza a análise, e isso a torna subjetiva. *Stakeholders*, empresas e investidores nem sempre estão de acordo quanto ao que ela é. Como as opiniões sempre divergem, é improvável que esse desafio seja resolvido. Uma maneira pela qual uma empresa e seu time de gestão podem dar consistência é integrando o ESG ao longo da organização inteira – o que veremos em detalhe no Capítulo 7. As empresas devem coletar e analisar dados a fim de criar uma compreensão dessas questões e saber o que pode ser de fato financeiramente material e comunicá-lo com eficácia. A empresa deve sempre considerar a contribuição dos *stakeholders*, mas se a diretoria e a equipe de gestão vêm fazendo bem o seu trabalho, já deverão compreender essas questões melhor que os demais.

Existem também outros conceitos de materialidade que emergiram e podem ajudar a empresa a construir uma base de ESG e de materialidade financeira que crie defensibilidade para lidar com o impacto. O Grupo Consultor Europeu de Relatórios Financeiros [European Financial Reporting Advisory Group, EFRAG][5] e a Global Reporting Initiative (GRI)[6] apoiam a ideia adicional de dupla materialidade, que acrescenta uma materialidade de impacto à materialidade financeira. Enquanto a materialidade financeira foca informações no contexto do acionista, a materialidade de impacto foca o impacto que a empresa exerce no mundo, ou no impacto da maneira que se projeta nos *stakeholders* e no planeta.[7] Na dupla materialidade, a materialidade financeira e a de impacto são consideradas em conjunto, para se obter um quadro completo que atenda a todos os *stakeholders*, inclusive os acionistas, indo além do retorno para a empresa e em direção aos benefícios para outros, e fazendo corresponder os efeitos da materialidade financeira ao impacto, como definido antes.

O principal diferencial no que se refere à dupla materialidade é o foco no impacto. Ao contrário da materialidade financeira, que tem um custo, mesmo que seja ao longo do tempo, a materialidade do impacto é mais difícil de contabilizar, pois tipicamente tem também um custo de concessão e envolve as externalidades da empresa. Essas impactam outro grupo como parte das operações da empresa e podem ser negativas ou positivas, mas com frequência se referem ao aspecto negativo, em razão da crescente atenção e responsabilizações atribuídas ao ESG. Por exemplo, uma empresa de energia será responsável por cumprir as regulamentações Ambientais e jurídicas locais. Além disso, talvez não inclua considerações sobre suas emissões no balanço ou em seus relatórios internos. Embora haja maneiras de contabilizar as emissões por meio de padrões como o Protocolo GHG (ver Capítulo 2), que formaliza as medições e os cálculos de emissões, esse instrumento não leva em conta as consequências não intencionais das emissões, que têm custo negativo para o Ambiental e o Social quanto à mudança climática e à saúde, respectivamente.

Algumas empresas – cerca de um quarto delas globalmente – descobriram como contabilizar as externalidades em uma área específica rastreando o preço do carbono internamente.[8] No entanto, as emissões são apenas uma externalidade sobre a qual é possível pôr foco, apesar de ser uma das que recebe muita atenção. Técnicas e pesquisas emergentes, como a do Impact Weighted Accounting Project, criam novas maneiras de contabilizar o impacto do "capital humano, social e natural".[9] Até que ferramentas como esta sejam uma prática amplamente aceita de contabilização, as empresas que não adotarem tal prática, mesmo que seja internamente para análise, podem ter um risco de ESG em torno de seu impacto à medida que essas questões retornem na forma de regulamentações, multas ou riscos de reputação. Em outras palavras, as empresas podem não estar contabilizando de modo efetivo seus verdadeiros custos operacionais, que incluem seus riscos internos de ESG em relação às externalidades.

Há outro conceito, o de materialidade dinâmica, que trata da maneira pela qual a medição do impacto pode retornar a uma empresa como um risco sobre o horizonte futuro. Nesse caso, uma questão pode se tornar material ao longo do tempo, à medida que as condições mudam. Em tese, a dupla materialidade e seu foco no impacto, que muitas vezes é uma alavanca para mudar as preferências dos *stakeholders*, pode ser responsável por essa mudança ao longo do tempo. Afinal, à medida que persistem as mudanças climáticas e os desafios sistêmicos de justiça social, essas questões acabam se tornando de algum modo materiais para uma empresa. Assim, enquanto a dupla materialidade cobre o potencial retorno futuro do impacto de uma empresa no mundo, há mais coisas relacionadas à materialidade dinâmica além do que é mostrado pelo exemplo do impacto.

Enquanto questões como a taxa de carbono imposta pelo governo, que deriva de pressão dos *stakeholders* sobre os políticos, podem afetar a empresa de energia que acabamos de mencionar, o fato de completar a transição para energia renovável – uma decisão de governança – pode criar novas questões materiais. Por exemplo, digamos que seja necessário instalar linhas de transmissão desde áreas costeiras com vento, ou desde áreas regionais com luz direta do sol, a outras localidades. A empresa e sua cadeia de valor devem fornecer materiais para construir equipamentos de transmissão, processar esses materiais e instalar novas linhas ao longo de comunidades, afetando o risco Ambiental e Social para a empresa. Embora existam outras questões materiais referentes a modelos legados de energia, esse novo risco não constituía antes uma consideração, mas agora sim, o que o torna dinâmico. Levando em conta a velocidade com que o mundo muda, as empresas precisam renovar sua compreensão da materialidade para a eventualidade de surgir uma nova questão. Nem sempre será preciso entrar num novo mercado para que isso ocorra, especialmente porque o sentimento dos *stakeholders* continua evoluindo.

Esses são conceitos importantes para a empresa compreender, pois integram o ESG com outras ideias baseadas em valor. Os *stakeholders*, que são abordados em detalhe no Capítulo 4, têm importância crucial para qualquer empresa, e cada vez mais exigem mudanças em torno do impacto, transformando rapidamente questões não materiais de impacto em questões materiais, por meio do risco à reputação. Uma empresa capaz de alavancar expertise no domínio e seu capital intelectual para revelar e lidar com riscos de ESG e criar oportunidades construirá resiliência e defensibilidade para lidar com questões como só ela será capaz de fazer.

## SOBRE A ORIGEM DO ESG

Compreender o ESG significa examinar como ele faz a interseção com valor e com os mercados, já que começou como uma perspectiva de investimento no início da década de 2000. No entanto, existe uma estratégia de investimento relacionada que vale a pena discutir primeiro, porque as empresas podem ouvir esses termos sendo usados de modo intercambiável, mas eles não são equivalentes.

Recuando centenas de anos, investidores perceberam naquela época que tinham o poder de alavancar seu capital para investir como preferissem. Muito disso era baseado em crenças religiosas e se ampliou por meio do judaísmo até compor ensinamentos que iam do Alcorão a Metodistas e Quakers no século XVIII, que condenavam o investimento no comércio de escravos.[10] Como essas estratégias eram ligadas à religião, eram vistas como investimentos baseados em valores, e muitas vezes elas empregavam métodos como desinvestimento, ou simplesmente decisões de não investir no "pecado", a fim de controlar o uso de capital.

No século XX, esse investimento baseado em valores, hoje normalmente conhecido como investimento socialmente responsável [*socially responsible investing*, SRI], continuou, mas também teve mudanças a fim de ganhar novos apoiadores. Por exemplo, na década de 1960, organizações católicas e protestantes começaram a afastar seus investimentos de empresas que não apoiassem a igualdade na África do Sul, afetada pelo Apartheid, e isso foi crescendo até o final do Apartheid em 1994.[11] Ativistas endossaram estratégias similares com empresas envolvidas na Guerra do Vietnã, chamando maior atenção política para o papel dos investimentos na mudança social.[12]

Outra tendência começou paralelamente a se firmar no mundo dos negócios, focada em empresas e no valor social que elas criavam e mantinham. Em 1953, Howard Bowen escreveu *Social Responsibilities of the Businessman* (Responsabilidades sociais do empresário), obra à qual muitos atribuem o início da era da Responsabilidade Social Corporativa [Corporate Social Responsibility, CSR] para as empresas. As ideias propostas alinhavam as empresas e suas ações a valores da sociedade.[13] Essa ideia contrasta com a doutrina Friedman, publicada em 1970, que desencadeou a era da primazia do acionista.[14] Fato interessante é que as ideias de Friedman não estão muito divorciadas de empresas que se envolvem em atividades sociais, mas colocam no controle dessas decisões os acionistas, e não a equipe de gestão.

Em 1971, o Comitê de Desenvolvimento Econômico [Committee for Economic Development, CED] nos Estados Unidos se manifestou a respeito de uma mudança nas preferências do público em direção a questões Ambientais e Sociais, na publicação *Social Responsibilities of Business Corporations*. Essa publicação incluía o que pode ter sido um vislumbre de uma primeira perspectiva de ESG para as empresas, ao cunhar a expressão "autointeresse esclarecido", que efetivamente reconhecia "que o autointeresse corporativo está inexoravelmente envolvido com o bem-estar da sociedade da qual a empresa é parte integrante, e da qual extrai os requisitos básicos necessários para que possa funcionar – capital, trabalho, clientes".[15] Declarações como essa desmascaram a ficção de que uma empresa pode operar num silo, sem considerar amplos conjuntos de *stakeholders* ou o planeta, mas, o que é mais importante, traçam os limites entre o efeito do mundo sobre a empresa e o impacto da empresa, e por que cada um desses aspectos é importante.

A globalização aumentou ao longo dos anos 1980 e 1990, e os países começaram a trabalhar juntos em questões mundiais, sistêmicas. Em razão desse aumento, as empresas começaram a ter que se ajustar a novos modelos internacionais de regulamentação e trabalhar em cooperação com vários governos. A atenção, a legitimidade e uma definição mais coesa da CSR cresceram ao longo da década de 1990, e as empresas se depararam com novas responsabilizações globais e riscos à reputação.[16] Em 1997, os países assinaram o Protocolo de Quioto, que comprometeu o mundo industrializado e as economias em desenvolvimento a limitar e reduzir as emissões dos gases do efeito estufa [*greenhouse gas*, GHG] por meio de sua mitigação e por esforços para reportá-los.[17]

Por volta de 2000, o Secretário-Geral da ONU, Kofi Annan, havia posto foco nas empresas e em seu papel em mudar o mundo por meio do Global Compact da ONU, que listou dez princípios focados em várias categorias de questões, como Direitos Humanos, Trabalho, Ambiente e Anticorrupção.[18] Esse esforço se juntou a vislumbres anteriores e ao crescimento dos relatos sobre CSR ao longo do tempo, com uma perspectiva de ESG que manteve a atenção nas empresas. Pouco depois, por volta de 2015, a ONU lançou os Objetivos de Desenvolvimento do Milênio, um modelo para lidar com questões globais específicas, como Pobreza, Educação, Saúde Materna, Sustentabilidade Ambiental, entre outros aspectos.[19] Em 2015, essas metas levaram aos mais populares e relacionados Objetivos de Desenvolvimento Sustentável, que constituem agora pontos básicos para relatórios de CSR, definidos para 2030.[20]

Em 1992, foi formada a equipe da Iniciativa de Financiamento do Programa Ambiental das Nações Unidas [United Nations Environment Programme Finance Initiative, UNEP FI] para envolver instituições financeiras na sustentabilidade.[21] No início dos anos 2000, o grupo fez uma conexão entre mercados e empresas para apoiar princípios e metas mais amplos. A essa altura, o SRI [investimento socialmente responsável] era ainda baseado principalmente em valores, e dependente de práticas de exclusão para afastar capital de empresas envolvidas em atividades das quais o investidor discordava, como armas, tabaco e defesa. Uma nova ideia surgiu da equipe UNEP FI, que viu uma oportunidade de focar a materialidade e no longo prazo, capaz de atrair capital para investimentos responsáveis, acreditando que os bancos levariam isso em conta.[22] Dessa perspectiva financeira, nasceu o ESG, e tudo o que veio a seguir levou adiante essa perspectiva.

Em junho de 2004, a UNEP FI publicou um briefing com 12 gestores de ativos globais, que incluiu pela primeira vez o ESG, embora um pouco distante do que ela viria a ser finalmente e sem referência à sua sigla. O relatório *The Materiality of Social, Environmental and Corporate Governance Issues to Equity Pricing* ["A Materialidade das Questões Sociais, Ambientais e de Governança Corporativa para os Preços de Ações"] publicou as descobertas de um estudo com mais de 50 empresas corretoras de ações, para identificar questões materiais

Ambientais e Sociais ao longo de sete setores.[23] Os resultados revelaram uma "concordância em que questões ambientais, sociais e de governança corporativa afetam o valor aos acionistas a longo prazo. Em alguns casos, esses efeitos podem ser profundos".[24] Esse foco nos acionistas é um diferencial crítico em relação aos *stakeholders*, não mencionado no artigo, e será coberto em detalhes no Capítulo 4. O grupo fez várias recomendações aos governos, órgãos reguladores e empresas sobre questões de ESG relacionadas a mercados financeiros. Para diretores de empresas e times de gestão, elas destacam claramente duas coisas. Primeiro, a inclusão de informações sobre ESG em seus relatórios anuais e declarações financeiras; e, segundo, trabalhar com os fundos de pensão de seus funcionários para refletir os vínculos entre ESG e retornos financeiros.[25] O primeiro foco em dados permanece vital para promover resultados em ESG, como veremos no Capítulo 2. Além disso, a intenção era não só informar mercados financeiros a respeito do progresso do ESG da empresa, mas discutir os riscos do ESG nas contas de aposentadoria dos funcionários, e não educar a empresa em sua perspectiva emergente.

Naquele mesmo mês, a Global Compact da ONU, em parceria com a UNEP FI e 20 bancos, publicou *Who Cares Wins* [Quem Se Importa Vence], um comunicado que destacava a sigla ESG e incorporava ideias relacionadas a materialidade e valor de longo prazo. Esse documento visava empresas de serviços financeiros com o subtítulo "Conectando Mercados Financeiros a um Mundo em Transformação". Agora, o ESG era colocado separado do SRI, pois o comunicado focava "questões que têm ou podem ter impacto material no valor do investimento. Emprega uma definição mais ampla de materialidade do que a normalmente usada – incluindo horizontes de tempo mais extensos (10 anos ou mais) e aspectos intangíveis que impactam o valor da empresa".[26] O comunicado também considerava a ética no contexto das práticas da empresa, sem mencionar valores ou preferências do investidor.

Os autores também, de maneira presciente, separaram o ESG de outros tópicos de impacto relacionados. "Ao longo desse relatório procuramos não usar termos como sustentabilidade, cidadania corporativa etc., a fim de evitar mal-entendidos decorrentes de diferentes interpretações desses termos. Preferimos destacar as questões ambientais, sociais e de governança que são os tópicos desse relatório."[27] Essa observação é vital, mas a diferenciação parece ter se perdido ao longo do tempo. As empresas, muitas das quais já estavam bem adentradas em suas estratégias e relatórios de CSR, continuaram com seus relatórios e perspectivas baseados em valores relacionados a tópicos do ESG, sem levar isso em conta.

A UNEP FI publicou outro relatório em 2005 com a Freshfields Bruckhaus Deringer, uma empresa internacional de advocacia. O relatório examinou os pontos de vista legais da integração do ESG aos serviços financeiros em várias jurisdições. Declara haver vínculos entre o ESG e o desempenho financeiro, concluindo que a integração de considerações de ESG, que permitem prever desempenho, às análises financeiras é, portanto, algo provavelmente exigido ao redor do mundo.[28] Em outras palavras, o ESG é relevante na análise de investimentos, tanto assim que pode ser um requisito a ser considerado por uma instituição financeira responsável. Se o ESG pode ou não levar a um desempenho de mercado estável ou superior é algo que as instituições acadêmicas e financeiras têm desde então estudado continuamente e argumentado a respeito. Enquanto isso, empresas e times de gestão examinam esses argumentos e se esforçam para ver o valor do ESG, já que não têm sido necessariamente o foco direto desde o início.

## O FOCO EM FINANÇAS REDUZ A EFICÁCIA DO ESG

A ideia de alavancar a busca existente no mercado de um crescimento a longo prazo do investimento é uma maneira brilhante de fazer as instituições financeiras dirigirem capital de maneira responsável às empresas. No entanto, os relatórios que acabamos de discutir apenas fornecem uma avaliação ponderada do ESG a partir da perspectiva dos gestores de investimentos, para que apoiem esse esforço, com as empresas desempenhando um papel de apoio. Essa mudança de prioridade deixa as empresas sem um contexto para compreender como integrar o ESG ou executá-lo. É claro, existe o argumento de que os times de gestão devem saber o que estão fazendo em relação a questões materiais de longo prazo, sejam de ESG ou não. Mas nem sempre é o caso, especialmente à medida que as empresas que buscam entender esses tópicos muitas vezes precisam ter expertise nesse domínio, bem como capital intelectual no contexto de seu negócio.

Uma recomendação para as empresas chegou em 2010, depois que a UNEP FI montou grupos de trabalho para examinar e alinhar melhor as empresas aos investidores. O grupo publicou os resultados num relatório chamado *Translating ESG into Sustainable Business Value [“Traduzindo o ESG em valor de negócios sustentável”].*[29] Mas, de novo, isso foi menos focado em permitir que as empresas compreendessem seus riscos e oportunidades de ESG e mais no tipo de informação que as empresas de serviços financeiros precisavam ter para avaliar e compreender a materialidade financeira das questões de ESG de uma empresa e nos requisitos para comunicar essas informações.

O relatório aponta várias lacunas entre empresas e investidores em tópicos de ESG, como:

- Investidores e empresas não integraram o ESG ao valor.
- Nenhuma das partes concorda sobre o que é material, mas as empresas compreendem melhor suas questões materiais.
- São necessários: melhor comunicação, dados comparáveis e foco na materialidade.
- Os mercados e empresas não integraram o ESG.

Algumas dessas áreas melhoraram desde 2010, mas principalmente em fornecer às instituições financeiras os dados que elas precisam para tomar uma decisão bem-fundamentada. Por exemplo, o quesito dados comparáveis emergiu por meio das agências de classificação de ESG e de organizações de padronização, o que levou a novas regulamentações para se alcançar uma consistência ainda maior. Também houve melhora na comunicação com o investidor. De 2018 a 2020, houve um pico de 671% em referências ao ESG em publicações de resultados,[30] apontando para avanços no uso da sigla, pelo menos das empresas para seus investidores. No entanto, muitas dessas questões persistem, incluindo integrar o ESG ao valor corporativo e as discrepâncias vigentes sobre o que é material ou sobre o que o ESG significa. Com tanta confusão no mercado, é evidente que as empresas não estão integrando o ESG em seus respectivos negócios.

A intenção inicial do ESG e sua evolução posterior em direção a dados para municiar os mercados financeiros pode ser parcialmente responsável por esse estado atual de confusão. O ESG colocou foco historicamente na utilização do fluxo de capital para as empresas, em dados comparáveis para moldar esse fluxo e no papel dos mercados financeiros, a fim de atrair a atenção para os pilares, na expectativa de lidar com essas questões no nível da empresa. Mas o significado do ESG foi definido de cima para baixo, dos investidores para seus investimentos, deixando muita coisa por conta da imaginação das diretorias e dos times de gestão, e isso perpetuou definições variadas ao longo da cadeia de valor.

O foco na linguagem comparável das finanças exacerbou a questão à medida que o ESG foi seguindo mais na direção de divulgar do que destacar resultados. O que emergiu foram tentativas de avaliar e classificar empresas e um mix de avaliações e padrões materiais e não materiais, a fim de que as instituições financeiras avaliassem investimentos e subsequentemente os times de Compras analisassem fornecedores. Embora os dados sejam essenciais para compreender a abordagem e a atenção de uma empresa ao ESG, as métricas não são a meta. Os dados podem moldar a ação, mas esta não precisa necessariamente deles. Portanto, os resultados é que precisam ser o foco.

Como seria de se esperar, as empresas não têm integrado o ESG, exceto talvez as maiores empresas do mundo, que conseguem trazer expertise do domínio e integrá-la de acordo. De resto, tais empresas servem de exemplo, mas, ao lidarem com os efeitos e o impacto do ESG, podem fornecer muita inspiração, mas poucas lições a serem internalizadas.

Ao lado da incapacidade de integrar o ESG efetivamente em razão de uma consistente falta de definição e de atenção corporativa, há ainda outros desafios. Não existem processos padronizados que propiciem isso, nem abordagens estratégicas, o que deixa o ESG aberto a interpretações e execuções individuais por parte de cada empresa. Com a CSR no mix, as empresas acabam muitas vezes alinhando ambos, confundindo a nuance entre valores e valor em uma bolha amorfa de relatórios. Como resultado, as prioridades subjacentes e as motivações para lidar com questões materiais se confundem, fazendo surgir dúvidas a respeito de obrigações fiduciárias, valor ao acionista e desejo dos *stakeholders*, com pouca esperança de uma comunicação clara em qualquer desses esforços relacionados.

Além disso, a incapacidade de traduzir experiência e resultados comparáveis entre as empresas reduz o consenso e pode eliminar a utilidade das lições aprendidas. À medida que os times de gestão atendem a várias diretorias e há funcionários que passam de uma empresa a outra, constatam não haver uma abordagem única para integrar ou incorporar o ESG em seus negócios, mesmo dentro de um mesmo setor.

Por outro lado, um benefício é que as empresas podem autogovernar seus esforços únicos de ESG quando conseguem compreendê-los, criando uma vantagem competitiva. Mas também há desvantagens. Por exemplo, uma empresa que acolha logo uma transição sustentável pode se deparar com custos crescentes para atualizar seus fornecedores e componentes antes de seus concorrentes, embora ganhe estabilidade de preços a longo prazo em relação àqueles que fizerem essa adoção mais tarde. Esse tipo de jogo de compensações é típico do ESG, e as empresas podem aplicar estratégias já empregadas, como analisar o momento mais oportuno e os riscos em torno desse tipo de esforço para encontrar um equilíbrio. Compensações são quase sempre inevitáveis no ESG e constituem outro exemplo de como a sigla funciona ao longo dos pilares em interseções com outras áreas de negócios e ao longo da cadeia de valor. Mas mesmo as empresas que fazem uma avaliação consistente nem sempre acertam, pois as questões de ESG e os *stakeholders* estão em constante mudança. O time de gestão e os investidores precisam examinar a cada momento como anda a manutenção atual das questões de ESG da empresa e sua abordagem.

A criação de ESG em torno de mercados tem funcionado basicamente da maneira pretendida, mas não de modo exato. Têm crescido os fluxos de capital para investimentos em ESG, assim como a atenção a essas questões. A Bloomberg previu que os ativos totais de ESG sob gestão alcançariam 50 trilhões de dólares, isto é, mais de um terço do mercado global, por volta de 2025.[31] Mas as empresas ainda precisam se apropriar da sigla e realizar ações em cima dos resultados do ESG. Embora o financiamento seja essencial para impulsionar melhorias e inovações em ESG, novos influxos de capital não são a única maneira pela qual uma empresa assume trabalho em ESG, e empréstimos para essa transição podem não estar disponíveis, e às vezes não ocorrem alterações na teimosa persistência do status quo a ponto de permitir que uma diretoria efetue uma mudança. Muitas atividades corporativas têm focado medir e comunicar os dados sobre esforços de ESG às empresas de serviços financeiros e não investigam o trabalho crucial de transição ou o financiamento necessário, que foi o ponto principal desde o início.

Os efeitos da evolução do ESG serão vistos ao longo deste livro, junto com as obstruções que decorrem de não se fazer uma clara distinção entre ESG e CSR, SRI e impacto, o que faz essa definição ser cooptada para atender a propósitos diferentes. Também abordaremos como o ESG pode ajudar a criar uma posição defensiva em relação ao impacto. Se as empresas afirmam ter se apropriado do ESG e o usam para moldar suas estratégias de negócios, entendem melhor as diferenças entre riscos materiais de ESG e oportunidades, iniciativas de impacto conduzidas por valores, além de onde essas duas coisas se encontram.

## O QUE O ESG NÃO É

O que o ESG significa está aberto a debate, por ser muito amplo, mas a sigla muitas vezes é reduzida às suas formas mais simples, até mesmo além de sua sobreposição com CSR e impacto. Em razão da natureza universal dos intangíveis por trás do ESG, ela tende a ser tudo para todos, e a atender a uma gama de agendas específicas. Desconstruir essas outras reduções ajuda a criar a atitude mental correta para compreender o que o ESG é, por meio do exame daquilo que ela não é.

Com o surgimento de regulamentações do ESG, fruto da necessidade de dados comparáveis, as empresas buscam freneticamente divulgar esses dados, e com isso o Diretor de Sustentabilidade assume uma função de *compliance*. Em razão do foco nos investidores, o ESG muitas vezes é reduzido a dados, mas nem todos os dados são relevantes ou materiais. Dados sem uma ação correspondente são apenas dados divulgados. Dados e métricas moldam as estratégias de ESG e podem apoiar a obtenção de resultados, mas os dados não são o ESG, a não ser que estejam relacionados a uma questão material.

Quanto aos dados, as agências de classificação muitas vezes usam o ESG e os dados não financeiros para definir uma pontuação que possa ser usada por um investidor para tomar uma decisão de investir. Essas pontuações tampouco são equivalentes o ESG, mas são úteis para compreender como um pesquisador ou analista vê o desempenho do ESG de uma empresa.

Examinamos como o ESG difere de valores e de impacto por meio da materialidade, mas algumas conexões podem vir à tona, com frequência na interseção da questão com os *stakeholders*. Se um grupo importante de *stakeholders* pressiona seus valores sobre a empresa por meio de desinvestimento, ou por outras pressões ou confrontações, o time de gestão deve examinar esse ponto de vista e realizar alguma ação, caso contrário enfrentará riscos à reputação. Fundamentalmente, porém, o ESG difere de iniciativas baseadas em valor porque ele é material e busca valor a longo prazo. Como resultado, muito do que aparece em relatórios de CSR, como voluntariado anual, doações à caridade ou filantropia, embora sejam propósitos excelentes, muitas vezes não é ESG.

Em razão da confusão com valores, alguns políticos, especialmente no Ocidente, têm insistido em ver o ESG como um esforço baseado em princípios voltados a promover uma agenda liberal específica. Com tudo o que examinamos até agora neste capítulo introdutório, deve ter ficado óbvio que esse não é o caso. O ESG representa questões do negócio essencial, e uma avaliação que inclui todas as coisas nas quais diretorias e times de gestão trabalham durante anos. As empresas não devem priorizar a ESG em detrimento de outras atividades, e sim integrá-lo como uma consideração a ser feita ao tomarem decisões estratégicas. Além disso, as empresas devem também focar no ESG com a firme intenção de que seja adequadamente incorporada para ajudar a capturar riscos e oportunidades que poderiam ficar de fora dos processos tradicionais de gestão da empresa.

## UMA MENTALIDADE ESG PODE SER EXATAMENTE O NECESSÁRIO

Portanto, voltamos à questão original. Por que uma empresa deve se preocupar em compreender o ESG? Por um lado, é uma perspectiva que as instituições financeiras têm a respeito da empresa e que deve ser bem compreendida para possibilitar alocar e aplicar capital apropriadamente. Compreender que o ESG vai além de pontuações de ESG e de divulgações de dados relacionados ajuda a empresa a ver que precisa gerir seus riscos e oportunidades em busca de resultados. Essa perspectiva mais ampla deve trazer retornos aos investidores no longo prazo.

Por outro lado, o ESG representa uma perspectiva adicional, a partir da qual podemos pensar em questões emergentes em paralelo com um amplo conjunto de tópicos interconectados. Embora a diretoria e os times de gestão já devam ter uma visão de longo prazo, o ESG fornece novas informações que contribuem para decisões cruciais da empresa à medida que as pressões dos *stakeholders* aumentam. No entanto, também é algo que líderes podem ter ignorado ou executado precariamente, quando a intenção original não chegou ao nível da empresa com suficiente consistência ou capacitação.

O ESG tem sido chamado de várias coisas ao longo de sua curta vida, entre elas de modelo, pontuação, estratégia de investimento, o diabo a quatro, e mais coisas. Então, por que acrescentar mentalidade a essa mistura? Ao longo dos anos, conversei com muitas instituições financeiras e empresas e constatei que muitas delas deixam de ver algo em relação ao ESG. Para lidar com riscos de ESG e criar oportunidades no novo mundo da globalização, cheio de controvérsias, de intangíveis e de policrises (examinaremos todas elas), as empresas precisam adotar uma nova mentalidade para pensar sobre seu negócio em todos os níveis da organização.

O ESG é assumidamente uma maneira imperfeita e imprecisa de pensar sobre o efeito do mundo na empresa, ao mesmo tempo que consideramos também o impacto da empresa. No entanto, talvez seja exatamente a ferramenta certa para lidar com um mundo imperfeito e impreciso.

## NOTAS

[1] PwC (2022). Charting the course through a changing Governance landscape. PwC, p. 16. www.pwc.com/us/en/services/governance-insights-center/assets/pwc-2022-annual-corporate-directors-survey.pdf (arquivado em https://perma.cc/Q24A-868S).

[2] The 73rd Congress of the United States (2022). Securities Act of 1933. 42. www.govinfo.gov/content/pkg/COMPS-1884/pdf/COMPS-1884.pdf (arquivado em https://perma.cc/FPF3-VEKB).

[3] U.S. Supreme Court (1976). TSC Industries, Inc. v. Northway, Inc., 426 U.S. 438 (1976). Justia Law. https://supreme.justia.com/cases/federal/us/426/438/ (arquivado em https://perma.cc/KK63-3HF2).

[4] U.S. Securities and Exchange Commission (1999). SEC staff accounting bulletin no. 99: Materiality. SEC. www.sec.gov/interps/account/sab99.htm (arquivado em https://perma.cc/P4GP-2TDG).

[5] European Financial Regulatory Advisory Group (2022). [Draft] ESRG 1 Double materiality conceptual guidelines for standard-setting Working paper. EFRAG, p. 4. www.efrag.org/Assets/Download?assetUrl=/sites/webpublishing/SiteAssets/Appendix%202.6%20-%20WP%20on%20draft%20ESRG%201.pdf (arquivado em https://perma.cc/7JYY-K7K3).

[6] Global Reporting Initiative (2022). The materiality madness: Why definitions matter. Global Reporting Initiative, p. 2. www.globalreporting.org/media/r2oo-jx53/gri-perspective-the-materiality-madness.pdf (arquivado em https://perma.cc/5LBH-8UEJ).

[7] Global Reporting Initiative (2022). The materiality madness: Why definitions matter. Global Reporting Initiative, p. 2. www.globalreporting.org/media/r2oo-jx53/gri-perspective-the-materiality-madness.pdf (arquivado em https://perma.cc/M5VX-DDVU).

[8] Fan, J., Rehm, W., e Siccardo, G. (2021). The state of internal carbon pricing. McKinsey. www.mckinsey.com/capabilities/strategy-and-corporate-finance/our-insights/the-state-of-internal-carbon-pricing (arquivado em https://perma.cc/9DLT-JBNT).

[9] Impact-Weighted Accounts (s.d.). Impact-Weighted Accounts. Harvard Business School. www.hbs.edu/impact-weighted-accounts/Pages/default.aspx (arquivado em https://perma.cc/MEH7-67CN).

[10] CFI Team (2020). Socially responsible investment (SRI). Corporate Finance Institute. corporatefinanceinstitute.com/resources/esg/socially-responsibleinvestment-sri/ (arquivado em https://perma.cc/74TE-EY3H).

[11] Gethard, G. (2019). Protest divestment and the end of apartheid. Investopedia. www.investopedia.com/articles/economics/08/protest-divestment-south-africa.asp (arquivado em https://perma.cc/MHQ3-FP7U).

[12] Hale, J. e Ginty, B. (2020). ESG investing comes of age. Morningstar. www.morningstar.com/features/esg-investing-history (arquivado em https://perma.cc/S67Y-XLZ5).

[13] United Nations Economic and Social Commission for Asia and the Pacific (2013). *From Corporate Social Responsibility to Corporate Sustainability*. UN iLibrary, p. 10. www.un-ilibrary.org/content/books/9789210564779c005 (arquivado em https://perma.cc/BT2Q-HFSQ).

[14] Friedman, M. (1970). The social responsibility of business is to increase its profits. *The New York Times*. Setembro 13. https://www.nytimes.com/1970/09/13/archives/a-friedman-doctrine-the-social-responsibility-of-businessis-to.html (arquivado em https://perma.cc/4ZLW-MQJ7).

[15] Committee for Economic Development (1971). *Social Responsibilities of Business Corporations*. Committee for Economic Development, pp. 26–27. www.ced.org/pdf/Social_Responsibilities_of_Business_Corporations.pdf (arquivado em https://perma.cc/QDP5-FEH2).

[16] Agudelo, M.A.L., Jóhannsdóttir, L., e Davídsdóttir, B. (2019). A literature review of the history and evolution of corporate social responsibility. *International Journal of Corporate Social Responsibility*, 4(1), p. 1–23. https://doi.org/10.1186/s40991-018-0039-y. (arquivado em https://perma.cc/ P96D-Y3K9).

[17] United Nations (2019). What is the Kyoto Protocol? UNFCCC. unfccc.int/kyoto_protocol (arquivado em https://perma.cc/M75X-XRUT).

[18] United Nations Global Compact (s.d.). United Nations Global Compact. https://unglobalcompact.org/what-is-gc/mission/principles (arquivado em https://perma.cc/MRX3-7AFL).

[19] United Nations (2015a). Millennium Development Goals. United Nations. www.un.org/millenniumgoals/bkgd.shtml (arquivado em https://perma.cc/KF9M-ZJDW).

[20] United Nations (2015b). Transitioning from the Millennium Development Goals to the Sustainable Development Goals. United Nations Sustainable Development. www.un.org/sustainabledevelopment/blog/2015/09/transitioning-from-the-millennium-development-goals-to-the-sustainabledevelopment-goals/ (arquivado em https://perma.cc/4AXZ-Y2S4).

[21] United Nations Environment Programme Finance Initiative (2019). About. United Nations Environment Programme Finance Initiative. www.unepfi.org/about/ (arquivado em https://perma.cc/D3AF-B8CA).

[22] Clements-Hunt, P. (2021). The United Nations free-thinkers who coined the term "ESG" and changed the world. LinkedIn. www.linkedin.com/pulse/united--nations-free-thinkers-who-coined-term-esg-paul-clements-hunt/ (arquivado em https://perma.cc/BVK5-CQRB).

[23] UNEP Finance Initiative (2004). *The Materiality of Social, Environmental and Corporate Governance Issues to Equity Pricing*. United Nations Environment Programme, p. 2. www.unepfi.org/fileadmin/publications/amwg/ceo_briefing_materiality_equity_pricing_2004.pdf (arquivado em https://perma.cc/7KGJ-T83V).

[24] UNEP Finance Initiative (2004). *The Materiality of Social, Environmental and Corporate Governance Issues to Equity Pricing*. United Nations Environment Programme, p. 3. www.unepfi.org/fileadmin/publications/amwg/ceo_briefing_materiality_equity_pricing_2004.pdf (arquivado em https://perma.cc/MKB3-25T3).

[25] UNEP Finance Initiative (2004). *The Materiality of Social, Environmental and Corporate Governance Issues to Equity Pricing*. United Nations Environment Programme, p. 3. www.unepfi.org/fileadmin/publications/amwg/ceo_briefing_materiality_equity_pricing_2004.pdf (arquivado em https://perma.cc/3ACA-KGJ9).

[26] United Nations (2004). *Who Cares Wins*. p. 2. www.unepfi.org/fileadmin/events/2004/stocks/who_cares_wins_global_compact_2004.pdf (arquivado em https://perma.cc/G8RT-FZSY).

[27] United Nations (2004). *Who Cares Wins*. p. 1-2. www.unepfi.org/fileadmin/events/2004/stocks/who_cares_wins_global_compact_2004.pdf (arquivado em https://perma.cc/MB5E-YL7A).

[28] UNEP Finance Initiative (2005). *A legal framework for the integration of environmental, social, and governance issues into institutional investment*. United Nations Environment Programme, p. 13. www.unepfi.org/fileadmin/documents/freshfields_legal_resp_20051123.pdf (arquivado em https://perma.cc/47ST-ZN2A).

[29] World Business Council for Sustainable Development (WBCSD) and UNEP Finance Initiative (2010). *Translating ESG into sustainable business value: Key insights for companies and investors*. www.unepfi.org/fileadmin/documents/translatingESG.pdf (arquivado em https://perma.cc/YC4P-68YM).

[30] Tomlinson, B., Whelan, T., e Eckerle, K. (2021). How to bring ESG into the quarterly earnings call. *MIT Sloan Management Review*. www.sloanreview.mit.edu/article/how-to-bring-esg-into-the-quarterly-earnings-call/ (arquivado em https://perma.cc/26NH-DLZ6).

[31] Bloomberg (2021). ESG assets may hit $53 trillion by 2025, a third of global AUM. Bloomberg Professional Services, 23 de fevereiro. www.bloomberg.com/professional/blog/esg-assets-may-hit-53-trillion-by-2025-a-third-of-global-aum/ (arquivado em https://perma.cc/AA9B-SKSA).

CAPÍTULO 2

# DADOS DE ESG: PADRÕES, AGÊNCIAS DE CLASSIFICAÇÃO E VALOR

Há um axioma comum para o ESG, comumente citado por aqueles que trabalham em instituições financeiras, organizações de padronização e agências de classificação de ESG.

> ESG É IGUAL A DADOS.

Como vimos no primeiro capítulo, o ESG não se resume a dados. No entanto, não deve surpreender que exista uma conexão muito estreita e que as empresas e *stakeholders* possam extrair insights de ESG a partir de dados. Como o ESG começa com a alocação de capital dos mercados financeiros – o que nos remete aos dados simples que alimentaram estratégias de investimento socialmente responsável (SRI) –, a realização de análises de investimento em ESG requer dados comparáveis, do mesmo modo que os analistas financeiros examinam dados quantitativos e usam conteúdo material de arquivos corporativos para determinar valor. A partir desses pontos de dados, os investidores comparam as empresas e avaliam riscos e oportunidades para investir.

Além disso, números financeiros expressos em um formato contábil comparável têm menos nuances do que as informações de ESG disponíveis em toda a sua amplitude e profundidade. A maior parte dos dados financeiros é quantitativa, o que significa que a empresa pode medir e reportar números mensuráveis para os valores monetários relacionados, alinhados a padrões comuns, segundo princípios contábeis estabelecidos há muito tempo. Os dados de ESG variam acompanhando as diferenças entre as empresas, e compõem um mix de dados quantitativos e qualitativos, estes últimos consistindo mais em narrativas descritivas, abertas à interpretação. Em alguns casos, examinar dados de ESG é como comparar dois romances. Cada empresa é como se fosse um autor particular, contando uma história diferente em seu próprio estilo de escrita, às vezes até numa língua estrangeira cheia de expressões coloquiais. Ponha em cima disso a combinação de pessoas que participaram da escrita dessa história e que geralmente entendem apenas uma pequena parte do enredo, e você terá uma receita dessas informações sobre as quais alguém pode tentar raciocinar, mas que não são comparáveis, mesmo dentro do mesmo setor ou, no caso desta metáfora, do mesmo gênero literário.

Apesar dessa implicação, o termo ESG ficou indissoluvelmente associado a dados comparáveis Ambientais, Sociais e de Governança, já que qualquer investidor pode usar essas informações em suas análises particulares, tornando os dados valiosos para avaliar os tipos de investimento. A discriminação da sigla é intencional aqui, já que esses dados abrangem um universo de métricas materiais e não materiais, reportadas ao longo de cada pilar. A maioria das pessoas chama essas informações de dados ESG, mas sua aplicação pode variar. Um investidor SRI ou um investidor ativista pode examinar métricas Ambientais e Sociais ao longo do tempo para ver quais empresas têm impacto positivo no mundo. Já um investidor ESG olharia para as mesmas métricas para tentar descobrir como a empresa lida com um risco ou oportunidade material em particular. Desse modo, os mesmos dados moldam diferentes decisões dos *stakeholders*. Se você incluir a observação feita no capítulo anterior de que investidores e empresas não têm consenso em relação ao que é material, compreenderá que há uma grande pressão para reportar tudo, e isso faz o volume de dados reportados escalar até ficar fora de controle, privilegiando a quantidade em detrimento da qualidade.

À medida que a atenção ao ESG cresce, os *stakeholders* além dos investidores também examinam os mesmos dados reportados, com propósitos adicionais. Por exemplo, um consumidor compara dados de ESG em publicidade ou no rótulo de um produto para determinar qual produto prefere comprar, ou um possível funcionário usa essa informação para determinar qual empresa se alinha melhor aos seus valores ou qual delas lida bem com suas questões de ESG e, portanto, é uma aposta estável. Tanto o relato de histórias quanto o marketing têm evoluído, já que a comunicação eficaz de uma mensagem de ESG particular pode impulsionar o alinhamento com esses *stakeholders*, criando oportunidades adicionais para a empresa.



O resultado são grandes volumes de dados ESG reportados pela empresa para ajudar a captar capital e oportunidades, levando os reguladores a intervirem para controlar sua qualidade. Dados ESG evoluíram de avaliações financeiras destinadas ao uso pelos *stakeholders* até seu estado atual de pressão regulatória, onde nenhum público de dados é menos crucial que outro. O ESG consiste em dados, porque são eles que moldam as decisões tomadas dentro da empresa, e em torno dela, que têm impacto material sobre os *stakeholders*. Infelizmente, assim como as histórias que as empresas contam, cada *stakeholder* procura algo diferente nessa história, e às vezes a empresa não compreende quais são os dados importantes para qual *stakeholder* e por que razão, e então os resultados se tornam imprevisíveis. Quer a empresa reporte dados em torno de atividades materiais ou não materiais, os dados publicados geram o risco de que qualquer coisa possa ser uma questão material de acordo com a interpretação particular do *stakeholder*, do mesmo modo que omitir qualquer coisa pode levar um *stakeholder* a tomar uma decisão diferente a respeito da empresa.

Mesmo com o alto volume de dados, uma queixa comum é que há dados reportados demais para as empresas de serviços financeiros, que eles não são suficientemente comparáveis e, além disso, ficam mais difíceis de entender a partir das interpretações das agências de classificação de ESG. Mas essa crescente obsessão por dados é uma pressão constante que causa tensão nas empresas, porque os mesmos desafios na análise de mercado se aplicam também a avaliações ao longo de suas cadeias de valor. As empresas também se veem às voltas com variações e evoluções nas motivações dos *stakeholders*, incluindo aquelas focadas no impacto, o que leva à proliferação de dados reportados. No início de 2023, o *New York Times* relatou conversas francas entre executivos no Fórum Econômico Mundial de Davos, lamentando a ênfase excessiva nas medições, com declarações do tipo: “O debate a respeito das métricas a serem utilizadas para medir as realizações em ESG, como a redução nas emissões de carbono, acabou se tornando uma distração".[1]

Essa necessidade insaciável que os *stakeholders* têm de dados, junto com a pressão de *compliance* dos novos requisitos regulatórios, tem impulsionado um surto de atividade corporativa e de novas contratações de especialistas que saibam lidar com padrões ou tenham expertise no domínio. Algumas empresas foram pioneiras na adoção, alinhando seu forte senso de propósito a projetos em torno de áreas amplas, como sustentabilidade e diversidade. Com o aumento do número de regulamentações a serem atendidas, muitas empresas agora dão atenção à sua coleta de dados de ESG e a reportá-los, como um exercício de transparência e *compliance*, transferindo a responsabilidade a um cargo de *compliance* ou a algum outro tipo de controle para lidar com sua complexidade.[2]

Infelizmente, a natureza universal do ESG permitiu que se tornasse um termo genérico para qualquer assunto que se possa imaginar, e não é fácil lidar com essa complexidade e nuances. Muitas empresas agora aderem à evolução natural do ESG a partir de sua criação como um mecanismo de serviços financeiros – coletando e reportando dados de ESG da empresa. No entanto, os dados de ESG têm um propósito valioso que é o de trazer à tona alguns riscos e oportunidades da empresa que ela antes desconhecia, aumentando a resiliência ao moldar ações de alta qualidade. Essa análise e ações subsequentes representam passos que as empresas não podem deixar de dar, já que também perseguem esforços para exercer impacto no mundo. Como seria de esperar, organizar a empresa em torno de esforços nascidos de dados ESG é uma tarefa da Governança, mas coletar os dados não é uma tarefa fácil.

## A NOVA CADEIA DE SUPRIMENTOS DE DADOS ESG

Para efetivamente comunicar seus esforços aos *stakeholders* e prover evidência de suas ações por meio de uma história, uma empresa deve coletar, analisar e reportar seus dados de ESG. Esse esforço pode ser um desafio enorme quando os registros analógicos ou equivalentes digitais de boa parte das operações da empresa estão armazenados em várias plataformas e sistemas. Da perspectiva de riscos e oportunidades de

ESG, e em relação a impacto, uma empresa deve também considerar sua cadeia de valor inteira ao explorar dados. Em seus relacionamentos, contratos e até no uso de seus produtos e serviços, a empresa representa tudo o que ela traz para si e tudo o que devolve ao mundo, e isso está associado a pontos de dados. Tendo em conta tanto a necessidade insaciável dos *stakeholders* de revisar dados de ESG quanto as novas regulamentações, a empresa deve agora dar conta de tudo, criando uma ampla rede de suprimento de dados de ESG.



## Dados autorreportados

As empresas estão assentadas sobre um tesouro de dados operacionais em seus sistemas internos de tecnologia e possivelmente em suas áreas de armazenamento impresso. Essas informações têm valor inestimável para o time de gestão da empresa, para os *stakeholders* e para investidores que queiram examinar dados e tomar decisões mais bem fundamentadas. Infelizmente, as empresas não montam esses sistemas digitais ou analógicos para reportar dados de ESG, ou para apoiar funções corporativas específicas e cruciais, e os dados internos tampouco devem ser compartilhados prontamente em razão da concorrência. Esses sistemas e seus dados são uma metáfora genérica do ESG, pois a empresa não foi criada para apoiar esforços de ESG, e tampouco existe apenas para isso. Em outras palavras, a sigla não está desvinculada do que as empresas estão fazendo, mas a empresa pode ganhar valor adicional a partir de uma perspectiva que leve o ESG em conta.

Muitos desses sistemas internos contêm métricas quantitativas que requerem um contexto adicional para revelar materialidade e impacto. Por exemplo, um sistema de folha de pagamento rastreia os salários de todos os funcionários. Esses dados por si só revelam os benefícios que a empresa oferece a um grupo interno crucial, isto é, seus funcionários. Mesmo assim, podem não fornecer o contexto de diversidade, equidade e inclusão (DEI) expresso pelos sistemas de Recursos Humanos que permita determinar questões Sociais materiais – como a equidade das remunerações, que pode impactar a retenção de talentos. Em outro exemplo, uma empresa com grande peso em bens imóveis pode monitorar seu uso de energia ou suas contas de serviços de fornecimento, mas não ter sensores que monitorem proativamente as diversas falhas que podem ocorrer nos equipamentos desses prédios, e que propiciariam uma gestão mais eficiente de energia. A questão da equidade das remunerações é uma que os *stakeholders* externos teriam interesse em conhecer, especialmente potenciais funcionários. Mas a questão da gestão dos prédios, apesar de ser potencialmente material, conforme o grau em que a empresa dependa de seus bens imóveis, será necessária para os controles de qualidade internos; mesmo assim, seu valor pode aparecer na melhoria do uso de energia reportado, nos números relacionados a emissões de carbono, ou mesmo no corte de custos.

Um dos primeiros passos na jornada de ESG da empresa é o inventário de dados sobre seus bens imóveis. Esse exercício, que o departamento de TI deve liderar em parceria com as unidades de negócios para esse importante contexto, informa onde e que tipo de dados existem nos diferentes sistemas de negócios. Sem a compreensão e o inventário desse nível – um exercício de Governança de TI – as empresas dificilmente compreenderão seus dados fora do contexto restrito do sistema em que eles residem.

Partindo daí, as empresas devem explorar com bom senso novas conexões entre sistemas de dados internos, buscando orientação dos times de gestão a respeito de prioridades e alavancando capital intelectual para aquilo que importa a elas. A seguir, os times de gestão e os funcionários podem selecionar informações competitivas e de propriedade intelectual – que permanecerão internas para análise – e sobre o que pode e deve ser autorreportado externamente a *stakeholders* para ser revisto. Mas isso é apenas parte dos dados necessários para análises de qualidade.

## Conjuntos de dados externos materiais

Mesmo que a empresa tenha avaliado, atualizado e conectado seus sistemas internos em torno de dados relacionados ao ESG se preparando para reportá-los, os *stakeholders* esperam que isso não pare aí. Primeiro, é necessário empreender ações que levem a resultados, já que os *stakeholders* esperam progresso, seja em relação a riscos e oportunidades de ESG ou a impacto. Além disso, os *stakeholders* compreendem que devem considerar todo um ecossistema de dados, e alguns, como as instituições financeiras, usam dados adicionais para suplementar o que a empresa reporta a fim de revelar riscos materiais e avaliar tomadores de empréstimos e investimentos em busca de oportunidades. As empresas devem usar dados externos similares para suplementar suas análises, bem como conjuntos de dados internos conectados, para formar um quadro holístico do contexto e das operações da empresa num mundo cada vez mais complexo e interconectado.

Toda empresa está sujeita aos efeitos do mundo físico e digital, e interage com vários *stakeholders*. Esses domínios têm conjuntos de dados que podem ajudar a informar a empresa a respeito de tendências em evolução e das forças diretas capazes de afetar a empresa. Instituições financeiras alavancarão esses conjuntos de dados adicionais para ajudar a dar um contexto à análise, e as empresas devem também fazer isso. Ao formar uma trama entre os conjuntos de dados externos e os dados internos da empresa, é possível revelar novos insights e agregar contexto adicional de ESG.

Cada pilar do ESG tem conjuntos de dados externos valiosos que podem ser utilizados pela empresa, mas eles exigem uma abordagem cuidadosa para selecionar aqueles que são úteis. Por exemplo, a empresa pode não levar em conta conjuntos de dados externos sistêmicos que talvez trouxessem à tona riscos Ambientais. Voltando ao exemplo dos bens imóveis, manter as localizações físicas dos prédios num sistema de gestão das instalações internas não é suficiente para modelar o risco climático. Para isso, uma empresa deve obter dados e modelos climáticos externos e informações sobre mudanças locais na biodiversidade, mapeamento do terreno, zonas de inundação, entre outros.

O pilar Social também tem valiosos conjuntos de dados externos, como o censo e dados populacionais, mídias sociais e sentimentos relacionados, entre outros. Seguindo com o exemplo anterior da equidade de remunerações, dados obtidos externamente podem ajudar uma empresa a entender em que pé seus esforços estão em relação aos seus pares, o que pode levá-la a ganhar uma vantagem competitiva em talento. Informações demográficas regionais ajudam a moldar estratégias para acelerar programas de igualdade de remunerações em certas áreas e a captar talentos diversificados onde eles existam.

Do ponto de vista da Governança, é provável que a empresa já esteja seguindo tendências regulatórias. Ainda assim, ela pode também se basear em relatórios de ESG de players do setor para compreender como os outros estão enxergando as questões de ESG relacionadas ao setor. Mas é preciso cuidado nesse aspecto, pois nem toda empresa define sua estratégia de ESG do mesmo modo. Se a empresa pesquisar com essa compreensão, será capaz de fazer uma análise competitiva eficaz sobre como seus pares estão lidando com questões materiais de ESG.

Dados a respeito da experiência material da diretoria e dos times de gestão podem ter implicações de Governança. Ao longo da empresa, os feeds de notícias podem ser um conjunto de dados especialmente poderoso para integrar aos dados da empresa, e é provável que isso já esteja sendo monitorado pelos times de gestão e unidades de negócios. Por exemplo, uma divisão de Pesquisa e Desenvolvimento deve estar atenta a artigos científicos e notícias sobre novos desenvolvimentos nos materiais usados pelos produtos da empresa. Um time de Operações fará bem em monitorar notícias sobre climas extremos e mudanças nas condições climáticas que possam afetar suas instalações, para fazer então as adaptações necessárias.

Esses conjuntos de dados externos podem vir de vários provedores – empresas comerciais de dados climáticos, governos, ONGs, organizações sem fins lucrativos, concorrentes e consórcios, ou conjuntos de dados disponíveis ao público. Embora a TI seja necessária para forjar as conexões de dados, descobrir os relacionamentos lógicos entre dados internos e externos requer expertise de domínio em parceria com os especialistas internos da empresa para desvendar, analisar e reportar em relação a eles.

## Dados da cadeia de valor: fornecedores *upstream*

Nenhuma empresa opera num silo; toda empresa depende de fornecedores. Cada um deles afeta a empresa de uma maneira ou outra, e a empresa por sua vez também exerce impacto neles. Como os fornecedores são empresas, também têm cadeias de suprimentos. Esses relacionamentos intrincados e suas atividades não existiriam fora dos elos da cadeia, e criam responsabilizações compartilhadas adicionais. Junto com elas vêm dados relacionados que cada empresa conectada precisa coletar, analisar e levar em conta em sua análise de ESG.

A partir dessa necessidade de dados da cadeia de valor, formam-se novas conexões que se estendem além dos relacionamentos contratuais. Em 2022, quatro de cada cinco times de Compras pesquisados tinham começado a incluir o ESG em seus objetivos estratégicos.[3] As empresas estão alavancando sua cadeia de suprimentos para fazer frente a seus compromissos de ESG e procurando se alinhar com isso. Neste caso, uma questão que é preocupação não material para um fornecedor se torna uma questão material em razão de uma solicitação, já que os dados poderiam se tornar uma consideração adicional para a continuidade do relacionamento. O resultado é que qualquer ponto de dados na cadeia de valor pode demonstrar ser material, o que faz do ESG um alvo em constante movimento, pelo menos em seu estado atual. Como ocorre com a maioria das coisas relacionadas ao ESG, existe também uma conexão inata com o impacto de uma empresa que reforça essa conexão.

Acumulando anos de esforços, em outubro de 2004, o World Business Council for Sustainable Development (WBCSD) publicou um documento sobre o padrão corporativo para medir emissões, chamado *The GHG Protocol: A corporate reporting and accounting standard* [O Protocolo GHG: Um Padrão corporativo para reportar e contabilizar], amplamente adotado com esse mesmo nome como um conjunto de padrões e ferramentas.[4] Esse documento reconheceu a necessidade de conectar as emissões da cadeia de valor às suas atividades relacionadas, indo além da mera contabilização pela empresa de suas atividades diretas. O fluxo de informações Ambientais e de contabilização tem paralelo com a dependência dos negócios da cadeia de valor. Essa ideia evoluiu para três perfis das emissões:

- **Perfil 1:** emissões criadas diretamente como resultado das operações de uma empresa
- **Perfil 2:** emissões indiretas de atividades ou fontes que a empresa tenha comprado
- **Perfil 3:** emissões da cadeia de valor de fontes que não são de propriedade da empresa nem operadas por ela.

Os requisitos para contabilizar as emissões do Perfil 3 associam uma empresa e sua cadeia de valor do mesmo modo que o ESG faz, mas por outras razões e com resultados diferentes. O ESG foca vínculos materiais, mas o Protocolo GHG pode também ter impactos não materiais. Para uma empresa agrícola, compreender as emissões de sua cadeia de valor poderia ser um exercício de impacto para influenciar a descarbonização de um ecossistema. De um ponto de vista de ESG, agricultura, silvicultura e uso da terra respondem por cerca de 18,4% das emissões globais.[5] À medida que governos e reguladores examinam as emissões em relação à mudança climática e priorizam uma transição, com adoção precoce de práticas sustentáveis e trabalhando com fornecedores que façam o mesmo, é possível baixar os riscos de transição.

Embora as emissões promovam uma conexão entre as empresas e sua cadeia de valor ao longo do pilar Ambiental e das operações necessárias, sejam elas materiais ou não, esse não é o único vínculo, é apenas o que se projeta num padrão. Por exemplo, uma empresa de moda depende de que os fornecedores de tinturas tenham acesso a fontes de água renováveis, uma questão de emissões não relacionada. Muitos vínculos de ESG materiais como este existem em cada pilar, e entre eles, ao longo da cadeia de valor. Por exemplo, trabalho forçado num fornecedor, vinculado ao pilar Social, pode causar dano à marca da empresa *downstream* e indicar práticas de negócios pouco recomendáveis, como subpadrão, materiais ineficientes ou falta de controles de segurança. Não dar atenção a um problema como esse é uma questão de Governança, e a expectativa é que dados como auditorias, entrevistas, e mídias sociais tragam isso à tona.

Essa conexão tem levado a novos relacionamentos baseados em relatórios que chegam infindavelmente à cadeia de suprimentos de uma empresa, e tentam extrair dados de cada player. Para adaptar e mitigar seus riscos e oportunidades relacionados à cadeia de valor, a empresa deve ir além da coleta de dados: deve analisar os dados e agir.

A razão pela qual isso se torna complexo reside na cadeia de valor. Em que ponto dessa cadeia a empresa deve parar de contabilizar seus efeitos e impactos? Por exemplo, uma empresa que produza laptops tem uma vasta cadeia de suprimentos, que envolve fornecimento de matérias-primas, refino e processamento, manufatura de componentes, transporte, montagem de produto, entrega à cadeia varejista, e entrega ao cliente para uso. Cada um desses passos reúne uma gama de players na cadeia de valor cujas operações não aconteceriam se não fosse pela empresa e seu cliente final. Obter informações materiais ou sobre impacto de cada player *upstream* para atividades relacionadas à extração de minerais raros da Terra é algo árduo. E não para aí. Qual é o processo de manufatura e a cadeia de valor em torno do equipamento usado na mina? E assim indefinidamente.



A empresa precisa estabelecer limites à exploração e contabilização de dados, talvez seguindo as recomendações originais do Protocolo GHG sobre o Perfil 3: "Empresas podem querer focar contabilizar e reportar aquelas atividades que são relevantes para o seu negócio e suas metas, e sobre as quais tenham informações confiáveis".[6] Esse chamado é um bom conselho para a maioria das atividades de coleta de dados relacionadas à cadeia de valor, até além das emissões, porque força a empresa a reconhecer as conexões materiais, criando uma mentalidade ESG. A empresa deve começar com o que importa e então passar a outras áreas.

A empresa global de semicondutores Nvidia cita dois fornecedores envolvidos em sua manufatura de *wafers* – disco fino e polido de material semicondutor – no seu relatório 2023 Corporate Social Responsibility (CSR) e nomeia ainda outros subempreiteiros e fabricantes terceirizados.[7] Também lista de que modo utiliza várias ferramentas, como o Código de Conduta da Responsible Business Alliance (RBA), para monitorar cadeias de suprimentos de diversas áreas, como Trabalho, Saúde e Segurança, Ambiental, Ética e de Sistemas de Gestão.[8] O RBA cobre o setor de eletrônicos e tem "pleno *compliance* com as leis, regras e regulamentação dos países em que opera. O Código também incentiva os Participantes a irem além do *compliance* legal, apoiando-se em padrões reconhecidos internacionalmente, para promover a responsabilidade Social e Ambiental e a ética nos negócios".[9] Leia essa declaração com atenção e encontrará nela todos os três pilares do ESG.

Métricas como essas podem ser melhoradas por meio de relacionamentos Aquisição-Fornecedor. Afinal, uma empresa tem efetivamente algum controle e influência sobre as atividades de um fornecedor e os dados resultantes, em função da ameaça de desinvestimento e das possibilidades de engajamento, de modo similar às instituições financeiras em relação a seus investimentos. Por exemplo, pesquisa e desenvolvimento em torno dos produtos da empresa podem reduzir os riscos de transição e impulsionar impacto por meio de escolhas sustentáveis, com parcerias para monitorar fornecedores em questões Sociais *upstream*. A empresa pode também controlar e gerir *downstream* a eficiência do uso dos produtos, a reparabilidade e a destinação final ou reciclagem, por meio de design, marketing e programas de circularidade. Enquanto os relacionamentos conectam a cadeia de valor, os dados os movimentam.

## Dados da cadeia de valor: *downstream* e de volta

Os dados estão em torno da cadeia de valor inteira, *upstream* e *downstream*. Os fornecedores cobrem apenas a direção *upstream*, mas são um componente material das operações e podem impactar as várias metas ESG da empresa por meio de fluxos de dados conectados. No entanto, *stakeholders downstream*, incluindo aqueles dentro do fluxo de dados da cadeia de valor, também desempenham um papel material nas operações da empresa e têm conjuntos de dados relacionados.

Funcionários são *stakeholders* que podem influenciar métricas reportadas por meio de suas atividades, necessidades e da cultura da empresa. Por exemplo, um time de gestão pode revelar dados de produtividade por meio de ferramentas de colaboração, e a empresa pode reportar, como parte do Perfil 3 sob o Protocolo GHG, as viagens de negócios e entre residência e trabalho de seus funcionários na contabilização de carbono. Os clientes são também um grupo importante de *stakeholders*, sejam clientes de negócios ou consumidores, e criam sinais que podem vir à tona em vários formatos de dados, como sentimento nas mídias sociais, feeds de notícias, entre outros. Veremos mais sobre esses dois grupos específicos de *stakeholders* no Capítulo 4, do ponto de vista Social. Para os presentes propósitos, é essencial reconhecer que há dados em torno de cada grupo.

Dependendo do grau de transparência e da disponibilidade da empresa que reporta em compartilhar a informação coletada, os dados de ESG aparecerão em seus arquivos financeiros materiais, de sustentabilidade e em relatórios CSR, e talvez em seu site da internet. Fora da publicação, a cadeia de suprimento de dados continua crescendo, já que mais grupos de *stakeholders* estão aguardando para rever os dados de ESG reportados pela empresa, o que afeta até as próprias estratégias de seus relatórios.

## Padrões e reguladores

Coletar, contabilizar e reportar dados de ESG a *stakeholders* já é complexo o suficiente. Mas a maneira pela qual a empresa faz isso e o que ela escolhe revelar é em grande medida uma questão de opinião, e pode variar de empresa a empresa, mesmo dentro do mesmo setor. Organizações de padronização e órgãos reguladores afetam a maneira e os dados que a empresa revela, mas podem não captar todas as questões materiais que a empresa deve considerar.

Em torno dos dados há uma "sopa de letrinhas" de padrões e modelos de relatório que tentam guiar as empresas para reportar segundo padrões junto com pontos de dados consistentes. Muitos tentam criar comparabilidade em conjuntos de dados entre empresas, mas são adotados pelas empresas em níveis variados, com as siglas e seus dados relevantes espalhados em tabelas publicadas em relatórios CSR. Mesmo os atraentes Objetivos de Desenvolvimento Sustentável da ONU [Sustainable Development Goals, SDGs], que não são padrões, costumam aparecer em relatórios CSR para dar aos *stakeholders* um modelo comum para as métricas reportadas.

Em razão da gama de padrões e de sua natureza de adoção voluntária, os *stakeholders* podem achar impossível encontrar dados comparáveis entre as empresas, já que cada uma subscreve dados diferentes, até no mesmo setor. Felizmente, padrões e modelos têm se consolidado e integrado ao longo do tempo. Em 2020, cinco organizações de padrões comuns, CDP, CDSB, GRI, IIRC e SASB, criaram uma visão conjunta para poderem trabalhar juntas.[10] Mais tarde naquele ano, a IIRC e a SASB se fundiram numa organização chamada Value Reporting Foundation (VRF).[11] Em 2021, a International Financial Reporting Standards (IFRS) Foundation, que define padrões globais de contabilização, anunciou que a CDSB e a VRF iriam se juntar numa nova organização, a International Sustainability Standards Board (ISSB).[12] Em 2023, a ISSB assumiu a supervisão da Task Force on Climate-related

CAPÍTULO 2

Disclosures (TCFD).[13] Do ponto de vista do ESG, é menos importante compreender a história do que reconhecer o volume de movimentação e a quantidade de siglas a serem administradas, das quais as empresas precisam ter conhecimento quando fazem seus relatórios.

Essa fusão facilitará para as empresas o trabalho de reportar, ao reduzir a variabilidade e prover pontos claros de integração, mas o progresso segue em marcha, e a participação continua sendo voluntária. Ainda assim, com a pressão dos *stakeholders* e o potencial para que flua capital com base em dados, existem algumas organizações e modelos de padronização com as quais vale a pena manter contato (Quadro 2.1), o que significa que a comparabilidade universal ainda não foi alcançada e pode estar ainda distante.

**QUADRO 2.1** Padrões e modelos relacionados ao ESG

| PADRÃO/MODELO | OBJETIVO | DESCRIÇÃO | USOS EM ESG |
|---|---|---|---|
| Global Reporting Initiative (GRI) | Ampla cobertura métrica Ambiental, Social e Econômica. | Padrões voluntários que definem métricas padrão que devem ser reportadas.<br>Dados divididos em Universais, Setoriais e Tópicos.[a] | *Benchmarking*.<br>Métricas podem estar relacionadas ao ESG, mas a empresa deve fornecer contexto de materialidade. |
| Sustainability Accounting Standards Board (SASB) | Métricas relacionadas a sustentabilidade. | Revelações específicas de setor, agora sob a ISSB. | Ajuda a identificar questões materiais e métricas relacionadas. |
| Objetivos de Desenvolvimento Sustentável da ONU (SDGs) | Baseado em metas globais. | Metas Ambientais e Sociais para o mundo até 2030. | Usado às vezes para alinhar métricas a impacto e contexto. |
| CDP | Clima, água, florestas. | Coleta métricas e informações sobre empresas e dá impulso à responsabilização por impacto em torno de três áreas.[b] | Times de compras e instituições financeiras utilizam os dados do CDP para analisar o progresso. |

| PADRÃO/MODELO | OBJETIVO | DESCRIÇÃO | USOS EM ESG |
|---|---|---|---|
| Task Force on Climate-related Disclosures (TCFD) | Riscos de transição climática. | Coleta métricas e informações de empresas relacionadas com clima e riscos de transição. | Modelo de relatórios para que empresas informem a movimentação de capital ao precificar riscos relacionados à mudança climática.[c] |
| Taskforce on Nature-related Financial Disclosures (TNFD) | Biodiversidade e impactos, riscos e oportunidades baseados na natureza. | Modelo consistente com TCFD. | Serve para trazer à tona a importância da natureza para a economia global e fornecer um modelo de relatório relacionado.[d] |
| Protocolo GHG | Emissões de gases de efeito estufa. | Guia para empresas públicas e privadas reportarem emissões.[e] | Contabilização de carbono. |
| Science-Based Targets Initiative (SBTI) | Ambiental. | Quando empresas definem suas metas ambientais, devem levar em conta a ciência para garantir que irão cumpri-las a tempo.<br>SBTI pode ajudar a validar planos. | Revisa metas ambientais baseadas em ciência e planeja ajudar empresas e instituições financeiras a compreenderem o que é necessário para a transição.[f] |

[a] GRI (2022). How to use the GRI. GRI. www.globalreporting.org/how-to-use-the-gri-standards/.

[b] CDP (2022). About us CDP. www.cdp.net/en/info/about-us.

[c] TCFD (2022). About. TCFD. www.fsb-tcfd.org/about/.

[d] Greenhouse Gas Protocol (2016). About us. Greenhouse Gas Protocol. https://ghgprotocol.org/about-us.

[e] Science based targets (2023). https://sciencebasedtargets.org/.

[f] Grant Thorton (2023). CSRD reporting: What you need to know. Grant Thornton. www.grantthornton.com/insights/articles/esg/2023/csrd-reporting-what-you-need-to-know.

Os listados no Quadro 2.1 são apenas alguns padrões e modelos comuns, focados principalmente no pilar Ambiental, que guiam as empresas em seus relatórios de ESG ou de impacto. Como são voluntários, as empresas escolhem qual deles seguir, o que significa que a comparabilidade continua sendo um problema. Com isso, emergiram novas regulamentações, algumas das quais se alinham aos conceitos apresentados em padrões e modelos para facilitar o fardo de relatórios, ao mesmo tempo em que mantêm as empresas responsabilizáveis por oferecer dados de qualidade conforme a expectativa das instituições financeiras. Pode haver regulamentações que precisem ser atendidas regionalmente, mas há três extensas regulamentações de relatórios de ESG que colocam pressão nas empresas e em suas cadeias de valor globais, já que as empresas modernas podem se estender muito em razão da globalização (Quadro 2.2).

Como com qualquer regulamentação, há custos em implementar e assegurar que os dados e processos apoiem a divulgação de modo preciso. Depois de revisar o esboço de regra de clima proposto pela SEC, mais da metade das empresas pesquisadas pela Workiva e pela PwC avaliaram que o exercício de *compliance* custaria a elas mais de 750 mil dólares só no primeiro ano.[14] Além disso, se o time de gestão encara as divulgações de ESG apenas como um custo e um exercício de *compliance*, surgirão alguns riscos de Governança. Primeiro, a empresa perderá a oportunidade de descobrir o valor que os mercados financeiros tentam descobrir. Segundo, o *compliance* com as regulações não é um substituto para a análise ESG, que é onde reside o valor. Terceiro, divulgações e regulações não abrangem todos os pontos de dados ou conjuntos de dados conectados que a empresa deve considerar para descobrir valor.

A empresa que analisa suas divulgações solicitadas e leva os dados ESG além do *compliance* pode ficar mais bem preparada para desenvolver uma estratégia abrangente em torno dos riscos de ESG e de novas oportunidades. Quando chegar a hora de buscar capital para bancar projetos de transição ou novos empreendimentos, o mix correto de dados ajudará a empresa e argumentar melhor com credores, assegurar o capital e agir. Quando os *stakeholders* questionarem a motivação da empresa para esses projetos, a compreensão e a consistência dos dados é que proporcionará uma defesa, e não os padrões ou os relatórios para órgãos reguladores.

## Dados ESG como agregadores e agências de classificação

Uma das coisas que certamente deve ter ficado clara a esta altura é que muitos dos padrões e regulamentações estão a serviço das necessidades das instituições financeiras para a movimentação de capitais. No entanto, o número de empresas e suas cadeias de valor ao longo dos mercados globais é grande demais para que qualquer firma de investimento consiga analisar. Conforme as empresas publicam suas informações ESG aos *stakeholders*, outras empresas agregam e analisam esses dados em escala. Esses provedores de dados ESG coletam os dados de várias fontes, fazem sua compilação, dão pontuações às empresas com base em seus modelos de classificação proprietários, criam índices relacionados e vendem as informações a instituições financeiras. Nesse sentido, os provedores de dados ESG são mais um dos *stakeholders* da empresa – mas um que às vezes é negligenciado ou mal compreendido, como veremos no Capítulo 9.

CAPÍTULO 2

**QUADRO 2.2** Regulamentações relacionadas ao ESG

| ÓRGÃO REGULADOR | REGULAÇÃO | JURISDIÇÃO | STATUS |
|---|---|---|---|
| Comissão UE | Corporate Sustainability Reporting Directive (CSRD). | Abrange vários estágios para empresas com sede na UE do ano fiscal 2024 a 2028, e inclui empresas operando na UE até 2028.[a] | Assinado em novembro de 2022.<br>Cobre amplas métricas ESG e considera materialidade financeira e de impacto, ou dupla.<br>materialidade.[b] |
| US Securities and Exchange Commission (SEC) | Climate Rule Draft. | Empresas de capital aberto dos Estado Unidos. | Em 2022, a proposta do draft foca grande parte em emissões, como alinhado com o Protocolo GHG.<br>Considera também risco climático como impacto material.[c] |

| ÓRGÃO REGULADOR | REGULAÇÃO | JURISDIÇÃO | STATUS |
|---|---|---|---|
| Organização de padrões | Padrões. | Jurisdição | Status |
| International Financial Reporting Standards (IFRS) | International Sustainability Standards Board (ISSB) informa agências reguladoras. | Jurisdições podem adotar este padrão como regulação e muitas jurisdições alavancam os padrões de contabilização do IFRS em relatórios financeiros.<br>Como isto combina padrões em uso, o ISSB recomenda que as empresas revisem e integrem proativamente.[d] | ISSB S1 foca sustentabilidade.<br>ISSB S2 foca riscos físicos e de transição relacionados ao clima.<br>A materialidade financeira é considerada nesses padrões.[e] |

[a] European Financial regulatory advisory Group (2023). Primeiro conjunto de esboços do ESRS. European Financial regulatory advisory Group. www.efrag.org/lab6.

[b] U.S. Securities and Exchange Commission (2022). A SEC propõe regras para aprimorar e padronizar divulgações relacionadas ao clima a investidores. SEC. www.sec.gov/news/press-release/2022-46.

[c] IFRS (s.d.). ISSB: Perguntas frequentes. IFRS. www.ifrs.org/groups/international-sustainability-standards-board/issb-frequently-asked-questions/.

[d] IFRS (s.d.). ISSB: Perguntas frequentes. IFRS. www.ifrs.org/groups/international-sustainability-standards-board/issb-frequently-asked-questions/.

[e] IFRS (s.d.). ISSB: Perguntas frequentes. IFRS. www.ifrs.org/groups/international-sustainability-standards-board/issb-frequently-asked-questions/.

Não são só as empresas públicas que podem estar sujeitas a classificações; as empresas privadas também. Esses provedores de dados ESG e agências de classificação incluem empresas como MSCI, S&P Global, Refinitiv, Sustainalytics e Preqin. Há pouca consistência entre as classificações, e as diferentes agências têm as próprias capacidades de pesquisa, seus pontos de vista sobre materialidade e seus conjuntos de dados preferidos. Algumas focam a materialidade ESG, outras no impacto, e outras ainda publicam informações sobre ambos. Com frequência, a interpretação, mesmo com uma descrição das metodologias de pontuação, reside no olhar do *stakeholder*. Por exemplo, em 2021, a McKinsey sugeriu que os times de Compras poderiam também alavancar empresas de classificação de ESG para ajudar na análise de fornecedores.[15]

Seguindo com a analogia de relatórios ESG como se fossem um romance, as agências de classificação de ESG são similares a um grupo de resenhistas de livros. Cada um pode descobrir algo diferente num romance a partir da sua análise e reportar suas descobertas de acordo. Em alguns casos, as instituições financeiras vão incorporar informações ESG agregadas e conjuntos de dados externos para apoiar pontuações criadas internamente.

Dentro da pontuações de uma agência de classificação há certo grau de comparabilidade, mas esta não é tão acentuada entre as agências de classificação. Como resultado, pode ser difícil para uma empresa compreender quais são exatamente os fatores que moldam uma pontuação, porque cada agência de classificação adota uma abordagem peculiar, com base em sua propriedade intelectual. A ironia é que as pontuações de ESG entre as agências de classificação não são necessariamente comparáveis, apesar das tentativas de incentivar um ponto de vista comparável a respeito de dados.

As empresas precisam prestar atenção às suas diversas pontuações, já que elas podem influenciar a movimentação favorável de capital, mas é infrutífero tentar manipulá-las. Embora as empresas não costumem concordar com as pontuações, ou mesmo com as regulamentações, a meta é construir um negócio resiliente e conseguir sucesso ou impacto no longo prazo, e não apoiar as pontuações.

Em muitos casos, esses *stakeholders* adicionais *downstream* vão rever as pontuações ESG, suplementá-las com outros conjuntos de dados, e publicar os resultados em vários formatos, incluindo outras análises proprietárias e até pontuações ESG personalizadas, refinando ainda mais os dados reportados. Com isso, mesmo os dados que a empresa publica podem ser mudados e alimentados à cadeia de valor de dados em outro formato, entregando novos pontos de vista da empresa e seu ecossistema.

## MENSURANDO E GERINDO

Ao longo da cadeia de valor da empresa, surgem várias pressões para coletar dados e reportá-los, mas uma empresa não deve buscar obter dados apenas pelos dados em si, nem buscar obter pontuações ESG. Os *stakeholders* querem ver dados para fazer suas análises, o que implica que a empresa deve medir suas atividades e reportá-las de acordo. As empresas geralmente reportam dados ESG em um ponto do tempo, anualmente, coletados do estoque de dados do ano anterior ao longo de vários meses. A não ser que a empresa tenha montado estratégias robustas de coleta de dados de seus sistemas de registro, no momento que os dados forem publicados poderão estar 18 meses desatualizados. O resultado publicado consistirá então em dados medidos e reportados, só que provavelmente eles estarão vencidos.

Todo ano, relatórios CSR, como a declaração financeira de fim de ano, ajudam a estabelecer comunicação com *stakeholders* externos, já que a empresa não tem como publicar dados em tempo real. Em 2021, a American Express publicou um relatório ESG intermediário entre os relatórios anuais, com atualizações de status e foco particular no progresso de DEI,[16] portanto, dividir o ciclo anual de relatórios e torná-lo mais frequente não é incomum, mas tampouco é a norma. Um relatório intermediário traz benefícios, pois pode ajudar a ter controle sobre a narrativa ESG na empresa em lugar de ela depender de fontes externas fora de seu controle. Mesmo assim, os *stakeholders* continuarão monitorando a empresa por meio do tribunal da opinião pública e das notícias e depois por meio dos relatórios CSR, para tentar obter progresso. A medição é a prova que a empresa fornece de sua história, apesar do ruído circundante.

Portanto, há outro axioma popular de ESG a ser examinado:

> VOCÊ NÃO CONSEGUE GERIR O QUE NÃO CONSEGUE MEDIR.

Existe uma suposição implícita nesse axioma de que só os dados indicam progresso. Tal suposição, no entanto, nem sempre é válida. Por exemplo, uma empresa pode realizar esforços DEI com métricas na composição de sua força de trabalho. Isso, porém, não informa se a empresa incentivou ou não uma cultura saudável e inclusiva, que valorize o pensamento divergente, ou de que maneira é possível traduzir os resultados associados. Um ponto de dados como a composição da força de trabalho informa o *stakeholder* sobre o perfil da empresa e as mudanças ao longo do tempo. Nesse caso, a métrica pode perder totalmente o foco.[17]



Portanto, os padrões de dados ESG, as regulamentações e a pressão resultante podem dar à empresa a impressão de que reportar dados é a meta, o que é perdoável, já que o ESG evoluiu da perspectiva de fornecer dados comparáveis às instituições financeiras. Sem dúvida, os *stakeholders* querem revisar essas informações, e o compliance é crucial, mas uma empresa não pode deixar de considerar o contexto dos dados ao reportá-los. Levando o exemplo adiante, informar aos *stakeholders* a composição da força de trabalho sem dar o contexto de aspectos como a força da cultura, a igualdade das remunerações, os benefícios e o apoio aos funcionários serão de pouco valor. Voltando à analogia com a literatura, seria como oferecer um livro numa livraria online informando apenas o número de páginas, sem nenhum outro detalhamento.

Essa questão se torna ainda mais presente pela grande atenção que o mundo dá às emissões de carbono. Se uma empresa reporta uma queda de 5% nas emissões de carbono, mas pelo fato de ter vendido uma divisão sua que realizava essas emissões, será que lidou de fato com o problema ou conseguiu algum avanço? Os dados sozinhos não fazem nenhum sentido quando não estão associados ao contexto das atividades em torno dessa movimentação dos dados.

O termo "gerir" nesse caso indica realizar ações por meio de projetos e transições informados por dados, em vez de gerir os próprios dados. Em outras palavras, sua empresa não pode gerir resultados se você não mede o que está acontecendo. Mudanças nos dados representam uma oportunidade para a empresa inserir importantes contextos e contar sua história. Como os dados ESG têm aplicações na materialidade e no impacto, as interpretações de progresso serão variadas, e os *stakeholders* preenchem as lacunas quando o contexto está ausente. Alguns *stakeholders*, como as instituições financeiras, podem querer analisar se a empresa está lidando com riscos e oportunidades ao longo do tempo. Já outras podem querer assegurar que a empresa e sua cadeia de valor estejam apoiando seu compromisso público, e vão querer ver se os dados dão conta do progresso no impacto.

Em vez de focar e medir e gerir apenas os dados, as empresas devem gerir os processos de ESG dentro do negócio e de sua cadeia de valor a fim de obter resultados e progresso. Esse esforço pode não ajudar os investidores a descobrirem dados comparáveis, mas ajudará a empresa a melhorar e inovar a longo prazo, fornecendo um contexto contínuo aos *stakeholders* ao longo do tempo. A empresa com isso também estará mais bem preparada quando surgirem novas crises e tendências e aumentará sua resiliência em direção ao futuro, o que beneficia todos os *stakeholders*.

## DADOS ESG PODEM GERAR VALOR

Dados ESG têm diversas utilizações quando comunicados externamente junto com o contexto apropriado, mas há um axioma de dados que explica seu poder em relação aos *stakeholders*.

> DADOS ESG SÃO A PROVA DE SUA HISTÓRIA.

É verdade. Por exemplo, se uma empresa se compromete a reduzir as emissões em determinada porcentagem ao longo de um ano em particular, a história de seu progresso, ou de como ela lida com a questão, estará apoiada pelos dados que ela reportar. Embora a empresa possa colher valor dessa comunicação aos *stakeholders*, o poder dos dados fica de certo modo limitado, já que os que são reportados para divulgação e análise externa encerram logo sua vida útil. O Fórum Econômico Mundial [World Economic Forum, WEF] colocou isso do seguinte modo num artigo de 2021: "Reportar, em última instância, deve ser subproduto de um programa de ESG em que dados em tempo real se integram à tomada de decisões em base contínua".[18] A Figura 2.1 mostra visualmente o caminho linear ao reportar dados.

À medida que dados são coletados e analisados, isso pode revelar resultados a serem buscados. Por exemplo, medir emissões e saber quais são as unidades de negócios responsáveis por gerá-las é algo que

FIGURA 2.1 O caminho da alavancagem de dados ESG apenas para divulgação

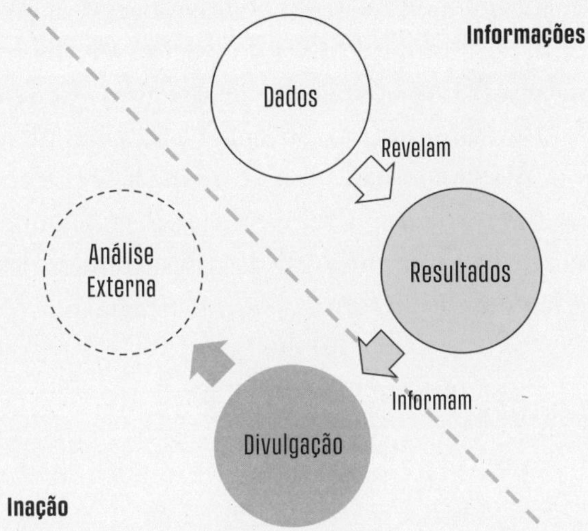


tem potencial de criar um resultado; em muitos casos, uma meta de redução. A empresa perseguirá esses resultados e usará os dados para informar divulgações e resultados, e também depois, ao reportar isso. A essa altura, duas coisas podem acontecer. Um grupo que seja *stakeholder* pode interpretar os dados e tomar uma decisão. Nesse caso, os dados terão chegado ao fim de sua vida útil. O outro caminho é quando um *stakeholder* combina os dados reportados com outros conjuntos de dados, analisa os resultados e transforma os dados para outros usos. A essa altura, alguém pode tomar decisões a partir desses dados transformados, mas os dados já estarão fora do controle da empresa, e o resultado será o mesmo, pois a vida útil dos dados também se encerrará.

Vale notar que, se a empresa segue apenas o processo de divulgação, os resultados que ela escolher seguir podem estar baseados em padrões e modelos, e não em questões materiais. Isso talvez leve a empresa a reportar dados irrelevantes, que os *stakeholders* externos usarão igualmente para tomar decisões. Portanto, é importante ter uma avaliação criteriosa dos dados reportados e das motivações da empresa para divulgá-los ou não.

Todo mundo adora uma história, e para empresas que querem contar suas histórias em torno de ESG, os dados que melhoram a partir de resultados constituem uma narrativa atraente, pois fazem supor que há atividades subjacentes. Ao longo do caminho da divulgação, as empresas podem se esforçar para desenvolver atividades significativas que levem a melhorias e inovações em torno de questões de ESG, promovendo esforços de ESG na busca de medições cada vez mais precisas, e não por meio de estratégias. Porém, ao alavancar dados para informar estratégia, os dados saem do caminho da divulgação, tornam-se cíclicos, e alimentam progresso num ciclo. Com essa abordagem, os dados ESG assumem um novo poder e sentido, e impulsionam um modelo de negócios resiliente e sustentável.

Essa opção estende a vida útil dos dados ESG para os propósitos da empresa. Do mesmo modo que ocorria antes, os dados ESG são coletados e revelam resultados a serem buscados. O time de gestão usa os dados e seus potenciais resultados para informar a estratégia. A estratégia é executada por unidades de negócios e por colaboradores individuais, o que cria atividades que geram novos dados a serem revisados. A empresa pode descobrir novos resultados a serem perseguidos, ou talvez ajuste a estratégia à medida que chegam novos dados. Nesse ciclo, os relatórios não são excluídos; são removidos do diagrama para pôr foco em renovar o valor da empresa. Os dados podem e devem ser coletados e reportados ainda aos *stakeholders*, como ilustrado na Figura 2.1.

Considere escalar esse conceito acrescentando dados externos e da cadeia de valor. Conforme esses conjuntos de dados entram na empresa, ela pode sobrepor novas análises, como alguns grupos externos de *stakeholders* irão fazer. Esses conjuntos de dados também mudam ao longo do tempo e são integrados ao ciclo conforme se renovam, revelando novos resultados e permitindo ajustes à estratégia, como mostra a Figura 2.2.

Na realidade, o ESG consiste em dados de várias maneiras, mas há falsas equivalências demais para que se possa declarar isso simplesmente. Uma empresa pode achar que "dados" nesse breve axioma se referem às divulgações ou às pontuações de ESG em razão de pressões improdutivas. Dados ESG são informações materiais para *stakeholders*, que, se omitidas, podem levá-las a tomar diferentes decisões, não importa sua materialidade ou contexto de impacto.

Para obter realmente o máximo de valor dos dados ESG, as empresas devem dar o mesmo nível de atenção que dão às informações

**FIGURA 2.2** O ciclo de alavancagem de dados ESG para informar estratégia e atividades

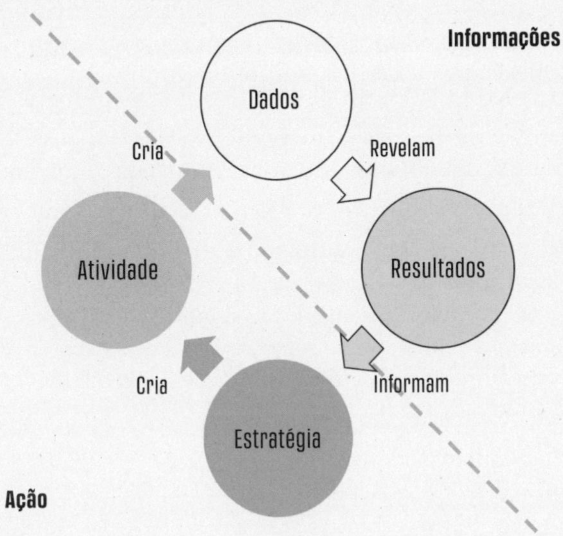


financeiras. Sua coleta deve ser priorizada, não apenas em busca de divulgações e *compliance*, mas porque a análise de seus resultados, de como podem moldar estratégias, e sua inspiração para atividades significativas podem impulsionar valor de longo prazo para a empresa. Nesse ciclo, dados ESG se tornam um recurso valioso e renovável que atrai capital, gera sentimento em *stakeholders* e promove a estratégia de negócios. Se a empresa encaminha o ESG para seu propósito dessa maneira, um axioma mais adequado poderia ser expresso assim:

> DADOS ESG PODEM GERAR VALOR RENOVÁVEL.

## NOTAS

[1] Sorkin, A.R., Mattu, R., Warner, B., Kessler, S., Merced, M.J. de la, Hirsch, L., e Livni, E. (2023). Why some executives wish E.S.G. "just goes away". *The New York Times*. 19 de janeiro. www.nytimes.com/2023/01/19/business/dealbook/esg-business-davos.html (arquivado em https://perma.cc/9GB2-83SC).

[2] Runyon, N. (2023). Increase in regulatory reporting across jurisdictions drives demand for ESG controller role. Thomson Reuters Institute. www.thomsonreuters.com/en-us/posts/esg/controller-role/ (arquivado em https://perma.cc/Z77N-UCGA).

[3] Nouguès, X., Rochet, T., Scharlach, A., Swette, K., Grunwalk-Henrich, T., e Devant, L.-H. (2022). Procurement's journey to sustainability: First signs of systemic change? Oliver Wyman, p. 4. www.oliverwyman.com/content/dam/ oliver-wyman/v2/publications/2022/sept/Oliver_Wyman_Procurement%27s_Journey_To_Sustainabilty_final.pdf (arquivado em https://perma.cc/6ZL7-W6ZK).

[4] World Business Council for Sustainable Development (WBCSD) (2004). *The GHG Protocol: A corporate reporting and accounting standard (revised edition).* World Business Council for Sustainable Development. www.wbcsd.org/Programs/Climate-and-Energy/Climate/Resources/A-corporate-reporting-and-accountingstandard-revised-edition (arquivado em https://perma.cc/8TRX-89EW).

[5] Ritchie, H., Roser, M., e Rosado, P. (2020). Emissions by sector. Our World in Data. www.ourworldindata.org/emissions-by-sector#agriculture-forestry-andland-use-18-4 (arquivado em https://perma.cc/YXU5-59E5).

[6] World Business Council for Sustainable Development (WBCSD) e World Resources Institute (2004). *The Greenhouse Gas Protocol.* World Business Council for Sustainable Development, p. 31. www.wbcsd.org/contentwbc/download/2670/33469/1 (arquivado em https://perma.cc/WCV2-PRSL).

[7] Nvidia (2023). *Nvidia Corporate Responsibility Report Fiscal Year 2023.* Nvidia, p. 27. www.images.Nvidia.com/aem-dam/Solutions/documents/FY2023Nvidia-Corporate-Responsibility-Report-1.pdf (arquivado em https://perma.cc/5ZUX-QMG6).

[8] Nvidia (2023). *Nvidia Corporate Responsibility Report Fiscal Year 2023.* Nvidia, p. 29. www.images.Nvidia.com/aem-dam/Solutions/documents/FY2023Nvidia-Corporate-Responsibility-Report-1.pdf (arquivado em https://perma.cc/5ZUX-QMG6).

[9] Responsible Business Alliance (2004). Responsible Business Alliance Code of Conduct v7.0. Responsible Business Alliance, p. 1. www.responsiblebusiness.org/media/docs/RBACodeofConduct7.0_English.pdf (arquivado em https://perma.cc/7EQR-EY87).

[10] Impact Management Project, World Economic Forum and Deloitte (2020). *Statement of Intent to Work Together Towards Comprehensive Corporate Reporting: Summary of alignment discussions among leading sustainability and integrated reporting organisations CDP, CDSB, GRI, IIRC and SASB.* SASB Standards. www.sasb.org/wp-content/uploads/2023/01/Statement-of-Intent-to-WorkTogether-Towards-Comprehensive-Corporate-Reporting.pdf (arquivado em https://perma.cc/DC5E-TSX2).

[11] Medress, A. (2020). Answering your questions about the Value Reporting Foundation. SASB Standards. www.sasb.org/blog/answering-your-questions-about-the-value-reporting-foundation/ (arquivado em https://perma.cc/594E-5XJA).

[12] IFRS (2021). IFRS Foundation announces International Sustainability Standards Board, consolidation with CDSB and VRF, and publication of prototype disclosure requirements. IFRS. www.ifrs.org/news-and-events/news/2021/11/ifrs-foundation--announces-issb-consolidation-with-cdsb-vrfpublication-of-prototypes/ (arquivado em https://perma.cc/BQ8D-M38D).

[13] IFRS (2023). IFRS Foundation welcomes culmination of TCFD work and transfer of TCFD monitoring responsibilities to ISSB from 2024. IFRS. www.ifrs.org/news--and-events/news/2023/07/foundation-welcomes-tcfdresponsibilities-from-2024/ (arquivado em https://perma.cc/4END-828U).

[14] Vanderford, R. (2023). SEC's climate-disclosure rule isn't here, but it may as well be, many businesses say. *The Wall Street Journal*, April 25. www.wsj.com/articles/secs-climate-disclosure-rule-isnt-here-but-it-may-as-well--be-many-businesses-say-854789bd?mod=Searchresults_pos1&page=1 (arquivado em https://perma.cc/ Q3KD-MQ5Q).

[15] Cherel-Bonnemaison, C., Erlandsson, G., Ibach, B., e Spiller, P. (2021). Achieving sustainable procurement. McKinsey. www.mckinsey.com/capabilities/operations/our-insights/buying-into-a-more-sustainable-value-chain (arquivado em https://perma.cc/M235-P3TL).

[16] American Express (2021). American Express releases *2021 Interim ESG Update Diversity Equity and Inclusion Progress Report*. American Express. https://about.americanexpress.com/newsroom/press-releases/news-details/2021/American-Express-Releases-2021-Interim-ESG-Update-Diversity-Equity-and-Inclusion-Progres-s-Report-05-24-2021/default.aspx (arquivado em https://perma.cc/773R-LRFC)

[17] Edmans, A., Flemmer, C., e Glossner, S. (2023). The value of diversity, equity, and inclusion. CEPR. www.cepr.org/voxeu/columns/value-diversity-equity-and--inclusion (arquivado em https://perma.cc/QGZ9-X4WB).

[18] DiGuiseppe, M. (2021). The No. 1 ESG challenge organizations face: Data. World Economic Forum. www.weforum.org/agenda/2021/10/no-1-esg-challenge-da-ta-environmental-social-governance-reporting/ (arquivado em https://perma.cc/Q5JW-RUQG).

CAPÍTULO 3

# SALVANDO A SUA EMPRESA E SALVANDO O PLANETA

Ao tratarem do ESG, muitos a reduzem simplesmente ao primeiro pilar, o Ambiente. Sem dúvida, vir em primeiro lugar tem suas vantagens, pois atrai bem mais atenção. Mesmo assim, essa atenção é tão complicada quanto a amplitude das pressões que os *stakeholders* exercem sobre as empresas ao obrigá-las a lidar com mil questões e reportar grandes volumes de dados para o que é material hoje e o que pode ser material no futuro.

Muitas empresas têm reportado há vários anos seu impacto Ambiental em seus relatórios CSR, em referência a diversos padrões. De fato, em 2022, 96% das empresas S&P 500 e 81% das Russell 1000 publicavam relatórios de sustentabilidade.[1] Ainda assim, boa parte do foco nos últimos anos tem sido reportar com precisão as emissões de carbono, em razão das fortes regulamentações globais e dos clamores dos *stakeholders* por uma informação de qualidade, e isso por boas razões. Entre 1970 e 2004, as emissões globais de gases de efeito estufa (GHG) aumentaram 70%, retendo mais calor em torno de nosso planeta e aumentando o aquecimento global.[2] As emissões que contribuem para a ocorrência desse problema vêm de atividades das empresas e de suas cadeias de valor, desde a obtenção de matérias-primas à manufatura, ao processamento e à entrega ao cliente. Além disso, se o produto ou a solução da empresa requer eletricidade e o usuário final o descarta, há emissões ao longo de sua vida até que esse descarte seja feito.

Seria possível argumentar que o Ambiente é o assunto mais crucial do ESG ao qual as empresas deveriam prestar atenção, e que é por essa razão que ele vem primeiro. Sim, somos todos afetados pela mudança climática. É uma questão muito premente e que tem o potencial de promover disrupções, não só por meio de eventos climáticos extremos de curta duração, mas a longo prazo, em mudanças planetárias sistêmicas imprevisíveis. Inversamente, porém, a questão também envolve quase todos os aspectos das operações dos negócios modernos; seja reconhecido ou não. Por exemplo, os efeitos da mudança climática são de longo alcance para a saúde física e a segurança dos *stakeholders*, para a capacidade de transportar bens e serviços com segurança e rapidez – fator crucial para a agricultura produtiva – entre muitos outros. Além do mais, à medida que o Ambiente muda, as empresas devem estar preparadas para se adaptar a desafios crescentes.

Mesmo assim, nem todos os *stakeholders* compreendem ou fazem algo para que as empresas se adaptem aos riscos materiais e ocorra a necessária mudança. Ativistas, entre eles acionistas ativistas, pressionam as empresas para que melhorem sua posição de sustentabilidade diante da esmagadora evidência da mudança climática.[3] Muitos querem que as empresas lidem com a transição para uma energia verde e baixas emissões de carbono operacionais e da cadeia de valor. Esse desejo representa a coisa certa a fazer e pode ser visto como integrando a categoria do "fazer o certo para fazer o bem", mas isso não é necessariamente ESG, pois pode não ser material, nem gerar valor a longo prazo.

Nem sempre é possível chegar ao ganha-ganha, especialmente com as complexidades do pilar Ambiental e de toda o ESG. Pode ser desafiador lidar com melhorias ambientais externas, pois a mudança requer um delicado equilíbrio entre as melhorias não materiais e os riscos e oportunidades materiais. Ao mesmo tempo em que líderes de empresas devem ponderar com cuidado essas questões Ambientais, não podem ignorar a transição e os riscos climáticos que terão impacto no curto e no longo prazo.

## MUDANÇA CLIMÁTICA, SUSTENTABILIDADE E ESG

Lidar com a mudança climática, encaminhar as operações em direção a opções sustentáveis e cuidar do ESG são aspectos que têm se sobreposto nos últimos anos. Portanto, vamos esclarecer seus significados.

- A mudança climática costuma ser usada como um termo genérico para diversas mudanças planetárias sistêmicas, mas se refere às mudanças de longo prazo na temperatura ou nos padrões climáticos, de modo local ou global.

- Sustentabilidade significa a gestão responsável dos recursos naturais para manter a equidade Ambiental, como frequentemente é visto em relação às operações de negócios.

- ESG se refere a riscos e oportunidades materiais, Ambientais, Sociais ou de Governança, que afetam uma empresa e que conduzem a um valor e a um crescimento sustentável de longo prazo.



Se reexaminarmos o artigo da ONU de 2004, *Who Cares Wins* [Quem se Importa Vence], vemos que os autores omitiram termos como "sustentabilidade" e "cidadania corporativa" na discussão do ESG a fim de evitar mal-entendidos.[4] Mesmo 20 anos mais tarde, eles enxergaram o potencial para confusão conforme os relatórios de CSR proliferavam. No entanto, a confusão entre todos esses termos ainda ocorre hoje, e é fácil ver por quê. É que esses termos estão intimamente relacionados, e muitas das questões giram em torno de sua natureza interconectada. Além disso, é muito tênue a linha divisória entre salvar o mundo e salvar sua empresa. Essa linha é nebulosa, e pode ser capturada e movida de lugar dependendo de com quem você está falando, e do ponto de vista desse alguém e de suas prioridades. Apenas por meio de uma definição do contexto e de uma comunicação clara é possível discernir a intenção e, mesmo então, as coisas nem sempre se encaixam num só lugar, e tampouco teria de ser assim. O nome que damos às coisas é menos importante que nossa intenção, nossa abordagem e nossos resultados.

Vamos examinar o que está virando um exemplo típico. Ativistas costumam trazer propostas de acionistas aos bancos, pedindo que parem de bancar combustíveis fósseis.[5] Ao desconstruirmos esse exemplo, podemos ver como ele poderia se alinhar aos três termos.

Primeiro, toda empresa no planeta interfere na mudança climática por meio de suas operações ou cadeia de valor. Há sempre algum impacto Ambiental, seja no uso de energia, seja na manufatura de componentes, no uso de tecnologia, em logística, viagens de negócios ou em alguma outra coisa. Há setores específicos, como os de energia e combustíveis fósseis, em que o impacto é difícil de atenuar. Quando a coisa que você queima para obter sua proposta de valor cria emissões, o modelo imediatamente entra em conflito com a mudança climática. Emissões retêm calor, o calor aquece o planeta e o resultado é a mudança climática. Ao pedir que se retire o financiamento das empresas de combustíveis fósseis, os ativistas esperam influenciar os bancos para que redirecionem o capital, afastando-o de projetos novos e existentes baseados em combustíveis fósseis e contribuindo assim para a transição a fontes de energia mais limpas. A meta final da transição é se afastar dos combustíveis fósseis e eliminar suas emissões totalmente, mitigando a mudança climática.

Em segundo lugar, as empresas estão tentando promover a sustentabilidade por meio de mudanças operacionais, por razões similares. Como os combustíveis fósseis impactam muito as emissões dos Perfis 1 e 2, algumas empresas estão tentando passar para energias renováveis, como a eólica e a solar, e usá-las em suas instalações comerciais e fábricas. Nesse esforço, empresas negociam contratos de longo prazo com serviços de utilidade pública para obter energia renovável por meio de contratos de compra de energia verde [*green power purchase agreements*, PPAs] e créditos de energia renovável [*renewable energy credits*, REC]. As PPAs verdes permitem que as empresas fechem contratos de longo prazo de energia renovável certificada a uma taxa previsível. Além disso, as empresas podem decidir comprar RECs, que certificam que uma empresa de energia produziu energia renovável e a acrescentou à grade energética em algum lugar. As empresas podem usar essas opções, além de passarem diretamente a fontes de energia renovável e à sustentabilidade. À medida que a energia renovável se torna disponível na grade, as empresas também aderem à eletrificação em suas instalações, na esperança de que uma energia mais verde melhore ainda mais a sustentabilidade. Quanto mais a empresa puder eletrificar enquanto adquire energia renovável, menos combustível fóssil precisará queimar diretamente ou em sua cadeia de valor, reduzindo as emissões. É claro que as empresas também modernizam suas operações para ganhar maior eficiência, e isso ajuda a reduzir as emissões. Elas podem recorrer aos bancos para financiar esses projetos, que provavelmente terão apoio de investidores ativistas.

Em terceiro lugar, o modelo de negócios baseado em combustíveis fósseis precisa transicionar seu portfólio e diversificá-lo, buscar opções de emissões mais baixas e explorar a captura de carbono, enquanto o mundo tenta baixar as emissões em razão da primeira questão – a mudança climática – e as empresas pressionam fornecedores de energia a adotarem renováveis para melhorar a sustentabilidade. Investidores focados na gestão de riscos de longo prazo avaliarão o quanto empresas de energia estão ou não planejando essa mudança e de que modo se alinham à pressão do ativismo, a depender da meta de investimento, salvar o planeta ou a empresa. É nessa gestão do risco do *stakeholder* e na oportunidade de fazer a transição do modelo de negócios em que consiste o ESG, embora ele pareça se alinhar mais à sustentabilidade.



Como você pode ver, completamos o círculo todo em torno dos três termos, em seu fluxo constante de entrada e saída uns dos outros, com base num exemplo simples. Além deles, há dois riscos mais específicos que vale a pena explorar e acrescentar ao ponto de vista do ESG: os riscos de transição e os riscos climáticos.

## RISCOS DE TRANSIÇÃO

Enquanto as empresas protelam avançar em direção à transição para operações de baixo carbono, o impacto das emissões na mudança climática segue aumentando. Assim, há um futuro estado potencial em que as empresas sofrerão rápida disrupção sob pressões ainda mais urgentes para fazer essa transição, e terão de reagir. Para as empresas, isso representa um risco que elas devem gerenciar. Os riscos de transição em relação ao Ambiente são de vários tipos específicos. A Força Tarefa sobre Divulgações Financeiras Relacionadas ao Clima [Task Force on Climate-related Financial Disclosures, TCFD] cita quatro tipos de riscos de transição que as empresas devem considerar:[6]

- **Riscos políticos e legais:** emergiram várias novas pressões regulatórias nos últimos anos, conforme os governos buscam lidar com o Ambiente em mudança. Novas pressões litigiosas também surgiram em torno do Ambiente, mirando setores que contribuem significativamente para as emissões.

- **Riscos tecnológicos:** adotar novas tecnologias de baixo carbono ou de maior eficiência envolve um risco. Geralmente há custos de transição, como despesas de capital, implementação, pesquisa e desenvolvimento e custos de treinamento associados à nova tecnologia. Mas cabe ressaltar que a inação pode também envolver riscos.

- **Riscos de mercado:** investidores e times de Compras podem priorizar fornecedores que tenham melhores dados Ambientais. Da mesma maneira, os consumidores estão cada vez mais atentos às credenciais Ambientais de marcas e produtos.[7]

- **Riscos de reputação:** a má gestão pela empresa das questões Ambientais e de outros riscos pode criar problemas envolvendo a reputação.

A empresa deve examinar todos os riscos de transição, pois muitos deles têm intersecções variadas com os *stakeholders*, e podem resultar em multas e taxas, impactando a receita e a marca. Entre os pontos de partida que costumam ser negligenciados estão planejar como a empresa irá fazer a transição para uma economia de baixo carbono e como lidará com os riscos Ambientais mais materiais.

Segundo a McKinsey, o financiamento necessário para apoiar a transição de descarbonização global é de 225 trilhões de dólares até 2050, ou cerca de 9,2 trilhões anuais.[8] Se uma empresa se interessa em lidar com seus riscos de transição e em aproveitar os dados operacionais coletados, colocará foco nas divulgações como um exercício de *compliance* e perguntará a si mesma qual parte desse custo precisa assumir para ela e sua cadeia de valor. A partir disso, precisará considerar ainda seu impacto Ambiental em outras áreas materiais e os custos para mitigar esses riscos. Por exemplo, uma empresa de logística pode precisar reportar emissões ao longo de suas operações para manter conformidade com as políticas de transportes que vêm surgindo. Além disso, transicionar para uma frota com energia renovável pode incentivar seus clientes B2B a preferi-la em lugar de um concorrente. O primeiro desses riscos é de Governança, e envolve dados e divulgações, enquanto o último é uma oportunidade Ambiental de se diferenciar.

Existe, portanto, uma boa dose de reflexão e de nuances a serem levadas em conta ao lidar com esses riscos. As empresas não devem deixar que os exercícios de compliance, tipicamente um foco em destaque, atrapalhem o avanço em torno do risco de transição, e devem levar em conta os pilares mais amplos para tomar decisões bem fundamentadas. Vamos, então, investigar esses riscos mais de perto.

## Riscos políticos e riscos legais



Os governos estão criando novos incentivos e priorizando a mudança sistêmica para renováveis, acrescentando pressão que se transfere de corporações para empresas de energia.[9] Órgãos reguladores e organismos de padronização globais expediram três grandes propostas climáticas em 2021, que são a Diretiva de Relatórios de Sustentabilidade Corporativa da Comissão da UE [Corporate Sustainability Reporting Directive, CSRD], a proposta de regra climática da SEC e a criação dos Conselhos Internacionais de Padrões de Sustentabilidade [International Sustainability Standards Board, ISSB]. Lembrando o que vimos no capítulo anterior, a CSRD foca métricas amplas de ESG, e a regra climática da SEC e a proposta da ISSB são mais focadas no Ambiente e em reportar métricas de sustentabilidade em torno de emissões e de risco climático no balanço patrimonial.

No entanto, novas divulgações Ambientais não são nem o início nem o fim do que as empresas precisam reportar e gerir. Por exemplo, as empresas devem também lidar com as regulamentações Ambientais, de Saúde e de Segurança [Environment, Health, and Safety, EHS]. Essas regulamentações de longa data costumam ser mais familiares e integradas às operações existentes. Os trabalhadores, um importante grupo dos *stakeholders*, ficam sob risco quando não estão adequadamente protegidos, e daí podem resultar multas. Além disso, os governos têm implantado outras políticas em torno da gestão operacional e de processos. Por exemplo, vários países vêm proibindo sacos plásticos por sua contribuição aos resíduos globais.[10]

Por outro lado, aumentaram também as ações litigiosas contra empresas de energia por seu impacto global na mudança climática. Por exemplo, uma pequena cidade do Peru está processando a empresa alemã RWE por sua contribuição à mudança climática que afetou as inundações glaciais locais.[11] A premissa é que se uma empresa contribui com alguma porcentagem para a mudança climática, deve pagar à comunidade afetada essa porcentagem dos danos de um desastre climático localizado. Houve um acentuado aumento nas ações litigiosas relacionadas à mudança climática, com um juiz do Missouri apoiando o lado de jovens ativistas.[12] Nesse caso, o juiz concordou que seria inconstitucional uma política que não exigisse levar em conta os impactos da mudança climática para a concessão de licenças para combustíveis fósseis.

O time de *Compliance* e o Conselho Geral precisam estar cientes das novas regulamentações e das existentes, bem como das ações litigiosas que vêm emergindo, pois são riscos materiais de Governança e oportunidades relacionadas ao Ambiente.

## Riscos tecnológicos

Conduzir a transição por meio de avanços tecnológicos ou novos processos internos e da cadeia de valor não é tarefa fácil, e são muitos os negócios assentados em modelos estáveis e comprovados nos quais qualquer pequena disrupção pode causar significativos transtornos. Por exemplo, a transição de um contrato de energia para renováveis representa baixo risco operacional em torno de novas tecnologias de energia sustentáveis, externas à empresa, mas transformar os materiais essenciais ou os processos de negócios para extrair disso eficiências em sustentabilidade faz interseção com um risco ESG material.

### CASO DE USO: O GRUPO LEGO E PLÁSTICOS SUSTENTÁVEIS

O Grupo LEGO é um bom exemplo de gestão de risco de transição baseada em tecnologia. Em 2015, o Grupo LEGO identificou que 75% de suas emissões vinham de fornecedores e que os plásticos usados para fazer as suas icônicas peças tinham por base o petróleo, o que associava o produto a combustíveis fósseis.[13] Nesse mesmo relatório, a LEGO se comprometeu com materiais e embalagens sustentáveis por volta de 2030.

O Grupo LEGO tem progredido alavancando novas tecnologias de plástico por meio de rigorosa pesquisa e desenvolvimento. Em 2018, anunciou um novo plástico de polietileno de fonte sustentável baseado em cana de açúcar, que dá conta de cerca de 1%-2% dos elementos.[14] Em 2021, a LEGO anunciou progressos em uma peça protótipo feita de plásticos de PET reciclado (rPET) de garrafas de água, reconhecendo que precisavam ser tão fortes e duráveis quanto suas peças anteriores.[15] Infelizmente, os plásticos rPET tiveram dificuldades, o que levou a empresa a pivotar para outras estratégias, com outros investimentos, integrar princípios circulares, e estender o ciclo de vida do jogo.[16]

Essa atenção ao detalhe é vital para as novas peças sustentáveis, que precisam se encaixar com as tradicionais peças de plástico PET de anos anteriores.



## Riscos de mercado

Para empresas que atendem diretamente *stakeholders* de consumidores, como as de varejo e bens de consumo, as credenciais de sustentabilidade são amplamente vistas como um diferencial competitivo para capturar segmentos de mercado e preferências de *stakeholders*. Por exemplo, em 2022, o IRI e o NYU Stern Center for Sustainable Business publicaram estudo declarando que 77% dos consumidores levam em conta a sustentabilidade ao comprar.[17] Esse sentimento é um risco de mercado quando ignorado, mas é uma oportunidade de ESG a capturar. Existe, porém, trabalho a ser feito para capturar essa oportunidade. Segundo um estudo da BCG, a grande maioria dos consumidores tem preocupações com o Ambiente e se mostra confusa em relação ao seu papel para apoiá-lo e desiludida com o que as empresas fazem a respeito.[18]

No entanto, esse sentimento dos consumidores não impede as empresas de tentar novas coisas. A Target, uma rede de varejo, é exemplo de como uma empresa pode lidar com esses desafios e criar uma oportunidade de mercado. Ela lançou um esforço focado no desperdício, uma credencial de sustentabilidade presente em muitos produtos ao consumidor. Por meio do Target Zero, online e em lojas com essa sinalização, os consumidores podem encontrar produtos selecionados que têm baixa pegada de desperdício, caso isso se alinhe às suas preferências.[19]

## Riscos à reputação

O risco à reputação não é um risco direto a ser gerido por si. No entanto, como vimos nos exemplos discutidos, a empresa precisa estar atenta a mudanças transicionais nas pressões regulatórias, a avanços tecnológicos e a preferências de *stakeholders* em relação ao Ambiente. Ou seja, embora a TCFD identifique riscos reputacionais, os riscos de transição têm intersecções com o ESG. Gerir esses riscos também é feito por meio de princípios de qualidade de Governança.

Empresas de combustíveis fósseis, de construção e aéreas têm alto risco de transição, pois seu modelo de negócios contribui de modo significativo para a mudança climática, e é difícil mudar disso. Além do mais, podem surgir riscos à reputação em razão de suas contribuições à crise climática geral. Para tais empresas, uma gama de atenções ao risco de transição ajuda a gerir suas reputações. Por exemplo, políticos, celebridades e CEOs têm ultimamente sido alvos pelo custo Ambiental de seus jatos particulares.[20] Viagens mais sustentáveis trariam menor dano à reputação.

É claro que algo tão fundamental quanto esses quatro riscos de transição em torno de cumprir a regulamentação, inovar com novas tecnologias e melhorar modelos de negócios dos *stakeholders* requer a atenção de toda a empresa, e envolve funções como Conselho Geral, Operações, Pesquisa e Desenvolvimento, Vendas, Marketing e outras. Um Diretor de Sustentabilidade pode contribuir com sua expertise ao lidar com esses riscos, mas mudanças abrangentes não devem recair apenas sobre uma função, que não tem o conhecimento próprio de outras áreas de negócios.

## RISCO CLIMÁTICO

O risco climático pode ser um tópico desafiador para as empresas. Mesmo que todas as empresas do mundo cortassem as emissões amanhã, ainda lidaríamos com efeitos da mudança climática por um tempo, pois carbono, metano e outros GHGs levam tempo para se dissipar.[21] O resultado é que, apesar de terem sido gastos bilhões de dólares em tecnologias de remoção do carbono, estas continuam em estado nascente e poucas vezes chegam à escala comercial.[22] À medida que as reduções forem avançando e surgirem novas tecnologias, as empresas darão maior atenção ao risco climático para obter resiliência de longo prazo. Suponha, por exemplo, que uma empresa não tenha avaliado seu risco climático como uma questão material e foque apenas em emissões, em razão de riscos políticos. Nesse caso, pode sofrer severas disrupções internas ou na cadeia de valor ou ficar sujeita a altas taxas de seguro comercial, tendo de reagir constantemente a eventos climáticos extremos ou não conseguindo sobreviver tempo suficiente para promover as necessárias melhorias de sustentabilidade.

Examinando de novo a TCFD, vemos que há ali orientação sobre como as empresas devem encarar o risco climático em suas duas modalidades, de risco agudo e risco crônico.[23] Ambos são riscos ESG a levar em conta ao planejar a longo prazo dentro de uma estratégia ampla de gestão de riscos.

Como vimos, iniciativas de sustentabilidade contribuem para reduzir as emissões a longo prazo e talvez também com outros sistemas Ambientais – água, resíduos oceânicos e biodiversidade –, como parte do risco de transição. Mas focar o risco climático significa que a empresa compreende seus desafios de transição e de longo prazo em relação à mudança climática e elabora planos para se adaptar.

### Risco climático agudo

O risco climático agudo é aquele associado a eventos climáticos transitórios extremos, resultantes da mudança climática, que têm se acelerado em intensidade e duração nas últimas décadas. Por exemplo, em 2022, o planeta experimentou eventos climáticos de 42 bilhões de dólares, como ondas de calor, secas, inundações, furacões, monções e incêndios florestais. Essas catástrofes e desastres causaram 360 bilhões de dólares em danos, e ocasionaram milhares de mortes.[24]

A grave crise climática na qual estamos não pode ser menosprezada. Nas últimas décadas, assistimos a crescentes ameaças de catástrofes por climas extremos no Norte Global, chamando atenção para o que o Sul Global há tempos já sabe a respeito do nosso mundo em mudança. Estamos causando estragos em sistemas planetários sensíveis, e os efeitos vêm aumentando. Para as empresas, esses eventos climáticos extremos representam, em nível superficial, riscos à propriedade e riscos de responsabilização. Mas em nível mais profundo cada evento desses pode aumentar o custo em recursos e em seguro da empresa, além de causar disrupção em suas operações, na logística e nos fornecimentos ao longo de sua cadeia de valor. Os resultados podem ter longo alcance, desde impactos financeiros, atrasos nas entregas, novas pressões da cadeia de valor, danos à reputação e vulnerabilidades que os concorrentes podem explorar. Com o alto grau de interconexão do mundo dos negócios, não surpreende que os riscos climáticos agudos impactem 70% dos setores de negócios globalmente.[25]

Como ocorre com muitas questões de ESG, o clima recebe maior atenção quando causa problemas do que ao ficar estável e prover valor. O dano que pode causar varia conforme a localização e a geografia em que a empresa e sua cadeia de valor operam. À medida que o risco climático extremo cresce, eventos que ocorrem uma vez na vida se tornam mais frequentes e altamente imprevisíveis.

## CASO DE USO: INUNDAÇÃO NA TAILÂNDIA E DISCOS RÍGIDOS

Inundações e monções ocorrem regularmente na Tailândia, mas a mudança climática agravou seus efeitos.[26] Em 2011, uma confluência de fatores no país, como a urbanização próxima a rios, os eventos climáticos severos e a má gestão das inundações, levou a uma das inundações maiores e mais custosas globalmente já ocorridas.[27]

Esse evento se prolongou por meses, impactando várias empresas de discos rígidos e sua capacidade de manufatura. Efeitos em cascata repercutiram por todo o setor de computação, pois os discos rígidos ficaram indisponíveis para os PCs.[28] Na época, a Western Digital manufaturava 60% de seus discos rígidos na Tailândia, mas a inundação obrigou a fechar 14 mil fábricas e colocou 660 mil pessoas na rua – uma questão Social de peso.[29]

A Western Digital recuperou-se logo, entregando seu primeiro disco rígido após 45 dias do evento, mas foram necessários mergulhadores para recuperar equipamento debaixo d'água, além de um grande investimento.[30] Desde então, a empresa se adaptou ao risco Ambiental local erguendo muros de 3 metros de altura e movendo o equipamento mais essencial para andares mais elevados.[31]



## Risco climático crônico

Enquanto o risco climático agudo tem foco em catástrofes e desastres, o risco climático crônico tem a ver com os efeitos cumulativos de mudanças climáticas de longo prazo sobre o Ambiente. Por exemplo, uma seca de vários anos ou uma elevação sustentada dos níveis dos mares podem mudar as condições locais e produzir um novo normal. Esse tipo de risco pode obrigar uma empresa a investir significativamente em esforços custosos de adaptação para poder permanecer em sua área ou a fazer com que ela e seus fornecedores não tenham outra opção a não ser se mudar. De qualquer jeito, há impactos nos *stakeholders* de funcionários, numa interseção aqui com o Social, pois tais decisões impactam o emprego e a receita da comunidade.

Tais efeitos de longo prazo podem ter um grau crítico de amplitude considerável, envolvendo ajustes sistêmicos localizados ou até mudanças sistêmicas globais. Por exemplo, uma região pode experimentar uma invasão de espécies de plantas ou insetos, gerada pelo aumento do calor, com grandes danos aos ecossistemas e à agricultura local. Pode haver um custo significativo à agricultura, pois as pragas já causaram cerca de 40% das perdas globais de produção agrícola.[32]

Quanto às pressões sistêmicas globais, os cientistas têm usado o termo "pontos de inflexão" nos últimos 20 anos em referência a certos limites que impactam esses efeitos de longo prazo em escala global, inclusive alguns que criam impactos em cascata pelo planeta.[33] Os pontos de inflexão são particularmente problemáticos por estarem interconectados. Por exemplo, o *permafrost*[*] contém duas vezes mais carbono que a atmosfera.[34] Ao derreter, liberará carbono na atmosfera e fará as temperaturas globais aumentarem ainda mais.

As empresas enfrentam um significativo desafio ao avaliar os riscos climáticos crônicos por meio das atuais metodologias de avaliação. Em artigo publicado na *Nature*,[35] os autores argumentam três pontos sobre essas limitações:

1. O Escopo do trabalho não considera riscos sistêmicos. Pode até haver riscos agregados, como no exemplo do *permafrost*, que talvez sejam difíceis de detectar ou prever.

2. Os Dados não usam informações detalhadas, locais. Em vez disso, muitos modelos adotam uma visão global com imagens de satélite, sem sensores localizados para obter dados granulares.

3. Existe pouca Transparência nos modelos e nas metodologias de avaliação. Além disso, a comoditização dos modelos de risco climático pode dificultar a compreensão coletiva.

Empresas, diretorias e executivos não precisam se tornar especialistas em risco climático, mas precisam levantar questões bem-ponderadas a respeito da materialidade do risco climático e buscar expertise externa. Vários times, incluindo Operações, Bens Imóveis, Instalações e Compras, devem compreender o risco climático para criar e executar planos de adaptação.

---

[*] O permafrost se refere ao solo e à rocha que permanecem congelados por, no mínimo, dois anos consecutivos (N.E).

## DEVE-SE SEPARAR O "E" DO ESG?

Considerando esta nuance, a complexidade e a crise climática urgente, alguns acreditam que o Ambiente, isto é, o "E" de *Environment* da sigla ESG, deveria ser separado. Na realidade, há uma opinião justificável entre ativistas e cientistas Ambientais de que as empresas e os governos deveriam focar esse único pilar e fazer a transição rápida para uma economia de baixo carbono. Essa questão também está no topo da agenda global da maioria dos grandes mercados. Segundo a pesquisa da Pew Research de 2022 com 19 países na América do Norte, Europa e região da Ásia Pacífico, cerca de 75% dos respondentes acreditam que a mudança climática é uma grande ameaça.[36] Ainda assim, separar o Ambiente não faz sentido quando examinamos o relacionamento dessa questão com os outros pilares. Mesmo no nível mais superficial, há um objetivo Social egoísta na mudança climática e na sustentabilidade. Precisamos salvar o planeta para salvar a nós mesmos.

Por exemplo, examinando a perspectiva Social em torno de fazer a transição e sair dos combustíveis fósseis, há limitações quanto à rapidez com que os mercados emergentes poderão transicionar para a energia limpa. As necessidades de energia dos países emergentes podem estar crescendo mais rápido que a capacidade que eles têm de implantar renováveis, mesmo com o adequado financiamento de bancos e os incentivos governamentais. Com isso, a transição talvez esteja fora de seu alcance, mesmo que os custos sejam mais baratos para fontes alternativas de energia no longo prazo.[37] Assim, será que é justo pedir às empresas de combustíveis fósseis e governos que detenham o desenvolvimento de mercados emergentes com base em emissões? Essa energia poderia alimentar uma escola, hospital ou motor econômico, trazendo serviços sociais e riqueza à comunidade. Governos impactados por isso compreendem esse desafio e o equilíbrio que precisam alcançar. Nesse sentido, na COP26, os delegados mudaram a linguagem final do Pacto Climático de Glasgow trocando "eliminar" o carvão por "reduzir gradualmente". A Índia, dependente de carvão, liderou a oposição, com o apoio da China.[38]

Se pedirmos àqueles que estão em mercados emergentes, que muitas vezes são os mais impactados pela mudança climática, que desacelerem o desenvolvimento e acrescentem novos riscos, será que teremos salvado algo ou alguém? Embora manter a dependência de combustíveis fósseis seja desferir um rude golpe nas contribuições para reduzir as emissões globais e nos esforços de sustentabilidade, ainda assim constitui uma vitória para aquelas pessoas, porque o progresso localizado, especialmente em torno de programas e serviços Sociais, poderá continuar. Mas, é claro, há também o argumento de que o resultado final será que nenhum de nós sairá vencedor.

Há outra interseção entre Ambiente e Social que empresas e governos devem levar em conta em relação a mercados emergentes. A expressão "perdas e danos" se refere aos efeitos da mudança climática que são baseados em humanos. Comunidades marginalizadas em países em desenvolvimento costumam não ter os recursos necessários para se adaptar a riscos climáticos extremos e se recuperar efetivamente.[39] Lidar com esse desafio envolve compensações financeiras para aqueles mais impactados pela mudança climática, principalmente no mundo em desenvolvimento. Na COP15 em 2009, delegados comprometeram 100 bilhões de dólares para perdas e danos, mas esse fundo não entregou a quantia total, basicamente por falta de investimento dos Estados Unidos, do Canadá, da Austrália e do Reino Unido.[40] Na nova onda de risco climático extremo, os delegados fizeram avanços em 2023 na COP28 e criaram um novo fundo de perdas e danos para lidar com esse desafio.

Países desenvolvidos devem fazer as mesmas perguntas, mas com nuances, e considerar vários ângulos em relação ao momento de adoção de energias renováveis na interseção entre Social e risco. Por exemplo, a Alemanha e outros países da UE, dependentes do petróleo da Rússia, estão acelerando sua transição para renováveis em razão da guerra na Ucrânia.[41] Essa movimentação chega num momento potencialmente difícil para a Alemanha, pois o país também desligou a última de suas usinas nucleares.[42] Embora a aceleração para renováveis pareça promissora, os governos devem equilibrar recursos naturais com os requisitos de energia de seus cidadãos.

Além das intersecções com o Social, há também conexões com a Governança. Nos últimos 50 anos, a demanda global de energia aumentou 3,8 vezes, e as renováveis duplicaram, apesar de os combustíveis fósseis ainda serem 75% do uso de energia global.[43] Além disso, o uso da energia renovável aumenta, mas de maneira excessivamente lenta. No entanto, a nova sustentabilidade e as pressões ESG podem mudar isso. As empresas estão tomando decisões a respeito de compra de eletricidade, montagem de sistemas de gestão e logística em torno das pressões de *stakeholders* para transicionar para emissões mais baixas. Essa modernização representa uma oportunidade de Governança para muitos gestores dedicados à construção e a bens imóveis.

A maneira pela qual as empresas de combustíveis fósseis, refinarias e empresas de oleodutos reagem a essas mesmas pressões também é uma questão de Governança para elas. Por exemplo, a Exxon quer continuar seu desenvolvimento de combustíveis fósseis, trabalhar em renováveis, e seguir em direção à captura de carbono como uma estratégia líder em razão da oportunidade prevista de 4 trilhões de dólares.[44] A Chevron também está buscando remoções de carbono, reduções e investindo em renováveis.[45] Empresas de energia podem ganhar uma vantagem competitiva reconhecendo pressões de *stakeholders* e planejando em torno de riscos de transição com uma abordagem estratégica por meio de uma Governança de qualidade.

Em 2023, tanto a Exxon quanto a Chevron anunciaram grandes novas aquisições de empresas de combustíveis fósseis.[46] Do ponto de vista da sustentabilidade, isso vai contra uma transição responsável, mas pode ser uma decisão de Governança de qualidade se as empresas acreditam que combustíveis fósseis são um jogo de longo prazo nos negócios. A International Energy Agency (IEA), organização focada em segurança energética e em transição para energia limpa, acredita que agora há suficiente impulso em apoio à energia limpa e que o uso de combustível fóssil pode alcançar seu pico antes de 2030.[47] No entanto, também reconhece que o investimento em combustíveis fósseis deve continuar para ajudar a facilitar a transição.[48]

Trate-se ou não de uma empresa de energia, os planos corporativos em torno do Ambiente vêm de princípios de Governança, de liderança executiva e da execução coletiva da empresa inteira, junto com *stakeholders* externos como clientes e governos. Esses planos são apostas estratégicas sobre as melhores formas de essas empresas gerirem as mudanças de longo prazo em torno do negócio e as questões ESG relacionadas. No futuro, quando investidores e reguladores olharem para essas estratégias, os *stakeholders* avaliarão a qualidade da Governança no contexto dos resultados.

Examinar qualquer questão específica de ESG no contexto de seu impacto nos outros pilares ajuda a ter uma abordagem mais fundamentada. Para tanto, o Ambiente não pode ser separado do Social e da Governança, pois ele acrescenta contexto, nuance e planejamento estratégico, que de outro modo poderiam não ser considerados.

## Divulgações, "necessárias, mas problemáticas"

Uma área onde se manifesta um foco singular no Ambiente é a das divulgações. Os detalhes sobre ESG aparecem em dados financeiros tipicamente não relatados em atividades em sistemas digitais, que não foram construídos para apoiar esse tipo de relatório e certamente não para essa análise. Não obstante, o mix de mudança climática, sustentabilidade e ESG e a relação deles especificamente com emissões têm encampado a atenção corporativa e produzido uma nova geração de contadores de sustentabilidade. Essa atenção às emissões e em sua contabilização vem de pressões dos investidores para obter dados comparáveis e de times de dados e Compras buscando informações que constam das variadas divulgações e padrões, mas em última instância na tentativa de compreender o impacto da empresa.

Os investidores querem esses dados para apoiar suas tomadas de decisões quando têm uma tese de investimento focada em mudança climática e sustentabilidade. Bancos também procuram dar prioridade a empréstimos para projetos transicionais que promovam objetivos de sustentabilidade para atender a seus compromissos internos com esses desafios. Portanto, qualidade e informações comparáveis entre investimentos e tomadores de empréstimos são necessárias para chegar a decisões bem fundamentadas, que ajudem a lidar com as emissões do Perfil 3 da empresa, Categoria 15. Essa parte do Protocolo GHG foca emissões financiadas. Segundo a Bain Capital, emissões financiadas podem compor até 95% das emissões gerais de um banco.[49] Portanto, se uma empresa de serviços financeiros assume um compromisso de sustentabilidade em torno de reduções de emissões, ela pode ter que gerir essa métrica de acordo.

Os times de Compras também têm integrado a sustentabilidade em RFPs – *Request for Proposal* ou Solicitação de Propostas – e políticas de fornecedores a fim de gerir as emissões do Perfil 3 da empresa em relação aos compromissos de sustentabilidade. Muitos times lideram a redução de emissões por meio de um mix de envolvimento e modelos de relatórios, como os discutidos no capítulo anterior. As emissões do Perfil 3 na cadeia de valor costumam responder por mais de 70% das emissões totais de uma empresa.[50]

Ao longo dos casos de uso de serviços financeiros e de departamentos de Compras, compreender as emissões da cadeia de valor é principalmente um exercício de gerir as pegadas de sustentabilidade da empresa por meio de seu relacionamento com outras empresas. Embora toda empresa precise fazer sua parte em gerir seu impacto na mudança climática, esse exercício de dados de emissões nem sempre está relacionado ao ESG. Emissões e outras métricas de sustentabilidade reportadas não são materialmente iguais para todas as empresas e nem sempre são relevantes. Bem, pelo menos não de maneira precisa, que é onde uma atitude ESG intervém.

Ao examinar uma métrica em particular, como as emissões, o efeito material na empresa e o impacto no mundo variam, dependendo do setor e das operações da empresa. Por exemplo, como vimos, o impacto das emissões das empresas de combustíveis fósseis no clima é significativo, e os *stakeholders* estão bem cientes disso. Esse efeito torna as emissões um assunto material que a empresa deve gerir confrontando uma esmagadora pressão dos *stakeholders* e de modelos de negócios profundamente lucrativos.[51] Por outro lado, as emissões são menos materiais para uma empresa de marketing que abriga conteúdo promocional ou streaming na nuvem. Ainda assim, para a empresa de marketing, preocupações, por exemplo, com uma armazenagem eficiente de ativos digitais e com sinalização digital de baixa energia e suas emissões podem ajudar a gerir o risco de reputação e evitar novas histórias espalhafatosas a respeito dos esforços do setor. Esse exemplo pode ser material se a empresa de marketing apoia uma campanha verde de um cliente. Nesse caso, a declaração de credenciais verdes para seus clientes também seria uma questão Ambiental material, porque um passo em falso teria impacto na capacidade da empresa de marketing de garantir negócios futuros.

Quando empresas de serviços financeiros e outras empresas coletam e reportam seus dados de emissões, mesmo que de modo consistente,

CAPÍTULO 3

será que tais dados são genuinamente comparáveis? Bem, não exatamente, já que outras métricas poderiam ser necessárias para revelar riscos materiais. Embora a empresa de combustíveis fósseis possa ter um risco Ambiental geral mais alto, a empresa de marketing talvez tenha que navegar pelas complexidades de reportar as emissões numa campanha em vez fazê-lo em relação à contribuição total de emissões da empresa. Embora focados em emissões, esses dois conceitos de relatório não seriam similares nem comparáveis.

Examinar a redução das emissões fora do contexto do Social pode acrescentar risco. Por exemplo, ao examinar se uma empresa contribuiu com a economia local da região em sua cadeia de suprimentos. Suponha que o país está num mercado emergente sem energia renovável. Nesse caso, as emissões podem ser altas. Um time de Compras focado apenas no Ambiente pode pivotar para um fornecedor de uma região com emissões mais baixas para atender aos compromissos de sustentabilidade da empresa. Mas se a empresa sai dessa região, pode mergulhar a área na pobreza, na incerteza política ou em algo pior. A questão fica ainda mais complexa se formos além das emissões e tratarmos de melhorias materiais de sustentabilidade ao longo do risco de tecnologia TCFD, como mudanças de componentes ou de matérias primas. Em algum momento, as decisões da cadeia de valor terão impacto em alguma pessoa ou grupo.

Mergulhando mais fundo nos dados, os *stakeholders* que buscam dados sobre emissões devem também ter acesso a mais dados do que em um único ponto no tempo. Se a sustentabilidade é a meta, o que parece ser o caso com a maioria dos relatórios sobre emissões, rastrear as emissões ao longo do tempo é crucial. Embora as empresas venham construindo seus processos de divulgação, modernizando a coleta de dados e ganhando maior precisão a cada ano, nem todas estão procurando operações sustentáveis e gestão da cadeia de valor. Segundo um artigo do *Wall Street Journal*, as empresas esperam gastar 750 mil dólares no primeiro ano da regra SEC dos Estados Unidos a respeito de divulgação sobre o clima, focada principalmente em reportar com precisão as emissões do Perfil 3.[52] No entanto, o custo de obter essa precisão não inclui projetos ou modelos de engajamento que reduzam as emissões. Para demonstrar progresso nas emissões, uma empresa precisa gerir reduções operacionais, transição para fontes de energia mais verdes e gestão de seus fornecedores.

De novo, as divulgações e a obtenção de dados comparáveis não devem ser as metas últimas. Em vez disso, os *stakeholders* querem ver reduções nas emissões e sustentabilidade na prática, para reduzir o impacto na mudança climática. Ao passar para considerações materiais é que a empresa pode ir além dos conjuntos de dados e entrar numa nova atitude mental.

## QUESTÕES AMBIENTAIS MATERIAIS



Já cobrimos a transição material e os riscos climáticos e examinamos a necessidade das divulgações, mas cada empresa precisa lidar ainda com outras questões Ambientais materiais para se reconectar às suas operações de negócios essenciais. Essas questões podem ser exclusivas da empresa ou ser sistêmicas do setor, ou serem ainda questões comuns na cadeia de valor mais bem resolvidas em parceria com concorrentes. Do mesmo modo que sustentabilidade, mudança climática e ESG estão relacionadas, essas questões também podem ter interseção com tais tópicos, e com transição ou risco climático, e ainda com o Social e a Governança. Lembre-se também que assim como uma empresa gera emissões ao longo de suas operações e cadeia de valor, muitas questões Ambientais têm interseção com o negócio de diversas maneiras.

Cobrir as questões Ambientais da sua empresa usando as lentes da materialidade pode ser uma maneira poderosa de mostrar que você compreende o efeito do mundo sobre sua empresa e, em alguns casos, seu impacto no mundo.

### CASO DE USO: PEPSICO E A ÁGUA

A PepsiCo é uma das maiores fornecedoras mundiais de bebidas e alimentos, e os consumidores desfrutam de seus produtos mais de um bilhão de vezes por dia.[53] Muitos consumidores associam a marca

Pepsi a refrigerantes, mas a Pepsi também detém várias marcas de alimentos que alavancam a produção agrícola.

Uma das questões materiais listadas da PepsiCo é a água, algo fácil de entender quando a encaramos como empresa de bebidas.[54] A água tem papel importante na fabricação de bebidas. Por exemplo, a proporção de água nos refrigerantes gasificados foi reportada como sendo de 1,9:1 em 2020, permanecendo abaixo de 2:1 mais de três anos.[55] Em outras palavras, é preciso muita água para fazer um refrigerante gasificado, o que torna a água um recurso que precisa ser bem gerido, especialmente porque a mudança climática está levando a eventos climáticos extremos, como secas e inundações. A PepsiCo é também membro-fundador de um consórcio, a mesa-redonda Ambiental do setor de bebidas [*Beverage Industry Environmental Roundtable*, BIER), de onde essa informação foi coletada, ao lado de outros participantes, como Coca-Cola Company, AB InBev, Oceanspray, Diageo e outros.[56] Esse grupo reúne os membros em um espírito de colaboração em torno das questões Ambientais do setor.

Consórcios como este podem desempenhar papel essencial na resolução de desafios sistêmicos do setor. Por exemplo, em parceria com a PepsiCo e outros membros, a BIER apresentou um estudo de benchmarking que incluía água, energia e emissões para várias categorias de bebidas, de modo que o setor pudesse colaborar efetivamente, impulsionar a responsabilização e desenvolver estratégias de melhoria.[57] Enfrentar questões sistêmicas desse modo já é por si só desafiador.

A PepsiCo e outros membros da BIER têm demonstrado uma compreensão de várias interseções materiais com a água em seus produtos e em seus relatórios públicos e declarações. A PepsiCo, por exemplo, lista a importância da água para o negócio em torno de três grandes áreas: operações e manufatura, agricultura e as comunidades nas quais ela opera.[58] Essas áreas de foco ilustram uma compreensão dos efeitos da água na empresa e também o impacto da empresa na água. A PepsiCo se organizou em torno de várias prioridades em relação a essa questão material, como promoção da eficiência hídrica, reabastecimento, acesso da comunidade a água potável e defesa de políticas.[59]

Em cada um desses esforços há ecos da maneira pela qual iniciamos este capítulo. O relacionamento de uma empresa com o Ambiente é complexo, com referência à mudança climática, à sustentabilidade e ao ESG. Essas questões às vezes se encerram em sua categoria particular, mas com frequência têm interconexões diversas e inesperadas que só vêm à tona por meio de uma análise cuidadosa. As questões Ambientais não só se distribuem por essas categorias materiais e não materiais, como cada uma se conecta também com o Social e a Governança. Afinal, a empresa impacta o Ambiente, que afeta as pessoas. Lidar com essas questões deve ser uma prioridade do time de Gestão, e o problema e seus resultados constituem tarefa de cada uma das pessoas dentro da empresa.



## NOTAS

[1] Peterson, E., Arrojado, J., Power, L., Thirugnana Sambantham, K.R., Hoa Lam, G., and West, N. (s.d.). Examining 2021 trends of companies on the S&P 500® + Russell 1000®. Governance & Accountability Institute, p. 4. www.ga-institute.com/fileadmin/ga_institute/images/FlashReports/2022/G_A-2022-Sustainability_Trends_Report.pdf (arquivado em https://perma.cc/HP7W-JEYS).

[2] National Geographic (2022). Greenhouse Effect. National Geographic Society. www.education.nationalgeographic.org/resource/greenhouse-effect/ (arquivado em https://perma.cc/P3QM-ACB3).

[3] Copley, M. (2023). Businesses face more and more pressure from investors to act on climate change. NPR. www.npr.org/2023/04/09/1168446621/businesses-face-more-and-more-pressure-from-investors-to-act-on-climate-change (arquivado em https://perma.cc/GHL9-CNAP).

[4] United Nations (2004). *Who Cares Wins*. pp. 1-2. www.unepfi.org/fileadmin/events/2004/stocks/who_cares_wins_global_compact_2004.pdf (arquivado em https://perma.cc/82C3-6XBG).

[5] Foster, L. (2023). Big banks hold the purse strings for fossil fuels. They're not giving them up. Barron's. www.barrons.com/articles/bank-of-america-citigroup-goldman-sachs-wells-fargo-oil-esg-5594fce3 (arquivado em https://perma.cc/A3TJ-Y8J6).

[6] TCFD (2017). Recommendations of the Task Force on Climate-related Financial Disclosures in *Recommendations of the Task Force on Climate-related Financial Disclosures Final Report*. pp. 5-6. www.assets.bbhub.io/company/sites/60/2021/10/FINAL-2017-TCFD-Report.pdf (arquivado em https://perma.cc/TY5P-CBM4).

[7] Cheung, J., Fillare, C., Gonzalez-Wertz, C., Nowak, C., Orrell, G., e Peterson, S. (2022). Balancing sustainability and profitability: How businesses can protect people, planet, and the bottom line. www.ibm.com/downloads/cas/5NGR8ZW2 (arquivado em https://perma.cc/6QP2-MUJC).

[8] Krishnan, M., Samandari, H., Woetzel, J., Smit, S., Pinner, D., Nauclér, T., Tai, H., Farr, A., Wu, W., e Imperato, D. (2022). A net-zero economy: The impact of decarbonization. McKinsey. www.mckinsey.com/capabilities/sustainability/our-insights/the-economic-transformation-what-would-change-in-the-net-zero-transition (arquivado em https://perma.cc/4TUX-U3R2).

[9] Carrington, D. (2021). World leaders announce plan to make green tech cheaper than alternatives. *The Guardian*. www.theguardian.com/environment/2021/nov/02/world-leaders-announce-plan-to-make-green-tech-cheaper-than-alternatives (arquivado em https://perma.cc/4FMR-GFNQ).

[10] Masterson, V. (2020). As Canada bans bags and more, this is what's happening with single-use plastics today. World Economic Forum. www.weforum.org/agenda/2020/10/canada-bans-single-use-plastics/ (arquivado em https://perma.cc/E66M-3L27).

[11] Elfar, A. (2022). Landmark climate change lawsuit moves forward as German judges arrive in Peru. *State of the Planet*. www.news.climate.columbia.edu/2022/08/04/landmark-climate-change-lawsuit-moves-forward-as-german-judges-arrive-in-peru/ (arquivado em https://perma.cc/B3R5-ERFM).

[12] Hanson, A.B. e Brown, M. (2023). Young environmental activists prevail in first-of-its-kind climate change trial in Montana. AP News. www.apnews.com/article/climate-change-youth-montana-trial-c7fdc1d8759f55f60346b31c73397db0 (arquivado em https://perma.cc/F4CN-A57X).

[13] The LEGO Group (2015). *The LEGO Group Responsibility Report 2015*. lego.com, p. 15. www.lego.com/cdn/cs/aboutus/assets/blt8630ef4d3066bc76/Responsibility-Report-2015.pdf (arquivado em https://perma.cc/GRK6-LKD8).

[14] The LEGO Group (2018). First sustainable LEGO® bricks will be launched in 2018. lego.com. www.lego.com/en-us/aboutus/news/2019/october/lego-plants--made-from-plants (arquivado em https://perma.cc/M8JM-78ND).

[15] The LEGO Group (2021). The LEGO Group reveals first prototype LEGO® brick made from recycled plastic. lego.com. www.lego.com/en-us/aboutus/news/2021/june/prototype-lego-brick-recycled-plastic (arquivado em https://perma.cc/XF29-2XYJ).

[16] Vasil, A. (2023). Lego says it hit a recycled plastic stumbling block. Do its claims stack up? Corporate Knights. www.corporateknights.com/category-circular-economy/lego-recycled-plastic-stumbling-block/ (arquivado em https://perma.cc/Y8KH-YBLH).

[17] IRI and NYU Stern (2021). *Sustainability and the Consumer*. IRI Publications. Iriworldwide.com, p. 3. www.iriworldwide.com/IRI/media/Library/IRI-NYU--Sustainability-2022-PDF.pdf (arquivado em https://perma.cc/S255-Q8AM).

[18] Sanghi, K., Bharadwaj, A., Taylor, L., Turquier, L., e Zaveri, I. (2022). Consumers are the key to taking green mainstream. BCG Global. www.bcg.com/publications/2022/consumers-are-the-key-to-taking-sustainable-products-mainstream (arquivado em https://perma.cc/L63Y-T3YZ).

[19] Target Brands, Inc. (2022). Target announces Target Zero: A new, curated collection of products aiming to replace single-use packaging. www.corporate.target.com. corporate.target.com/press/release/2022/03/target-announces-target-zero-a-new--curated-collect (arquivado em https://perma.cc/632K-8X86).

[20] Saner, E. (2023). Flying shame: The scandalous rise of private jets. *The Guardian*, 26 de janeiro. www.theguardian.com/environment/2023/jan/26/flying-shame-the--scandalous-rise-of-private-jets (arquivado em https://perma. cc/5HPN-G7TF).

[21] Hersher, R. (2021). Carbon emissions could plummet. The atmosphere will lag behind. NPR.org, April 21. www.npr.org/2021/04/14/981333730/carbon-emissions-could-plummet-the-atmosphere-will-lag-behind (arquivado em https://perma.cc/AA9U-MN7H).

[22] Ramkumar, A. e Ballard, E. (2022). Carbon-removal industry draws billions to fight climate change. *The Wall Street Journal*, 8 de junho. www.wsj.com/articles/carbon-removal-industry-draws-billions-to-fight-climate-change-11654640329 (arquivado em https://perma.cc/JVV2-DF4A).

[23] TCFD (2017). Recommendations of the Task Force on Climate-related Financial Disclosures in *Recommendations of the Task Force on Climate-related Financial Disclosures Final Report*. p. 6. www.assets.bbhub.io/company/sites/60/2021/10/FINAL-2017-TCFD-Report.pdf (arquivado em https://perma.cc/TY5P-CBM4).

[24] Masters, J. (2023). Dozens of billion-dollar weather disasters hit Earth in 2022. Yale Climate Connections. www.yaleclimateconnections.org/2023/01/dozens-of--billion-dollar-weather-disasters-hit-earth-in-2022/ (arquivado em https://perma.cc/ G8EW-VFL7).

[25] Brusset, X. e Bertrand, J. (2018a). Hedging weather risk and coordinating supply chains. *Journal of Operations Management*, 64, p. 9. https://doi.org/10.1016/j.jom.2018.10.002 (arquivado em https://perma.cc/BS9X-FC9G).

[26] Sousounis, Dr. P. (2012). The 2011 Thai floods: Changing the perception of risk in Thailand. Verisk. www.air-worldwide.com/Publications/AIR-Currents/2012/The-2011-Thai-Floods--Changing-the-Perception-of-Risk-in-Thailand/ (arquivado em https://perma.cc/BP9Y-QJVN).

[27] Bevere, L. e Dhore, K. (2021). The world's costliest flood: The 2011 Thailand flood, 10 years on. Swiss Re Institute. www.swissre.com/institute/research/sigma-research/

Economic-Insights/the-costliest-flood-thailand-flood.html (arquivado em https://perma.cc/9ANP-NPUR).

[28] Randewich, N. (2011). Thai floods, hard drive shortage threaten PC sales. Reuters, 21 de outubro. www.reuters.com/article/us-thailand-floods-tech-idUSTRE79K76Z20111021 (arquivado em https://perma.cc/9D8N-CDHP).

[29] Dignan, L. (2011). Thailand floods to lead to hard drive shortages for months. ZDNet. www.zdnet.com/article/thailand-floods-to-lead-to-hard-drive-shortages--for-months/ (arquivado em https://perma.cc/F4TF-Q3JV).

[30] Romero, J.J. (2012). The lessons of Thailand's flood. *IEEE Spectrum*. www.spectrum.ieee.org/the-lessons-of-thailands-flood (arquivado em https://perma.cc/8Y45H2XA).

[31] Romero, J.J. (2012). The lessons of Thailand's flood. *IEEE Spectrum*. www.spectrum.ieee.org/the-lessons-of-thailands-flood (arquivado em https://perma.cc/8Y45H2XA).

[32] United Nations (2021a). Invasive pest spread another fallout from climate change, UN-backed study finds. UN News. www.news.un.org/en/story/2021/06/1093202 (arquivado em https://perma.cc/ZW2G-TDS8).

[33] Lenton, T.M., Held, H., Kriegler, E., Schellnhuber, H.J., Hall, J.W., Lucht, W., e Rahmstorf, S. (2008). Tipping elements in the Earth's climate system. Proceedings of the National Academy of Sciences, 105(6), pp. 1786-1793. https://doi.org/10.1073/pnas.0705414105 (arquivado em https://perma.cc/B3RJ-S3P4).

[34] Cho, R. (2021). How close are we to climate tipping points? *State of the Planet*. www.news.climate.columbia.edu/2021/11/11/how-close-are-we-to-climatetipping-points/ (arquivado em https://perma.cc/NU8H-S6XH).

[35] Arribas, A., Fairgrieve, R., Dhu, T., Bell, J., Cornforth, R., Gooley, G., Hilson, C.J., Luers, A., Shepherd, T.G., Street, R., e Wood, N. (2022). Climate risk assessment needs urgent improvement. *Nature*, 13(1). https://doi.org/10.1038/s41467-022-31979-w (arquivado em https://perma.cc/G4XQ-FCCD).

[36] Poushter, J., Fagan, M., e Gubbala, S. (2022). Climate change remains top global threat across 19-country survey. Pew Research Center's Global Attitudes Project. www.pewresearch.org/global/2022/08/31/climate-change-remains-top-global-threat-across-19-country-survey/ (arquivado em https://perma.cc/DQD6FGFK).

[37] Tsafos, N. (2021). The battle for coal at COP26. Center for Strategic & International Studies. www.csis.org/analysis/battle-coal-cop26 (arquivado em https://perma.cc/2CB9-FRTE).

[38] Mackey, B. e Hales, R. (2021). The ultimate guide to why the COP26 summit ended in failure and disappointment (despite a few bright spots). The Conversation. www.theconversation.com/the-ultimate-guide-to-why-the-cop26summit-ended-in-failure-and-disappointment-despite-a-few-bright-spots-171723 (arquivado em https://perma.cc/3CDX-UF4P).

[39] United Nations (2021b). When disaster strikes, developing countries still too vulnerable. UN News. www.news.un.org/en/story/2021/10/1102912 (arquivado em https://perma.cc/2MYC-J5ZJ).

[40] Carrington, D. (2022). Revealed: US and UK fall billions short of "fair share" of climate funding. *The Guardian*. www.theguardian.com/global-development/2022/nov/07/us-uk-fall-billions-short-climate-funding-cop27 (arquivado em https://perma.cc/7LGT-C85L).

[41] Weise, Z. e Mathiesen, K. (2022). How Putin made the Green Deal great again. Politico. www.politico.eu/article/putin-made-europe-green-deal-great-again/ (arquivado em https://perma.cc/R2Q5-E54J).

[42] Jordans, F. (2023). Over and out: Germany switches off its last nuclear plants. AP News. www.apnews.com/article/germany-nuclear-power-plants-shut-energy376dfaa223f88fedff138b9a63a6f0da (arquivado em https://perma.cc/2AJP-77F5).

[43] Ritchie, H., Roser, M., e Rosado, P. (2010). Energy mix. Our World in Data. www.ourworldindata.org/energy-mix (arquivado em https://perma.cc/YVK9-9J8P).

[44] Valle, S. (2022). Exxon sees carbon capture market at $4 trillion by 2050. Reuters, 21 de abril. www.reuters.com/business/sustainable-business/exxon-sees-carbon-capture-market-4-trillion-by-2050-2022-04-19/ (arquivado em https://perma.cc/U39Y-MF5M).

[45] Chevron (2022). Chevron Executing Plans to Deliver Higher Returns and Lower Carbon. chevron.com. www.chevron.com/newsroom/2022/q1/chevron- executing-plans-to-deliver-higher-returns-and-lower-carbon (arquivado em https://perma.cc/5H3N-3V86).

[46] Clifford, C. (2023). Why Exxon and Chevron are doubling down on fossil fuel energy with big acquisitions. CNBC. www.cnbc.com/2023/10/25/why-exxon-chevron-are-doubling-down-on-fossil-fuel-energy.html (arquivado em https://perma.cc/3AJD-9AWX).

[47] International Energy Agency (2023). *World Energy Outlook 2023*. International Energy Association, p. 26. www.iea.blob.core.windows.net/assets/2b0ded44-6a-47-495b-96d9-2fac0ac735a8/WorldEnergyOutlook2023.pdf (arquivado em https://perma.cc/7SH5-XYNQ).

[48] International Energy Agency (2023). *World Energy Outlook 2023*. International Energy Association, p. 27. www.iea.blob.core.windows.net/assets/2b0ded44-6a-47-495b-96d9-2fac0ac735a8/WorldEnergyOutlook2023.pdf (arquivado em https://perma.cc/7SH5-XYNQ).

[49] Goossens, C., Graf, C., Nandy, A., Kochan, M., D'Acunto, R., e Boualla, A. (2022). Banks' great carbon challenge. Bain & Company. www.bain.com/insights/banks-great-carbon-challenge (arquivado em https://perma.cc/2WF2BQJA).

[50] Global Compact Network UK (s.d.). Scope 3 Emissions. UN Global Compact. www.unglobalcompact.org.uk/scope-3-emissions/ (arquivado em https://perma.cc/255K-FL6S).

[51] Milman, O. (2023). "Monster profits" for energy giants reveal a self-destructive fossil fuel resurgence. *The Guardian*, 9 de fevereiro. www.theguardian.com/environment/2023/feb/09/profits-energy-fossil-fuel-resurgence-climate-crisis-shell-exxon-bp-chevron-totalenergies (arquivado em https://perma.cc/HZ6KBPT9).

[52] Vanderford, R. (2023). SEC's Climate-disclosure rule isn't here, but it may as well be, many businesses say. *The Wall Street Journal*, 25 de abril. www.wsj.com/articles/secs-climate-disclosure-rule-isnt-here-but-it-may-as-well-be-many-businesses-say-854789bd (arquivado em https://perma.cc/9QDV-36WL).

[53] PepsiCo (2023). About PepsiCo. www.pepsico.com/who-we-are/about-pepsico (arquivado em https://perma.cc/JWC2-6Y5Y).

[54] PepsiCo (2021). Reporting informed by GRI Standards. p. 1, 6. www.pepsico.com/docs/default-source/sustainability-and-esg-topics/pepsico_2021_gri_index.pdf?sfvrsn=23b641d1_9 (arquivado em https://perma.cc/3GM4-BHVJ).

[55] Beverage Industry Environmental Roundtable (2022a). *Beverage Industry Continues to Drive Improvement in Water, Energy, and Emissions Efficiency*. p. 2. www.bieroundtable.com/wp-content/uploads/2021-BIER-Executive-Summary-Report.pdf (arquivado em https://perma.cc/TW82-V63K).

[56] Beverage Industry Environmental Roundtable (2019). About: Sustainability collaborations in the global beverage industry. Beverage Industry Environmental Roundtable. www.bieroundtable.com/about/ (arquivado em https://perma.cc/M5LL-6R3M).

[57] Beverage Industry Environmental Roundtable (2022b). *Beverage Industry Continues to Drive Improvement in Water, Energy, and Emissions Efficiency*. p. 18. www.bieroundtable.com/wp-content/uploads/2021-BIER-Executive-Summary-Report.pdf (arquivado em https://perma.cc/TW82-V63K).

[58] PepsiCo (s.d.). Water. Pepsico. www.pepsico.com/our-impact/esg-topics-a-z/water (arquivado em https://perma.cc/86WE-77DC).

[59] PepsiCo (s.d.). Water. Pepsico. www.pepsico.com/our-impact/esg-topics-a-z/water (arquivado em https://perma.cc/86WE-77DC).

**Empresas, diretorias e executivos** não precisam se tornar especialistas em risco climático, mas precisam levantar **questões bem-ponderadas** a respeito da **materialidade do risco climático** e buscar **expertise externa**.

CAPÍTULO 4

# O EFEITO SOCIAL: PONTOS DE INFLEXÃO E *STAKEHOLDERS*

Se você já ouviu algum líder corporativo declarar que seus funcionários são seu maior ativo, saiba que isto é dito para inspirar propósito e cultura. E, sob vários aspectos, é uma declaração verdadeira. O capital humano, ou o valor do trabalho e do conhecimento de um funcionário, deve ser nutrido e protegido para criar valor. Ao lado dos benefícios operacionais, como a aquisição e retenção de talentos e a produtividade, ouvir declarações como essa é algo muito bem recebido por funcionários, clientes e pelas comunidades nas quais a empresa opera. E ela pode capitalizar essas oportunidades materiais quando são apoiadas por ações que tenham propósito.

Na realidade, porém, as pessoas são também rodeadas por riscos e formam o passivo mais significativo de uma empresa. Funcionários, por exemplo, conhecem todos os segredos mais profundos e a propriedade intelectual da empresa, enquanto os clientes são inconstantes e os fornecedores ficam fora de seu controle. Como resultado, as pessoas representam um campo minado que a diretoria, os executivos, Recursos Humanos, Vendas, Compras, Conselho Geral e gestores devem percorrer ao mesmo tempo em que habilmente empoderam essas pessoas para que persigam o crescimento com sucesso, e tendo em mente os interesses da empresa.

O aspecto Social, assentado bem no meio da sigla, é o eixo mais influente do ESG, representando perfeitamente as nuances e a complexidade dos riscos e oportunidades. O Social cria conexões entre as questões relacionadas ao Ambiental e à Governança, porque as pessoas e seus desejos e necessidades estão na sua essência, e seu âmbito é tão diversificado quanto as pessoas que representa. As pessoas que afetam ou são impactadas pelo seu negócio e seus resultados são conhecidas como *stakeholders*. Examinar os *stakeholders* por meio de uma mentalidade ESG significa descobrir suas motivações, necessidades e desejos e então trabalhar com isso no contexto de seu negócio. Essa análise, que costuma ser feita por meio de princípios e ferramentas da Governança, orienta a conexão material que dá sentido aos programas de *stakeholders*.

Claro que não se trata de uma tarefa fácil, já que as empresas, de todos os portes, têm *stakeholders* que fazem interseção com suas operações de várias maneiras. Além disso, as necessidades e os desejos dos *stakeholders* mudam com o tempo ou com as crises que aparecem. Se a empresa não se dispõe continuamente a ouvir e se adaptar aos seus *stakeholders*, pode perder oportunidades e ficar apenas reagindo constantemente a riscos emergentes. Infelizmente, essa compreensão empática é algo que poucas empresas modernas têm acolhido e com valores inconsistentes. Além disso, o alinhamento preciso a valores levou muitos a verem o Social como mera distração, embora haja valor a ser capturado. Mesmo assim, durante décadas, algumas empresas não perceberam essa conexão.

## DE FRIEDMAN A FINK

No início da década de 1980, as empresas e os mercados começaram a adotar as ideias da doutrina Friedman, expostas no artigo de 1970: "*A responsabilidade social dos negócios é aumentar seus lucros*", de Milton Friedman, economista americano.[1] Esse ponto de vista afirma que o valor social básico de uma empresa é maximizar seus ganhos financeiros, o que coloca os acionistas como foco primário e não considera necessariamente os *stakeholders*.[2] Seria, no entanto, possível argumentar que essa é uma contingência que as empresas não conseguem evitar. Mesmo assim, se as empresas definem como postura mental obter lucros acima de tudo, provavelmente ignorarão as questões de ESG. Essa desatenção coloca a empresa em risco significativo, ao mesmo tempo que a faz perder oportunidades. Com efeito, Friedman criou um novo princípio de Governança que afastou a atenção de uma ampla gama de *stakeholders* para dirigi-la a apenas um grupo: os acionistas. Por volta de 1997, as empresas haviam aceitado tão amplamente essa ideia, que a Business

Roundtable, um coletivo de CEOs da América, colocou essa visão em seus Princípios de Governança Corporativa. Embora os princípios de Governança mudassem, as pessoas ainda eram o centro do impacto, apesar dos benefícios públicos que uma empresa bem gerida pode oferecer, o que cria interseção entre a doutrina Friedman e o pilar Social.

Com apenas um leve toque, essa atitude mental de perseguir o lucro acima de tudo coloca os *stakeholders* de lado, o que de qualquer modo pode ter impacto no valor dos acionistas a longo prazo. Quando isso ocorre, surge o risco material. Por exemplo, uma cultura assentada na pressão por um desempenho de lucros incessantes pode maximizar o custo econômico do capital humano ao definir salários e expectativas injustos, criando uma cultura tóxica. Além disso, essas atividades podem levar a uma força de trabalho insustentável, gerando desgaste e custos contínuos para aquisição de talentos, sem falar do tempo que a empresa perde para contratar novos funcionários, e da potencial repercussão negativa nas mídias sociais. Em sua avaliação dos riscos e pressões Sociais, uma empresa pode aumentar o foco em ESG, com base numa compreensão fundamental das questões Ambientais materiais cobertas no capítulo anterior.

Quando conversamos com praticantes de ESG sobre o ressurgimento dessa atenção ao ESG, muitos mencionaram o CEO da BlackRock, Larry Fink, e suas cartas anuais a CEOs como um catalisador. A partir de 2015, Fink começou a escrever sobre os conceitos de ESG, e depois abordou o alinhamento entre propósito e lucratividade, inclusive citando *stakeholders* diretamente em sua carta de 2019.[3] Esse chamado ocorreu no mesmo ano em que a Business Roundtable orientou seus Princípios de Governança Corporativa em direção a uma visão mais ampla dos *stakeholders*, afastando-se da primazia dos acionistas. Naquele ano, a Business Roundtable listou em seus Princípios vários grupos de *stakeholders* – clientes, funcionários, fornecedores, comunidades e acionistas.[4]

Ao que parece, as empresas começaram então a prestar atenção nessas mudanças. Apenas dois anos mais tarde, a carta de Fink aos CEOs em 2021 fez uma observação interessante relacionada à evolução do pilar Social. Ele destacou as linhas nítidas que haviam emergido no Social em tópicos montados como silos, como a injustiça racial, a igualdade e o envolvimento na comunidade.[5] À medida que o ESG ganhou maior atenção, o pilar Social, alimentado pelo ressurgimento de crises de justiça social, levou diretorias e executivos a criarem atividades específicas baseadas em valores, limitando a visão do Social a tipos particulares de programas. Além disso, Fink observou que as empresas classificavam as questões como Ambientais ou como Sociais, quando a classificação, segundo ele, não importava. O que importa é que as empresas lidem com o problema e com o valor criado. Embora isso aponte de volta para o impacto nos *stakeholders*, as empresas não podem ignorar as questões Sociais sistêmicas que preenchem os negócios modernos e o nosso mundo. Há intersecções, mas descobri-las pode ser difícil.

Enquanto formos examinando este capítulo, será vital lembrar a observação de Fink. Embora as empresas precisem compreender os valores Sociais para corrigir injustiças sistêmicas, esse trabalho louvável pode levá-las a deixar de dar atenção a riscos e oportunidades materiais, além de refrear os esforços contra pressões transitórias e, em última instância, colocar a empresa em posições perpetuamente reativas. Ao fazermos esse reconhecimento dos *stakeholders*, descobrimos do que se trata o Social, afinal. O Social fica situado adequadamente no meio da sigla porque, como acabamos reconhecendo, as pessoas estão no centro de tudo, inclusive da sua empresa e da criação de valor. Portanto, olhar para o seu negócio pelas lentes de seus *stakeholders* é crucial para entregar valor a longo prazo.

## CRISES: OS PONTOS DE INFLEXÃO SOCIAIS

Precisamos recuar a 2020 para encontrar o contexto que nos permite compreender quais foram os impulsionadores particulares do Social que ocorreram na breve janela que se abriu entre o foco de 2019 em *stakeholders* e o chamado de Fink sobre esforços em silos de 2021. Os crescentes efeitos de climas extremos, a covid-19 ao redor do mundo e o assassinato de George Floyd, seguido por agitações sociais nos Estados Unidos, ocorreram em 2020. Como resultado, os *stakeholders* passaram à linha de frente e ao centro dos negócios. Enquanto os governos estavam às voltas com a estabilização da cadeia de suprimentos, e se debatendo com a política da covid-19 e com os protestos, as empresas reagiam a funcionários estressados que enfrentavam riscos de saúde mental e física, clientes que mudavam seus modelos de engajamento e fornecedores que lutavam para se manter. Esses desafios representavam questões materiais para as empresas, pois todos esses grupos são *stakeholders* cruciais. Alguns líderes viram então riscos e oportunidades e se sentiram estimulados a agir. Vale a pena notar que o surgimento de uma crise não leva as empresas e seus times de gestão a virarem de repente especialistas nesses tópicos.

Ainda assim, com o foco prioritário nos acionistas e o foco em lucro dominando os negócios nas últimas décadas, as empresas precisaram de uma nova licença para operar, de permissões para mudar e de incentivos. Comparando essas mudanças usando uma analogia ambiental, os cientistas costumam falar sobre pontos de inflexão do clima que criam efeitos em cascata pelo planeta. A atualização do Business Roundtable, as cartas de Larry Fink e as destacadas questões sociais de 2020 foram pontos de inflexão similares para o Social dentro do cenário corporativo.

Nesse período, houve um mix de mudanças filantrópicas há muito tempo aguardadas em torno de questões Sociais das empresas em relação aos *stakeholders*. Embora esses esforços altruístas possam ter interseção com o ESG e tenham aspectos materiais como mudanças de normas sociais, a execução, que está em curso e muda continuamente, nem sempre considera os *stakeholders* ou a materialidade e pode não ser durável o suficiente para criar valor de longo prazo. No entanto, a mudança para o Social com atenção ao valor de longo prazo está acontecendo e costuma ser chamada de capitalismo de *stakeholders*.[6] Além disso, as tumultuadas crises de 2020 ilustram como as empresas podem impulsionar criação de valor ao colocar os *stakeholders* e as questões materiais no centro, em vez de como pontos de inflexão.

## Funcionários: a natureza mutante do trabalho

Embora cuidar bem dos funcionários seja uma nobre ação, também é algo que as empresas já deveriam estar fazendo, pois há razões éticas para tratar os funcionários de maneira justa. De qualquer modo, de um ponto de vista material, as empresas precisam atrair e reter talentos para ter uma vantagem competitiva e, também, fomentar a confiança, a fim de obter o melhor de seus funcionários. Lidar proativamente com as questões dos funcionários faz a conexão material com os pilares Social e de Governança.

Quando se trata de encarar funcionários como *stakeholders*, há várias questões materiais relacionadas a *stakeholders* que as diretorias e os executivos devem levar em conta e que são relativamente universais:

- O tipo de experiência dos funcionários, incluindo produtividade, burnout e colaboração.
- Acesso a planos de saúde e benefícios de qualidade.
- Remuneração equitativa.
- Ambiente, saúde e segurança [*Environment, health, and safety*, EHS].
- Educação e requalificação.
- Plano de carreira e acesso a oportunidades.

O ano de 2020 ainda por cima trouxe uma pandemia global. Enquanto a covid-19 devastava o mundo e a incerteza crescia, os negócios se esforçavam para manter na mesa suas apostas universais, como operações seguras. O trabalho híbrido e remoto, iniciado previamente com tecnologias digitais como VPNs, acesso por celular e tecnologias de nuvem, de repente acelerou. As empresas de todos os portes que ainda não tinham seus sistemas digitalizados e capacidade de acesso remoto rapidamente seguiram nessa direção.[7] Como resultado das novas capacidades digitais, os deslocamentos entre residência e trabalho cessaram para muita gente, os edifícios de escritórios comerciais se esvaziaram, e surgiram novos estilos de trabalho flexíveis.

A emergência de novos estilos de trabalho não se deu pelo fato de os funcionários, como grupo de *stakeholders*, serem diferentes. O trabalho remoto abriu novas oportunidades para alguns, enquanto outros sentiram que essas mudanças envolviam riscos. Quem acolheu a flexibilidade de trabalhar de casa percebeu que isso podia abrir novas oportunidades de carreira, pois o fato de estar próximo de um edifício de escritórios não fazia mais diferença. De início, eliminar os deslocamentos de casa ao trabalho pareceu propiciar melhor equilíbrio entre trabalho e vida privada, ainda mais numa época tão estressante para os funcionários e suas famílias, mas na realidade as pessoas acabaram trabalhando 10% mais.[8] Por outro lado, alguns funcionários acharam o isolamento muito pesado, por já terem desfrutado de conexões "presenciais" com colegas e chefes. Esses funcionários viam valor em trabalhar no escritório, pois isso lhes permitia descobrir novas ideias em encontros casuais, ou viajar e conhecer colegas e clientes e receber mentoria por meio de um contato presencial.

Em meio a essa complexidade, os líderes se esforçavam para satisfazer a todos à medida que a covid-19 ia perdendo força. Por três anos, os funcionários adotaram estilos de trabalho personalizados. Alguns times de gestão exigiram que os funcionários retornassem aos escritórios, ao não ver nenhum outro caminho claro para manter a cultura, a colaboração e o controle. Outras empresas foram se adaptando gradualmente a esses novos métodos de trabalho encarando os funcionários como mais que apenas um tipo de *stakeholder*, e por identificarem um aumento de produtividade e ao mesmo tempo de satisfação dos funcionários.[9]



## CASO DE USO: A J.M. SMUCKER COMPANY E O TRABALHO HÍBRIDO

A J. M. Smucker Company é uma empresa de bens de consumo empacotados focada em alimentos. Em seus relatórios de impacto de 2021 e 2022, não há referências ao impacto da covid-19 na empresa ou à sua abordagem ao trabalho híbrido.

No entanto, há menções relacionadas na seção de Funcionários nos dois relatórios. A empresa alega apoiar o bem-estar físico dos funcionários e suas famílias, e depois descreve as ferramentas e os recursos disponíveis para ajudar os funcionários a assumirem responsabilidade e compartilharem o custo por seu bem-estar.[10]

Depois que esses relatórios foram publicados, a Smucker iniciou uma nova política de trabalho híbrido alinhada a dois princípios. A empresa espera que seus funcionários estejam no escritório pelo menos seis dias por mês, e permite que vivam em qualquer localidade desde que venham ao escritório por 22 semanas essenciais e paguem o custo de se deslocar até a sede da empresa.[11] Até o momento, os funcionários estão gostando dessa flexibilidade, e o escritório tem uma ocupação de 70%-80% nessas semanas essenciais.[12]

Embora o escritório tenha sido por muito tempo um elemento básico da cultura de trabalho, ele não se adapta mais a todos na atual economia do trabalhador detentor de conhecimento, criando uma descentralização do poder que favorece o funcionário.[13] Em outras palavras, existem muitas outras opções para funcionários quando a empresa não consegue chegar à conclusão do que funciona melhor. Como no caso da J. M. Smucker Company, em vez de voltar correndo ao escritório, os empregadores devem continuar a se esforçar para compreender melhor seus funcionários em suas necessidades. Recrutar e reter talentos diferenciados pode significar conceder a flexibilidade para poder trabalhar desde qualquer lugar e adotar novos estilos de gestão. As empresas podem também precisar dar mentoria presencial ou remota para ajudar a reter talentos e permitir que os funcionários cresçam. Por fim, os líderes devem dar passos cuidadosos em relação à colaboração de seus funcionários, pois declarações genéricas e políticas que não tenham a participação dos *stakeholders* serão comentadas nas mídias sociais e levadas adiante até virar trending topics e chegar à mídia. Além disso, como ocorre com a maioria das questões de ESG, há impactos além do *stakeholder* dos funcionários que precisam ser considerados.

De um ponto de vista positivo, há uma oportunidade de sustentabilidade com o trabalho híbrido, pois menos gente se deslocando de casa ao trabalho e de volta, e menor número de viagens aéreas, gera menos poluição, com benefício para o planeta e as pessoas. Por outro lado, pode haver uma crise financeira à espreita em relação às novas maneiras de trabalhar, já que muitos se perguntam o que será feito das cidades e do mercado imobiliário de prédios comerciais.[14] Quando os funcionários passam tempo no escritório, também gastam dinheiro em serviços e produtos nos locais próximos. Se não comparecem ao trabalho, esse dinheiro continua em seu bolso e em suas comunidades, criando um estresse econômico adicional às cidades e às pessoas que vivem nelas. São questões que afetam como as empresas conduzem o desafio Social do trabalho híbrido.

## Funcionários: diversidade, equidade e inclusão

Em termos globais, as empresas não estão imunes aos desafios colocados pelas questões sistêmicas de diversidade, equidade e inclusão [*diversity, equity, and inclusion*, DEI]. Por exemplo, esse risco pode ser avaliado de maneira visível por meio de uma diretoria coesa, com pontos de vista similares, ou em perda de talento por questões de equidade de remuneração. No entanto, conforme ocorreram os pontos de inflexão Sociais, as empresas tiveram oportunidade e permissão de agir. Seguindo com esses exemplos, um ano após o assassinato de George Floyd, as diretorias assumiram posições mais diversificadas.[15] O Russell 3000 viu melhorias nas diretorias, com o índice "ausência de diversidade racial/étnica" caindo de 38% em 2020 para 10% em 2022.[16] Infelizmente, a equidade de remuneração por gênero avança muito lentamente, com apenas 0,08 de dólar de melhoria nos 25 anos até 2021.[17]

Em 2020, um relatório McKinsey de 2015 veio à tona, focado especificamente em uma base diferente de diretorias e funcionários, ajudando a guiar empresas em direção a extrair valor de longo prazo por meio dos esforços de DEI da empresa.[18] Essa atenção renovada à pesquisa, bem como as novas licenças para operar e o alinhamento em fazer o certo e fazer o bem rapidamente aumentaram o porte, a abrangência e o orçamento dos esforços DEI, assim como ocorreu com o investimento em tecnologia para trabalho híbrido.

O que DEI significa?

- **Diversidade** se refere a quem é representado.

CAPÍTULO 4

- **Equidade** é dar a todas as pessoas tratamento justo.
- **Inclusão** é o grau em que a empresa se preocupa com a inclusão e o empoderamento das pessoas.

Embora os programas DEI já existissem antes do pontos de inflexão Sociais de 2020, os líderes desses esforços falam de um claro divisor de águas em torno de seus programas e do assassinato de George Floyd especificamente, reconhecendo que muitas empresas mudaram ou aceleraram depois disso seus esforços em relação aos funcionários.[19] Nas semanas e nos meses seguintes, as empresas se manifestaram publicamente assumindo compromissos, fazendo doações filantrópicas e apoiando suas declarações com ações e programas organizados. Alguns desses esforços foram focados no cliente, e os times de Compras implementaram novas políticas de diversidade para os fornecedores. Na metade do ano de 2020, algumas empresas deram aos funcionários um dia de folga para que refletissem sobre o Juneteenth, o feriado que celebra o fim da escravidão nos Estados Unidos. Outras empresas vinham promovendo mudanças materiais e não materiais em suas operações em torno de questões raciais e de equidade de remuneração – como buscar outros programas de liderança ou corrigir questões antigas de DEI que já deveriam ter sido resolvidas.[20]

Assim como a sustentabilidade e a gestão responsável do Ambiente, as questões de DEI são apostas colocadas sobre a mesa e constituem também aspectos materiais para uma empresa. Por exemplo, o mencionado relatório McKinsey lista várias oportunidades universais que surgem quando uma força de trabalho é diversificada em termos de raça e gênero, como atração de talentos, envolvimento do cliente, satisfação dos funcionários e melhora na tomada de decisões.[21] Embora esse aumento nos programas em 2020 fosse uma mudança bem-vinda, montar programas de DEI a partir de uma crise e não de metas materiais pode deixar de lado integrações e benefícios de negócios. Com isso, esses programas podem dar a sensação de não serem autênticos, e terão sucesso variável. Por exemplo, num estudo da WebMD de 2023, de cada dez respondentes da sua pesquisa, nada menos que nove disseram que sua empresa tinha um programa de DEI (& Pertencimento), embora 62% achassem que a empresa não estava comprometida com o programa.[22] Esses números não são surpreendentes, já que as empresas haviam criado esses programas reagindo a uma crise, e não em torno dos *stakeholders* ou de questões materiais. Infelizmente, essa abordagem reativa parece confundir um pouco as empresas.

Em vez de abordar a DEI por meio de feedback, de escuta ativa, de materialidade e mesmo de missão, o que ditou a reação foi a crise, levando os líderes a lançarem esses programas. Como resultado, colocaram no centro a situação, não as pessoas. Quando o mundo avança a partir de uma crise, os líderes e os orçamentos fazem o mesmo.

Embora focar mudança sistêmica possa impulsionar a DEI em algumas áreas e seja crucial empreendê-la de um ponto de vista ético, levar em conta os desejos e necessidades dos *stakeholders* contribui para a sua durabilidade. Por exemplo, a mera condução com propósito e valores não contribui para que esses programas sobrevivam a uma recessão econômica. Infelizmente, em 2023, conforme os mercados se retraíam e ocorriam demissões, muitas empresas cortaram os programas de DEI e voltaram ao esquema de dar primazia aos acionistas.[23] Alguns programas criados às pressas e executados sem levar em conta a interseção material levaram as empresas a verem pouco valor de negócios nos valores da DEI. Quando as ações sofrem uma queda, os acionistas precisam ser acalmados, e isso se manifesta no corte dos programas.

Interromper um programa DEI que tenha baixo desempenho e se mostre ineficaz é uma coisa, mas cortar um programa DEI funcionalmente eficaz é bem diferente e pode ter repercussões de longo prazo. No mínimo, as empresas que prometeram mudanças quebram a confiança com vários funcionários, produzindo maiores taxas de atrito para os papéis da DEI.[24]

Se as empresas colocam as pessoas no centro de seus esforços de DEI, dos impactos do programa e de seus resultados, em vez da situação ou do impulso de agir, tais esforços poderão ter efeito duradouro. O desenvolvimento e execução de um programa DEI deve envolver seus *stakeholders* e ter conexão contínua com suas necessidades.[25] Isso implica ter coragem para fechar os programas que não estão funcionando e bom senso para reconhecer quando os programas estão funcionando e devem ser ampliados. Um processo mais bem elaborado que coloque os *stakeholders* no centro deve incluir os seguintes esforços:

- Criar fóruns nos quais a liderança ouça os funcionários, que darão feedback e informarão os líderes a respeito das questões que tenham maior relevância para eles.
- Educar funcionários e líderes sobre a execução empática e os benefícios materiais, não apenas em relação à crise imediata.
- Aumentar a consciência cultural por meio de experiências em primeira mão, geograficamente ou de outro modo.
- Acompanhar ou conduzir pesquisa para acabar com suposições.
- Encontrar líderes heterogêneos, mas também envolver aliados não heterogêneos na liderança.
- Tornar os times de gestão responsáveis pelo impacto.
- Reservar orçamento para aqueles que estiverem na execução.

## GRUPOS DE RECURSOS DE FUNCIONÁRIOS

Muitas empresas montam Grupos de Recursos de Funcionários [Employee Resource Groups, ERGs] para juntar pessoas de históricos diversos e oferecer um espaço seguro para discussão de questões delicadas. Infelizmente, as empresas costumam se restringir a simplesmente criar o grupo e fazer a conexão entre as pessoas, sem que se possa avançar muito. Convém levar em conta as dicas de processo listadas a seguir:

- O ERG deve ter uma meta e impacto claros em relação ao contexto peculiar da organização.

- Em parceira com o ERG, o Marketing deve atualizar conteúdo interno e mídias sociais com aprendizagens e conquistas específicas que tenham sido alcançadas pelo ERG, direcionadas a propósitos ou a questões materiais.
- O ERG deve também ter um líder na empresa como seu patrocinador para defender o grupo internamente e, ao mesmo tempo, ser liderado por um pequeno grupo de funcionários aos quais tenha sido destinado um orçamento.
- O patrocinador deve participar ativamente de ciclos de feedback dos eventos de escuta dos funcionários para compreender as necessidades do grupo e descobrir e dirigir questões materiais que venham à tona.
- O time de Recursos Humanos deve criar um incentivo ou uma estrutura de reconhecimento em torno dos resultados do grupo.



Um ERG é apenas um exemplo de uma ferramenta que as empresas podem implantar para conduzir os resultados materiais e a missão que querem alcançar. Embora a DEI seja elemento fundamental para empresas modernas e vá bem além de métricas e dados para causar impactos e dar resultados, uma execução cuidadosa nessa área pode afetar materialmente o negócio se for abordada com uma mentalidade ESG.

Além disso, o pilar Social é um dos mais difíceis de ajustar porque um de seus aspectos é fazer os *stakeholders* se sentirem valorizados. Embora os funcionários estejam sob a influência direta da empresa, se as empresas se limitam a esse único grupo de *stakeholders* podem mitigar alguns riscos, mas também capturarão apenas algumas oportunidades Sociais.

## Clientes: necessidades em constante mudança e novas oportunidades

Esses mesmos pontos de inflexão Sociais também impactaram clientes, que são outro importante grupo de *stakeholders*. Os clientes representam um campo minado diferente a ser navegado pelas empresas. Uma empresa pode elaborar programas para conectar e envolver seus funcionários, mas os clientes são instáveis e estão fora da influência direta da empresa, tendo um efeito a partir de fora.

Assim como para os funcionários, a DEI é uma aposta na mesa para clientes, mas pode também revelar oportunidades materiais. Os funcionários estão na linha de frente e devem ter boa sintonia com a composição diversificada de seus clientes para poder atendê-los melhor e construir produtos que tenham interseção com suas necessidades únicas. Algumas marcas globais têm comunidades de clientes leais à marca que têm mentalidade parecida, mas não é a norma as empresas sempre acertarem de forma consistente porque os valores dos clientes variam. O que para algumas pessoas são valores, para outras são suas deficiências. Tentar equilibrar as mensagens entre os clientes leais e, ao mesmo tempo, buscar aumentar a fatia de mercado com novos grupos ou com mudanças em torno do aspecto Social é uma tarefa complicada e cheia de riscos.

Empresas têm muitos processos e muitas ferramentas de escuta para captar os sinais do mercado, elaborar mensagens atraentes e vender aos clientes. Mesmo assim, para a empresa descobrir quais são de fato as necessidades de seus clientes, ela precisa contar com insights profundos, que nem sempre vêm à tona, mesmo nos dados. Assim, as empresas precisam equilibrar o Social com a Governança enquanto inovam em torno de seus produtos e serviços voltados ao cliente. Ao mesmo tempo, times de gestão, gestores de desenvolvimento dos negócios e donos de produtos devem estar atentos a disrupções e crises.

## Mudanças de marca e justiça social

Nunca antes as marcas alcançaram tantos clientes ao mesmo tempo ao tentarem se alinhar aos valores e às necessidades deles, quer se trate de sustentabilidade, quer de DEI, acessibilidade ou alguma outra coisa. As marcas podem também interagir diretamente com clientes e não clientes por meio de seus aplicativos, seus sites e suas mídias sociais e tradicionais. Esses sistemas geram sinais em torno das interações da marca, que as empresas podem usar para moldar a direção dada aos produtos, descobrir mudanças nas preferências, entre outras coisas. Isso, porém, requer uma observação constante e ajustes precisos.

Como ocorre com o envolvimento dos funcionários e a mudança sistêmica, as empresas já deveriam estar realizando essas atividades. Elas têm condições de promover mudanças materiais conforme as pressões sistêmicas se avolumam e a atenção dos consumidores é atraída para essas crises Sociais. Mas, como antes, podem surgir riscos a partir das novas oportunidades de interagir ao lidar com a mudança em meio a uma crise.

Em razão de pressões existentes e das novas pressões depois de 2020, algumas empresas examinaram sua imagem e seu nome, que se mostravam controversos de longa data, e decidiram atualizá-los. A Aunt Jemima, uma marca de xarope para panquecas de propriedade da Pepsi, foi pioneira em criar uma mudança digna de nota. Infelizmente, o nome e a imagem anteriores da Aunt Jemima eram associados por muitos consumidores a um estereótipo racial. Portanto, para refletir seus valores diante da crise emergente, a Pepsi anunciou que o nome mudaria para Pearl Milling Company, que era fábrica de onde o nome Aunt Jemima se originou, em reconhecimento à opinião do consumidor.[26] Além disso, o logotipo passou a ser o de uma fábrica de farinha.

No mesmo grupo de produtos ao consumidor está a Mrs. Butterworth, marca de xarope de propriedade da Conagra Foods, conhecida por sua garrafa em formato de vovó. Alguns consumidores acharam que o rosto era similarmente ofensivo, ao conter alguns tons de estereótipo racial. Ao mesmo tempo que a Pepsi fez seu anúncio, a Conagra anunciou que estava também revendo mudanças em sua marca, mas parece agora que decidiram não fazer nenhuma mudança.[27]

Portanto, temos duas marcas de xarope, uma que mudou e outra que não. Corrigir as raízes racistas de uma marca quando isso é muito aparente no nome e no logotipo não deveria gerar uma crise, mas é algo que envolve múltiplos aspectos. Mudar o nome da marca, o logotipo ou a receita gera um risco material para o negócio, mas talvez seja ainda mais desafiador corrigir isso quando é uma crise que força a atenção para o problema. No caso da Aunt Jemima, alguns consumidores ainda têm um problema com o legado do novo nome, enquanto outros não sentem conexão com a marca após a mudança.[28] Em última instância, tais decisões, seu valor de longo prazo e seus benefícios materiais ficaram em aberto, já que o impacto nas vendas não foi determinado.[29] Ainda assim, sem dúvida essas crises têm mudado o cenário dos relacionamentos cliente-marca em torno do pilar Social.[30]

## CLIENTES E NÃO CLIENTES: AMPLIFICAÇÃO NAS MÍDIAS SOCIAIS

Uma empresa pode chamar a atenção para a sua marca em seus produtos e serviços e no apoio oferecido após a compra. Mas dificilmente encontramos algo tão poderoso quanto o alcance que as empresas conseguem por sua presença nas mídias sociais. As mídias sociais permitem que as marcas interajam com seus *stakeholders* de maneira mais humana, ofereçam rápido apoio, aumentem a satisfação do cliente e coletem informações a respeito de clientes e preferências. Portanto, representam uma oportunidade material de se envolver com um grupo de *stakeholders*.

Mas embora as empresas alcancem os clientes por meio das mídias sociais e capturem novas oportunidades, elas não têm controle completo. As mídias sociais são uma rede complexa na qual clientes e não clientes podem interagir, entre eles, com a marca e com os concorrentes, e isso gera riscos.

Por exemplo, suponha que um cliente tem um problema e o leva às mídias sociais. Nesse caso, a empresa pode fazer a conexão por meio de um modelo digitalizado de um *stakeholder* e resolver o problema. Mas as mídias sociais estão cheias de gente tentando criar confusão, e os clientes mudam constantemente. Com isso, sua empresa pode não ser capaz de chegar a uma conclusão que seja satisfatória para o cliente a respeito de seu problema. Neste caso, talvez o problema persista entre sua empresa e esse cliente em particular. Além disso, a coisa pode se tornar bem mais embaraçosa quando a postagem se torna viral, impactando materialmente a reputação e as vendas ou até criando um conflito regulatório.

## CASO DE USO: O APPLE CARD E O GOLDMAN SACHS

Em 2019, a Apple e o Goldman Sachs lançaram o Apple Card, um cartão de crédito ligado ao ecossistema dos dispositivos Apple. Meses mais tarde, um desenvolvedor chamado David Heinemeier Hansson postou uma preocupação no X (antigo Twitter). A alegação era que, mesmo com uma alta pontuação de crédito, sua esposa recebeu uma linha de crédito inferior à dele. Steve Wozniak, cofundador da Apple, também reportou experiência similar.[31] A alegação, então, gerou especulação nas mídias sociais de que o algoritmo por trás da pontuação de crédito teria um viés de gênero. O rumor não chegou a alterar a situação, pois a discriminação de gênero e racial na concessão de empréstimos e crédito já estava no foco dos reguladores.[32] Essas postagens nas mídias sociais levaram o Departamento de Serviços Financeiros do Estado de Nova York [Department of Financial Services, DFS] a abrir uma investigação.[33] Em março de 2021, o relatório concluiu que não havia violações a um empréstimo justo, mas declarou que o serviço ao cliente e uma percebida falta de transparência provavelmente teriam contribuído para a repentina falta de confiança.[34]

Como ocorre com tudo o que se refere ao ESG, essas questões tendem a levantar outras. Mesmo com os esclarecimentos da Apple e do Goldman Sachs, o DFS afirmou em seu relatório que havia uma necessidade mais ampla de atualizar a regulamentação do crédito e a transparência ao longo do setor.[35] Essa questão levantou outras por parte da TechCrunch seis meses depois, a respeito de se os serviços financeiros e os desenvolvedores de IA teriam ou não necessidade de ser regulados quanto a viés estrutural.[36]

Em última instância, vemos que a percepção de um viés de gênero numa plataforma de mídia social resultou em várias questões de diversos *stakeholders*, incluindo os reguladores. Este caso de uso serve como um lembrete sobre o poder dos *stakeholders* de criar disrupção, mesmo com uma noção percebida da questão ética, e do quanto é fácil ocorrer uma quebra de confiança.

## CADEIA DE SUPRIMENTOS: QUESTÕES DE RISCO E DE TRABALHO FORÇADO

Escolher com quais fornecedores trabalhar é uma tarefa material crítica. Muitas empresas começaram publicando e se comprometendo com uma declaração de mudança de fornecedor a partir dos pontos de inflexão de 2020. Nessa situação, o time de Compras se compromete a levar em conta as credenciais DEI de um fornecedor como parte de sua proposta de valor geral, considerando-as um fator a mais no processo de seleção. A meta costuma ser apoiar negócios orientados à diversidade para corrigir a atual injustiça Social. No entanto, isso não quer dizer, ou pelo menos não deveria, que a diversidade ou o apoio a valores DEI seja o único fator na decisão, pois isso introduziria riscos.

As empresas podem também encontrar mais valor – como foi descoberto por um relatório de 2021 da Bain & Company que encontrou benefícios materiais em fornecedores que valorizavam a DEI –, com menores taxas de atrito e uma economia de 0,7% para aqueles no quartil superior de gastos com fornecedores diversos.[37]

Por outro lado, ter um grupo diversificado de fornecedores, como algo oposto ao fator diversidade em seus fornecedores, é uma questão material de ESG mais alinhada à Governança de qualidade e a práticas de gestão de risco. Em outras palavras, a empresa pode reduzir seu risco ao ampliar a gama de fornecedores em sua cadeia de valor, ao mesmo tempo que avalia sua sustentabilidade e seus valores DEI junto com outros fatores na tomada de decisões.

As empresas não estão limitadas a essas duas intersecções com o Social em relação aos fornecedores. Afinal, os funcionários de seu fornecedor *upstream* são um risco material ao seu negócio em razão da dependência de sua empresa. Após a covid-19, as cadeias de suprimentos ficaram estressadas, e em alguns casos a exploração de trabalhadores aumentou.[38] Esses funcionários são da segunda camada de *stakeholders* da sua empresa, no sentido de que você não tem controle direto, mas pode ter como influenciar seu fornecedor quanto ao tratamento que dispensa a eles. Essa questão particular pode ser uma das mais desafiadoras que uma empresa enfrenta, porque os problemas Sociais extremos no âmbito de um fornecedor também estão fora da visibilidade da empresa.

O risco de uma empresa pode estar nos fornecedores *upstream* ou naqueles que fornecem materiais e dados à empresa:

- **Upstream**: suprimento, no qual sua empresa é o cliente que recebe; e bens
- **Downstream**: demanda pós-processamento, na qual os clientes estão comprando seus bens.

Os times de Compras podem alavancar algumas ferramentas para descobrir essas questões quando são reportadas a eles pelas pessoas, mas não há panaceia disponível. Por exemplo, uma empresa pode examinar as pontuações de ESG de seus fornecedores (se estiverem disponíveis), as pontuações e os dados proprietários de fornecedores, e outras informações publicamente disponíveis de sites como Glassdoor e de mídias sociais, a fim de detectar problemas nos fornecedores. Esses conjuntos de dados externos podem trazer à luz questões como o tratamento dado aos trabalhadores, os benefícios e a equidade de remunerações, e mesmo qualidade de vida. Essas ferramentas são similares às usadas para descobrir os desafios de seus funcionários a partir de fora. No entanto, conforme você avança pela cadeia de suprimento, pode encontrar pessoas sem acesso a ferramentas digitais ou meios de trazer à tona essas questões anonimamente. Além disso, autoridades do governo em países estrangeiros nos quais seus fornecedores operam podem não estar monitorando esses riscos Sociais.

Subindo pela cadeia de suprimento, você pode encontrar questões como trabalho forçado. O trabalho forçado explora trabalhadores e extrai seu valor com ameaças de penalização, por meio do uso de força ou de ameaças. Infelizmente, divulgações e dados não ajudam nesse caso, pois é improvável que um fornecedor inescrupuloso que recorre a trabalho forçado relate isso. A empresa deve então investigar e realizar auditorias nos fornecedores. Suponha que a mídia descubra um problema com o fornecedor antes que a empresa e seus processos de Governança possam fazê-lo. Isso pode resultar em dano à reputação, multas, boicotes, perda de tempo de produto com o fechamento do fornecedor, aumento nos custos ao mudar de fornecedor etc.

Mapear sua cadeia de suprimento é o primeiro passo. Alavancar conjuntos de dados de fornecedores externos, como se faz com a pontuação e a coleta de dados de ESG, pode ajudar a revelar quais os fornecedores que precisam ser investigados, auditados ou engajados. Além disso, ferramentas de blockchain e forenses ajudam a rastrear materiais até sua origem.[39] Em razão do processamento de bens *upstream*, vêm emergindo também novas tecnologias, como rastreamento de DNA, para identificar os componentes de bens até suas fontes.[40] A partir daí, os dados que aflorarem precisam ser associados a áreas em que se tenha notícia de problemas com trabalho forçado, que às vezes não são descobertas porque, infelizmente, o trabalho forçado pode acontecer em qualquer lugar. Por isso, times de Compras talvez precisem de novos modelos de envolvimento com países, ONGs, auditores e fornecedores, como parte de uma prática disciplinada de Governança para descobrir esses problemas e ajustar ou influenciar antes que o risco se manifeste.

Finalmente, no que se refere a auditores, as empresas devem garantir que as práticas para descobrir problemas com trabalho forçado sejam bem documentadas e considerar que essa é uma questão que fornecedores inescrupulosos tentarão ocultar.[41]

## O SOCIAL ESTÁ NO MEIO POR UMA RAZÃO

A doutrina Friedman estabeleceu que os lucros e os acionistas devem constituir o propósito Social de uma empresa. Com o tempo, o ponto de vista dos negócios mudou, a partir dos pontos de inflexão Sociais de 2020, em direção a considerar outros *stakeholders* e gerir esses riscos e oportunidades. Como temos visto, as considerações materiais a respeito dos *stakeholders* levam de volta continuamente ao impacto da empresa nas pessoas e ao efeito dos *stakeholders* sobre a empresa. Embora procurar ouvir e cuidar dos *stakeholders* possa soar como filantropia ou como algo contrário ao lucro, considerar o efeito dos *stakeholders* sobre a empresa é uma questão fundamental de ESG. Em algum ponto do caminho, as oportunidades que podem ser criadas a partir de programas Sociais bem-elaborados foram perdidas quando programas DEI foram cortados nos momentos de maior tensão na economia. Em outras palavras, o que parece ser um exercício baseado em valores não suplanta o valor do negócio essencial, mas pode protegê-lo e impulsioná-lo.

## CASO DE USO: A PARAMOUNT E O CONTEÚDO PARA MUDANÇA

A Paramount é uma empresa de mídia global, com estúdios de produção, redes, serviços de streaming, eventos ao vivo, merchandise, entre outros. Ela administra uma das maiores e mais reconhecíveis marcas de mídia do mundo. No primeiro trimestre de 2022, expôs explicitamente sua reação ao reconhecimento da questão racial e da pandemia de covid-19 na página "Quem somos" de seu site.[42]

Como muitas empresas na época, a Paramount assumiu compromissos em torno de pontos de inflexão Sociais, mas o que é interessante é sua adoção de uma abordagem material dessa questão. Essa abordagem faz sentido, já que sua avaliação de materialidade em 2020 listou "Conteúdos diversificados & inclusivos" como a questão principal dos *stakeholders* e da empresa.[43] Além de gerir métricas de DEI e implementar ERGs,[44] ela levou o envolvimento dos *stakeholders* para mais perto da essência do que ela faz – contar histórias –, ampliando um programa já existente iniciado por uma de suas mídias proprietárias, a Black Entertainment Television (BET), chamado Content for Change ["Conteúdo para Mudança"].[45]

Um de seus grupos, chamado Paramount Insights, que faz pesquisa de audiência, voltou os olhos para os desafios de DEI e pesquisou 15 mil pessoas em 15 países num programa chamado Reflecting Me.[46] Ele foi perspicaz em descobrir muitos aspectos, entre os quais:

- 79% das audiências concordam que há necessidade de maior diversidade na TV e no cinema.
- 52% acham que é necessário haver maior precisão na representação de certos grupos.
- 59% reportaram que a má representação na tela fazia com que se sentissem desimportantes, ignorados ou desapontados.

CAPÍTULO 4

Em vez de discutir uma cadeia de suprimento ou de valor, a Paramount descreve como ela opera num ecossistema de criação de conteúdo.[47] Em sua explicação sobre o About Content for Change, a empresa cita três abordagens que fez dos *stakeholders*:

- Conteúdo (funcionários e clientes).
- Cadeia de Suprimento Criativa (funcionários e fornecedores).
- Cultura (funcionários e comunidades).

A fim de lidar com questões sistêmicas, a Paramount adotou uma abordagem sistêmica de uma maneira que só ela pode gerir, por meio de conteúdo exclusivo. Por exemplo, em seu relatório ESG de 2022, aproveitou Content for Change para lidar com roteiros sobre saúde mental, por meio de programas como *Catfish*, *Floribama Shore*, *Siesta Key*, *Cartel Crew*, *Teen Mom OG*, e *Love and Hip Hop Atlanta*.[48] Ela também tenta fazer novas parcerias no setor por meio desse programa.[49]

O Social se assenta no meio da sigla ESG não só por ser capaz de unir questões Ambientais e de Governança, mas porque as pessoas também estão situadas no meio. Com frequência, as empresas podem se ver empacadas, olhando para o alto da montanha das questões Sociais sistêmicas, o que resulta em programas ambiciosos, praticamente impossíveis. Ao ter em mente a materialidade e os *stakeholders*, o time de gestão pode elaborar programas duráveis que lidem com as complexas questões Sociais por meio daquilo que entendem melhor: seu próprio negócio.

## NOTAS


1 Friedman, M. (1970). The social responsibility of business is to increase its profits. *The New York Times*, 13 de setembro. www.nytimes.com/1970/09/13/archives/a--friedman-doctrine-the-social-responsibility-of-business-is-to.html (arquivado em https://perma.cc/2PUG-CTRN).

2 Smith, H.J. (2003). The shareholders vs. stakeholders debate. *MIT Sloan Management Review*. www.sloanreview.mit.edu/article/the-shareholders-vs-stakeholders-debate/ (arquivado em https://perma.cc/9FY9-CYYD).

[3] Fink, L. (2019). Larry Fink's 2019 Letter to CEOs. BlackRock. www.blackrock.com/corporate/investor-relations/2019-larry-fink-ceo-letter (arquivado em https://perma.cc/SP59-32N8).

[4] Business Roundtable (2019). Business Roundtable redefines the purpose of a corporation to promote "An economy that serves all Americans". Business Roundtable. www.businessroundtable.org/business-roundtable-redefines-the-purpose-of-a-corporation-to-promote-an-economy-that-serves-all-americans (arquivado em https://perma.cc/4DZZ-Q3EM).

[5] Fink, L. (2021). Larry Fink's 2021 Letter to CEOs. BlackRock. www.blackrock.com/corporate/investor-relations/2021-larry-fink-ceo-letter (arquivado em https://perma.cc/N9KD-MMU7).

[6] Schwab, K. e Vanham, P. (2021). What is stakeholder capitalism? It's history and relevance. World Economic Forum. www.weforum.org/agenda/2021/01/klaus-schwab-on-what-is-stakeholder-capitalism-history-relevance/ (arquivado em https://perma.cc/5BRF-DX8Q).

[7] Jaumotte, F., Pizzinelli, C., Oikonomou, M., e Tavares, M.M. (2023). How the pandemic accelerated digital transformation in advanced economies. World Economic Forum. www.weforum.org/agenda/2023/03/how-pandemic-accelerated-digital-transformation-in-advanced-economies/ (arquivado em https://perma.cc/5JTA-ALKF).

[8] Murillo, A. L. (2021). It's confirmed: The workweek is indeed longer now that you're WFH. Money. www.money.com/work-from-home-longer-hours (arquivado em https://perma.cc/Y4R3-LQX9).

[9] Gratton, L. (2021). How to Do Hybrid Right. *Harvard Business Review*. www.hbr.org/2021/05/how-to-do-hybrid-right (arquivado em https://perma.cc/8QLQMGAK).

[10] The J. M. Smucker Co. (2021). *The J.M. Smucker Co. Corporate Impact Report*. p. 10. www.s3.us-east-2.amazonaws.com/jms-s3-com-jms-p-pmc6/assets/news-stories/corporate-publications/2021-corporate-impact-report.pdf (arquivado em https://perma.cc/BWQ2-Z75D).

[11] Cutter, C. (2023). This company created a return-to-office plan that employees actually like. *The Wall Street Journal*, 27 de agosto. www.wsj.com/lifestyle/workplace/smuckers-return-to-office-plan-working-a933678 (arquivado em https://perma.cc/K33N-Y2MA).

[12] Cutter, C. (2023). This company created a return-to-office plan that employees actually like. *The Wall Street Journal*, 27 de agosto. www.wsj.com/lifestyle/workplace/smuckers-return-to-office-plan-working-a933678 (arquivado em https://perma.cc/K33N-Y2MA).

[13] Tsipursky, D.G. (2023). Why employers forcing a Return to office is leading to more worker power and unionization. *Forbes*. www.forbes.com/sites/

glebtsipursky/2023/03/29/why-employers-forcing-a-return-to-office-is-leadingto--more-worker-power-and-unionization/?sh=3a47efdd43cb (arquivado em https://perma.cc/8DSY-RNJS).

[14] Derby, M.S. (2023). New York Fed board member warns of commercial real-estate risks. Reuters, 24 de março. www.reuters.com/markets/real-estate-leader-ny-fed--board-warns-commercial-real-estate-risks-2023-03-24/ (arquivado em https://perma.cc/3X5D-BBMD).

[15] Guynn, J. e Fraser, J. (2022). Corporate boards used to be mostly white and male. That's changed since George Floyd's murder. *USA Today*, 31 de maio. www.usatoday.com/story/money/2022/05/31/corporate-board-diversity-george--floyd/9948384002/ (arquivado em https://perma.cc/5A55-54MP).

[16] Michael, F. e Mishra, S. (2022). Racial and ethnic diversity on U.S. corporate boards – Progress since 2020. The Harvard Law School Forum on Corporate Governance. www.corpgov.law.harvard.edu/2022/07/21/racial-and-ethnic-diversityon-u-s-corporate-boards-progress-since-2020 (arquivado em https://perma.cc/QKA2-BF48).

[17] Donner, F. e Goldberg, E. (2021). In 25 years, the pay gap has shrunk by just 8 cents. *The New York Times*, 24 de março. www.nytimes.com/2021/03/24/us/equal-pay-day-explainer.html (arquivado em https://perma.cc/64X8-8RVA).

[18] Hunt, V., Layton, D., e Prince, S. (2015). Why diversity matters. McKinsey. p. 1-3. www.mckinsey.com/~/media/mckinsey/business%20functions/people%20and%20organizational%20performance/our%20insights/why%20diversity%20matters/why%20diversity%20matters.pdf (arquivado em https://perma.cc/WC9U-8N9Z).

[19] Colletta, J. (2021). DEI after George Floyd. Human Resource Executive. www.hrexecutive.com/number-of-the-day-dei-after-george-floyd/ (arquivado em https://perma.cc/UE5Q-Z82F).

[20] Friedman, G. (2020). Here's what companies are promising to do to fight racism. *The New York Times*, 23 de agosto. www.nytimes.com/article/companies-racism--george-floyd-protests.html (arquivado em https://perma.cc/47MW-L7PH).

[21] Hunt, V., Layton, D., e Prince, S. (2015). Why diversity matters. McKinsey. p. 3. www.mckinsey.com/~/media/mckinsey/business%20functions/people%20 and%20organizational%20performance/our%20insights/why%20diversity%20matters/why%20diversity%20matters.pdf (arquivado em https://perma.cc/WC9U-8N9Z).

[22] WebMD Health Services (s.d.). *WebMD Health Services' 2023 DEIB Research Project*. WebMD Health Services, p. 10, 17. www.webmdhealthservices.com/campaign/webmd-health-services-2023-deib-research-project/ (arquivado em https://perma.cc/C4JR-Y4LQ).

[23] Rogers, T.N. (2023). Cuts to investment in diversity threaten gains. *Financial Times*, 9 de março. www.ft.com/content/d61ce264-a7ca-4352-bfb7-fef60078bc34 (arquivado em https://perma.cc/LB8B-U5RR).

[24] Bunn, C. (2023). Diversity officers hired in 2020 are losing their jobs, and the ones who remain are mostly white. NBC News. www.nbcnews.com/news/nbcblk/diversity-roles-disappear-three-years-george-floyd-protests-inspired-rcna72026 (arquivado em https://perma.cc/EA7Z-63C6).

[25] Zheng, L. (2022). The failure of the DEI-Industrial Complex. *Harvard Business Review*, 1 de dezembro. www.hbr.org/2022/12/the-failure-of-the-dei-industrial-complex (arquivado em https://perma.cc/AF6R-9EN9).

[26] The Quaker Oats Company (2022). Why is Aunt Jemima removing the image from the packaging and changing its name? PepsiCo. www.contact.pepsico.com/pearlmillingcompany/article/why-is-aunt-jemima-removing-the-image-from-the--packaging-and-cha (arquivado em https://perma.cc/C7YJ-S56Q).

[27] Conagra Brands (2020). Conagra Brands announces Mrs. Butterworth's brand review. Conagra Brands. www.conagrabrands.com/news-room/news-conagra--brands-announces-mrs-butterworths-brand-review-prn-122733 (arquivado em https://perma.cc/QE6X-EH5R).

[28] Schwartz, R. (2021). The real reason people are unhappy with Aunt Jemima's new name. Mashed. www.mashed.com/331520/the-real-reason-people-are-unhappy--with-aunt-jemimas-new-name/ (arquivado em https://perma.cc/44GD-JVM3).

[29] Schultz, E.J. (2021). Aunt Jemima's name change gains wide awareness but questionable impact on sales, according to new poll. Ad Age. www.adage.com/article/cmo-strategy/aunt-jemimas-name-change-gains-wide-awareness-questionable-impac-t-sales-according-new-poll/2315056 (arquivado em https://perma.cc/D7EL-Q8QU).

[30] Kubota, S. (2020). Here's how American brands are changing after facing racial reckoning. *Today*. www.today.com/tmrw/list-brands-have-had-change-pu-blic-opinion-black-stereotypes-shifts-t184726 (arquivado em https://perma.cc/2UGA-2TN5).

[31] Vigdor, N. (2019). Apple Card investigated after gender discrimination complaints. *The New York Times*, 10 de novembro. www.nytimes.com/2019/11/10/business/Apple-credit-card-investigation.html (arquivado em https://perma.cc/ZW8R-THBX).

[32] Halperin, E. e Salas, L. (2022). Cracking down on discrimination in the financial sector. Consumer Financial Protection Bureau. www.consumerfinance.gov/abou-t-us/blog/cracking-down-on-discrimination-in-the-financial-sector/ (arquivado em https://perma.cc/WD35-TPDJ).

[33] Vigdor, N. (2019). Apple Card investigated after gender discrimination complaints. *The New York Times*, 10 de novembro. www.nytimes.com/2019/11/10/business/Apple-credit-card-investigation.html (arquivado em https://perma.cc/ZW8R-THBX).

[34] New York State Department of Financial Services (2021). Press Release, March 23: DFS issues findings on the Apple Card and its underwriter Goldman Sachs

Bank. Department of Financial Services. www.dfs.ny.gov/reports_and_publications/press_releases/pr202103231 (arquivado em https://perma.cc/3CEB5DPB).

[35] New York State Department of Financial Services (2021). Press Release, 23 de março: DFS Issues Findings on the Apple Card and Its Underwriter Goldman Sachs Bank. Department of Financial Services. www.dfs.ny.gov/reports_and_publications/press_releases/pr202103231 (arquivado em https://perma.cc/3CEB5DPB).

[36] O'Sullivan, L. (2021). How the law got it wrong with Apple Card. TechCrunch. www.techcrunch.com/2021/08/14/how-the-law-got-it-wrong-with-apple-card/ (arquivado em https://perma.cc/D9NM-ZD7N).

[37] Batra, R., Housh, J., e Schannon, D. (2021). Supplier diversity: How to overcome four key obstacles. Bain & Company. www.bain.com/insights/supplier-diversity-how-to-overcome-four-key-obstacles/ (arquivado em https://perma.cc/USM2-Y29F).

[38] Murray, S. (2023). So you think you know your supply chain? *Financial Times*, 24 de março. www.ft.com/content/687c2a10-403b-4a93-85c0-3ede41af5d09 (arquivado em https://perma.cc/P2F6-QH9Q).

[39] Santos, A.M. e Rock, L.A. (2023). US Customs and Borders emphasize supply chain transparency. *The National Law Review*. www.natlawreview.com/article/sorry-technology-can-t-replace-your-supply-chain-due-diligence-yet (arquivado em https://perma.cc/FFD8-T43D).

[40] BSR (s.d.). Costly consequences for forced labor. BSR. www.bsr.org/en/emerging-issues/costly-consequences-for-forced-labor (arquivado em https://perma.cc/EWQ4-NYFF).

[41] Human Rights Watch (2022). Social audits no cure for retail supply chain labor abuse. Human Rights Watch. www.hrw.org/news/2022/11/15/social-audits-no-cure-retail-supply-chain-labor-abuse (arquivado em https://perma.cc/25KB-Y68J).

[42] Paramount (s.d.). About. Paramount. www.paramount.com/about (arquivado em https://perma.cc/GLT3-V3QV).

[43] ViacomCBS (2020). Materiality assessment. p. 4. www.paramount.com/files/documents/ViacomCBS_Materiality_Assessment_August2020.pdf (arquivado em https://perma.cc/EL6D-29CD).

[44] Paramount (n.d.a). Diversity equity & inclusion: Introduction. Paramount. www.paramount.com/inclusion-2021/introduction (arquivado em https://perma.cc/KD2M-ZAA8).

[45] Sun, R. (2021). ViacomCBS expands BET's Content for Change into companywide initiative. *The Hollywood Reporter*. www.hollywoodreporter.com/tv/tv-news/viacomcbs-content-for-change-1235025590/ (arquivado em https://perma.cc/2T5J-WUNG).

[46] Paramount (2022). Improving on-screen diversity and authenticity is important to global audiences. Paramount Insights. www.insights.paramount.com/post/improving-on-screen-diversity-and-authenticity-is-important-to-global-audiences/ (arquivado em https://perma.cc/7LKJ-G3QE).

[47] Paramount (n.d.c). Homepage. Content for Change. Content for Change. www.contentforchange.paramount.com/ (arquivado em https://perma.cc/TLP5-TEGT).

[48] Paramount (2023). *Paramount Global ESG Report 2021-2022*. p. 22.

[49] Paramount (n.d.d). Get Involved. Content for Change. Paramount. www.contentforchange.paramount.com/getinvolved (arquivado em https://perma.cc/7C6L-7QE6).

CAPÍTULO 5

# GOVERNANÇA: A LIDERANÇA ESG E A DIRETORIA

Desde que as empresas existem, há pessoas no alto escalão com uma posição de poder. Esse poder envolve a responsabilidade de criar, manter e gerir os princípios, as regras e os processos para condução da empresa e obtenção de valor de longo prazo. A Governança corporativa abarca essas funções essenciais do negócio e deve incluir atividades que atraiam a atenção para os riscos e as oportunidades Ambientais e Sociais da empresa. Como seria de se esperar, essas responsabilidades ficam a cargo da diretoria e do time de gestão. De sua posição no alto, essas pessoas moldam a empresa de maneiras que a maioria dos *stakeholders* não enxerga diretamente, mas cuja influência é inegável.

Embora a Governança venha por último na sigla, muitos acreditam que deveria vir primeiro, pois ela determina as linhas gerais sobre como a empresa lida com todas as suas operações, o efeito do mundo sobre ela e o seu impacto nele. À medida que o mundo demanda mudanças operacionais e sistêmicas e surgem novos riscos e novas oportunidades materiais, o ESG requer o endosso da liderança e um orçamento para executar mudanças. Mas, é claro, o time de gestão não consegue gerir o negócio sozinho e depende de grupos de negócios funcionais e dos trabalhadores da linha de frente, segundo um modelo distribuído de poder e execução. Embora *stakeholders* de todos os tipos possam construir um caso de negócios voltado à mudança, os executivos são os últimos responsáveis pelo rumo da empresa e devem ser receptivos. Uma cultura construída na escuta, na colaboração e na confiança ajuda os empregados a trazerem à tona essas questões. O time de gestão deve, então, incentivar a cultura que deseja ver instalada, na qual os *stakeholders* possam discutir abertamente ideias e escalá-las por meio de funcionários, que poderão trazer essas considerações à tona em segurança, debatidas com os líderes com certo nível de transparência. Por fim, se esses executivos concordam, devem patrocinar a mudança e delegar sua execução, ou comunicar de modo assertivo e claro por que não estão empreendendo a mudança.

Há desafios e conflitos para chegar a uma bem-sucedida consideração e execução da mudança, relacionados ao valor de longo prazo da empresa, e que não têm necessariamente nada a ver com ESG, podendo constituir um obstáculo aos esforços feitos em sua direção. Por exemplo, os mercados promovem relatórios financeiros trimestrais de curto prazo para monitorar o desempenho da empresa. Em tese, a diretoria e o time de gestão identificam riscos por meio desses relatórios. Se uma empresa vive um trimestre fraco, os diretores financeiros (CFOs) podem apertar o cinto ou remover orçamentos, do ESG ou de outros, a fim de favorecer resultados a curto prazo. Esse redirecionamento, afastando-se do longo prazo, pode ocorrer por várias razões, mas provavelmente tem interseção com modelos de remuneração executiva de curto prazo, em vez de com o valor para o acionista.[1]

Enquanto o CFO cuida de divulgar relatórios trimestrais de curto prazo para tranquilizar os *stakeholders* quanto ao desempenho financeiro, a competência da diretoria é exercida para cobrir finanças e gerir crises de curto prazo e riscos e oportunidades de longo prazo. Enfrentar os desafios mais prementes da empresa requer tanto uma visão de curto quanto de longo prazo. As diretorias devem reconhecer que vivemos num mundo em constante mudança no presente, ao mesmo tempo que precisamos voltar os olhos para o futuro, para o qual a empresa tem criado valor sustentável e duradouro. Examinar as empresas pelas lentes do ESG pode mudar nossa mentalidade em direção a reconhecer a necessidade desse equilíbrio.

Tanto em empresas que existem há décadas quanto numa nova startup que busca resolver alguma questão de nicho, o ESG às vezes não está sendo considerado pelas atuais operações de negócios e cultura da empresa. Nos dois capítulos precedentes, vimos a rapidez com que o mundo se mobilizou em torno de questões Ambientais e Sociais. A diretoria e o time de gestão precisam definir como farão para que a empresa priorize essas questões ao mesmo tempo em que fomenta uma cultura capaz de lidar com elas. Em sua essência, a atenção ao ESG fica ausente quando não há uma Governança de qualidade.

Portanto, se houvesse uma letra para representar como as empresas abordam seus negócios e sua ESG, seria naturalmente a letra G de Governança, o que é um excelente argumento para os que defendem que venha primeiro. Mas, como veremos, a Governança está em último lugar na sigla, porque não há nada, nem mesmo a sobrevivência da empresa, que consiga vingar se a Governança é fraca.

## GOVERNANÇA PRIMEIRO: DESAFIOS AO CRESCIMENTO E AO RISCO DE LONGO PRAZO

A Governança é um alicerce da empresa, ditando tudo o que ela faz, relacionado ao ESG ou a outra coisa. É necessário ter uma abordagem estruturada para que a diretoria, o time de gestão e os funcionários compreendam e sigam os princípios da empresa. Os *stakeholders* podem encontrar essas informações nas Linhas Gerais da Governança Corporativa da empresa, nas empresas de capital aberto, foco principal deste capítulo. Nessas linhas gerais, os *stakeholders* verificam se a diretoria foca apenas no valor ao acionista ou se passou a compreender e incorporar os *stakeholders* como impulsionadores de valor. No entanto, o desafio em relação a essas linhas gerais é que os consultores que as elaboraram podem ter usado modelos padronizados, restringindo-se a seguir o que fazem seus pares ou o setor. E, em última instância, as linhas gerais acabam sendo apenas palavras numa página. Só com a devida adoção dessas linhas gerais e sua execução pela diretoria a mudança ocorre.

### UMA NOTA SOBRE EMPRESAS DE CAPITAL ABERTO

Empresas privadas costumam ter uma diretoria focada em responsabilidades consultivas, mais do que fiduciárias. Embora este capítulo seja principalmente sobre empresas de capital aberto e sua abordagem ESG, muitos dos conceitos se aplicam também a empresas de capital fechado.

Por exemplo, empresas de capital fechado podem não ter publicado ou usado as Linhas Gerais de Governança Corporativa, mas precisam ter princípios para suas operações e funções, que as tornem eficazes.

Diretorias de empresas de capital fechado também têm desafios diferentes das diretorias de capital aberto, pois são basicamente consultivas, formadas às vezes por família e amigos, e podem ainda depender dos caprichos do fundador ou dos CEOs.

Para lidar efetivamente com questões de ESG, a diretoria e o time de gestão devem aderir a princípios sólidos e praticá-los ativamente. As Linhas Gerais de Governança Corporativa ditam essas práticas e têm geralmente partes diferentes, a depender da empresa. Muitas das informações são de alto nível e remetem a outros documentos. Entre seus aspectos padronizados estão:

- Política geral de supervisão para assuntos e riscos materiais.
- Composição da diretoria, limites de mandato dos membros, qualificação do diretor e remuneração.
- Informações para avaliação do CEO e plano de sucessão.
- Código de conduta, incluindo linhas gerais quanto a ética e ao *compliance* jurídico
- Confidencialidade dos assuntos da diretoria.
- Independência da diretoria, isto é, número de membros da diretoria que não têm participação material ou conexão com o negócio.
- Seleção de candidatos à diretoria e plano de sucessão.
- Uma declaração da diversidade da diretoria ou da sua abordagem.

- As comissões que completam a diretoria e as instruções a respeito de como se reportar à diretoria e/ou ao CEO.

Essas questões estão claramente relacionadas à Governança, mas vários itens têm interseção com questões de ESG mais amplas. Por exemplo, uma declaração de diversidade da diretoria que valorize a diversidade e opiniões divergentes é um assunto material, pois pode abrir novas perspectivas sobre a empresa por meio de experiências variadas, de vida e profissionais. Este exemplo está na interseção com o Social.

## Desafios de Governança para questões ESG

Mesmo com as Linhas Gerais da Governança Corporativa, o ESG pode precisar receber atenção direta da diretoria. Se uma diretoria é vista como entregando valor de longo prazo e o ESG é um mecanismo para conseguir isso, ela precisa estar bem-preparada. A realidade, porém, é que as diretorias podem deixar de se atentar para as questões ESG por falta de expertise. Por exemplo, uma análise da NYU Stern das empresas da Fortune 100 descobriu que menos de 5% dos membros de diretoria tinham expertise material Ambiental, Social ou de Governança em várias categorias.[2] Da mesma forma, a escola de negócios INSEAD constatou que 70% dos que responderam à sua pesquisa acreditavam que a diretoria estava integrando o ESG de forma efetiva, mas apenas moderadamente ou então nem estava fazendo isso.[3] Portanto, embora as diretorias sejam as guardiãs do valor de longo prazo, falta-lhes expertise para fazer isso com o ESG, que é um mecanismo de longo prazo. Para piorar, os funcionários que executam a visão da diretoria, mesmo quando o ESG está integrado à estratégia, podem também precisar compreender melhor o ESG para conduzir os esforços transicionais ou materiais de maneira efetiva.

O que agrava essa falta de expertise é que, embora o ESG exista há 20 anos, muitas diretorias não concordam necessariamente com seu significado. Com isso, podem ter dificuldades para decidir onde o negócio deve colocar foco em relação a tópicos de Ambiental, Social e Governança. Por exemplo, a diretoria pode examinar o cenário competitivo e ver outras empresas divulgando voluntariamente e reportando informações de ESG. Então, a partir dessa análise e expertise limitadas, tenta fazer também divulgações sem uma investigação adicional, o que deixa os riscos potenciais fermentando e mantém inertes as oportunidades que poderiam ser capturadas. Em outro exemplo, um fornecedor pode sentir pressão *downstream* de seus clientes B2B para reportar divulgações específicas e achar então que elas devem participar, sem fazer uma consideração material disso ou discutir com o cliente seus objetivos. Essa pressa de conformidade pode rapidamente levar a um mau alinhamento entre o fornecedor e o cliente B2B.

Ou seja, em todos os setores, algumas empresas compreendem o ESG, outras não. Pode ser desafiador diferenciar as duas situações, porque as empresas também não fazem uma boa distinção entre as divulgações e as questões materiais, e raramente extraem conexões entre elas. Com isso, é preciso haver mais comunicação sobre o que a empresa faz para preservar e fazer o negócio crescer alavancando ESG e por quais razões.

Uma complicação adicional do assunto é que as diretorias são uma mistura de pessoas, muitas vezes membros independentes, sem laços materiais com a empresa. Cada um tem suas motivações, sua personalidade e sua influência sobre os outros, e isso se soma a essa pressão externa. Como resultado, a diretoria pode escolher não fazer nada relacionado ao ESG. No entanto, assim como a inação é uma forma de ação, o fato de não levar em consideração o ESG, ou de interpretá-la equivocadamente, constitui um problema de Governança.

## Remuneração do CEO

Uma das questões mais prementes de Governança nos últimos anos tem sido o tópico da remuneração do CEO. Segundo a As You Sow, o salário médio de um CEO das S&P 500 é agora de 10 milhões de dólares anuais, bem acima do que um colaborador individual da empresa recebe.[4] Além disso, de 1978 a 2020, a remuneração do CEO cresceu 1.322%, superando o crescimento da S&P em 817%.[5] Embora isso possa ser desestimulante para funcionários e *stakeholders*, a remuneração do CEO é uma questão material de Governança que vai bem além da sua aprovação pela diretoria.

Algumas diretorias associam o desempenho não financeiro – frequentemente aquelas apostas universais colocadas sobre a mesa e definidas por meio de divulgações e métricas ESG – à remuneração do CEO, o que infelizmente pode gerar impacto apenas nos números, não nos resultados. Por exemplo, impulsionar o valor do DEI não ocorre necessariamente no grau de diversidade que você reporta, mas a partir do apoio a uma mudança significativa ou a esforços materiais. Embora seja verdade que você não consegue gerir o que não consegue medir, um executivo com um modelo de remuneração particular pode impulsionar a métrica segundo a qual é gerido e passar inteiramente ao largo do resultado.

Portanto, a remuneração do CEO é uma questão material crucial, já que o modelo de remuneração influencia o comportamento e a estratégia que a diretoria quer apoiar. Essa é uma alavanca crucial para a diretoria acionar ao priorizar o ESG e o valor a longo prazo, pois o modelo de remuneração pode influenciar a atenção do CEO a esses assuntos. A diretoria pode alavancar mecanismos para apoiar uma perspectiva de longo prazo, como opções de ações, participações ligadas a desempenho ou ações restritas, pagas após a conclusão do serviço.[6]



## Supervisão e capacitação de ESG

A análise e supervisão das alternativas sobre a mesa, lideradas por valor, e das questões fundamentais de ESG podem decorrer diretamente da diretoria, se houver de fato expertise em ESG, e das comissões existentes ou criadas para esse fim. Como os Diretores de Sustentabilidade e Diversidade se reportam a diferentes organizações para a empresa, não existe uma abordagem que sirva para todas as atribuições de ESG. Entre as opções estão:

- **Integração do ESG:** a diretoria compreende plenamente o ESG e o integra às comissões e ao time de gestão.
- **Comissão dedicada:** algumas diretorias criam uma comissão dedicada ao ESG. Essa comissão pode ser o ponto de partida para desenvolver expertise, já que o ESG impulsiona valor de longo prazo.

- **Comissão existente:** uma empresa pode designar a supervisão do ESG a uma Comissão de Risco já existente, pois o ESG cobre riscos materiais. A responsabilidade pode ainda recair em várias outras comissões, como as de Sustentabilidade, Auditoria, Políticas Públicas ou Governança.[7] A responsabilidade também pode ficar distribuída entre várias comissões.

A meta deve ser a integração do ESG. À medida que a diretoria promove a expertise nas comissões, e os riscos e oportunidades vêm à tona, ela deve escutar cuidadosamente questões como propósito, CSR e ESG, e então estabelecer as prioridades de acordo.

A Governança não viria em primeiro lugar apenas na sigla ESG, mas em quase todas as operações, na gestão, na cultura, no envolvimento de *stakeholders*, entre outros. Como a Governança descreve os princípios operacionais a partir dos quais a empresa age com seus *stakeholders*, os funcionários às vezes só se dão conta dela quando são confrontados com um novo desafio. Por exemplo, o modelo de Governança influencia a capacidade de um empregado formular perguntas pertinentes a respeito de seu potencial de execução diante de um desafio que ele venha enfrentando, questionar se deve assumir esse poder de ação e onde se situam a propriedade e a responsabilização. A Governança também equilibra prioridades ao longo da empresa, dos seus *stakeholders* e do ecossistema em que opera. Em razão disso, a Governança é a primeira coisa que aparece, seja qual for o nível que você ocupa na empresa, quer você saiba disso ou não. Ela precisa ser mais que palavras impressas numa página.

Portanto, embora a Governança devesse logicamente vir primeiro na sigla, ao juntar a expertise, as incompreensões e a crescente pressão por divulgações, as diretorias podem decidir não entregar valor de longo prazo por meio de ESG. É crucial empoderar esses líderes para que entendam o ESG, e assegurar que cubram a interseção material desses tópicos com o negócio, pois isso afeta sua capacidade de integrar o ESG à cultura da empresa. Infelizmente, não há tempo a perder, pois o mundo fica mais complexo e as pressões só aumentam.

## ANÁLISE ESG: *STAKEHOLDERS* E MATERIALIDADE

Sob certos aspectos, a Governança deveria vir no meio da sigla, pois ela é crucial para as operações e conecta tudo, como fazem as pessoas. Integrar o ESG aos princípios da empresa exige compreender os *stakeholders* e a materialidade, e isso depende de uma Governança de qualidade. Embora os *stakeholders* afetem primariamente o pilar Social, compreender, ouvir e se envolver são coisas que acontecem quando há uma Governança de qualidade. A materialidade ajuda as empresas a compreenderem onde as questões estão e se podem ou não voltar a causar problemas para a empresa.

Os *stakeholders* acrescentam novos níveis de responsabilização para se alinharem a metas movidas por propósito e focadas em ESG. No entanto, a responsabilização quanto às questões de ESG pode ser difícil, pois as diretorias de empresas de capital aberto são as guardiãs do dever fiduciário, e a materialidade em torno de assuntos do ESG está sujeita a interpretações. Por exemplo, alguns países seguem uma regra de julgamento segundo a qual a diretoria age de boa fé e no melhor interesse do negócio. Portanto, os executivos não são responsáveis por perdas se elas ocorrem. No entanto, com tanta incerteza em torno do ESG e de seu valor de longo prazo, a responsabilização da diretoria não é uma questão clara. Além disso, com a falta de responsabilização pessoal em torno das decisões da diretoria, o ESG tem pouca expectativa de usar a lei para apurar a responsabilização, a não ser que haja um passo em falso muito flagrante.

Mas, de novo, à medida que a primazia do acionista dá lugar a *stakeholders* adicionais, algumas questões emergentes e de mudanças em ESG, especialmente Ambientais e Sociais, vêm à tona pelo poder de compra, a influência das mídias sociais, e mesmo pela cadeia de valor, por meio de relacionamentos B2B. Esses relacionamentos estreitos de *stakeholders* são comuns nas empresas de capital aberto e fechado. O fluxo inteiro de influência ao redor da empresa direcionado à sua diretoria tem se transformado nos últimos anos, à medida que a atenção às questões se acelerou, independentemente da posição da diretoria em relação ao ESG.

Com um ecossistema tão vasto de *stakeholders*, a pressão de questões não materiais, como iniciativas intencionais, pode criar prioridades conflitantes com assuntos fundamentais, especialmente conforme os *stakeholders* esperam que as empresas levantem as questões, principalmente Ambientais e Sociais, à medida que a confiança nas instituições mais tradicionais diminui.[8] Dependendo do grupo de *stakeholders*, o fato de uma diretoria ignorar uma questão de um *stakeholder*, seja fundamental ou não, pode trazer várias consequências. Por exemplo, se uma empresa ignora que os benefícios aos empregados são escassos ou as condições de trabalho são ruins, os empregados podem se associar a um sindicato para uma negociação coletiva. De modo similar, os clientes podem se juntar num boicote a certos bens quando sentem que a empresa não está ouvindo suas preocupações. A diretoria e o time de gestão não podem deixar que a visão de curto prazo, a falta de expertise em ESG ou prioridades pessoais conflitantes dificultem a escuta e o atendimento a preocupações sérias dos *stakeholders*. A responsabilização material dos *stakeholders* em relação ao risco ou à oportunidade é necessária para levar a empresa a agir.

À medida que essas pressões introduzem uma gama de questões de propósito e de ESG na empresa, ter pouca expertise é desafiador, pois é essencial ter clareza das alternativas postas sobre a mesa e os riscos e oportunidades. No entanto, uma abordagem proativa com princípios de Governança de qualidade ajuda a atenuar os riscos de ficar apenas reagindo constantemente a questões novas e sistêmicas. A empresa pode alavancar duas ferramentas de ESG: uma ferramenta de mapeamento de *stakeholders* e uma matriz de materialidade. Embora essas ferramentas possam propiciar uma Governança de qualidade, elas não têm seu uso limitado a uma comissão designada para cuidar de ESG, à diretoria ou ao time de gestão. Qualquer um na empresa ou na cadeia de valor pode conduzir esse exercício para pesquisa e discussão.

## Ferramenta de mapeamento dos *stakeholders*

Como vimos nos capítulos precedentes, as empresas têm vários grupos de *stakeholders* a serem considerados. É universal nos negócios a existência de grupos de *stakeholders*, como funcionários, clientes e fornecedores. Contudo, cada empresa é fundamentalmente tão diferente, que logo descobrimos *stakeholders* únicos dentro desses grupos, a serem identificados e investigados. *Stakeholders* são amplos e profundos, e suas intersecções materiais com a empresa também.

Empregados e clientes são a grande maioria dos *stakeholders* que uma diretoria discute regularmente.[9] No entanto, essa visão míope exclui os *stakeholders* internos e externos, que poderiam apresentar riscos e oportunidades e que, por isso, deveriam também ser discutidas. Por exemplo, uma rede hospitalar pode encarar os pacientes como um grupo de *stakeholders*. Mas são os cuidadores e parentes que trazem um paciente a uma consulta, administram medicação e garantem que a conta seja paga. O cuidador influencia o efeito na saúde do paciente por meio de seus cuidados. Uma diretoria de hospital, examinando essa questão, pode recomendar a criação de experiências médicas colaborativas montadas em torno das necessidades do cuidador de assegurar que o paciente seja bem cuidado. Como exemplo, poderíamos ter um portal de cobrança simplificado para o cuidador, com formulários digitais acessíveis que permitissem o acesso do cuidador aos registros médicos do paciente, e talvez até uma linha direta de saúde mental para cuidar do cuidador.

Um exercício de mapeamento dos *stakeholders* pode ajudar com essa identificação e expor oportunidades. Esse exercício identifica grupos de *stakeholders* amplos, *stakeholders* dentro do grupo, sua influência, efeito, necessidades materiais que levam à criação de valor, e os resultados que conduzem a métricas mensuráveis.

Existe um fluxo simples em torno dos *stakeholders* que a diretoria deve procurar descobrir, começando pelos grupos de stakeholders como categorias amplas, e avançando para *stakeholders* mais granulares (Figura 5.1). Feita essa identificação, a empresa pode acrescentar vários pontos de dados para desenvolver uma tese de *stakeholders*:

- **Efeito:** os efeitos materiais dos *stakeholders*.
- **Influência:** a influência que os *stakeholders* têm sobre a empresa ou sobre outros *stakeholders*.
- **Criação de valor:** o valor que o *stakeholder* gera à empresa.
- **Resultado:** métricas usadas para medir o resultado da criação de valor (a prova).

Vamos pegar o exemplo de uma empresa de brinquedos que fornece um mix de brinquedos de grande consumo e de brinquedos educacionais.

- **Grupo dos *stakeholders*:** consumidores.
- ***Stakeholders*:** crianças, pais, adultos colecionadores, educadores e escolas.
- **Efeito:** compras e efeitos diretos e indiretos no balanço final, risco à reputação, marketing, *compliance*.
- **Influência:** influência ao longo do ecossistema com pares e em programas e comunidades.
- **Criação de valor:** qualidade e segurança do produto, melhoria no apoio pós-vendas, criação de conteúdo para mídia social independente.
- **Resultados:** receita por produto, valor de bens usados (leilões), visões nas mídias sociais, e número de participação em programas educacionais.

FIGURA 5.1 Fluxo do mapeamento de *stakeholders*

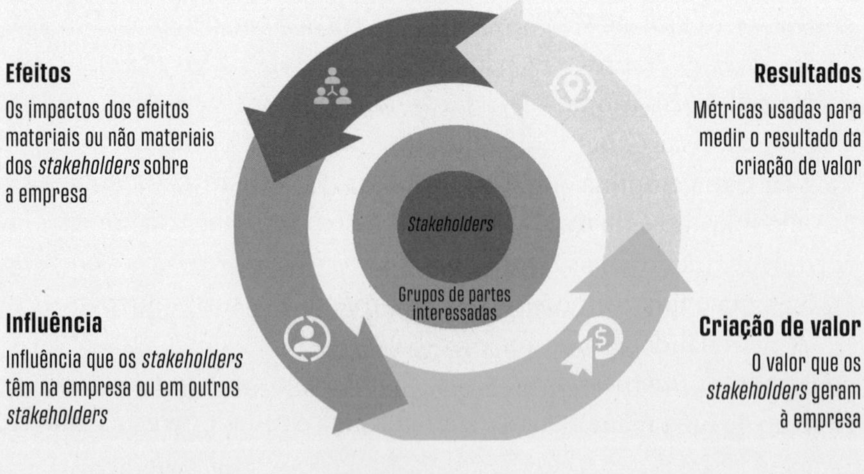

Vários times podem rever os resultados a partir daí, como o time de Marketing, Desenvolvedores de Produto e outros, para obter contexto e insights adicionais. Embora a diretoria e o time de gestão possam alavancar o exercício de mapeamento dos *stakeholders* para discussões regulares, cada unidade de negócios relacionada deve atualizar a ferramenta, rever os resultados periodicamente e encaminhar questões e insights para a diretoria à medida que o mapeamento evolui. A partir daí, a diretoria, o time de gestão e os líderes das unidades de negócios devem priorizar discutir com os *stakeholders* regularmente para se antecipar a potenciais problemas.

Por exemplo, uma empresa com modelos de engajamento inovadores e funcionários empoderados pode descobrir problemas de *stakeholders* em silos e ter sorte com insights quando as informações são combinadas. Seguindo com o exemplo anterior de sistemas de saúde, uma enfermeira atenciosa pode ser mais ativa em guiar um cuidador para o atendimento de um paciente. Além disso, sem uma visão e um patrocínio executivo, uma enfermeira pode ter um papel ativo, mas outra pode não fazer isso, o que cria inconsistências no serviço e nos cuidados. Para um engajamento bem-sucedido dos *stakeholders*, é preciso que todas as partes da empresa compreendam os *stakeholders* e o valor que eles criam.

Completar um exercício de mapeamento de *stakeholders* pode envolver outras ferramentas, como pesquisas externas, mecanismos de feedback, monitores de mídias sociais, modelos de engajamento e análise de resultados, para garantir que a empresa tenha uma visão clara de cada *stakeholder*.

Mapas de *stakeholders* às vezes não são publicados ou compartilhados em relatórios de CSR e ESG, pelo menos em detalhes. Em suas observações, as empresas selecionam os grupos de *stakeholders* mais importantes e fazem um breve relato da razão pela qual cada uma importa à empresa. O surgimento de grupos de *stakeholders* é importante para mostrar que a empresa entende sua cadeia de valor, mas muitas vezes o que é publicado é de nível alto demais e soa como lugar-comum. Um acompanhamento mais interessante para o relatório é como a empresa faz a escuta e lida com esses grupos, o que reflete sua Governança.

A materialidade na interseção da criação de valor é crucial ao se considerar os *stakeholders*, pois surge um desafio quando eles fazem interseção de uma maneira não material com a empresa. Se isso acontece, a empresa pode adotar duas abordagens. Primeiro, uma abordagem filantrópica, e empreender trabalho de caridade, talvez por meio de uma concessão. Ou então a empresa pode integrar a questão não material ao marketing e às mensagens da marca. Infelizmente, esta última abordagem pode ficar desarticulada e excluir *stakeholders*, especialmente quando conduzida com um conjunto de valores específicos que a empresa não esteja à altura de adotar.

## Matriz de materialidade

Algumas empresas não se ajustaram no sentido de olhar para seu negócio pelas lentes dos riscos emergentes de ESG, e continuam apegadas a riscos de curto prazo e riscos financeiros aparentes. Segundo pesquisa de 2022 da PwC, a maioria dos diretores entende a estratégia, o risco e as oportunidades de ESG de sua empresa, mas apenas 57% veem uma conexão com os seus fundamentos.[10] Essa discrepância se dá porque as diretorias focaram questões materiais e no longo prazo ou então em algo mais, como propósito, valores ou divulgações. Com essa falta de expertise, a diretoria talvez precise investir em dar uma educação formalizada em ESG a seus membros, a fim de descobrir as diferenças e estabelecer as prioridades de acordo.

Uma ferramenta valiosa para descobrir questões materiais é a matriz de materialidade, que pode ajudar empresas a entenderem as questões mais prementes. Pelo fato de os *stakeholders*, incluindo investidores ESG, estarem interessados no modo como que a empresa prioriza e faz a gestão dessas questões, as empresas às vezes publicam sua matriz de materialidade em seus relatórios CSR ou ESG. Para investidores e *stakeholders*, essa informação ajuda a descobrir os alinhamentos a prioridades que a empresa tem e revelar oportunidades para os investidores investirem ou oferecerem empréstimos e para a empresa executar.

Antes de iniciar a matriz de materialidade, examine a interseção da criação de valor dos *stakeholders* e identifique as questões Ambientais, Sociais e de Governança que você acredita que fazem interseção com sua empresa. Esse exercício envolve pesquisar seus concorrentes, conversar com fornecedores, checar as agências de classificação de ESG e a Value Reporting Foundation (VRF) para sua empresa e seu setor e pedir feedback em sua empresa. Embora seja aceitável estudar as divulgações de um concorrente, certifique-se de perguntar a si mesmo por que eles podem estar disponibilizando essas informações e se elas são fundamentais. Esse exercício é menos voltado a divulgações do que a identificar as questões mais cruciais da empresa.

A partir disso, mapeie os resultados num gráfico simples para mostrar quais questões a empresa deve priorizar. Para isso, crie um gráfico ou tabela 3 por 3. O eixo horizontal mostra a importância de uma questão ou risco para a empresa, com o risco à empresa ficando mais significativo conforme se move para a direita. O eixo vertical mostra a importância da questão para os *stakeholders*. Quanto mais uma questão aparece no alto, mais crucial ela é. Ao fazer esse mapeamento, não importa se a empresa lida bem com a questão. O que estamos avaliando é a prioridade da questão. Em outras palavras, quanto mais à direita e ao alto a questão estiver, mais ela deverá ser sua maior prioridade, não importa o quanto esteja à mão. É importante destacar que uma crise pode fazer com que uma baixa prioridade rapidamente se torne alta.



**FIGURA 5.2** Exemplo de matriz de materialidade

Impacto nos *stakeholders* (eixo vertical) / Impacto no negócio (eixo horizontal)

| | Baixo | Médio | Alto |
|---|---|---|---|
| Alto | | • Segurança do produto<br>• Gestão de licenças e de propriedade intelectual<br>• Risco climático/logística | • Abastecimento e produtos sustentáveis<br>• Segurança do produto<br>• Segurança digital/ cibersegurança |
| Médio | • Acessibilidade<br>• Engajamento da comunidade | • Engajamento de fãs<br>• Promover espaços de trabalho amigáveis à família<br>• Diversidade e inclusão na liderança<br>• Embalagem sustentável<br>• Integração do ESG | • Marketing para crianças responsável e com *compliance*<br>• Mídia e marketing inclusivos<br>• EHS/segurança do trabalhador<br>• Trabalho forçado na cadeia de valor |
| Baixo | Biodiversidade | Gestão responsável da inovação | Gestão de resíduos |

Impacto no negócio

Por exemplo, se olharmos as questões ESG materiais com as quais nossa empresa de brinquedos fictícia poderia ter que lidar, isso teria o aspecto ilustrado na Figura 5.2.

Ao final desse exercício, as questões materiais mais prementes da empresa aparecem no alto, à direita.

> Vale ressaltar que algumas empresas priorizarão aquilo que imaginam que seus *stakeholders*, especialmente os acionistas, querem ver. Como as suas Linhas Gerais de Governança Corporativa, uma matriz de materialidade também tende a questões universais ou padronizadas. É crucial preencher a matriz de materialidade adequadamente, se não os riscos e as oportunidades ESG materiais podem não receber atenção.

Há outra maneira de conduzir uma avaliação de materialidade que envolva os *stakeholders* mais diretamente. Neste caso, você pode aplicar um questionário perguntando a eles, a respeito de seu negócio, quais questões são mais relevantes e por quê. Vale a pena combinar os dois esforços para obter a análise mais detalhada possível. Matrizes de materialidade mais avançadas envolvem plotar as questões similarmente num gráfico de dispersão. De qualquer modo, essa matriz de materialidade rudimentar é um bom ponto de partida para ajudar qualquer pessoa na empresa a pensar nas questões de ESG que julga mais prementes.

Vale a pena pensar em compartilhar sua matriz de materialidade em seu relatório de CSR ou ESG, para criar transparência em sua cadeia de valor e talvez oferecê-la a seus concorrentes. Embora pareça pouco natural em razão do grau de transparência envolvido, resolver desafios prementes de ESG apenas ao longo da cadeia de valor pode ser difícil. Revisitar essas informações regularmente, compartilhá-las internamente e com sua cadeia de valor traz benefícios. Primeiro, tais ferramentas estimulam esforços na empresa por meio de discussões abertas e priorização. Essa ação faz a empresa passar de reativa a proativa, pois as questões são identificadas e geridas antes de virem à tona. Além disso, não basta criar um mapeamento de *stakeholders* e uma matriz de materialidade e publicá-los. As empresas devem agir em cima dessas informações para que o exercício tenha valor. Se não, os dados serão apenas Linhas Gerais da Governança Corporativa, inúteis e padronizados, e as divulgações serão não materiais.

É essencial reconhecer que nem todo problema é material hoje, e uma questão pode ser vista como tendo materialidade dinâmica, isto é, torna-se material ao longo do tempo. Embora nosso mundo seja complexo e as crises sejam difíceis de prever, revisitar as necessidades dos *stakeholders* e a materialidade costuma ser crucial. Essas ferramentas também representam pontos de dados para ajudar investidores e *stakeholders* a compreender como você vê seu negócio e colocá-los a par das razões de sua tomada de decisões. Embora sua empresa nem sempre satisfaça a todos, essas ferramentas podem ajudar a organizar, priorizar e tomar decisões de alta qualidade e defensáveis.

## Mecanismos de responsabilização

Por meio dessas ferramentas, criam-se pontos de vista adicionais em relação ao negócio, levando a uma história consistente que um time de gestão pode alavancar. Decisões defensáveis baseadas em intersecções materiais podem ser mais poderosas do que tentar defender uma inação num mundo em mudança como o nosso. A expertise em ESG e essas ferramentas também ajudam uma empresa a focar, ao não dar prioridade ou comentar a respeito da mais recente questão política. Se a empresa já tem uma abordagem tangencial a uma questão relevante, ela está bem-preparada para lidar com controvérsias de modo reativo ou ignorá-las. Além disso, muitos problemas podem surgir de baixo para cima ou de fora para dentro.

Obter a atenção da diretoria a partir de pressões externas de *stakeholders* às vezes se dá por uma abordagem direta, o que significa trabalhar por meio de investidores, pelo menos para empresas de capital aberto. Investidores podem definir as prioridades da diretoria em áreas pontuais por meio de propostas de acionistas. Essas propostas são sugestões que um grupo de investidores faz à empresa e são votadas pelos acionistas. Não são obrigatoriamente aceitas se aprovadas, mas permanecem com um forte sinal de que a diretoria deveria executar a sugestão.

Nos últimos anos, aumentou o número de propostas de acionistas relacionadas ao ESG. A contagem mais alta dessas propostas foi em 2022, com 627 propostas; em fevereiro de 2023, já havia 542.[11] No entanto, vale a pena notar que o apoio institucional a essas propostas pode estar decrescendo, à medida que os acionistas pressionam por assuntos ESG não materiais. Por exemplo, a BlackRock Investment declarou ser "mais provável" apoiar propostas que lidem com riscos e oportunidades materiais.[12] É claro que os acionistas podem votar como acharem melhor, mas ter forte apoio institucional por trás deles é crucial para o sucesso.

As diretorias que participam de análises competitivas e de tendências sobre questões de ESG, buscando feedback de *stakeholders*, promovendo sessões de escuta e estabelecendo prioridades para a empresa não devem ser pegas de surpresa por essas propostas.

### CASO DE USO: PROPOSTAS DE ACIONISTAS DA APPLE EM TORNO DO SOCIAL

Por um tempo, as pressões dos *stakeholders* sobre a Apple vinham fervilhando. Conforme cresciam as pressões relacionadas a trabalho forçado na China, a Apple foi confrontada a fazer mais sobre seu envolvimento ali. Outros *stakeholders* procuravam provas das políticas de diversidade e inclusão da Apple. À parte, havia preocupações de uma empresa de investimentos com ex-funcionários que não podiam falar livremente a respeito de questões no local de trabalho depois de terem saído da empresa.

Todas essas três questões se tornaram propostas de acionistas para a Apple durante 2022. Embora a empresa se opusesse a todas elas, duas conseguiram ser aceitas. Primeiro, os acionistas votaram em favor de uma auditoria de direitos civis para informar melhor os *stakeholders* a respeito da abordagem da Apple.[13] Em abril de 2023, essa auditoria ainda estava em curso. Em segundo lugar, os acionistas aprovaram transparência sobre as cláusulas ocultas. A Apple pediu orientação ao seu conselho sobre o risco disso, que foi determinado como baixo. Mais tarde naquele ano, a Apple publicou uma declaração sobre o assunto, permitindo que ex-funcionários discutissem questões do local de trabalho.[14] Além disso, os acionistas não aprovaram a proposta em torno de potencial trabalho forçado na China.

Ainda em 2023, chegou à Apple uma proposta dos acionistas anti-ESG relacionada à sua abordagem Social. O National Center for Public Policy Research propôs consultar grupos conservadores a respeito de sua abordagem à DEI, em razão de um suposto viés favorecendo pessoas brancas.[15] Os acionistas derrotaram enfaticamente essa proposta, com 98,5% dos votos.

## GOVERNANÇA POR ÚLTIMO: NADA É ALCANÇADO COM UMA GOVERNANÇA FRACA

Até aqui, cobrimos por que a Governança deveria vir primeiro na sigla e fizemos considerações a respeito de operacionalizar o ESG ao situar a Governança no meio. Como lembrete, liderar com Governança significa construir uma sólida base de linhas gerais e práticas. Operacionalizar Governança significa investigar *stakeholders* e materialidade a fim de identificar proativamente, priorizar áreas focais e promover ações. No entanto, a Governança está justamente onde precisa ficar na sigla. A Governança deve ser a última, como um lembrete e uma guardiã do portal, antes de nos comprometermos com decisões e ações, já que nada se alcança com uma Governança fraca.

Em outras palavras, a Governança é o pilar que pode derrubar uma empresa.

Mesmo com esse incrível poder, a Governança costuma ser a letra esquecida no ESG. Embora questões Ambientais e Sociais, materiais e não materiais, tendam a ficar sob os holofotes, a ganhar a imprensa e as páginas dos relatórios CSR, os executivos encaram a Governança de qualidade como algo esperado. No entanto, empresas que não conduzem seus assuntos com ética, compliance ou não têm conhecimento material do setor certamente estão sujeitas a escrutínio regulatório, a multas e talvez até mesmo a uma revolta dos acionistas. Mas, como as diretorias costumam operar com pouca transparência e muita confidencialidade, as questões de Governança às vezes passam despercebidas até que a empresa se defronte cara a cara com um problema. É sempre mais fácil ver o que deu errado em retrospecto, já que os melhores insights raramente ficam disponíveis antes que a empresa dê um passo em falso e feche as portas. Tal evento geralmente obriga a adotar um nível de transparência da diretoria e dos executivos que o público raramente vê em outras circunstâncias.

É importante ressaltar que embora seja improvável que a falta de atenção a questões materiais Ambientais e Sociais derrube uma empresa, a atenção a esses pilares tampouco irá poupá-la disso. Mas ignorar ou focar esses pilares age para erodir ou proteger valor a longo prazo. No caso de uma Governança negligente, a divergência material dos princípios da empresa pode ser fatal.

## CASO DE USO: SILICON VALLEY BANK

O Silicon Valley Bank (SVB) foi fundado em 1983 para capturar uma oportunidade com um *stakeholder* único: startups. A abordagem preencheu um vácuo deixado pelos bancos que não se dispunham a aceitar o risco da comunidade de capital de risco. Como qualquer *stakeholder*, as startups têm requisitos específicos em relação aos bancos. Elas geralmente não tomam empréstimo, mas dependem de capital de risco e de investidores para financiá-las.

Esta abordagem lhes dá um curto fôlego de caixa, de 12–36 meses, para construir suas plataformas, ir ao mercado, garantir clientes e então pedir mais dinheiro.

O modelo dos *stakeholders* exigiu que esse banco encontrasse outras maneiras de ganhar dinheiro, que funcionaram durante décadas. Ainda assim, a confluência de pressões econômicas, questões de Governança e operações dos *stakeholders* levou o banco rapidamente a fechar as portas.

Primeiro veio uma nova pressão em torno do modelo do SVB. Uma maneira básica pela qual os bancos ganham dinheiro é por meio de empréstimos e taxas de juros. Em razão do tipo único de operações de seus *stakeholders*, o SVB não conseguiu alavancar empréstimos, pois as startups simplesmente não faziam uso deles. Assim, em vez disso, o SVB investiu em bônus de longo prazo com uma taxa fixa de juros. Quando as taxas de juros aumentam, o banco ou o investidor podem perder dinheiro, especialmente se o banco precisa vender o bônus.

Após vários anos de fluxo de capital sustentado para as startups, o financiamento com capital de risco começou a secar na metade de 2022, enquanto as taxas de juros eram altas. Muitas empresas, especialmente instituições financeiras, têm uma Comissão e um Diretor de Risco para analisar eventos como esse em relação ao risco que apresentam. Infelizmente, o SVB ficou sem um Diretor de Risco por um período crucial de oito meses, quando esses dois problemas surgiram juntos, criando dois efeitos.[16] Primeiro, as startups precisaram retirar fundos de sua carteira líquida no SVB para cobrir custos operacionais. Em segundo lugar, o SVB precisou vender bônus com perda de valor para cobrir a exposição.

É aqui que os *stakeholders* intervêm. Hoje, as startups são uma comunidade coesa, na qual os capitalistas de risco atuam como conselheiros ao longo do ecossistema. Infelizmente, à medida que surgiram questões relativas à liquidez do SVB, esses conselheiros criaram inadvertidamente uma corrida ao banco ao convencerem as startups a retirarem seu dinheiro.[17] Além disso, as tecnologias digitais facilitaram o acesso a esses fundos. A tecnologia transformou uma tarefa corriqueira de operar as questões sobre a mesa – as retiradas rápidas – num grande risco.

Com isso, o estado da Califórnia em poucos dias colocou o SVB em liquidação judicial, o que repercutiu em todo o setor bancário. Em resumo, uma questão de Governança em relação aos controles da gestão de risco em um banco causou impacto sistemático na comunidade de startups e nos bancos globais.

De novo, ver em retrospecto sempre esclarece melhor. Vale a pena notar que em 2015 os bancos buscavam reverter certas proteções da regulamentação Dodd-Frank. Essa regulamentação tinha componentes para testar o estresse das instituições, a fim de evitar problemas com serviços financeiros como os da crise de 2008. Segundo o parágrafo I da regulamentação Dodd-Frank, qualquer banco americano com mais de 50 bilhões de dólares de ativos está sujeito a um escrutínio regulatório adicional, que inclui regras a respeito de perdas de capital e, também, o que é mais relevante neste caso, sobre problemas de liquidez.[18]

Em 2015, o SVB tinha 40 bilhões de dólares em ativos, e seu CEO comentou que os reguladores deveriam aumentar o limite para a Dodd--Frank. já que o banco não oferecia um risco sistêmico em seu nível atual.[19] Junto com outros líderes que tinham preocupações similares, o governo Trump elevou o limite desse requisito para 250 bilhões de dólares em ativos. Em 2023, os ativos do SVB tinham aumentado para 212 bilhões.

No geral, não foi apenas uma coisa que afetou o SVB, e sim uma gama de questões, incluindo de que maneira operavam os *stakeholders* básicos de seus clientes, a capacidade da tecnologia de facilitar o acesso dos *stakeholders* a fundos e uma consideração insuficiente dos riscos em torno do modelo operacional. Além disso, o último ponto em torno de regulamentações não pode ser negligenciado, pois o próprio CEO havia comentado a respeito das mudanças propostas.

## O papel das regulamentações e das externalidades

Os governos empoderam agências para implantar regulamentações para proteger o planeta e as pessoas do impacto negativo das operações de uma empresa. Tipicamente, um evento desencadeador, uma promessa de campanha ou uma pressão dos cidadãos leva um governo a investigar e a impor a regulamentação. Por exemplo, o presidente Richard Nixon criou a Agência de Proteção Ambiental nos Estados Unidos como reação ao incêndio do Rio Cuyahoga de 1969, quando poluentes de indústrias locais se acumularam e se incendiaram numa explosão. Esse evento também levou à Lei da Água Limpa de 1972.[20] Num exemplo similar em torno da regulamentação da Governança, a Sarbanes-Oxley, uma lei americana sobre práticas de registro financeiro, foi formada após uma série de escândalos contábeis de alto perfil ocorridos na década de 2000.[21]

Em alguns casos, as empresas comentam ou fazem lobby contra as regulamentações, porque elas representam um custo de *compliance* para a empresa. Mesmo assim, as regulamentações propostas e implantadas representam oportunidades para a empresa refletir a respeito de suas questões e riscos materiais, permitindo elaborar cuidadosas estratégias de mitigação de riscos.

Uma área em que a diretoria pode liderar é por meio da atenção a questões de compliance em parceria com o Diretor Jurídico [Chief Legal Officer, CLO], o Conselho Geral ou o Diretor de Compliance. O compliance com o EHS [Ambiental, Health, and Safety], com as leis trabalhistas locais, as regulamentações Ambientais, e outras limitações e guard-rails externos em torno das operações são preocupações materiais da Governança. Se não há ninguém na empresa responsável pelos registros regulatórios e pela adesão à regulamentação, isso pode gerar multas, litígios e até mesmo o fechamento da empresa.

De novo, há uma responsabilização limitada para um membro da diretoria em razão da regra do julgamento dos negócios. Mesmo assim, ela nem sempre se aplica se a diretoria lança mão de atividades criminosas por meio da empresa, se ela intencionalmente engana ou se envolve em atividade ilegal ou imoral, ou se propositalmente se exime do compliance com certas leis, incluindo regras relativamente comuns a respeito dos pilares Ambiental e Social:



- Regulamentações ambientais;
- Práticas e direitos trabalhistas;
- Proteção ao consumidor.

Em muitos casos, as regulamentações ajudam a gerir os riscos de externalidades. Como lembrete, as externalidades são custos ou benefícios causados pelas operações da empresa, mas atribuídos a alguém. As regulamentações de negócios costumam focar externalidades negativas, que existem quer haja regulamentações em torno da questão ou não. Por exemplo, uma empresa de bebidas pode aproveitar uma fonte de água da comunidade local para manufaturar seus produtos. O esgotamento dessa água pela empresa é uma externalidade em razão de seu impacto na comunidade. A comunidade representa *stakeholders* externos que geram um custo a partir das operações da empresa.

Hoje, os mercados não se ajustam ao impacto de valor das externalidades e, portanto, não contabilizam o custo real de fazer negócios. Mas há princípios que as empresas podem adotar para essa contabilização e que ajudam o time da liderança ou o investidor a compreender o valor ajustado.[22] Essa metodologia foca o impacto da empresa no mundo e contabiliza suas externalidades positivas e negativas. Levado adiante com uma mentalidade ESG, encarar dessa maneira os custos da sua empresa pode oferecer insights sobre potenciais questões e regulamentações futuras. Por exemplo, se a referida empresa de bebidas entendesse seu impacto sobre a água poderia ter ajustado suas práticas operacionais antes de possíveis regulamentações ou processos legais.

## Uma crise pode introduzir novos *stakeholders*

Externalidades que complicam as coisas são crises que costumam emergir de uma hora para outra. Por exemplo, um acidente Ambiental inesperado ou uma questão de segurança de alto impacto podem ter efeitos de longo alcance, além de aumentar os riscos contra a reputação de uma empresa. Um aspecto da mentalidade ESG é lidar com a incerteza, mas isso não significa que a sua empresa não possa ter um plano já montado para uma crise. Os princípios de Governança definidos pela diretoria devem ser adaptáveis em torno de um sólido modelo para que sua empresa se mantenha resiliente.

Refletir sobre possíveis crises a partir de um mapa dos *stakeholders* ou de uma matriz de materialidade talvez não detecte o impacto que pode afetar a empresa. Uma crise pode colocar um novo stakeholder em evidência, que não era *stakeholder* do negócio antes do surgimento da situação.

Suponha uma instalação de manufatura que opere dentro da comunidade local. Nesse caso, a comunidade é um *stakeholder* porque os empregados provavelmente moram nela. A fábrica deve também considerar externalidades e o impacto operacional na comunidade. Este último aspecto é como um problema evolui para uma questão material ao longo do tempo. No entanto, para uma empresa que opere em vários mercados, a amplitude geográfica de sua cadeia de valor às vezes cobre praticamente o planeta inteiro, pois bens e materiais são transportados e processados temporariamente pelas comunidades locais. Se ocorrer um acidente enquanto sua empresa ou cadeia de valor estiver transportando materiais ou bens, isso pode fazer emergir novos *stakeholders*. Podemos nos referir a essas pessoas como "*stakeholders* dinâmicos". Como a materialidade dinâmica, esses *stakeholders* surgem no futuro em torno de uma crise.

*Stakeholders* dinâmicos podem ser difíceis de prever, pois muitas empresas não têm um insight detalhado das atividades de sua cadeia de valor. Suponhamos uma empresa de produtos químicos que dependa de um trem que entrega substâncias químicas à sua fábrica. Se esse trem descarrila numa comunidade, de repente a empresa de onde se originam os produtos químicos e a empresa ferroviária podem ter que lidar com novos *stakeholders* desconhecidos, em alguma área nova. Por exemplo, em fevereiro de 2023, um trem carregando produtos químicos tóxicos, operado pela Norfolk Southern, descarrilou em East Palestine, Ohio. A partir desse evento, a empresa passou a responder aos *stakeholders* existentes, como órgãos reguladores e o governo dos Estados Unidos. A empresa também criou um site dedicado a manter os cidadãos atualizados sobre os esforços dela na comunidade, que se tornou um novo *stakeholder*. O site "Making it Right" ["Corrigindo as coisas"] contém as seguintes informações:[23]

- Um compromisso de fazer o que é certo para a comunidade.
- Atualizações sobre os esforços atuais, entre eles o apoio monetário à comunidade.
- Um Centro de Assistência à Família no local.
- Atualizações sobre testes de água potável e águas de superfície e do solo.
- Atualizações sobre a limpeza do incidente.

- Informações de contato sobre qualidade do ar, testes do ar em ambientes domésticos, água potável, solo e outros tipos de assistência.

As pessoas deste local não eram *stakeholders* da empresa antes do acidente, mas agora são, em razão de evento que originou uma crise.

## Uma última palavra sobre Governança

Cada letra da sigla ESG tem seu próprio ponto de vista e seu valor em relação à empresa. No entanto, das três letras, Governança é a que mais afeta a empresa, pois é a que guia seus princípios operacionais, influencia o envolvimento dos *stakeholders* e pode em última instância proteger, erodir ou eliminar valor de longo prazo de todos os *stakeholders*, incluindo aqueles que sua empresa talvez ainda não tenha.

## NOTAS


1 Allen, J., Schacht, K., e Orsagh, M. (2020). Short-termism revisited. The Harvard Law School Forum on Corporate Governance. www.corpgov.law.harvard.edu/2020/10/11/short-termism-revisited/ (arquivado em https://perma.cc/FBK69DTH).

2 Whelan, T. (2021). U.S. corporate boards suffer from inadequate expertise in financially material ESG matters. *SSRN Electronic Journal*, p. 3. https://doi.org/10.2139/ssrn.3758584 (arquivado em https://perma.cc/KZD9-P36U).

3 Soonieus, R., Woods, W., Young, D., e Tatar, S. (2022). Directors can up their game on environmental, social, and governance issues. p. 1. www.insead.edu/sites/default/files/assets/dept/centres/icgc/docs/directors-can-up-their-game-on-environmental-social-and-governance-issues-march2022.pdf (arquivado em https://perma.cc/2B7H-KDVC).

4 As You Sow (s.d.). CEO pay. As You Sow. www.asyousow.org/our-work/ceo-pay/ (arquivado em https://perma.cc/Q5Q7-W3AQ).

5 Mishel, L. e Kandra, J. (2021). CEO pay has skyrocketed 1,322% since 1978. Economic Policy Institute. www.epi.org/publication/ceo-pay-in-2020/ (arquivado em https://perma.cc/PT3T-M78Z).

6 CEO Worldwide (2022). CEO compensation structure, incentives and salary. CEO Worldwide. www.ceo-worldwide.com/blog/ceo-compensation-structure-incentives-and-salary (arquivado em https://perma.cc/L3LM-PHMU).

[7] Ashley, J. e Morrison, R.V. (2021). ESG Governance: Board and management roles & responsibilities. The Harvard Law School Forum on Corporate Governance. www.corpgov.law.harvard.edu/2021/11/10/esg-governance-board-and-management-roles-responsibilities/ (arquivado em https://perma.cc/ERT6-6NL7).

[8] Whiting, K. (2022). Edelman report: Cycle of distrust threatens action on global challenges. World Economic Forum. www.weforum.org/agenda/2022/01/edelman-trust-barometer-2022-report/ (arquivado em https://perma.cc/3G5EQ7HN).

[9] Kors, A. (2020). Stakeholder capitalism: Translating corporate purpose into board practice. Diligent Institute, p. 9. https://web.archive.org/web/20230311112723/https:/www.diligentinstitute.com/wp-content/uploads/2020/08/20200713-Diligent-Institute-Report-Stakeholders-and-Boards-R5.pdf (arquivado em https://perma.cc/9J8Z-HLL4).

[10] Castañón Moats, M. e DeNicola, P. (2022). Charting the course through a changing Governance landscape. PwC, p. 16. www.pwc.com/us/en/services/governance-insights-center/assets/pwc-2022-annual-corporate-directors-survey.pdf (arquivado em https://perma.cc/4RTN-ZAFL).

[11] Posner, C. (2023). Lots of shareholder proposals on ESG this proxy season – and quite a few anti-ESG proposals too. Cooley PubCo. www.cooleypubco.com/2023/04/12/shareholder-proposals-esg-this-proxy-season/ (arquivado em https://perma.cc/D65L-ZKK7).

[12] BlackRock Investment Stewardship (2022). 2022 climate-related shareholder proposals more prescriptive than 2021. BlackRock, p. 1. www.blackrock.com/corporate/literature/publication/commentary-bis-approach-shareholder-proposals.pdf (arquivado em https://perma.cc/9W95-S82X).

[13] Halaschak, Z. (2022). Apple investors vote for "civil rights audit" but reject China forced labor proposal. *Washington Examiner*. www.washingtonexaminer.com/policy/economy/apple-investors-vote-for-civil-rights-audit-but-reject-china-forced-labor-proposal (arquivado em https://perma.cc/ XN6Z-7X5D).

[14] Apple (2022). Our commitment to an open and collaborative workplace. Apple. p. 1-3. www.s2.q4cdn.com/470004039/files/doc_downloads/2022/12/Our-Commitment-to-an-Open-and-Collaborative-Workplace.pdf (arquivado em https://perma.cc/YX5F-R96M).

[15] Nellis, S. (2023). Apple shareholders reject proposals from conservative groups. Reuters. www.reuters.com/technology/apple-shareholders-reject-proposals-conservative-groups-2023-03-10/ (arquivado em https://perma.cc/F825-7UP3).

[16] Cohen, B. (2023). It's the most thankless job in banking. Silicon Valley Bank didn't fill it for months. *The Wall Street Journal*, 23 de março. www.wsj.com/articles/svb-silicon-valley-bank-collapse-chief-risk-officer-f6e1fcfd (arquivado em https://perma.cc/QPM6-F6LN).

[17] Hart, J. (2023). Venture capitalists are blaming each other for triggering the disastrous collapse of Silicon Valley Bank. Business Insider. www.businessinsider.com/vcs-blame-each-other-for-silicon-valley-bank-collapse-2023-3 (arquivado em https://perma.cc/BR7H-X6D4).

[18] Finkle, V. (2015). Midsize banks raise warning about $50B SIFI threshold bill. *American Banker*. www.americanbanker.com/news/midsize-banks-raise-warning--about-50b-sifi-threshold-bill (arquivado em https://perma.cc/NUZ43WTM).

[19] U.S. Government Publishing Office. (2015). Examining the Regulatory Regime for Regional Banks. GovInfo, p. 117–121. www.govinfo.gov/content/pkg/CHRG-114shrg94375/pdf/CHRG-114shrg94375.pdf (arquivado em https://perma.cc/6B9B-5Y73).

[20] Cuyahoga Valley National Park (2022). The 1969 Cuyahoga River Fire. National Park Service. www.nps.gov/articles/story-of-the-fire.htm (arquivado em https://perma.cc/23FC-N49X).

[21] Kenton, W. (2022). Sarbanes-Oxley (SOX) Act of 2002. Investopedia. www.investopedia.com/terms/s/sarbanesoxleyact.asp (arquivado em https://perma.cc/424G-HPAS).

[22] Cohen, R. e Serafeim, G. (2020). How to measure a company's real impact. *Harvard Business Review*. www.hbr.org/2020/09/how-to-measure-a-companys-real-impact (arquivado em https://perma.cc/7SCX-3ER2).

[23] Norfolk Southern (s.d.). Making it right in East Palestine. Making it Right. www.nsmakingitright.com/ (arquivado em https://perma.cc/8UAG-C9EU).

A **Governança** é o
**pilar** que pode **derrubar**
**uma empresa**.

CAPÍTULO 6

# A DUPLA INTERSEÇÃO ENTRE TECNOLOGIA E ESG

A tecnologia rege a vida de muitos de nós, para melhor ou para pior. Vivemos apegados aos nossos celulares e a outros dispositivos, e temos que assumir um papel ativo para nos desligarmos do ruído da selva digital quando queremos nos concentrar. Após a covid-19, esse desafio se acelerou, pois o acesso e a conectividade por meio de tecnologia desde qualquer lugar para trabalho remoto e híbrido frustra alguns de nós, pois parece que o trabalho nunca dá uma folga. Ainda assim, há oportunidades para as empresas, já que esse acesso desata novos núcleos de talentos diversificados, e permite que os empregados trabalhem relativamente em seus termos e escalem para atender às necessidades dos clientes em um mercado global. Apoiando a infraestrutura nos bastidores, há um pacote de tecnologia complexa, de serviços de nuvem, servidores, networking, equipamento de armazenagem e software administrando operações, serviços, produtos e processos. Para muitos de nós, não há dúvida a respeito do quanto a tecnologia está também vinculada de modo inextricável aos negócios modernos.

É difícil se convencer de que esse tipo de aplicação de tecnologias digitais é um fenômeno recente que evoluiu exponencialmente durante uma única geração de trabalho. Quando saí da faculdade, a Tecnologia de negócios ainda estava evoluindo dos seus velhos dias de mainframes para os computadores em rede. Os líderes de empresas ainda se perguntavam se precisavam de um e-mail público, de nomes de domínios e de uma presença pública na internet. A internet explodiu logo depois, gerando comércio online, aplicativos de celular e novos aplicativos de negócios interconectados. A Web 2.0 desatou o conteúdo movido por usuários, com o qual estamos familiarizados por meio das mídias sociais. A próxima revolução de Tecnologia já está entre nós, com os negócios trabalhando para integrar tecnologias da Web 3.0, como blockchain, metaverso e IA Generativa. Tudo isso aconteceu apenas nos últimos 40 anos.

Atualmente, o valor de uma empresa não está mais em seus ativos físicos, e sim em seus intangíveis, assentados em grande medida em Tecnologia, como propriedade intelectual e novos processos de negócios. Em 2020, 90% do valor da empresa na S&P 500 se assentava em intangíveis,[1] acelerando-se no mesmo ritmo que a Tecnologia nos negócios. Com todo esse valor acondicionado em Tecnologia, não é de se admirar que o investimento atual contribua significativamente para a economia global. Gartner previu que o gasto global com TI alcançaria 4,5 trilhões de dólares em 2023.[2]

Em 2003, quando o ESG dava seus primeiros passos, ainda faltavam quatro anos para o lançamento do primeiro iPhone e da App Store.[3] Nessa época, os times de TI eram encarregados principalmente de manter as luzes acesas e desempenhar atualizações e manutenção de rotina. É interessante especular se os criadores originais do ESG teriam acrescentado a Tecnologia como outro pilar se tivessem criado o ESG alguns anos mais tarde. De muitas maneiras, toda empresa é hoje uma empresa de Tecnologia. Mas há mais coisas a considerar em relação à Tecnologia e ao seu uso em duas intersecções distintas com o ESG.

Acrescentar Tecnologia como outro pilar de ESG pode mudar nossa mentalidade de duas maneiras. Primeiro, as empresas usarão a Tecnologia para resolver riscos de ESG ao mesmo tempo que criam novas oportunidades. Em segundo lugar, a Tecnologia tem riscos e oportunidades similares àquelas que temos visto nos pilares de E, S e G. Embora as empresas estejam sem dúvida familiarizadas com a primeira, a última ideia é emergente. No entanto, seu ritmo se move às vezes muito rápido, e as empresas podem ficar ansiosas demais em alavancá-la para capturar oportunidades. Portanto, devemos sempre estar atentos aos riscos em torno dos problemas que estamos tentando resolver e às oportunidades que queremos capturar, caso contrário criaremos mais desafios significativos (Figura 6.1).

FIGURA 6.1 A dupla interseção entre ESG e Tecnologia

## TECNOLOGIA RESOLVENDO QUESTÕES DE ESG

Embora a Tecnologia esteja na base dos negócios, os desenvolvedores de software, aqueles que elaboram o software dessa era, nem sempre tiveram em mente que esse software pudesse resolver desafios de ESG. Em vez disso, a Tecnologia faz o que os desenvolvedores a projetaram para fazer, administrando vários aspectos das operações e processos da empresa. Por exemplo, um sistema de Recursos Humanos faz a gestão dos registros dos funcionários. Ele pode se alinhar aos requisitos EEO-1 de relatórios e taxas de atrito superficiais do Departamento do Trabalho dos Estados Unidos, mas provavelmente não será capaz de extrair insights diretos a respeito da cultura corporativa ou da produtividade. Do mesmo modo, uma plataforma de cadeia de suprimentos pode gerir registros de fornecedores, contratos e despachos de mercadorias. Ainda assim, talvez não consiga definir com precisão riscos climáticos ou rotas logísticas em tempo real, ou lidar com a questão imensamente desafiadora do trabalho forçado.

Com a lacuna entre a Tecnologia e suas capacidades nativas de resolver questões de ESG, a diretoria, executivos e líderes de unidades de negócios se esforçam para entender como unir a nova Tecnologia aos sistemas existentes para resolver questões de ESG. A realidade é que muitas soluções de ESG precisam ser incorporadas ou personalizadas, já que as plataformas existentes não dispõem de capacidades ESG e o pacote de Tecnologia e o time de TI talvez não estejam prontos. Pior ainda, alguns times de TI estão apenas mantendo o básico em funcionamento, com pouco investimento em modernização, menos ainda em soluções integradas de ESG. Com o ESG e uma mudança de pensamento, líderes de TI têm uma oportunidade única de passar a desempenhar o papel de valiosos consultores de negócios e conselheiros, já que as habilidades de gestão de Tecnologia são cruciais para criar novas soluções, definindo custos e garantindo suporte de longo prazo. No entanto, líderes de TI não precisam assumir esse desafio sozinhos, pois um conceito de Tecnologia existe para ajudar.

Desde por volta de 2014, o tema central dos mais destacados fornecedores de Tecnologia para lidar com desafios materiais de negócios tem sido a "Transformação Digital". Este conceito aplica Tecnologia para construir novos produtos e experiências digitais para clientes e funcionários, impulsionar a eficiência das operações e, é o que se espera, criar crescimento da receita a longo prazo. Esses conceitos fazem eco do ESG. No entanto, pela observação dos times de TI tentando integrar Tecnologia aos negócios dessa maneira ao longo dos anos, a experiência mostra que o nível de sucesso tem sido variável. Em vez de entregar uma mudança significativa, muitos esforços de Transformação Digital têm oscilado entre uma simples modernização de Tecnologia e um fracasso pleno, permitindo que nativos digitais e startups causem disrupção nos setores. Em um estudo, a BCG constatou que apenas 30% dos projetos de Transformação Digital foram bem-sucedidos.[4] As razões do fracasso desses projetos variam significativamente e merecem ser revistas.

A Tecnologia legada segue presente em muitos negócios, e pode ser custosa de atualizar por estar muito integrada às pessoas e processos. Encare isso como risco de transição, como vimos no Capítulo 3. Como resultado, esses projetos também seguem junto com muitas partes móveis em razão de sua natureza transformativa, e as prioridades da empresa podem mudar ao longo da duração do projeto. Em razão do pensamento com foco no curto prazo e da previsibilidade, os executivos podem se retrair diante de orçamentos de TI complexos que se estendam por vários anos, o que é outro eco do ESG. Além disso, a TI pode precisar de novas capacidades para conectar sistemas montados em silos ou desenvolver as chamadas soluções integradas, que podem demandar tempo e investimento. Por último, esses projetos podem empacar quando a inércia e receios de mudanças de um funcionário se interpõem no caminho. Como em qualquer questão de ESG, os *stakeholders* precisam ser considerados.

No entanto, encarar a Tecnologia com uma mentalidade ESG, com foco em questões materiais e numa visão de resultados a longo prazo pode entregar a promessa de Transformação Digital. À medida que os líderes executivos compreendam melhor o ESG, resolver questões dará à Transformação Digital algo que nunca teve – a conexão com uma questão material que a liga a um imperativo dos negócios e, portanto, ao acesso a orçamento. Vale notar que a Transformação Digital, coincidentemente, começa a receber maior atenção das diretorias, pois 42% delas deram prioridade em 2023 contra apenas 19% no ano anterior.[5]

Para entregar o que a Transformação Digital promete e ganhar insights de ESG para resolver esses desafios, uma empresa deve modernizar a Tecnologia legada, romper com a Tecnologia interna e com as unidades de negócios montadas em silos, e resolver o complexo medo cultural em relação à mudança. Quer sejam digitais ou baseados em estruturas, os feudos internos colocarão obstáculos a esses esforços, portanto os *stakeholders* e uma Governança de qualidade terão papel importante, especialmente com o crescimento das pressões para questões básicas como as divulgações. A Tecnologia, embora não seja uma panaceia, pode gerar valor de longo prazo, não só ao proteger a empresa de questões de *compliance*, mas também ao lidar com questões específicas de ESG e diminuir os riscos relacionados.



## Tecnologia e dados propiciam divulgações e insights materiais

Antes de examinarmos algumas das intersecções amplamente aplicáveis entre ESG e Tecnologia, vale a pena lembrar do Capítulo 2 e do papel que os dados desempenham num mundo que enfrenta a pressão por divulgações de ESG. Embora as divulgações não sejam necessariamente o risco ou a oportunidade mais material do ESG com os quais uma empresa pode lidar, elas representam um risco de *compliance*, e sistemas de negócios legados se esforçam para compreender esses novos requisitos. Portanto, modernizar os sistemas de Tecnologia para promover o alinhamento aos requisitos de elaboração de relatórios constitui uma boa Governança.

Hoje, a responsabilidade de coletar e reportar divulgações ESG é de diversas funções relacionadas a compliance, entre elas o Conselho Geral da empresa, a Auditoria e a Comissão de Riscos, o Diretor de Sustentabilidade e o Chefe de Recursos Humanos. Esses papéis precisam colaborar com a TI para assegurar que os sistemas digitais reportem com precisão os dados, realizar cálculos transparentes e rastreáveis, e garantir que existam controles de auditoria. Quer as informações divulgadas sejam materiais ou não, a sustentabilidade, a DEI e o ESG representam oportunidades de aprender mais a respeito dos processos de sua empresa, compreender melhor seus *stakeholders* e melhorar ambos. No entanto, a Tecnologia e os dados fora das divulgações podem também levar a insights materiais ao longo das questões ESG.

## Risco climático e tecnologia

A colaboração é uma área a ser considerada na interseção entre Ambiente e Tecnologia, além das divulgações. Pode ser fácil para uma empresa alegar estar poupando o Ambiente a partir de ferramentas de colaboração propiciadas por Tecnologia ao fazer seus funcionários viajarem menos. Ainda assim, viagens de negócios não são muito materiais para algumas indústrias exceto as consultorias e podem estar mais alinhadas a esforços de sustentabilidade. Se uma viagem de negócios é cancelada, ela pode ser facilmente transferida para uma reunião remota, propiciada por Teams, Zoom ou WebEx. Para descobrir como a Tecnologia pode resolver questões materiais de ESG, devemos examinar mais de perto.

Muitas empresas têm instalações físicas e uma cadeia de valor geograficamente dispersa em nosso mundo pós-covid-19, de trabalho híbrido e remoto. De fabricantes reunindo matérias-primas para elaborar um produto físico a varejistas colocando itens nas prateleiras, à sua lanchonete local, vivemos e trabalhamos num mundo físico com riscos. Com a mudança climática, riscos agudos e crônicos impactam locais físicos. A previsão desses riscos pode ter a assistência de tecnologia digitais.

A Tecnologia pode detectar probabilidades de eventos climáticos extremos e oferecer às empresas insight digital sobre esses riscos físicos. Com histórico de dados sobre o clima e novos modelos de previsão, times de Instalações e de Imóveis podem começar a avaliar riscos e construir estratégias de adaptação. Imagens de satélite, dados de sensores e de IoT, bem como modelos de IA, podem ser combinados com expertise científica específica para detectar riscos climáticos. Construir esses insights planetários baseados em Tecnologia é o trabalho de uma empresa chamada Earth Knowledge, com centenas de petabytes de dados.[6] Na realidade, ela criou um gêmeo digital da Terra para detectar riscos de longo prazo a partir de vários indicadores de clima. Usando esses modelos, uma empresa de gestão de hotéis pode ficar informada de que três das propriedades que ela administra na Califórnia têm alto risco de incêndios florestais. A partir desse insight digital, a empresa pode conceber maneiras de explorar melhor e adaptar os terrenos em torno de sua propriedade a esse risco, por meio de intervenções de paisagismo, cobertura de plantas ou outras opções. Desse modo, o digital é traduzido de volta ao mundo físico, ajudando a empresa a se planejar para uma resiliência de longo prazo.

No entanto, o risco climático é apenas uma das questões materiais Ambientais em que a Tecnologia pode ser útil. Por exemplo, uma empresa de bens ao consumidor ou manufatura pode descobrir, por meio de dados e análises de tendências de mercado, que clientes estão buscando produtos sustentáveis. Aproveitar essa oportunidade pode exigir que a empresa direcione dados da cadeia de valor *upstream* para descobrir opções de mudar materiais ou fórmulas de produtos e introduzir opções mais sustentáveis. Infelizmente, não é fácil descobrir essas informações hoje, pois o mundo não fez a transição para coletar ou compartilhar esse tipo de dados da cadeia de valor. Outra Tecnologia, a dos dados proxy ou proxies, entrou em cena para preencher essa lacuna. Os dados proxy entram no lugar dos dados reais quando estes não estão disponíveis. Mesmo assim, as empresas precisam ter cuidado, pois fazer afirmações sobre sustentabilidade com base em dados proxy e não em dados reais pode constituir *greenwashing* ["lavagem verde"], não importa o quanto os dados sejam bons. É claro que, se o time de Pesquisa e Desenvolvimento tiver dados de qualidade, pode começar a tomar decisões bem fundamentadas e impulsionar melhorias em produtos sustentáveis para se alinhar às necessidades do mercado.

## Entre os *stakeholders* e a tecnologia fica o social

Quanto à gestão e engajamento de *stakeholders* materiais, as ferramentas de colaboração mencionadas podem ter um papel no Social. Embora as pessoas façam negócios por e-mail há muito tempo, ferramentas avançadas de bate-papo, como Teams, Slack, WhatsApp e a colaboração de arquivos em tempo real, permitem interação de alta qualidade e cocriação de conteúdo. Empregados trabalhando remotamente comprovaram o valor material dessas ferramentas durante a pandemia de covid-19, conforme novos hábitos de trabalho se desenvolveram a partir da necessidade. Empresas podem aproveitar as lições aprendidas durante esse período e voltar a atenção para outros assuntos Sociais – assegurando a retenção de talentos diferenciados por meio de conexões entre funcionários.

Funcionários são um dos *stakeholders* mais cruciais de uma empresa. No entanto, montar e manter uma cultura coesa com trabalho remoto e híbrido ou operar escritórios globais pode ser um grande desafio. Há uma área que mede a produtividade dos funcionários e procura métricas de burnout por meio de ferramentas de colaboração. A Microsoft divulgou um relatório sobre trabalho híbrido em 2022, em que descobriu, por meio de sinais em suas ferramentas de colaboração, que o número de reuniões por semana havia aumentado 153% globalmente desde o início da pandemia e que 42% das pessoas estavam em multitarefa durante essas reuniões – uma estatística importante para mostrar como o tempo dos funcionários está sendo gasto.[7]

Abrigar Grupos de Recursos de Funcionários [Employee Resource Groups, ERGs] dentro de ferramentas de colaboração digitais pode facilitar essas conexões. Um espaço digital permite que funcionários alimentem uma cultura consistente e compartilhem as melhores práticas da empresa por meio de suas paixões e diversidade. Por exemplo, é possível que uma ideia formada dentro de um grupo digital avance para novas oportunidades e se traduza numa mudança no mundo real, como vimos no Capítulo 4.

Outro lugar em que Tecnologia faz interseção com *stakeholders* é nos clientes. Nessa interseção estão os sinais que clientes criam diariamente por meio de experiências propiciadas digitalmente e recursos conectados. Times de Pesquisa e Desenvolvimento, Apoio e Marketing podem refletir sobre esses dados com ferramentas de análise e visualizações, e descobrir oportunidades com insights bem fundamentados. Mas, como sempre, você precisa de um pessoal diversificado que se encaixe com seus clientes e traga o contexto que dará sentido a esses dados.

Para chegar a qualquer desses insights dos *stakeholders*, a TI e o negócio devem romper com silos internos de Tecnologia e com os baseados em funcionários. Do ponto de vista da Tecnologia, isso envolve conectar sistemas díspares e construir novas ferramentas de dados e de IA para trazer à tona insights a partir dessas conexões. Já apareceram também novos softwares para criar relacionamentos entre sistemas de negócios, a fim de revelar relacionamentos complexos de dados e detectar padrões. Essas soluções de "torre de controle" podem remover a necessidade de uma reformulação cara e substituição do software essencial de negócios adequada ao propósito. Como uma camada sobreposta, elas superam alguns desafios que fazem fracassar projetos de Transformação Digital, como projetos que se estendem por vários anos e causam disrupção nos processos de negócios.



## Governança propiciada por tecnologia

Os exemplos precedentes, Ambientais e Sociais, são relativamente diretos, mas o universo da capacidade da Transformação Digital de resolver questões ESG é imenso. Reconhecer e compreender esse conceito revela uma Governança cuidadosa. Além disso, há exemplos de Tecnologia resolvendo questões de Governança, e, como seria de esperar, isso acontece nos níveis mais altos da empresa.

Considere os dados sobre os quais um CFO [Diretor Financeiro] reflete todo dia. Vários sistemas de Compras, Vendas e Contabilidade trazem essas informações em complexas planilhas e programas financeiros. Esses sistemas digitais alimentam as declarações financeiras de uma empresa, os balanços patrimoniais e as métricas de relatórios. Já vão longe os dias em que se rastreava manualmente as finanças em livros de papel, com entradas e cálculos feitos à mão. Em vez disso, esses dados de negócios essenciais e os processos resultantes residem em sistemas digitais, com computadores e modelos de contabilidade e IA para ajudar a fazer previsões. A empresa correria tremendo risco se um CFO não tivesse acesso a essas informações rapidamente. Finanças, apoiadas em Tecnologia desse modo, são um exemplo comum de como as ferramentas de coleta e análise de dados, provavelmente com o software eterno favorito, o Excel, desempenham um papel na Governança.

As métricas ESG, com frequência consideradas não financeiras, têm a mesma necessidade que as financeiras, mas carecem de uma visibilidade similar. Além das questões de praxe das divulgações ESG, dos padrões e requisitos de *compliance*, poucos sistemas de negócios são construídos para rastrear a montanha de intersecções materiais com questões de ESG, para não mencionar as crises em andamento. Em última instância, os executivos devem olhar para a Transformação Digital como meio de integrar considerações de ESG aos processos e aplicativos de negócios existentes, ao mesmo tempo que reportam novos dados de ESG. Mas, de várias maneiras, há um passo que as empresas devem dar primeiro. Conseguir colocar o pacote de Tecnologia no lugar em que ele precisa estar é um desafio de Governança incrível, pois exige investimento, tempo e coragem para fazer a transição. Os líderes precisam ter em mente as armadilhas desses projetos e fazer o necessário ajuste.

Quando bem realizada, a Transformação Digital tem o potencial de fazer a empresa pivotar em torno de suas questões mais materiais, mas mesmo a mais básica modernização dos sistemas traz benefícios. À medida que a empresa passa a novos sistemas digitais, a qualidade dos dados melhora. Se a qualidade dos dados melhora, os executivos podem tomar decisões mais bem informadas com base nesses dados, o que leva a uma Governança melhor. Por outro lado, suponha que o negócio não se modernize em torno de Tecnologia, igual a um CFO trabalhando ainda com livros contábeis de papel. Nesse caso, os executivos terão uma visão míope, fixa ou ausente, de seus riscos e oportunidades de ESG, como se precisassem decidir se um filme é bom ou ruim a partir de um fotograma, em vez de ver o filme todo.

Independentemente dos dados de negócios disponíveis digitalmente, a Transformação Digital e as novas tecnologias devem ser parte da solução, mas podem também introduzir mais complexidade e riscos.

## TECNOLOGIA COMO UM RISCO DE ESG

Hoje, o poder entre Tecnologia e humanos não pode ser subestimado. Computadores, dispositivos móveis e acesso à internet podem empoderar qualquer pessoa para alcançar coisas incríveis, interagir com *stakeholders* de novas maneiras e desempenhar um papel na resolução de nossos mais prementes desafios.

Já revisamos de que modo a Tecnologia está na essência da gestão dos riscos e das oportunidades de ESG de uma empresa, mas há outra interseção, porque a Tecnologia é algo complexo e tem seus próprios riscos e oportunidades de ESG. A doutora Andrea Bonime-Blanc apresentou essa ideia de acrescentar a Tecnologia como um quarto pilar de ESG em seu livro *Gloom to Boom*, e foi profética ao fazer essa conexão. "O impacto profundamente disruptivo e revolucionário que tecnologias (de todo tipo) estão tendo e continuarão a ter em todas as coisas do mundo atual convida a questionar por que a tecnologia não foi devidamente incluída antes nas discussões sobre ESG."[8]

É um excelente questionamento, já que Tecnologia há muito tempo cria um risco similar e representou uma oportunidade intangível a ser capturada. Quando o ESG estava em formação no início dos anos 2000, os vírus de computador eram um dos principais riscos em torno de Tecnologia. Conforme a empresa se digitalizava com software, o risco se manifestava ao longo de todo o negócio. Esses vírus não eram nada perto da complexa rede de malware e *phishing* com a qual nos debatemos hoje, e que ferramentas de segurança integradas à IA podem ajudar a mitigar. Outro risco daquela época eram as interrupções, que ainda afetam as empresas. Novas tecnologias como as redes de distribuição de conteúdo, que mantêm cópias de informações globalmente, estratégias de recuperação de desastres e arquiteturas de aplicativos descentralizadas representam oportunidades de resolver esse risco. A Tecnologia pode dar a impressão de estar trabalhando continuamente para resolver seus problemas, mas não consegue resolver nada sem que humanos atentos e conscientes compreendam o risco e trabalhem em busca de soluções.

Em meados da década de 2000, o acesso remoto a sistemas de trabalho foi inaugurado, com ferramentas como o Outlook Web Access e aparelhos Blackberry. Lembro-me de meu chefe me perguntando a respeito do risco de cibersegurança, questionando se era seguro permitir que chegasse e-mail de qualquer lugar. Também exploramos se a Research in Motion, a empresa canadense que construiu os dispositivos Blackberry e rodava o software, era um risco caso e-mails passassem por seus servidores para inspecionar e entregar.

Nos últimos 20 anos, a nuvem e as redes de celulares democratizaram o acesso às tecnologias mais poderosas do mundo e mudaram radicalmente o cenário dos negócios modernos. Como resultado, as perguntas que fazemos hoje devem evoluir, e uma mentalidade ESG desempenhará um papel nisso.

À medida que a pegada de Tecnologia vai assumindo os processos essenciais dos negócios, especialmente com nuances com a integração ESG, emergem novas ameaças que não existiam antes. Em outras palavras, tecnologias mais poderosas podem trazer riscos também mais poderosos. Embora desenvolvedores e engenheiros de TI mais cuidadosos levem em conta esses riscos, surgem novos desafios quando algumas pessoas veem a promessa de Tecnologia e a perseguem ansiosamente sem tomar precauções. Junto com esse tremendo poder e oportunidade chegam pressões improdutivas de executivos, querendo implementar rapidamente soluções em busca de crescimento ou de vantagem competitiva. Infelizmente, velocidade rápida ao mercado significa implementações precárias e possivelmente até riscos adicionais, como danos à reputação, *rollback* de produto [reversão], ou mesmo investigações por parte do governo.

Como guardiões da Tecnologia, o Diretor de Informação ou o Diretor de Tecnologia precisam definir o ritmo, servindo no mínimo como consultores e na melhor das hipóteses como especialista em ética. Esta última pode ser uma função pouco familiar para alguém da área de tecnologia ou até para muitos de nós, mas como ocorre com qualquer pilar do ESG, é uma abordagem que ajuda a reduzir riscos e proteger oportunidades.

## A cibersegurança deve vir primeiro

A Tecnologia está em tudo, das funções de negócios mais corriqueiras até a informação de decisões executivas que podem definir o rumo da empresa. No entanto, sua mera existência em todos os níveis da empresa constitui um risco, pois toda Tecnologia pode ter algum vetor de ataque que um ator ruim pode explorar.

Os especialistas em cibersegurança têm dificuldades em lidar com os complexos vetores de risco, pois têm de ponderar a praticidade da Tecnologia em relação ao risco de exposição. Por exemplo, se um computador ou dispositivo móvel é comprometido, todo sistema ligado às credenciais desse funcionário pode ficar em risco. Além disso, essas ameaças podem rapidamente escalar, à medida que a TI fragmenta os silos de dados e conecta sistemas de negócios para ganhar novos insights de ESG. Com efeito, modernização e conectividade introduzem riscos.

A gama das ameaças de cibersegurança que as empresas enfrentam percorre o espectro das motivações e dos conjuntos de habilidades. Por exemplo:

- Um funcionário insatisfeito pode vazar segredos corporativos e propriedade intelectual para fora da rede.
- Um hacker novato pode usar scripts e ferramentas de automação para infectar computadores com malware, mantendo-os infectados para pedir um resgate ou para criar caos por mera diversão.
- Concorrentes podem se envolver em espionagem corporativa digital e tentar roubar segredos comerciais.
- Nações podem procurar danificar infraestrutura digital crucial, afetando o acesso a redes e a sistemas físicos.

Mesmo que a cibersegurança continue sendo priorizada na agenda da diretoria, talvez haja confiança em excesso de que as coisas estejam sob controle. Mais de 90% dos diretores se sentem confortáveis achando que a sua empresa está com bom nível de cibersegurança, que eles identificaram informações digitais cruciais e que testaram suficientemente suas defesas.[9] Infelizmente, porém, a cibersegurança requer uma vigilância e um investimento constantes. Confiança, conforto e complacência não têm lugar aqui. Além de ser possível que o menor ponto de entrada digital cause efeitos em cascata pelos sistemas de negócios conectados, as consequências digitais podem também vazar para o mundo físico.

## CASO DE USO: COLONIAL PIPELINE

A Colonial Pipeline fornece combustível do litoral do Golfo a cidades da Costa Leste dos Estados Unidos. É uma parte crucial da infraestrutura de energia dos Estados Unidos. Em maio de 2021, a Colonial Pipeline encerrou suas operações em reação a um ataque de *ransomware* [software de resgate]. Um ataque como esse geralmente deixa computadores e dados realmente bloqueados até que a vítima pague o resgate. Se os computadores infectados comandarem as operações da empresa, isso pode fazer o negócio empacar. Segundo testemunho do CEO da Colonial Pipeline, esse ataque ocorreu devido a uma senha roubada e um VPN que não possuía autenticação multifatores.[10]

Fechar o oleoduto interrompeu o fornecimento de combustível e teve efeito imediato nos *stakeholders*, criando escassez de combustível no leste dos Estados Unidos e aumento nos preços.[11] No entanto, o risco repercutiu além dos *stakeholders* da empresa, já que o governo Biden tomou medidas para proteger a infraestrutura de energia crucial do país, inclusive estabelecendo requisitos para outros provedores de oleodutos, para que contratassem pessoal de cibersegurança 24/7, além de aumentar as exigências de relatórios.[12]

Embora isso não estivesse diretamente ligado ao incidente da Colonial Pipeline, em março de 2023, o governo Biden anunciou uma Estratégia Nacional de Cibersegurança. Ela foca a defesa contra ataques, desmantelar ativamente atores causadores de ameaças, desviar a responsabilidade daqueles mais vulneráveis, e fazer investimento adicional em pesquisa e desenvolvimento, treinamento e alianças globais.[13] Essa estratégia tem abrangência em setores tanto públicos quanto privados. Por volta de julho de 2023, o US SEC adotou uma regra para divulgações de cibersegurança que descreve como a diretoria deve supervisionar a questão, pois isso pode ser uma consideração material para investidores.[14]

## Seus dados, processos e pessoas estão prontos para a inteligência artificial?

Uma das tecnologias mais revolucionárias da última década é a Inteligência Artificial (IA). Esse termo na realidade pode se referir a várias Tecnologias. A seguir estão alguns exemplos:

- **Automação:** automatizar tarefas digitalmente.
- **Processamento de linguagem natural:** permite que computadores entendam a linguagem humana.
- **Visão de computador:** permite que computadores contextualizem imagens do mundo real.
- **Aprendizagem de máquina:** sistemas em desenvolvimento que podem aprender e se adaptar sem a intervenção humana.
- **IA Generativa:** um sistema que pode produzir vários tipos de conteúdo a partir de texto, imagens, vídeos e mais.

Para empresas, dispor de ferramentas de IA é como contar com uma força de trabalho robusta e escalável à sua disposição, o que pode fazer dessas ferramentas uma ameaça aos funcionários. Por exemplo, à medida que a automação cresceu em popularidade, alguns funcionários passaram a vê-la como tomando o lugar de certos tipos de trabalho, algo que costuma ocorrer com quase qualquer Tecnologia nova. No entanto, a automação pode aliviar a carga de trabalhos repetitivos, como a entrada manual de dados, e fazer os funcionários se concentrarem em tarefas de valor mais alto. As empresas devem empoderar funcionários para que se adaptem por meio de treinamento e recapacitação, à medida que novos tipos de trabalho se mostrem necessários. No entanto, isso não significa que a IA seja isenta de riscos, já que pode acarretar dispensas de emprego ou disrupções. Os executivos e líderes de negócios se deleitam com as possibilidades da IA, mas os riscos à empresa se interpõem ao seu potencial.

Uma consideração de sustentabilidade com qualquer nova Tecnologia digital é quanto ao seu uso de energia e às suas emissões de carbono, e com a IA não é diferente. Os dados subjacentes aos modelos estão abrigados em discos e na memória. Os modelos de treinamento rodam em infraestrutura e utilizam poder de processamento. As interfaces *front-end* dos modelos, acessadas por meio de sites e aplicativos, estão hospedadas em servidores. No entanto, para muitas empresas, as emissões de Tecnologia não são uma questão material, já que as emissões não representam um risco significativo para o negócio. Mesmo assim, vale a pena observar três considerações para rodar infraestrutura, código e IA de modo sustentável:

1. Deve ser desenvolvido um modelo de Governança de qualidade em torno da implementação para lidar com custos e com a escalabilidade da solução.

2. Os desenvolvedores podem querer checar se seu código está rodando de forma otimizada. A Green Software Foundation lançou uma especificação de Intensidade de Carbono do Software para ajudar nessa avaliação.[15]

3. Há pesquisa sendo desenvolvida em torno da interseção do treinamento de modelo de IA, precisão do modelo e poupanças subsequentes de carbono.[16]

Manter essas recomendações em evidência pode dar à TI, aos desenvolvedores e cientistas de dados a mentalidade correta para priorizar a sustentabilidade.

Ao lidar com a IA sem uma mentalidade ESG, o risco material em torno da IA entra em jogo em pelos menos duas áreas: os dados, processos e pessoas usadas para treinar os modelos, e o uso do modelo.

O mundo criou galáxias de dados. Uma empresa pode usar seus dados internos para treinar um modelo de IA ou complementá-lo pela aquisição de conjuntos de dados disponíveis externamente ou usando conjuntos de dados disponibilizados publicamente. Os dados, ao lado dos processos existentes, podem conter um viés sistêmico ou de outro tipo, pois muitos dos sistemas e processos que temos criado para nossos negócios têm isso, infelizmente. Com o tempo, os funcionários podem introduzir um viés, de modo intencional ou inconscientemente. O risco se manifesta quando uma empresa escala os dados e o processo com viés por meio de um modelo de IA. Como você pode imaginar, o viés também escala.

Uma maneira de se proteger desse risco é contratar vários cientistas de dados e desenvolvedores de IA e emponderá-los para que desafiem e questionem. Cientistas de dados podem avaliar os dados antes de escalar, a fim de descobrir algum viés potencial previamente. Os desenvolvedores devem também criar algoritmos tendo os *stakeholders* em mente e desenvolver ciclos de feedback e check-ins dos algoritmos para evitar vieses recém-criados.

Além disso, a IA é uma ferramenta poderosa prontamente disponível na nuvem para qualquer pessoa usar. O resultado, porém, pode ser prejudicial se disposto em camada sobre uma nova oportunidade sem uma consideração de ESG. Por exemplo, a visão de computador é uma área altamente controversa. Por um lado, as empresas de manufatura podem usar a visão de computador para o controle de qualidade via inspeção visual. Essa aplicação pode melhorar a satisfação do cliente ao melhorar a consistência. Pense, por exemplo, nas altas especificações exigidas de uma peça de equipamento médico, que uma máquina pode determinar com maior precisão que um ser humano. Por outro lado, a visão de computador pode ser usada em reconhecimento facial, que é algo incrivelmente complexo. Por exemplo, uma empresa de monitoramento de assistência médica pode usar o reconhecimento facial num estabelecimento de cuidados a idosos para detectar um infarto, o que é útil. Ainda assim, considerações materiais de ESG nesse caso de uso podem estar relacionadas a cibersegurança e privacidade digital. Além disso, usar reconhecimento facial como parte da aplicação da lei pode conter um viés excessivo que comprometa sua validade, levando a polícia a deter cidadãos inocentes.

Apesar desses riscos, a Tecnologia em si não é a questão – o problema é a mistura de humanos, processos sistêmicos e Tecnologia. O NIST [o Instituto Nacional de Padrões e Tecnologia dos Estados Unidos] chamou a atenção para esse desafio em 2022 ao explorar modelos de IA responsáveis, reconhecendo a necessidade de uma nova abordagem sociotécnica que considere múltiplas disciplinas e *stakeholders*.[17] Como ocorre com os demais pilares do ESG, a Tecnologia requer uma lente que percorra os pilares tendo as pessoas no centro. O NIST reconhece o Social e a Tecnologia em sua terminologia e abordagem, mas a capacidade de executar esse reconhecimento também é uma questão de Governança.

## Protegendo seus *stakeholders* externos

A Tecnologia permite que uma empresa escale seus recursos e dê a cada cliente uma experiência personalizada. No entanto, capturar essa oportunidade requer que ela colete dados pessoais. O direito de um indivíduo à privacidade e de controlar os dados que ele gera, para não falar das preocupações com cibersegurança, são indissociáveis dessa oportunidade. Embora seja frequente acreditar que a internet garante à pessoa algum anonimato, a coleta e correlação de diferentes conjuntos de dados ao longo de aplicativos e serviços rompe essa fachada. As empresas devem saber de que maneira os dados pessoais de seus *stakeholders* estão sendo armazenados e usados, e então instituir políticas de Governança de Dados, especialmente porque operam num ecossistema global e digital.

Quando corporações armazenam informações de clientes, há sempre o risco de que hackers consigam expor os dados por meio de um incidente de cibersegurança. Meus colegas de cibersegurança costumam argumentar que: "Ninguém quer acabar na primeira página do *Wall Street Journal*". Infelizmente, muitas empresas passaram por isso ao sofrer uma violação de dados, quando um *player* com más intenções rouba e publica dados online. Em alguns casos, o governo estipulou multas, ou a empresa precisou fazer concessões para reparar os danos à reputação. Por exemplo, após o episódio de hackeamento da Anthem Healthcare em 2015, a empresa ofereceu aos clientes proteção gratuita contra roubo de identidade.[18]

Outro risco surge quando as empresas protegem os dados do cliente, mas decidem usá-los sem consentimento para criar novos produtos e serviços. Por exemplo, vamos supor que alguém se inscreve num serviço de mídia social e fornece nome, número de telefone e endereço de e-mail. Mesmo com poucas informações, um varejista pode comprar partes dos dados, fazer o link com redes de mídias sociais e tornar essas pessoas alvo de campanhas específicas. Embora isso pareça bastante inofensivo, apesar de ser um aborrecimento, tanto a empresa de mídia social quanto o varejista podem também usar os dados para treinar modelos de IA para a empresa. Esse exemplo é perturbador porque os dados produzidos pelo cliente podem ser usados por outra pessoa para obter benefícios.

Até o momento, a UE tem liderado o caminho na regulação de alguns desses riscos. Por exemplo, a UE criou a Regulação Geral de Proteção de Dados [General Data Protection Regulation, GDPR], uma das leis sobre privacidade digital mais abrangentes do mundo. A GDPR regula não só o uso de dados pessoais dos cidadãos da UE mas como as empresas podem usá-los.[19] Como a regulação contempla cidadãos, e não empresas, aplica-se globalmente a todos os serviços de Tecnologia que podem atender qualquer cidadão da UE.

A UE também está elaborando uma regulação de IA chamada Lei de Inteligência Artificial da UE [Artificial Intelligence Act, ou AIA]. De modo similar à GDPR, que protege qualquer cidadão da UE e é global, o projeto de lei da AIA se aplica a qualquer produção de algoritmo dentro da UE.[20] Além disso, o projeto de lei cobre práticas proibidas de IA, define práticas de alto risco, impõe obrigações de transparência e estabelece regras de Governança para uso e aplicativos.[21]

## IA Generativa

No final de 2022, a OpenAI lançou o ChatGPT e inaugurou uma nova era de computação de IA. Esse modelo alavanca grandes modelos de linguagem, e constitui um modelo de treinamento autossupervisionado, que utiliza massivos conjuntos de dados não etiquetados para aprender. O modelo gera uma resposta de texto a uma pergunta ou prompt, daí o nome IA Generativa.

Por exemplo, você pode fazer uma pergunta a uma IA Generativa em linguagem natural, como *Quais são os componentes de um relatório ESG*? O modelo de IA responde com análises e resumos, inclusive discriminando seções de um relatório de ESG de amostra e explicando para que servem.

A IA Generativa não se limita a respostas de texto. Dependendo do modelo, pode criar também áudio, imagens e vídeos. Por exemplo, quando comecei a pensar na capa do livro, percorri vários prompts com o Bing Image Creator da Microsoft, para que me ajudasse a pensar quais designs me agradariam mais.[22] Foram experimentos guiados, entre meus prompts de texto e a capacidade de geração de imagens do Bing. Enquanto eu usava essas imagens para idealizar a capa com um designer, a IA Generativa ia extraindo trabalhos de todos os tipos de criadores de conteúdo.

Como ocorre com qualquer nova Tecnologia, as empresas precisam abordar a IA Generativa segundo as lentes do ESG, a fim de atenuar riscos e permitir à empresa capturar novas oportunidades. As perguntas não são necessariamente diferentes daquelas feitas para outras tecnologias de IA.

### Ambiental:

- Quais são os custos de carbono para treinar modelos e gerar conteúdo?
- Se o modelo trata de um desafio ambiental, será que ele e os dados rodam numa plataforma de infraestrutura sustentável?
- O quanto de precisão estamos dispostos a sacrificar para poupar energia?

### Social:

- Estamos sendo responsáveis ao usar a IA Generativa para treinar nossos funcionários para a criação de conteúdo e outros materiais voltados ao cliente?

- Será que existem vieses sociais raciais, de gênero, idade ou outros nos dados de treinamento ou nos resultados?

- Seria mais adequado e autêntico contratar uma pessoa pertencente a alguma minoria em vez de usar a IA para gerar conteúdo?

- Deveria haver restrições de idade ou conteúdo em torno de seu uso?

- Quais são as habilidades que os funcionários precisam ter para fazer um uso responsável dessa Tecnologia?

### Governança:

- Quais são os modelos de responsabilização para a IA Generativa?

- Quem detém a propriedade intelectual quando um modelo de IA Generativa cria um novo conteúdo?

- Será que articulamos adequadamente os termos de uso e construímos modelos de Governança em torno do controle de dados?

- Os times estão monitorando os resultados do algoritmo num ciclo de feedback?

- Existem proteções de cibersegurança implantadas ao longo da propriedade intelectual do modelo, dos dados do usuário e dos resultados para os usuários?

- Existem controles para impedir que o modelo seja usado com más intenções?

Para capturar a imensa oportunidade que a IA Generativa pode trazer, as considerações dos *stakeholders*, os modelos de Governança, o uso responsável e outros aspectos devem desempenhar um papel nessas e em outras questões. Se uma empresa ignora esses aspectos básicos, talvez precise retirar produtos e serviços digitais. As consequências trariam danos à reputação, tempo de desenvolvimento perdido e possíveis multas. Pior ainda, um lançamento fracassado permite que os concorrentes aprendam com seus erros e saiam na frente no mercado com uma solução responsável. Sem uma reflexão meticulosa dessas áreas, a vantagem de ser um pioneiro em novas Tecnologias, como a IA Generativa, pode rapidamente se tornar um risco.

## De fora para dentro: desinformação

A ubiquidade e a acessibilidade da Tecnologia significam que as empresas precisam pensar fora de seus limites, pois as ameaças nem sempre têm como alvo os sistemas internos de uma empresa. Uma das ameaças focadas em *stakeholders* externos, mídias sociais e aplicativos de mensagens é a desinformação. A desinformação consiste em falsa informação destinada a enganar. Num mundo de IA Generativa, é fácil desenvolver conteúdo que coloque sua empresa na defensiva. Para as empresas, isso pode vir na forma de um ator ruim ou de uma empresa rival tentando convencer seus *stakeholders* em uma direção particular ou simplesmente querendo criar caos. Infelizmente, é muito difícil se defender da desinformação, porque a narrativa se espalha rapidamente numa rede sem o controle da empresa e por meio de opiniões online, além de ser potencialmente apoiada por um exército de algoritmos baseados em IA.

A interseção de desinformação com o risco particular de uma empresa pode não ser o foco da atenção da mídia ou promover um dano estritamente reputacional. Por exemplo, nos últimos anos, temos visto bastante desinformação a respeito das redes 5G – por exemplo, a bizarra alegação de que elas foram responsáveis pela covid-19.[23] Embora a campanha de desinformação tenha poupado diretamente as empresas com ofertas de 5G, ainda assim criou uma questão reputacional em torno da Tecnologia nos Estados Unidos, Reino Unido, Austrália e Canadá.[24]

O *The New York Times* reportou em maio de 2021 que surgiu uma misteriosa agência de mídia social chamada Fazze oferecendo dinheiro a influenciadores em troca de postagens de falsas informações sobre a vacina de covid-19 da Pfizer.[25] Difícil dizer se o alvo era a vacina, a Pfizer, ou algo mais sinistro, mas a empresa foi repreendida diretamente pelos influenciadores que se manifestaram a respeito.[26]

Em 2019, alguém lançou uma campanha de desinformação mais direta a um negócio específico, envolvendo uma mensagem urgente no WhatsApp sobre a estabilidade financeira do Metrobank. O resultado foi uma corrida ao banco e a consequente reação da instituição de garantir que não havia problemas dessa ordem.[27] Como resultado, um dos principais *stakeholders* do banco, as pessoas que tinham depósitos, foi colocado em risco em razão dessa mensagem. É quase impossível se defender de uma coisa dessas, porque você não sabe de onde vem e no que as pessoas acreditaram ou deixaram de acreditar.

Mesmo quando a empresa não está diretamente envolvida com uma Tecnologia em particular, outros podem usar essa Tecnologia para causar danos indiretamente à empresa. Mesmo assim, utilizando uma abordagem de comunicação proativa, consistente e transparente aos *stakeholders*, que crie confiança, a empresa pode lidar melhor com esses riscos desconhecidos quando surgem.

## SURGEM AS AGÊNCIAS DE CLASSIFICAÇÃO DE TECNOLOGIA E DIVULGAÇÕES

Como vimos até aqui, as divulgações têm o papel de comunicar informações de ESG aos *stakeholders*. Com a Tecnologia não é diferente. *Stakeholders* querem acreditar que a empresa protege seus sistemas e suas aplicações, dados pessoais, assegura um desenvolvimento responsável e assim por diante. Além disso, os investidores podem usar essa informação como uma lente adicional para testar alguma tese de investimento. Afinal, como muito do valor de uma empresa reside em intangíveis, a abordagem ao seu pacote de Tecnologia desempenhará um papel material e pode revelar princípios de Governança em ação.

Junto com agências de classificação de ESG, a Tecnologia tem agora agências de medição de risco. Essas agências de risco tentam usar as informações disponíveis para avaliar o risco de Tecnologia de uma empresa. Vamos dar uma olhada em três agências de classificação de Tecnologia.

### Bitsight

A Bitsight ajuda empresas a compreender a própria pegada de segurança e a de sua cadeia de valor. Faz isso coletando e analisando mais de 100 bilhões de eventos de segurança da internet por dia.[28] No entanto, também tem uma alegação interessante. A Solactive, um provedor de índices, montou um grupo de índices com base nas pontuações da Bitsight chamado Solactive Bitsight Cyber Risk Indices. De acordo com a sua pesquisa, a Solactive tem validado pontuações de cibersegurança da Bitsight e a correlação com o desempenho de negócios.[29] O que é interessante é a conexão lógica entre riscos de Tecnologia, higiene de cibersegurança e desempenho.

A Bitsight também oferece serviços para a quantificação financeira desses riscos e realiza várias avaliações de risco.

### SecurityScorecard

A SecurityScorecard também ajuda outras empresas a compreenderem os riscos digitais internamente e dentro de sua cadeia de valor. Coleta sinais de redes, *honeypots* e *sinkholes* globais para detectar esses riscos. A SecurityScorecard publica os tipos de riscos que ela busca e afirma que ela se apoia em mais 40 fontes de dados de terceiros para enriquecer as informações.[30] A SecurityScorecard também oferece soluções e serviços de gestão de fornecedores para gerir e corrigir riscos de cibersegurança.

### EthicsGrade

A EthicsGrade adota uma abordagem diferente nas classificações de Tecnologia. Em vez de focar cibersegurança, põe foco em ética digital e na estratégia digital da empresa. A metodologia pega dados disponíveis publicamente, leva em conta uma pesquisa que coleta informações da empresa e então roda a informação por meio de um processo de avaliação interno. A partir daí, o foco fica em seis pilares: Políticas públicas, Sustentabilidade, Estrutura, Barreiras técnicas à confiança, Privacidade de dados e Riscos éticos.[31]

Depois que os dados são coletados e analisados, a EthicsGrade compara a empresa avaliada a outras de seu setor e ao universo de empresas públicas e esboça os principais fatores de risco digital dos quais a empresa precisa ficar ciente, que parecem ser materiais. Em 2023, a EthicsGrade lançou o EthicsAnswer, um modelo de IA Generativa construído no ChatGPT da OpenAI para responder a perguntas sobre ESG.[32]

## PENSE EM TECNOLOGIA COMO NO RESTO DO ESG

Como temos visto, a Tecnologia sem dúvida tem o mesmo nível de impacto em uma empresa que as questões de ESG. Do mesmo modo que cada pilar, a Tecnologia também pode ser avaliada por meio de divulgações e dados, requer uma consideração meticulosa e fortes princípios de Governança e pode contribuir para o crescimento de longo prazo da empresa. Dados digitais oferecem insights similares sobre como a empresa faz a gestão das oportunidades digitais que persegue, à medida que a empresa constrói resiliência nesse novo mundo de valor intangível.

De novo, o poder da Tecnologia em nossas vidas não pode ser exagerado, mas não são apenas os últimos e mais avançados desenvolvimentos que a empresa precisa considerar. Qualquer Tecnologia pode desempenhar um papel e fazer interseção com os pilares do ESG.



### CASO DE USO: RESTRIÇÕES DE ENERGIA NA CALIFÓRNIA

Um risco climático agudo atingiu a Califórnia entre o final de agosto e meados de setembro de 2022, cobrindo o estado com uma cúpula de calor.[33] Esse evento ocorre quando condições atmosféricas de alta pressão aprisionam calor sobre uma área, como se fosse uma tampa. Eventos de calor extremo como esse podem causar picos de eletricidade quando as pessoas ligam seus aparelhos de ar-condicionado e ventiladores para se refrigerarem. A pressão sobre a rede de energia alcançou uma elevação extrema durante esses eventos, levando o gestor da grade – o Operador de Sistemas Independente da Califórnia – a emitir um alerta de Emergência de Energia de nível 3 às 17h17.[34] Se a pressão sobre a grade de energia não é aliviada, um evento como esse pode sinalizar o início de uma série de blecautes, que podem colocar os cidadãos em risco.

Às 17h45, o departamento de Serviços de Emergência do governador decidiu alertar os cidadãos por meio de mensagem de texto para que reduzissem o consumo de energia a fim de aliviar a pressão sobre a grade energética.[35] Mensagens de texto não são uma tecnologia nova, mas algo que está em toda parte desde que passou a existir em 1992.[36] Com efeito, esse texto atingiu diretamente os *stakeholders* da grade. Em minutos, os cidadãos reagiram e aliviaram a pressão sobre a grade.

Este exemplo aparentemente simples é um caso de uso excelente de ESG e Tecnologia. Embora o estado da Califórnia não seja uma empresa, os fornecedores de serviços públicos são. A transparência construída nas operações da grade por meio do Operador de Sistemas Independente da Califórnia permite esse monitoramento próximo da grade de energia.[37] Essa reatividade e gestão rigorosa podem ser considerados princípios de Governança construídos sobre parcerias público-privadas. A Tecnologia favoreceu a conexão com os *stakeholders em torno de uma questão Ambiental.*

Quando uma crise como essa se manifesta, as empresas e outras entidades podem navegar pelas complexidades juntando os componentes da sigla para mitigar o risco.

## NOTAS

[1] Ocean Tomo (s.d.). *Intangible Asset Market Value Study*. Ocean Tomo. www.oceantomo.com/intangible-asset-market-value-study/ (arquivado em https://perma.cc/3DE3-RS28).

[2] Gartner (2023). Gartner forecasts worldwide IT spending to grow 2.4% in 2023. Gartner. www.gartner.com/en/newsroom/press-releases/2023-01-18-gartner-forecasts-worldwide-it-spending-to-grow-2-percent-in-2023 (arquivado em https://perma.cc/KB48-ZMSD).

[3] Weber, M. (2017). Today in history: Apple releases the iPhone (2007). History Collection. www.historycollection.com/today-history-apple-releases-iphone-2007/ (arquivado em https://perma.cc/5ZJZ-DRGH).

[4] Forth, P., Reichert, T., de Laubier, R. e Chakraborty, S. (2020). Flipping the odds of digital transformation success. BCG. www.bcg.com/publications/2020/increasing-odds-of-success-in-digital-transformation (arquivado em https://perma.cc/P7LX-LM23).

[5] Corporate Board Member, Diligent Institute and Chief Executive Group (2023). *What Directors Think*. Corporate Board Member. www.boardmember.com/what-directorsthink-2023-report/ (arquivado em https://perma.cc/62SQ-QMMW).

[6] Earth Knowledge (s.d.). Our Story. Earth Knowledge. www.earthknowledge.net/our-story (arquivado em https://perma.cc/MUK8-ARXH).

[7] Microsoft. (2022). Hybrid work is just work. Are we doing it wrong? Microsoft, p. 5. www.assets-c4akfrf5b4d3f4b7.z01.azurefd.net/assets/2023/09/a81fcdeb-860a-44f-2-aaeb-0525d38358ae-2022_Work_Trend_Index_Pulse_Report_Sep-3697v2.pdf (arquivado em https://perma.cc/3N7K-MKWU).

[8] Bonime-Blanc, A. (2019). *Gloom to Boom*. Routledge, p. 238.

[9] Castañón Moats, M. e DeNicola, P. (2022). Charting the course through a changing Governance landscape. p.6. www.pwc.com/us/en/services/governance-insights-center/assets/pwc-2022-annual-corporate-directors-survey.pdf (arquivado em https://perma.cc/853T-5D6X).

[10] Kelly, S. e Resnick-ault, J. (2021). One password allowed hackers to disrupt Colonial Pipeline, CEO tells senators. Reuters. www.reuters.com/business/colonial-pipeline-ceo-tells-senate-cyber-defenses-were-compromised-ahead-hack-2021-06-08/ (arquivado em https://perma.cc/24U6-P2HK).

[11] Dean, G. (2021). Drivers face $3 gas prices after the Colonial Pipeline cyberattack, and some gas stations have run out completely. Business Insider. www.businessinsider.com/gas-prices-colonial-pipeline-cyberattack-fuel-east-coast-2021-5 (arquivado em https://perma.cc/YT5P-QBK4).

[12] The White House (2021). Biden administration announces further actions to protect U.S. critical infrastructure. The White House. www.whitehouse.gov/briefing-room/statements-releases/2021/07/28/fact-sheet-biden-administration announces-further-actions-to-protect-u-s-critical-infrastructure/ (arquivado em https://perma.cc/88KB-AHE7).

[13] The White House (2023). Biden-Harris administration announces national cybersecurity strategy. The White House. www.whitehouse.gov/briefing-room/statements-releases/2023/03/02/fact-sheet-biden-harris-administration-announces--national-cybersecurity-strategy/ (arquivado em https://perma.cc/AB2P-GWRH)

[14] U.S. Securities and Exchange Commission (2023). SEC adopts rules on cybersecurity risk management, strategy, Governance, and incident disclosure by public companies. U.S. Securities and Exchange Commission. www.sec.gov/news/press-release/2023-139 (arquivado em https://perma.cc/A4U8-5GDG).

[15] Green Software Foundation (2021). Software Carbon Intensity Standard. GitHub. www.github.com/Green-Software-Foundation/sci (arquivado em https://perma.cc/N4WH-XMM9).

[16] Microsoft Research (s.d.). Reducing AI's carbon footprint. Microsoft. www.microsoft.com/en-us/research/project/reducing-ais-carbon-footprint/ (arquivado em https://perma.cc/9FGU-UFY6).

[17] Henderson, S. (2022). There's more to AI bias than biased data, NIST report highlights. NIST. www.nist.gov/news-events/news/2022/03/theres-more-ai-bias--biased-data-nist-report-highlights (arquivado em https://perma.cc/B36B-JBAY).

[18] CBS San Francisco (2015). Anthem to offer identity theft protection after massive hack. CBS News. www.cbsnews.com/sanfrancisco/news/anthem-identity-theft-protection-massive-hack-health-insurer-blue-cross-blue-shield-cybersecurity/ (arquivado em https://perma.cc/W5SK-A3MJ).

[19] Wolford, B. (2018). What is GDPR, the EU's new data protection law? GDPR. www.gdpr.eu/what-is-gdpr/ (arquivado em https://perma.cc/VCK8-CVLW).

[20] Engler, A. (2022). The limited global impact of the EU AI Act. Brookings. www.brookings.edu/articles/the-limited-global-impact-of-the-eu-ai-act/ (arquivado em https://perma.cc/3DPM-9GJJ).

[21] Lawson, A. (2022). EU AI Act explained. RAI Institute. www.responsible.ai/post/eu-ai-act-explained (arquivado em https://perma.cc/EU3F-G9ER).

[22] Image Creator from Microsoft Bing. (s.d.). www.bing.com/create (arquivado em https://perma.cc/2RV9-TZBT).

[23] Solis-Moreira, J. (2021). How does fake news of 5G and COVID-19 spread worldwide? *Medical News Today*. www.medicalnewstoday.com/articles/5g-doesnt-cause-covid-19-but-the-rumor-it-does-spread-like-a-virus (arquivado em https://perma.cc/ZQH5-LE5T).

[24] Jensen, M. (2020). How misinformation about 5G is spreading within our government institutions–and who's responsible. *The Conversation*. www.theconversation.com/how-misinformation-about-5g-is-spreading-within-our-government-institutions-and-whos-responsible-139304 (arquivado em https://perma.cc/Y9TT-C559).

[25] Alderman, L. (2021). Influencers say they were urged to criticize Pfizer vaccine. *The New York Times*, 26 de maio. www.nytimes.com/2021/05/26/business/pfizer-vaccine-disinformation-influeners.html (arquivado em https://perma.cc/9PSA-M3Q2).

[26] Haynes, C. e Carmichael, F. (2021). The YouTubers who blew the whistle on an anti-vax plot. BBC News, 24 de julho. www.bbc.com/news/blogs-trending-57928647 (arquivado em https://perma.cc/L4TU-QH2J).

[27] Katwala, A. (2019). The Metro Bank hoax shows the immense power of fake news on WhatsApp. Wired UK. www.wired.co.uk/article/metro-bank-share-price-whats-app-hoax (arquivado em https://perma.cc/D2W3-6C6E).

[28] Bitsight (s.d.). Bitsight Data Advantage. Bitsight. www.bitsight.com/security-ratings/data-advantage#tab-3 (arquivado em https://perma.cc/S6DF-RNGE).

[29] Solactive (2020). Cybersecurity as a competitive advantage: Introducing the Solactive BitSight Cyber Risk Indices. Solactive. www.solactive.com/cybersecurity-as-a-competitive-advantage-introducing-the-solactive-bitsight-cyber-risk-indices/ (arquivado em https://perma.cc/3YBX-9ZFL).

[30] Sohval, B. (s.d.). SecurityScorecard's scoring methodology. Security Scorecard, p. 6-20. www.resources.securityscorecard.com/c/securityscorecard-sc?x=VO3MOH#page=1 (arquivado em https://perma.cc/449A-QHRT).

[31] EthicsGrade (s.d.). Methodology. EthicsGrade. www.ethicsgrade.io/methodology (arquivado em https://perma.cc/6L6V-Q53X).

[32] EthicsAnswer (2023). Home. EthicsAnswer. www.ethicsanswer.com/ (arquivado em https://perma.cc/9L9Q-Z9YA).

[33] Newsom, G. (2022). Heat Dome Fires Request Letter. Office of the Governor, Gavin Newsom. www.gov.ca.gov/wp-content/uploads/2022/10/Heat-Dome-Fires-Request.pdf (arquivado em https://perma.cc/K5KQ-LDFX).

[34] Calma, J. (2022). Why a text alert might have helped California keep the lights on. *The Verge*. www.theverge.com/2022/9/7/23340821/california-electricity-grid-power-outage-text-phone-alert (arquivado em https://perma.cc/Z5TH-YGB8).

[35] Calma, J. (2022). Why a text alert might have helped California keep the lights on. *The Verge*. www.theverge.com/2022/9/7/23340821/california-electricity-grid-power-outage-text-phone-alert (arquivado em https://perma.cc/Z5THYGB8).

[36] Fingas, J. (2019). The first text message was sent 25 years ago. Engadget. www.engadget.com/2017-12-03-first-text-message-25th-anniversary.html (arquivado em https://perma.cc/H9H8-5TVF).

[37] Toohey, G. e Petri, A.E. (2022). A text asked millions of Californians to save energy. They paid heed, averting blackouts. *Los Angeles Times*. www.latimes.com/california/story/2022-09-07/a-text-asked-millions-of-californians-to-save-energy-they-listened-averting-blackouts (arquivado em https://perma.cc/ TEQ6-FKTN).

CAPÍTULO 7

# INTEGRANDO O ESG PARA APERFEIÇOAR E INOVAR

Por meio dos capítulos sobre Ambiental, Social, Governança e Tecnologia, cobrimos a complexidade de fazer negócios em um mundo de disrupções, em constante mudança, caos e imprevisibilidade, fora do alcance da declaração financeira da empresa. Apesar do ritmo rápido de mudança, as empresas precisam desenvolver e melhorar, com modelos operacionais adaptativos ou inovando em torno de ESG, ao mesmo tempo que mantêm as maneiras tradicionais e previsíveis de lidar com pressões convencionais. Ao longo do último século, as empresas desenvolveram seus padrões e suas reações específicas para enfrentar mercados competitivos, desacelerações da economia e incertezas. Nessas situações, quando o valor das ações cai, a primazia do acionista volta a se insinuar, e a empresa então lança mão de seus métodos já assentados e testados de encarar a situação. As empresas tranquilizam os acionistas fazendo demissões, vendendo ou fechando divisões, ajustando remunerações, recomprando ações ou mudando a gestão.

Mesmo que utilizem essas reações já comprovadas, a questão é que agora as empresas operam num mundo mais complexo e interconectado, e os métodos tradicionais podem dar resultados diferentes do que davam antes. Parte da razão é que a natureza do valor passou de ativos tangíveis a ativos intangíveis. Em 1975, apenas cinco anos após a doutrina Friedman, até 83% do valor de uma empresa S&P 500 se assentava em ativos tangíveis, como edifícios e equipamento.[1] No entanto, por volta de 2020, o valor tangível caiu para apenas 10% do valor total de uma empresa.[2] O valor passou para intangíveis, como aplicar novas tecnologias, melhorar a competitividade ao substituir material atual por outro alternativo ou adotando propriedade intelectual inovadora. Com isso, a maneira pela qual uma empresa lida com as pressões emergentes em torno de seus riscos e de suas oportunidades financeiras e de ESG deve evoluir. Métodos tradicionais usados para lidar com essas questões quando o valor tangível era alto podem não funcionar e gerar ainda mais riscos.

Por exemplo, como muitas empresas atualmente operam com uma retórica de propósito e de engajamento dos *stakeholders*, realizar demissões pode destruir rapidamente a confiança e ter impactos imensuráveis de longo prazo na sua capacidade de atrair talentos, na produtividade, ou gerar perda de capital intelectual, entre outras consequências.[3]

Há várias coisas nas quais as empresas precisam pôr foco, e não necessariamente nessa ordem, mas simultaneamente. As empresas devem focar melhorias materiais como:

- Melhorias nos processos operacionais.
- Pesquisa e Desenvolvimento (P&D) em novos produtos sustentáveis.
- Relatórios de melhor qualidade.

Elas também precisam focar inovações materiais que possam capturar novas oportunidades no mercado, à medida que as questões de ESG se tornem mais predominantes. Para agir de modo consistente e eficaz, a empresa precisa incorporar o ESG em suas unidades de negócios e divisões e adotar novas maneiras de proteger, aumentar e criar valor intangível.

Além disso, já foi o tempo em que as empresas ficavam esperando para ver, entrincheiradas em modelos de negócios já testados. Esse jogo de correr atrás no mercado enquanto outros fazem melhorias e inovam pode criar um desafio complicado que, do mesmo modo que a mudança climática, vai ficando exponencialmente pior quanto mais você espera para ver qual será o desdobramento. As preferências do consumidor, por exemplo, mudam com tanta rapidez em torno das questões de ESG e de alinhamento, que fica mais complicado para a empresa inovar mais tarde, e mais difícil ainda introduzir melhorias em seus fornecedores.[4] Tentar mudar uma cadeia de valor inteira depois que os concorrentes já se movimentaram exige um esforço significativo, e deixa a empresa numa correria para integrar as melhorias de um fornecedor muito tempo depois de seus concorrentes já terem feito isso. Embora abordagens estáveis e constantes aos produtos possam ter funcionado historicamente para impulsionar a resiliência a longo prazo, a mesma tática talvez não se aplique mais a um novo valor intangível, em rápida mudança e difícil de quantificar. E essa quantificação é ainda mais desafiadora se a empresa não adotou a Transformação Digital e não digitalizou seus processos.

Empresas precisam melhorar seus atuais modelos operacionais em relação ao ESG para se engajarem nessas questões em constante mudança, pois as mesmas velhas reações a desafios tradicionais talvez não funcionem mais. Cada empresa, única em suas operações e em sua cadeia de valor, tem fantásticas oportunidades de enfrentar melhor seus desafios, de uma maneira que só ela pode fazer. Mas cabe ressaltar que ela deve ainda confiar nos princípios de uma Governança de qualidade, em dados e numa cultura forte que leve os funcionários a agir e impulsionar essa mudança. Se uma empresa deixar a Governança de lado na ansiedade de perseguir novos horizontes, apenas criará mais riscos significativos.

As empresas também precisam de novas soluções intangíveis que capturem e impulsionem novas responsabilidades em relação ao valor. Para capturar oportunidades de ESG ao longo de toda a empresa, ela deve inovar. Ao inovar, a empresa experimenta, aprende e faz a difícil e necessária mudança. Sem inovação, fica parada, enquanto seus pares inovam, sujeitos a influências com as quais ela se recusa a se engajar. Mas, ao contrário do que vimos no capítulo anterior, não é preciso introduzir a inovação à sigla, como uma letra adicional. Melhorias e inovação são os motores que levam a empresa a se transformar nesse novo mundo de intangíveis.

A capacidade da empresa de compreender seus intangíveis, melhorar operacionalmente e inovar garante a obtenção de valor e resiliência a longo prazo. Nesse percurso, porém, a empresa deve também incorporar o ESG a partir de conceitos intangíveis, como dados e cultura, a fim de executar com eficácia e promover consistência. Além disso, embora a centelha da inovação seja capaz de criar luz em qualquer dimensão da empresa, é necessário haver princípios sólidos e ativos de Governança por parte dos executivos e dos líderes de unidades de negócios para apoiar e cultivar os frutos desses esforços. E a responsabilização não se restringe ao nível executivo. Como cada setor tem uma interseção material com as questões de ESG, cada unidade de negócios funcional e cada líder e time devem compreender bem seu papel. Às vezes esses conceitos podem não estar bem compreendidos ou integrados ao longo do negócio, e isso exige um esforço adicional de integração. Integrar o ESG significa fazer com que as diferentes partes do negócio compreendam o ESG e os intangíveis, ao mesmo tempo em que são empoderadas pelo time executivo para construírem processos que tragam à tona ou atuem sobre riscos e oportunidades.

## ATIVOS INTANGÍVEIS E VALOR

A natureza dos negócios mudou nos últimos cinquenta anos. Portanto, as empresas devem mudar sua compreensão da criação de valor para se atualizarem com os novos desafios. Historicamente, os mercados definiam o valor de uma empresa por meio de ativos e equipamentos físicos. Você pode ver isso na transição ao longo do tempo das empresas de maior capitalização de mercado na S&P 500. Em 1975, as empresas no topo eram IBM, Exxon Mobil, Proctor & Gamble, GE e 3M.[5] Elas possuíam ativos físicos em Tecnologia, petróleo e gás, e bens de consumo. É interessante examinar a IBM porque ela é hoje uma das líderes mundiais em patentes, com mais de 122 mil requeridas.[6] Patentes e propriedade intelectual são exemplos de intangíveis. No entanto, esse intangível afeta uma combinação de outros fatores, já que em maio de 2023 a IBM ocupava a 114ª posição em capitalização de mercado entre as empresas globais.[7]

Em 2020, as maiores empresas em capitalização de mercado passaram a ser aquelas que tinham maior valor intangível, como Apple, Alphabet, Microsoft, Amazon e Facebook.[8] Elas são exemplos de intangíveis como tecnologia, dados, algoritmos, marca e propriedade intelectual. A Apple permite fazer uma consideração interessante. Famosa por seu hardware, ela reporta que sua receita em serviços, incluindo itens que não são de hardware, foi de apenas 20% de sua receita total em seu registro de 10-K de 2022.[9] Como ocorre com a IBM, há uma combinação de fatores que influencia o valor de mercado, pois, em maio de 2023 a Apple tinha capitalização de mercado mais alta que qualquer outra empresa.[10] Além disso, o valor intangível não se apoia apenas em patentes e tecnologia, mas em consciência de marca e reputação, que podem responder pelo desempenho da Apple. Segundo um estudo da Interbrand sobre as Melhores Marcas Globais, a marca Apple vale 482 bilhões de dólares, e a marca IBM, 34 bilhões.[11]

Intangíveis costumam ficar fora do balanço patrimonial e são difíceis de definir, mas nem sempre. Por exemplo, licenças de software e uso da nuvem são basicamente intangíveis, mas provavelmente têm um item de linha direta num balanço do Diretor de TI. Por outro lado, algo como valor de marca é difícil de contabilizar. As empresas protegem suas marcas utilizando estratégias de marketing e mídias sociais em linhas de itens orçamentários que podem ser definidos. Além disso, os princípios de Governança que entregam operações éticas e confiança para *stakeholders* têm valor, mas não possuem uma linha no orçamento do balanço patrimonial, embora possam resultar em riscos de reputação e multas caso sejam ignorados.

## O QUE SÃO ATIVOS INTANGÍVEIS?

Além das maiores empresas do mundo e desses exemplos, muitos novos modelos de negócios digitais têm sido montados sobre intangíveis para impulsionar valor. Surgiram modelos de negócios disruptivos em torno de propriedade intelectual digital, software e algoritmos, construídos sobre ativos físicos. Por exemplo, o Uber e o Lyft oferecem serviços de carona compartilhada sem terem uma frota física de automóveis, e a Airbnb aluga casas que são de propriedade de outros. Mesmo a criação de conteúdo viral e digital gerou um setor inteiramente novo de influenciadores, com um tamanho de mercado estimado em 21,1 bilhões de dólares em 2023.[12]

No entanto, mesmo em todos esses exemplos, vale notar que, embora os intangíveis não tenham forma física, podem ter impactos no mundo real na intersecção com questões de ESG. Voltando a focar tecnologia – um intangível comum –, obtemos outro exemplo. Um novo produto baseado em dados e inteligência artificial rodará em hardware físico de computação que precisou ser comprado, despachado e conectado a uma fonte de energia, e tudo isso gera emissões (Ambiente). Além disso, a propriedade intelectual e as aplicações voltadas a consumidores podem ter se apoiado em dados enviesados, o que marginaliza ainda mais um grupo de *stakeholders* (Social). Detectar esse viés pode originar multas à empresa e regulamentações mais rigorosas (Governança). Embora esse exemplo seja baseado em tecnologia, há também ativos intangíveis permeando cada pilar, com consequências no mundo real.

Lidar com impactos tangíveis de ativos intangíveis requer conceitos intangíveis, como aprimoramentos e inovação. Por exemplo, uma estratégia construída por TI para identificar e testar um viés de dados em um algoritmo implantado é uma melhoria intangível em processos, reduzindo riscos. Além disso, enquanto o departamento de Finanças pode rastrear os salários de engenheiros éticos de IA em relação a um orçamento, o valor resultante em redução de risco é difícil de medir.

Parte de uma mentalidade ESG é reconhecer o valor dos intangíveis à margem da contabilidade financeira tradicional e como alavancá-los para integrar o ESG. No entanto, executar essa ideia consistentemente pode ser desafiador para outro conceito intangível: o tempo. À medida que a economia cresce e se contrai, os períodos de pressão econômica às vezes neutralizam progressos em ESG, pois o fato de ser um valor indefinido leva à percepção de que se trata de um valor baixo. Além disso, a empresa deve lembrar que o ESG representa questões materiais; intangíveis ou não. Se a empresa deslizar de volta e der primazia ao acionista, se afastará dos intangíveis. A consequência podem ser cortes nos programas, mau alinhamento de *stakeholders*, maior exposição a riscos de ESG, perda de capital intelectual por meio de atritos, e a desmoralização da cultura.

Em vez disso, as empresas precisam permanecer alinhadas aos *stakeholders* e impulsionar valor de longo prazo. Em 2022, a Deloitte publicou um estudo destacando que a próxima recessão econômica poderia ser diferente daquela que os líderes haviam experimentado previamente, em razão de questões globais complexas como guerras, a pandemia e problemas com a cadeia de suprimentos.[13] Nosso mundo de riscos tangíveis, quando relacionado a uma consideração ampla de *stakeholders* e novas responsabilizações, coloca novos desafios, e as empresas devem melhorar seus procedimentos existentes ou inovar. A empresa precisa alavancar intangíveis, como dados e cultura, e incorporar ESG em toda a organização para permanecer consistente enquanto trabalha buscando novas abordagens para impulsionar valor.

## DADOS, CULTURA E INTEGRAÇÃO DO ESG

Melhorias e inovação são os motores que impulsionam uma empresa a lidar com suas questões mais materiais de ESG em nosso mundo em constante mudança. Para efetivamente direcionar os funcionários a uma mentalidade ESG capaz de fomentar esses motores, a diretoria e os executivos devem alavancar dois intangíveis – dados e cultura –, para construir um alicerce que permita integrar o ESG ao longo da organização. Em outras palavras, a empresa precisa compreender sua posição, trabalhar seus funcionários e integrar o ESG em suas operações e funções de negócios, em vez de mantê-la em cargos como o Diretor de Sustentabilidade ou de Diversidade. Essas pessoas nesses cargos são guias essenciais e servem como especialistas e conselheiros, mas as empresas não podem depender de um único cargo para uma ampla integração das considerações de ESG com as quais têm que lidar.

Por exemplo, uma empresa pode contratar um líder Ambiental para definir e prestar consultoria em metas e projetos de sustentabilidade da empresa. Mesmo assim, a pessoa nesse cargo não funcionará como um especialista de fato em áreas como compras, processos de manufatura, P&D, risco climático, promoção de eficiência, divulgações e relatórios. Tampouco se pode esperar que um líder de diversidade seja especialista em atividades de Recursos Humanos, cultura de funcionários, escravidão humana e engajamento dos clientes.

Afinal, questões de ESG são questões essenciais nos negócios e têm grande amplitude e profundidade. Em vez disso, a empresa precisa que cada unidade de negócios responsável por essas áreas aprimore sua capacitação em ESG e se aproprie disso para que a empresa possa se transformar coletivamente. Em outras palavras, um Diretor de Compras precisa que seu time compreenda o ESG para poder detectar riscos climáticos e de fornecimento. Pode haver bolsões em que isso já esteja acontecendo, pois questões de ESG às vezes são inevitáveis para unidades de negócios individuais.

Difundir informações sobre ESG ao longo do negócio não exclui a necessidade de um Diretor de ESG, de Sustentabilidade ou Diversidade, mesmo a longo prazo, pois as questões de ESG mudam e evoluem rapidamente. Ainda assim, para serem líderes eficazes e influentes na organização, os executivos devem empoderar funcionários, avaliando o posicionamento do ESG na empresa por meio de dados e empoderando a força de trabalho para que atue consistentemente por meio da cultura.

## Dados conectados e rompimento de silos

O primeiro ativo intangível a ser alavancado nesse sentido são os dados. Embora alguns igualem os dados ao petróleo, a analogia não é precisa. Ao contrário do petróleo, dados são um recurso reutilizável infindavelmente, com a característica peculiar de poderem ser utilizados por múltiplas pessoas simultaneamente.[14] Esses atributos, compartilhados de modo similar por vários intangíveis, tornam os dados cruciais para uma análise abrangente do ESG, mas seu uso efetivo exige uma ponderação cuidadosa. Os dados funcionam melhor quando coletados e analisados juntos, assim como o ESG, o que não está isento de desafios.

À medida que os dados da empresa vão sendo gerados e armazenados, a empresa deve levar em conta suas propriedades específicas, para poder analisá-los efetivamente. Por exemplo, os dados não vêm nativamente com um contexto que indique quem ou que sistema foi responsável por sua criação, quais atividades levaram a gerá-los e para qual propósito. Essas informações não são necessariamente rastreáveis nos próprios dados, elas estão no capital intelectual dos funcionários. Em outras palavras, os funcionários que trabalham com os dados é que entendem essas propriedades. Dados usados para um único propósito levam as empresas a trancá-los em silos, tornando-os inacessíveis a outros que, segundo a percepção da empresa, não teriam necessidade de acessá-los. Além disso, como emergem ao longo do negócio e de questões de ESG complexas e matizadas, outros usuários vão querer capitalizar esses dados para ter um quadro completo.

É claro que há outra razão para que os dados fiquem acomodados em silos, pois diferentemente do que ocorre com um ativo físico, alguns *stakeholders* e *players* maus podem copiar dados repetidamente, exigindo proteções digitais similares às dos arquivos em papel num escritório fechado e monitorado ou num arquivo. Essa ameaça é outra razão pela qual as empresas colocam dados em silos e protegidos. Embora a cibersegurança seja um tratamento responsável de um risco tecnológico e precise ser levada em conta em qualquer implementação de tecnologia, construir uma arquitetura digital que proteja os dados, mas que impeça seu uso colaborativo, pode restringir seu valor e ser um obstáculo a melhorias de ESG e de inovação no futuro.

Para fazer melhor uso dos dados da empresa e descobrir seu valor, a TI deve romper os silos de dados de modo responsável e com princípios sólidos, que incluam considerações de cibersegurança. As organizações de TI se referem a esses princípios como Governança de Dados. De modo similar à Governança Corporativa, a Governança de Dados inclui os princípios responsáveis e modelos que ditam as operações e controles de dados, ajudando a fornecer informações confiáveis aos tomadores de decisão.[15] Na realidade, dados e análises de qualidade se situam na interseção de Governança e Tecnologia.

Como vimos no Capítulo 2, os dados vêm de uma vasta cadeia de suprimentos e refletem a história da empresa. Mas, embora ela se apoie em dados, aproveitar o poder dos dados para melhorar e inovar constitui um caso de uso totalmente diferente. Além disso, uma mentalidade ESG ajuda a navegar por essas complexidades por meio de considerações materiais e análises dos vários *stakeholders*.

Assim como a transição para restringir atividades de alto carbono constitui um risco exponencialmente mais difícil à medida que o tempo avança, romper silos de dados e reuni-los coloca ao longo do tempo desafios similares. As empresas devem trabalhar proativamente para montar plataformas de dados conectadas, a fim de capitalizar efetivamente o valor, e ao mesmo tempo levar em conta as propriedades dos dados. Quanto mais tempo a empresa demora, maior o desafio, especialmente porque a TI e a cultura de negócios podem desempenhar papéis no nível de dificuldade da transição. Há implicações na cultura de negócios ao romper quaisquer silos dentro de uma organização, pois as pessoas procuram proteger as áreas sob seu controle. Por exemplo, os silos de dados podem levar à criação de feudos artificiais, centrados em torno do medo que as pessoas têm de que alguém venha tomar uma parte de sua responsabilidade nos negócios.[16] Portanto, a empresa deve eliminar barreiras culturais internas e atenuar esses receios empoderando os funcionários para que colaborem de modo responsável em torno de dados.

## Capitalizar em cima da cultura

A diretoria e os executivos devem dar o tom que vem do alto ao integrarem o ESG à empresa. No entanto, promover qualquer mudança duradoura como essa na empresa depende de outro valioso intangível – uma cultura corporativa robusta –, para que a mudança seja aceita. A cultura, por sua vez, é a maneira como os funcionários da empresa levam adiante seu propósito e sua missão. Governança e Social fazem interseção com a cultura, pois os princípios e propósitos da Governança influenciam a cultura, mas é no Social que os funcionários se situam como *stakeholders* cruciais.

Infelizmente, não é fácil quantificar e compreender a cultura organizacional. Como um intangível, ela não aparece como uma linha de item no balanço patrimonial, mas tem impactos de longo alcance no valor de marca, na aquisição de talentos e no engajamento dos clientes. Como resultado, as empresas muitas vezes fazem pesquisas junto aos funcionários e compartilham com transparência os resultados numa discussão aberta para medir a cultura.[17] Apesar de sua natureza intangível e da dificuldade de medi-la, seu valor é claro. Por exemplo, a Glassdoor, que faz os funcionários avaliarem online seus empregadores, tem usado esses dados para construir sua lista dos Melhores Lugares para Trabalhar desde 2009.[18] Ela examinou a correlação entre o desempenho das ações dessas empresas líderes e o S&P 500 ao longo de 10 anos, e descobriu que as ações das empresas líderes de sua lista superam o desempenho das S&P 500 em cerca de 7,6%, na média.[19]

Também há interseção da cultura corporativa com os funcionários no contexto dos estilos de trabalho das diversas regiões da empresa. Os executivos devem moldar a comunicação e a estratégia de acordo, antes de introduzir conceitos de ESG, mas não devem considerar os funcionários fora desses esforços. Os funcionários querem contar com contexto apropriado, apoio e relevância, com base em como se espera que trabalhem e desempenhem. Se isso não for levado em conta, a estratégia quase certamente falhará em ser adotada. Por exemplo, empresas do Ocidente têm culturas de trabalho nas quais os funcionários costumam trabalhar de modo independente buscando resultados.[20] Culturas orientais, ao contrário, têm mais ordem e estrutura, e trabalham de forma interdependente com coordenação.[21] Embora essas sejam generalizações amplas por região, as diferenças afetam a disposição dos funcionários em aceitar a mensagem e as atividades que agora são solicitadas deles.

No entanto, integrar o ESG não significa pedir que os funcionários mudem seus estilos de trabalho. Em vez disso, significa permitir que eles compreendam a importância material do ESG, os aspectos nos quais é possível alavancar melhorias, e como inovar. A empresa consegue isso dando-lhes as apropriadas competências, incentivos e estruturas de empoderamento, e pode, como ponto de partida, alavancar métodos que já estão bem estabelecidos. Como veremos, isso é uma variação da melhoria que os executivos promovem ao ajustar os relacionamentos existentes com os funcionários. Em outras palavras, a meta não é a empresa mudar a cultura para encaixar o ESG, mas alavancar o que já funciona em sua cultura e construir em cima disso, para integrar o ESG ao negócio. De modo similar aos fracassos que vimos nos projetos de Transformação Digital no capítulo anterior, integrar o ESG pode também falhar em razão de um pensamento orientado ao curto prazo, ou por escassez de novos talentos, inércia dos funcionários e medo.[22] Como antes, o exercício de mapear os *stakeholders* e a matriz de materialidade desempenham papéis cruciais em ajudar a informar os líderes das unidades de negócios e seus funcionários sobre as razões pelas quais a transformação é necessária.

Quanto aos pontos de inflexão de 2020 e depois deles, as empresas têm uma oportunidade única de se engajar de novas maneiras com seus funcionários e sua cadeia valor, principalmente por meio do senso de propósito recém-descoberto por seus funcionários.[23] Com esse engajamento dos funcionários nesse tópico ao longo da cultura, alavancando propósito, missão da empresa e princípios de Governança consistentes, as empresas podem capitalizar essa mudança dos funcionários para incorporar o ESG.

## Integrando o ESG

Ao considerar o quanto os esforços consistentes de ESG estão ainda começando no mundo corporativo e que ainda persiste a confusão a respeito do que ele é e não é, as diretorias e os executivos precisam definir a abordagem que desejam tomar em relação aos princípios de Governança e promover sua introdução na cultura da empresa. Depois, apoiados por dados como evidência para a mudança, a empresa pode integrar o ESG prevendo o impulsionamento de melhorias e inovação.

Integrar o ESG na cultura pode ser uma tarefa dura. Nem todos os funcionários compreendem o tópico ou o que ele representa para o negócio. A chave aqui é expandir um ponto de vista sobre ESG que atenda a todas as dimensões das unidades de negócios e consiga empoderá-las a agir. Os funcionários diretamente responsáveis por suas áreas de negócios devem manter suas responsabilidades e continuar a incrementar sua expertise em sua área por meio da integração do ESG.[24] Voltar às origens do ESG mostra que a empresa e seus funcionários perderam uma oportunidade. O artigo de 2004 Global Compact da ONU, "Who Cares Wins", traz a recomendação a analistas financeiros e corretores de "Incorporar fatores de ESG à pesquisa principal", mas recomenda que as empresas "liderem os esforços implementando princípios de ESG e melhorando relatórios e divulgações".[25]

O resultado é que não existe uma única abordagem que sirva a todas as empresas para integrar o ESG, pois elas são diferentes e únicas. No entanto, se sua empresa dispõe de meios para instilar mudança e informações em sua cultura, e isso está funcionando bem, então siga esse processo. Se não há um processo implantado ou você acha que a mudança é difícil, damos a seguir o exemplo de cinco passos como um guia para atividades de integração, alguns dos quais a empresa pode completar paralelamente nas diferentes unidades de negócios e funções:

1. **Definir, identificar e delegar:** defina o que o ESG significa para sua empresa. Complete o mapeamento dos *stakeholders* e a matriz de materialidade e identifique as questões de ESG em torno de sua empresa. Depois, delegue investigações adicionais a líderes das unidades de negócios.

- A empresa deve concordar com uma definição ou abordagem compartilhada do ESG nos níveis da diretoria e dos executivos. Essa definição também inclui reconhecer onde recaem determinadas atividades relacionadas ao ESG. Por exemplo, se o ESG se refere a mudança material, um programa de alcance comunitário pode se alinhar ao propósito da empresa, mas ser categorizado como filantropia. Embora não importe de que modo a empresa classifica seus programas, esse exercício fornece contexto em torno de programas e a interseção com o negócio para entregar uma mensagem consistente aos *stakeholders.*

- Cada negócio opera, é claro, sob diferentes princípios de Governança e tem forças culturais únicas e variadas. Portanto, a empresa precisa incrementar essa definição para avaliar em que pé estão as coisas, coletando e examinando informações preliminares por meio de uma matriz de materialidade e do exercício de mapeamento dos *stakeholders* (ver o Capítulo 5 a respeito de como fazer esses exercícios).

- O time executivo deve delegar investigação adicional às unidades de negócios para identificar questões de *stakeholders* e de materialidade. Nesse estágio, os executivos devem esclarecer que as melhorias e inovações, que alguns funcionários mais ansiosos podem querer se apressar em obter, são menos importantes que descobrir insights adicionais que talvez residam no interior do capital intelectual dos funcionários.

- Além disso, o simples fato de uma questão aparecer inicialmente fora do quadrante superior direito da matriz de materialidade não significa que toda unidade de negócios deva explorá-la nesse estágio. Em vez disso, os times devem examinar de perto cada questão material identificada por intersecções com sua área de responsabilidade, e fornecer esse contexto de volta aos executivos.

2. **Melhorar e avaliar:** melhore a coleta inicial de dados ESG com informações das unidades de negócios. Avalie o engajamento e a cultura de seus funcionários.

- Cada unidade de negócios deve reportar aos executivos uma avaliação de sua compreensão dos *stakeholders*, das questões materiais e de sua interseção, incluindo *stakeholders* e questões materiais potencialmente negligenciadas e conexões entre elas em toda a empresa. O feedback deve incluir dados recomendados que possam incrementar insights nessas áreas. Os executivos, a partir disso, devem rever, colaborar e aprimorar a ferramenta dos *stakeholders* e da matriz de materialidade.

- Paralelamente e como preparação para que os funcionários comecem a encarar a empresa por meio de uma mentalidade ESG, deve ser enviada também uma pesquisa da Experiência do Funcionário, para medir o quanto os funcionários compreendem bem essas questões do modo que são definidas pela empresa, seu ponto de vista a respeito do propósito, e o que pensam a respeito da cultura. Esse exercício informa os executivos sobre a mentalidade geral e a cultura dos funcionários, permitindo avaliar a prontidão deles para uma mudança. Vale a pena notar que essas pesquisas podem descobrir problemas culturais que a empresa precisa corrigir antes de avançar ou enquanto avança.

- O time executivo e o departamento de Recursos Humanos devem coletar e rever os resultados dessas pesquisas da Experiência do Funcionário, procurando detectar questões culturais. Os executivos podem discutir insights relacionados mais especificamente ao ESG com os líderes da unidade de negócios relevante. Por exemplo, se há questões materiais de funcionários relacionadas à segurança em certos locais, os executivos podem falar com o Diretor de Operações para investigar adicionalmente e reportar.

- Além de avaliar a prontidão da empresa, avalie onde os dados existem, para compreender as questões materiais identificadas no primeiro passo e criar um inventário. Envolva-se com o Diretor de Informações para descobrir maneiras de identificar e conectar conjuntos de dados como preparação para a análise.

3 **Treinar, engajar e reforçar:** monte um plano de treinamento abrangendo a empresa toda e/ou promova o engajamento por meio de comunicações internas para reforçar a priorização.

- Embora lidar com questões da cultura da empresa esteja fora do escopo deste livro, recomenda-se trabalhar com Recursos Humanos e com líderes das unidades de negócios nas descobertas culturais da pesquisa.

- A empresa pode descobrir que os funcionários que estão entrando ou que já estão nela podem precisar de maior conhecimento de ESG, já que se trata de um ponto de vista dos negócios relativamente novo. Os cursos superiores de administração e as escolas de negócios ainda precisam incorporar o ESG em seus currículos de maneira mais ampla. Mas instituições como a NYU Stern[26] e a Universidade de Oxford[27] criaram programas de ESG, e a Escola Wharton da Universidade da Pensilvânia tem dois programas de Mestrado em ESG.[28]

- De qualquer modo, treinar funcionários em ESG pode ser um desafio, pois às vezes há necessidade de mais programas de treinamento escaláveis e focados nos funcionários. Como resultado, os executivos podem precisar se aprimorar por meio de cursos desses programas ou de outros, como o Diligent and Competent Boards,[29] disseminando conhecimento por meio de líderes de unidades de negócios aos funcionários. Livros focados em ESG e artigos de negócios compartilhados por meio de plataformas colaborativas podem também sanar as lacunas mais evidentes.

- A empresa pode também precisar aprimorar alguns indivíduos com maior profundidade sobre tópicos específicos. Por exemplo, alguém em P&D ou em Design de Produto pode precisar de mais informações sobre novos materiais sustentáveis, enquanto o departamento de Recrutamento pode precisar ter melhor compreensão do viés sistêmico e das mais recentes tendências e regulamentações em Recursos Humanos. A depender dos requisitos, a empresa pode oferecer esse treinamento no nível do grupo.

- Os executivos também devem se engajar por meio de uma comunicação clara e consistente, ajudando os funcionários a compreender o que eles têm a ver com o ESG.[30] Por exemplo, algumas empresas reforçam os conceitos de ESG incorporando e celebrando histórias e dados em suas comunicações corporativas internas, em reuniões gerais, comunicações internas e eventos. Essas histórias inspiram e ajudam os funcionários a entender as conexões entre essas questões e a empresa. Obviamente, incentivos e recompensas podem também ser alavancas poderosas para fazer os funcionários prestarem atenção, dando impulso ao *crowdsourcing* de ideias de ESG e oferecendo feedback de toda a empresa.

4 **Aprimorar e planejar:** obtenha feedback para melhorar e alavancar dados que permitam moldar decisões. Planeje os alvos e as metas de ESG na empresa e no nível das unidades de negócios.

- À medida que os funcionários vão ganhando uma mentalidade ESG, novas informações emergem para os executivos por meio de feedback. Por exemplo, uma empresa pode instituir uma plataforma de software para captar sugestões de funcionários com um time de gestores fazendo uma triagem de ideias e questões. Essas sugestões são uma oportunidade de lidar com questões materiais que podem ter ficado negligenciadas e com novos pontos de vista a respeito da empresa. Um time de gestão ad hoc pode fazer a triagem, escalar e impulsionar melhorias a partir daí.

- A necessidade de dados de melhor qualidade e de maior foco crescerá conforme os líderes da empresa forem selecionando questões materiais. A empresa pode aqui se basear na avaliação do passo 2. Unidades de negócios devem trabalhar com TI para elaborar processos padrão para coletar dados, se possível em bases automatizadas. As unidades de negócios e a TI podem também precisar juntar conjuntos de dados díspares para criar insights, pois os funcionários às vezes detectam conexões desconhecidas. Por exemplo, investigar risco climático ao fornecedor pode envolver dados de Compras, da diretoria de Risco ou Sustentabilidade, e talvez conjuntos de dados externos geoespaciais.

- Vale a pena notar que várias unidades de negócios apoiarão algumas métricas que abrangem a empresa inteira e transmiti-las a um escritório central para serem revistas. Por exemplo, unidades de negócios podem reportar dados de atividade de carbono a uma diretoria de Sustentabilidade para calcular emissões. Então, caso esses dados façam parte de algum requisito regulatório, essa diretoria pode enviá-los a um time de *Compliance* ou Jurídico. Desse modo, as unidades de negócios apoiam a coleta de dados, enquanto a diretoria de Sustentabilidade cuida dos cálculos, e os times de *Compliance* ou Jurídico cuidam do relatório.

- A empresa deve alinhar compromissos e metas com seus objetivos e os desejos dos *stakeholders*. Não se apresse em publicar compromissos e metas até que a empresa reúna e analise o feedback obtido e que os dados tenham sido bem compreendidos. A partir disso, as unidades de negócios podem planejar melhorias e metas. Então, os executivos agregarão essas metas em torno de temas materiais e assumirão compromissos mais amplos, interna e publicamente, com base nos dados e na capacidade da cultura de mobilizar e entregar.

5 **Revisar, mobilizar e manter:** atribua responsabilização e reveja atualizações regularmente com os responsáveis. Mobilize os funcionários para agir e manter um programa de ESG consistente e atualizado.

- À medida que os executivos revisam os dados iniciais e o feedback dos funcionários, devem engajar cuidadosamente os líderes das unidades de negócios nas questões para melhorar a compreensão deles e obter dados de qualidade mais elevada. Por exemplo, esse exercício provavelmente fará emergir a necessidade de novos processos de negócios, possivelmente modernização de tecnologia, e uma reordenação de quais unidades de negócios são responsáveis ou têm responsabilidade compartilhada por métricas.

- Embora a maioria dos relatórios de ESG seja publicada anualmente, os dados e as atividades de ESG listados aqui são valiosos fora do ciclo de relatórios por serem informações materiais. Unidades de negócios responsáveis devem criar uma cadência para monitorar seus dados ESG materiais, do mesmo modo que um CFO checa as finanças. Em outras palavras, essas unidades de negócios precisam ficar mais próximas das informações em tempo real e mais vigilantes. Esses times devem agora ter em mãos o contexto de negócios e de ESG para analisar os dados, mobilizar e lidar com questões referentes a pessoas, processos e tecnologia antes que gerem crises.

- A integração do ESG não é necessariamente o estágio final, mas um início. Com o tempo, manter um programa de ESG de qualidade significa uma contínua aprendizagem, avaliação, engajamento e ajustes.

Esses passos (resumidos na Figura 7.1) são apenas exemplos de integração de ESG numa empresa e da passagem a uma fase de manutenção contínua. Mas, não importa como a empresa alcance uma mentalidade ESG, ela deve se assentar no alicerce de seu capital intelectual único e em conceitos de ESG e de intangíveis, a fim de permanecer competitiva conforme a natureza do valor vai mudando. A própria sigla é muito menos importante aqui do que as aptidões e os pontos de vista que a empresa adquire.

Tendo essa nova compreensão, os executivos e as unidades de negócios podem lidar com as questões, mas há mais valor que a empresa pode criar por meio de melhorias e inovação. É por meio dessas atividades que os funcionários acionam o motor do ESG ao longo da empresa. Na realidade, as melhorias já estão presentes nesses passos.

Embora cada atividade possa funcionar independentemente, elas fluem umas dentro das outras como a maior parte dos conceitos relacionados ao ESG. Claro que integrar ESG não é um requisito para melhorar ou inovar, pois os contribuintes individuais podem perseguir isso fora de uma compreensão que abranja a empresa toda. Mesmo assim, se a empresa não integra o ESG, pode encontrar bolsões de atividade inconsistente por meio de várias abordagens descoordenadas.

FIGURA 7.1 Etapas para tornar o ESG parte do *mainstream*

## APERFEIÇOAR O QUE JÁ EXISTE

Melhorias são o primeiro motor que as unidades de negócios e seus funcionários podem executar. Podem ser o prosseguimento e o ponto de partida mais natural, já que as empresas provavelmente estão fazendo alguma variação disso, embora sem relação com o ESG. Por exemplo, melhorias de ESG podem focar operações e produtos existentes, processos de relatório e de *compliance*, e gestão de *stakeholders*. Melhorias podem também representar um mix de tangíveis e intangíveis. Como a empresa está lidando com questões existentes para melhorar a partir delas, as melhorias podem com frequência corrigir um risco, especialmente riscos de transição, com as oportunidades vindo logo atrás.

Muitas melhorias alavancam o conceito intangível de P&D para produtos tangíveis em setores como manufatura e bens de consumo. Para começar, a empresa precisa ter certeza de que compreende plenamente os ingredientes ou materiais do produto, o que implica uma revisão dos itens e dos dados correspondentes. A partir daí, ela compreende o ciclo de vida do produto, seus materiais, a possibilidade de

CAPÍTULO 7

reciclá-lo/reusá-lo, e as comunidades de onde os fornecedores obtêm materiais. Como as pressões se avolumam em direção a alternativas sustentáveis e a eliminar questões como trabalho escravo na cadeia de suprimento, o custo do negócio, como é usual, pode aumentar, o que constitui um risco de transição com potencial para concessões de curto prazo. Como resultado desse risco, a empresa precisa se preparar para aplicar P&D a novos materiais alternativos e sustentáveis e a cadeias de suprimento. Essas atividades podem levar a insights informados para uma reengenharia dos produtos existentes e suas embalagens, de modo sustentável e responsável.

As melhorias podem também ser aplicadas a processos. Por exemplo, à medida que a empresa compreende suas operações com maior efetividade por meio da incorporação de ESG, a precisão dos dados reportados aumenta, e as unidades de negócios podem detectar novas conexões entre conjuntos de dados. A partir daí, os riscos serão mais bem compreendidos e atenuados. A empresa pode também melhorar seu compliance regulatório ao entender melhor as questões. Esses novos insights também levam a uma tomada de decisão melhorada e mais bem informada, promovendo uma Governança de qualidade mais elevada.

## CASO DE USO: A TARGET E AS MELHORIAS PARA ENGAJAMENTO DOS *STAKEHOLDERS*

A Target é uma varejista americana que opera em 50 estados, com 75% da população do país residindo a menos de 16 quilômetros de uma de suas lojas.[31] De 2005 a 2019, a receita da Target cresceu 32%. No entanto, num período bem mais curto, de 2019 a 2022, sua receita cresceu outros 28%. Ao ser perguntado sobre esse crescimento da receita, o CEO da Target, Brian Cornell, atribuiu o sucesso a esforços de DEI [Diversidade, Equidade, Inclusão], acrescentando que 40% dos diretores de loja são diversificados.[32] Além dessa ampla métrica, ele descreve como a Target se engajou à comunidade local em Inglewood, Califórnia, contratando empreiteiros diversos e colocando sinalizações em espanhol para atender à diversidade da comunidade.[33] A Target até contratou uma artista residente em Los Angeles, Brittney S. Price, para pintar um mural.[34]

A Target já tem lojas diversificadas, mas a ideia é que a loja seja parecida e reflita a comunidade.[35] É um lembrete importante de que uma empresa tem muitos relacionamentos com *stakeholders*, mas que os clientes estão entre os grupos mais cruciais de *stakeholders*, e que as comunidades, até no mesmo país, são diversas. A empresa pode melhorar esse relacionamento por meio de um contexto e de uma compreensão mais bem informada de seus *stakeholders*.

## INOVAÇÃO PARA O QUE HÁ DE NOVO

A inovação é o segundo motor que as unidades de negócios e seus funcionários podem executar. A inovação foca novos produtos, serviços, mercados e modelos de engajamento. Como ocorre com as melhorias, ela deve ser um mix de fatores tangíveis e intangíveis, e a expectativa é que produzam disrupção no setor ou criem novas categorias de produtos e serviços. Mas, de novo, como a inovação contempla coisas novas, as oportunidades devem se sobressair aqui, seguidas pela mitigação de riscos.

A inovação talvez seja algo menos familiar às empresas, pois os manuais que elas seguem e nos quais confiam tendem a impor uma direção à empresa e podem ser mais facilmente melhorados. Grandes empresas costumam ter dificuldades para inovar em razão do predomínio de suas práticas consagradas, baseadas em produtos e princípios que as levaram a ter sucesso no passado. Mas, como vimos neste capítulo, no novo mundo de valor intangível, essa abordagem pode não ser sustentável. Para trabalhar em torno disso, uma grande empresa precisa criar um fundo de capital de risco para se conectar com startups inovadoras, perseguir novas parcerias ou fazer joint ventures para distribuir o risco, ou criar um laboratório de inovação. No entanto, adotar essas estratégias costuma ser desafiador, pois as empresas precisam romper com processos entranhados para conseguir inovar. Embora esse rompimento seja importante, deve também haver alinhamento em torno da inovação e conexão com as metas e objetivos da empresa para se alcançar sucesso.[36]

Além disso, a diretoria e os executivos podem perceber a inovação como um risco, e estarão certos. Por exemplo, o investimento tem que estar assegurado, pois a inovação exige tempo e recursos, de modo similar ao que ocorre com P&D. Diretoria e executivos devem adotar novos princípios de Governança para que a inovação seja alimentada e apoiada, e isso por si só é um ato de inovação. Segundo uma pesquisa da CFO.com, 61% dos gestores acreditam que a liderança é um obstáculo à inovação.[37] Os líderes precisam encontrar o equilíbrio certo entre empoderar funcionários para que inovem e criar novo valor.

## CASO DE USO: A DELL E A INOVAÇÃO COMO MODELO DE ENGAJAMENTO DE *STAKEHOLDERS*

De novo, às vezes a inovação se dá quando a empresa reconhece, propicia e empodera outros a inovar. Segundo o relatório de ESG da Dell em 2022, a empresa se conectou com os trabalhadores da fábrica por meio de times de Cultura da Inovação, com novas aptidões e metodologias para apoiar brainstorming, priorização e implementação de ideias.[38]

Em seu Código de Conduta, a Dell afirma acreditar na inovação como motor de crescimento, sucesso e progresso.[39] A Dell tem um amplo compromisso público para impulsionar melhorias de sustentabilidade em seus locais de trabalho até por volta de 2030, que a empresa alinha à inovação.[40] Ela publica as metas e métricas específicas usadas para medir essas melhorias e lista os grupos de manufatura do programa de Cultura de Inovação como uma das ferramentas de medição em seu relatório de ESG de 2022. O programa de Cultura de Inovação se apoia em engajamento, aptidões, reconhecimento e eventos. As métricas que a Dell lista no relatório são:

- Coleta de dados pelas sessões de Cultura de inovação realizadas in-house;[41]
- O número de ideias implementadas a partir desse motor;[42]
- O nível de participação nas sessões.[43]

Ao longo de três anos, esses esforços resultaram em 2.851 ideias implementadas in-house.[44] A Dell também escala a Cultura de Inovação adicionalmente e engaja fornecedores para montarem programas similares, com 7.763 ideias implementadas nos fornecedores no ano fiscal de 2022 da Dell.[45]

Esse tipo de programa é um exemplo do poder do engajamento e realização dos *stakeholders* de funcionários e fornecedores para facilitar inovação, incluindo a conexão direta do pilar Ambiental do ESG com as metas da Dell.

Como vimos no Capítulo 1, um desafio a ser vencido é a mudança de perspectiva das concessões de curto prazo que podem aparecer no balanço para a visão de longo prazo da criação de valor. De várias maneiras, a capacidade de um time de liderança via Governança de facilitar melhorias e inovação em seus funcionários e em sua cadeia de valor por meio do Ambiental e Social é uma inovação. Ela depende de várias partes móveis, como os dados, para medir a métrica do progresso, e de uma cultura forte que compreenda seu valor. Mesmo a mera consideração de uma questão por meio de múltiplas lentes de ESG pode constituir uma inovação.

## NOTAS


1 Ocean Tomo (s.d.). *Intangible Asset Market Value Study*. Ocean Tomo. www.oceantomo.com/intangible-asset-market-value-study/ (arquivado em https://perma.cc/VH26-VEQV).

2 Ocean Tomo (s.d.). *Intangible Asset Market Value Study*. Ocean Tomo. www.oceantomo.com/intangible-asset-market-value-study/ (arquivado em https://perma.cc/VH26-VEQV).

3 Sucher, S.J. e Westner, M.M. (2022). What companies still get wrong about layoffs. *Harvard Business Review*. www.hbr.org/2022/12/what-companies-still-get-wrong-about-layoffs (arquivado em https://perma.cc/KT54-8M8E).

4 Alldredge, K. e Grimmelt, A. (2021). Understanding the ever-evolving, always-surprising consumer. McKinsey. www.mckinsey.com/industries/consumer-packaged--goods/our-insights/understanding-the-ever-evolving-always-surprising-consumer (arquivado em https://perma.cc/P25E-3KJ9).

[5] Ross, J. (2020). Intangible assets: A hidden but crucial driver of company value. *Visual Capitalist*. www.visualcapitalist.com/intangible-assets-driver-company-value/ (arquivado em https://perma.cc/UHS6-NJJA).

[6] GREYB (2023). IBM patents Key insights and stats. IBM. www.insights.greyb.com/ibm-patents/ (arquivado em https://perma.cc/M6AG-6ZTP).

[7] CompaniesMarketCap (s.d.). IBM Market capitalization. CompaniesMarketCap. www.companiesmarketcap.com/ibm/marketcap (arquivado em https://perma.cc/7MDZDLLT).

[8] Ross, J. (2020). Intangible Assets: A hidden but crucial driver of company value. *Visual Capitalist*. www.visualcapitalist.com/intangible-assets-driver-company-value/ (arquivado em https://perma.cc/UHS6-NJJA).

[9] Apple Inc. (2023). Form 10-K. p. 21. www.d18rn0p25nwr6d.cloudfront.net/CIK-0000320193/b4266e40-1de6-4a34-9dfb-8632b8bd57e0.pdf (arquivado em https://perma.cc/3X8D-QKBU).

[10] Glover, G. (2023). Apple regains a $3 trillion market cap and is on track to end the year as the world's most valuable company for the 5th time in a row. Markets Insider. https://markets.businessinsider.com/news/stocks/apple-stock-price-market-analysis-trillion-dollar-company-magnificent-seven-2023-12 (arquivado em https://perma.cc/AB2P-GWRH)

[11] Interbrand (s.d.). Best Global Brands. Interbrand. Disponível: https://ibgstaging.wpengine.com/best-global-brands/ (arquivado em https://perma.cc/4DB7-VCHU).

[12] Dencheva, V. (2023). Influencer marketing worldwide: Statistics & facts. Statista. www.statista.com/topics/2496/influence-marketing/#topicOverview (arquivado em https://perma.cc/JE62-F5Y2).

[13] Blau, A., Komada, E., Liu, J., Fadayomi, F., e Choi, A. (2022). Face headwinds with a business resilience strategy. Deloitte. www2.deloitte.com/us/en/pages/consulting/articles/business-resilience-strategies.html (arquivado em https://perma.cc/EZZ6-7SMV).

[14] Collins (s.d.). nonrival. Collins. www.collinsdictionary.com/dictionary/english/nonrival (arquivado em https://perma.cc/Y2CR-GPAV).

[15] Informatica Inc. (s.d.). What is data governance? Informatica Inc. www.informatica.com/resources/articles/what-is-data-governance.html (arquivado em https://perma.cc/FM8Z-P84M).

[16] Ekuan, M., Zimmergren, T., Moore, G., Richards, D., Casey, L., Buck, A., Mabee, D., Blanchard, B., e Petersen, T. (2023). Silos and fiefdoms: Cloud adoption framework. Microsoft Learn. www.learn.microsoft.com/en-us/azure/cloud-adoption-framework/organize/fiefdoms-silos (arquivado em https://perma.cc/7KTS-UKQ2).

17 The Diligent Team (2019). How to measure and monitor corporate culture. Diligent Corporation. www.diligent.com/resources/blog/how-measure-monitor-corporate-culture (arquivado em https://perma.cc/EH64-X7YC).

18 Chamberlain, A. e Munyikwa, Z. (2019). What's culture worth? Glassdoor. www.research.glassdoor.com/site-us/wp-content/uploads/sites/2/2020/04/StockReturns-2020-Glassdoor-Final-Reduced.pdf (arquivado em https://perma.cc/5D4Z-CVCR).

19 Chamberlain, A. e Munyikwa, Z. (2019). What's culture worth? Glassdoor. research.glassdoor.com/site-us/wp-content/uploads/sites/2/2020/04/StockReturns-2020-Glassdoor-Final-Reduced.pdf (arquivado em https://perma.cc/5D4Z-CVCR).

20 Cheng, J.Y.-J. e Groysberg, B. (2020). How corporate cultures differ around the world. *Harvard Business Review*. www.hbr.org/2020/01/how-corporate-cultures-differ-around-the-world (arquivado em https://perma.cc/G7D3-FW4J).

21 Cheng, J.Y.-J. e Groysberg, B. (2020). How corporate cultures differ around the world. *Harvard Business Review*. www.hbr.org/2020/01/how-corporate-cultures-differ-around-the-world (arquivado em https://perma.cc/G7D3-FW4J).

22 Forth, P., Reichert, T., de Laubier, R., e Chakraborty, S. (2020). Flipping the odds of digital transformation success. BCG. www.bcg.com/publications/2020/increasing-odds-of-success-in-digital-transformation (arquivado em https://perma.cc/AT26-H5C4).

23 Turner, J. (2023). Employees increasingly seek value and purpose at work. Gartner. www.gartner.com/en/articles/employees-seek-personal-value-and-purpose-at-work-be-prepared-to-deliver (arquivado em https://perma.cc/ WG99-WL7D).

24 Katz, D. e McIntosh, L. (2021). Integrating ESG into corporate culture: Not elsewhere, but everywhere. The Harvard Law School Forum on Corporate Governance. www.corpgov.law.harvard.edu/2021/03/29/integrating-esg-into-corporate-culture-not-elsewhere-but-everywhere/ (arquivado em https://perma.cc/8YDW-XB6B).

25 United Nations (2004). *Who Cares Wins*. p.v. www.unepfi.org/fileadmin/events/2004/stocks/who_cares_wins_global_compact_2004.pdf (arquivado em https://perma.cc/B4SN-YBYM).

26 NYU Stern Executive Education (s.d.). *Corporate Sustainability*. NYU Stern Executive Education. execed.stern.nyu.edu/products/corporate-sustainability (arquivado em https://perma.cc/PD8Q-7V5V).

27 Saïd Business School (s.d.). *Environmental, Social and Governance Sustainability Programme*. Saïd Business School. www.sbs.ox.ac.uk/programmes/executive-education/bespoke-business-solutions/customised-business-solutions/customised-programmes-and-propositions/environmental-social-and-governance-sustainability-programme (arquivado em https://perma.cc/5M5P-WBSY).

[28] The Wharton School, The University of Pennsylvania (s.d.). The ESG Initiative at the Wharton School. Environmental, Social and Governance (ESG) Initiative. www.esg.wharton.upenn.edu/ (arquivado em https://perma.cc/HZ22-DSNF).

[29] Diligent (s.d.). *ESG Certification for Effective Leadership*. www.diligent.com/landing/esg-leadership-certification/ (arquivado em https://perma.cc/2GUCMW7M).

[30] Galbraith, M. (2018). Don't just tell employees organizational changes are coming – explain why. *Harvard Business Review*. www.hbr.org/2018/10/dont-just-tell-employees-organizational-changes-are-coming-explain-why (arquivado em https://perma.cc/DN3N-CTC6).

[31] Target (2023). All About Target. Target Corporate. www.corporate.target.com/about (arquivado em https://perma.cc/94HT-UQSF).

[32] Fortune Editors (2023). Target CEO: DEI has "fueled much of our growth over the last 9 years". Yahoo Finance. www.finance.yahoo.com/news/target-ceo-dei-fueled-much-221502055.html (arquivado em https://perma.cc/QUG8-UVW2).

[33] Fortune Editors (2023). Target CEO: DEI has "fueled much of our growth over the last 9 years". Yahoo Finance. www.finance.yahoo.com/news/target-ceo-dei-fueled-much-221502055.html (arquivado em https://perma.cc/QUG8-UVW2).

[34] 2UrbanGirls (2023). Target Corp. invests in community ahead of new store opening in Inglewood. 2UrbanGirls. www.2urbangirls.com/2023/03/target-corp-invests-in-community-ahead-of-new-store-opening-in-inglewood/ (arquivado em https://perma.cc/Z2SK-YLGH).

[35] Fortune Editors (2023). Target CEO: DEI has "fueled much of our growth over the last 9 years". Yahoo Finance. www.finance.yahoo.com/news/target-ceo-dei-fueled-much-221502055.html (arquivado em https://perma.cc/QUG8-UVW2).

[36] Ahuja, S.B. (2019). Why innovation labs fail, and how to ensure yours doesn't. *Harvard Business Review*. www.hbr.org/2019/07/why-innovation-labs-fail-and-how-to-ensure-yours-doesnt (arquivado em https://perma.cc/7FW3-SRYQ).

[37] Zaki, A. (2023). 61% of managers say exec leaders hold them back from innovation: Weekly stat. CFO. www.cfo.com/news/61-of-managers-say-exec-leaders-hold-them-back-from-innovation-weekly-sta/654501/ (arquivado em https://perma.cc/9BNX-DCS2).

[38] Dell Technologies (2022). *Our purpose in action FY22 Environmental, Social, and Governance Report*. Dell Technologies, p. 61. www.dell.com/en-us/dt/corporate/social-impact/esg-resources/reports/fy23-esg-report.htm (arquivado em https://perma.cc/EN5R-ECRN).

[39] Dell Technologies (2017). Code of Conduct. Dell Technologies, p. 9. www.dell.com/en-us/dt/corporate/about-us/who-we-are/code-of-conduct.htm (arquivado em https://perma.cc/83UR-BWPT).

[40] Dell Technologies (2022). *Our purpose in action FY22 Environmental, Social, and Governance Report.* Dell Technologies, p. 28. www.dell.com/en-us/dt/corporate/social-impact/esg-resources/reports/fy23-esg-report.htm (arquivado em https://perma.cc/EN5R-ECRN).

[41] Dell Technologies (2022). *Our purpose in action FY22 Environmental, Social, and Governance Report.* Dell Technologies, p. 38. www.dell.com/en-us/dt/corporate/social-impact/esg-resources/reports/fy23-esg-report.htm (arquivado em https://perma.cc/EN5R-ECRN).

[42] Dell Technologies (2022). *Our purpose in action FY22 Environmental, Social, and Governance Report.* Dell Technologies, p. 38. www.dell.com/en-us/dt/corporate/social-impact/esg-resources/reports/fy23-esg-report.htm (arquivado em https://perma.cc/EN5R-ECRN).

[43] Dell Technologies (2022). *Our purpose in action FY22 Environmental, Social, and Governance Report.* Dell Technologies, p. 38. www.dell.com/en-us/dt/corporate/social-impact/esg-resources/reports/fy23-esg-report.htm (arquivado em https://perma.cc/EN5R-ECRN).

[44] Dell Technologies (2022). *Our purpose in action FY22 Environmental, Social, and Governance Report.* Dell Technologies, p. 61. www.dell.com/en-us/dt/corporate/social-impact/esg-resources/reports/fy23-esg-report.htm (arquivado em https://perma.cc/EN5R-ECRN).

[45] Dell Technologies (2022). *Our purpose in action FY22 Environmental, Social, and Governance Report.* Dell Technologies, p. 61. www.dell.com/en-us/dt/corporate/social-impact/esg-resources/reports/fy23-esg-report.htm (arquivado em https://perma.cc/EN5R-ECRN).

CAPÍTULO 8

# SERVIÇOS FINANCEIROS: IMPACTO E ESG

Ao examinar as empresas e sua cadeia de valor, os *stakeholders* geralmente são constituídos de fornecedores (*upstream*), funcionários e clientes (*downstream*). E, como foi destacado pela Business Roundtable em 2019, os acionistas também são *stakeholders*.[1] No entanto, os acionistas são apenas um dos vários *stakeholders* financeiros da empresa, e há toda uma cadeia de valor de serviços financeiros em torno de cada empresa, abrangendo mercados de capitais, bancos e seguros. No Capítulo 1, vimos que o ponto de vista dos serviços financeiros foi o criador do ESG e ainda é uma influência que não pode ser ignorada, mas já fomos bem mais adiante das recomendações de dados comparáveis e chegamos à raiz do ESG e seu impacto nas empresas. Assim como o ESG mudou a maneira de encarar as empresas, a natureza desses relacionamentos financeiros também está mudando e exige uma mudança na mentalidade de ESG.

Subjacente a esses três amplos setores, na interseção entre seus respectivos modelos de negócios e o modelo da empresa, está a gestão de risco. Se você é investidor, pode comprar títulos com base na tolerância de risco ou buscar novas oportunidades de investimento em ESG. Um banco avalia os riscos como parte de sua devida diligência em relação a empréstimos ou ao emprestar a quem busca realizar uma transição. O seguro, obviamente, é focado na gestão de riscos, e compreende grande volume de trabalho atuarial. Como vimos no capítulo anterior, esses relacionamentos podem agora se basear em parte em um ativo intangível específico, os dados. Tanto dados financeiros quanto não financeiros informam as decisões financeiras externas em torno de uma empresa.

No que se refere ao ESG, a uma empresa e às empresas financeiras que lhe dão apoio, a mesma fusão entre esforços materiais e não materiais que existe nos negócios existe também nas finanças. As diferenças e nuances entre ESG, sustentabilidade e metas sociais sistêmicas também estão mal definidas ao longo dos serviços financeiros. A questão é que a fusão que vem dos serviços financeiros origina muita confusão nos investimentos e no ecossistema de negócios. Ela dá margem a várias interpretações entre a intenção de um produto financeiro e a abordagem da empresa. Por exemplo, quando uma diretoria ou um(a) CEO examina as pontuações públicas de ESG da empresa dadas por agências de classificação e tem uma ideia da elevada quantia de injeção de capital em "investimento de ESG", pode procurar capitalizar essa tendência, acreditando que o ESG significa uma coisa, como perseguir operações de baixo carbono, quando se trata de outra, como gestão Ambiental material. Como resultado, a empresa pode ficar se debatendo e experimentando se alinhar a suposições por meio de programas baseados em valores, quando os investidores talvez estejam valorizando a gestão de risco ESG ou alguma coisa totalmente diferente. Esse perigo pode ocorrer em mercados públicos ou privados. No caso de empresas de capital aberto, os acionistas têm influência direta por meio do voto por procuração, como vimos na parte de Governança. Mas, é claro, uma empresa de gestão de investimentos com um time de operações de portfólio pode exercer influência similar sobre suas empresas de capital fechado.

Como vimos no Capítulo 4, no início da década de 1980, empresas e mercados adotaram a doutrina Friedman, que colocava os acionistas como foco principal.[2] Embora o mundo tenha mudado em direção a um foco mais amplo nos *stakeholders*, os serviços financeiros não se esqueceram dos acionistas. Em sua carta de 2023 como CEO, Larry Fink fala repetidamente em entregar valor e desempenho aos acionistas.[3] Embora outros *stakeholders* sejam considerados, os acionistas ainda influenciam os mercados por meio de empresas de capital aberto e fechado. O CEO do Bank of America, Brian Moynihan, atua como presidente da Stakeholder Capitalism Metrics Initiative, que reúne uma série de divulgações não financeiras para *stakeholders*.[4] O CEO da Humana, Bruce Broussard, relatou à JUST Capital que questões como o coronavírus e igualdade racial nos Estados Unidos moldaram a abordagem da seguradora aos *stakeholders*.[5] A mudança dos serviços financeiros em direção aos *stakeholders* está firmemente encaminhada.

No entanto, há uma certa armadilha em relação ao ESG e aos serviços financeiros. A maior parte do que se pensa, escreve e discute a respeito de ESG se dá por meio do ponto de vista dos serviços financeiros e não da empresa, mas ironicamente é na empresa que estão os riscos e oportunidades. Apesar desse foco intenso nos serviços financeiros, são as empresas que estão no centro da conversa sobre ESG – a razão principal deste livro. Esse pivotar se afastando das empresas pode parecer estabelecido, levando em conta que o ESG começou como uma ideia originada nos mercados financeiros, e a Bloomberg prevê que os ativos de ESG podem alcançar 53 trilhões de dólares por volta de 2025, o que não é uma quantia pequena.[6] Quanto aos riscos de transição, um estudo estima que o mundo precisa de 50 trilhões de dólares para uma transição a zero emissões,[7] que os bancos precisariam facilitar. A mudança climática impacta os seguros em razão do crescimento da frequência e intensidade dos eventos e também porque as pessoas estão se movendo para áreas de alto risco.[8]

De qualquer modo, ocorrem melhorias e inovações nas empresas. Não há serviços financeiros sem empresas onde possam ser investidos e emprestados, protegendo-as contra riscos. Inversamente, nenhuma empresa pode existir sem acesso a firmas do mercado de capitais, bancos e seguradoras. Todas estão evoluindo nesse novo mundo de ESG, criando novos relacionamentos significativos, elaborando produtos inovadores, forjando novas parcerias e avaliando riscos.

## MERCADOS DE CAPITAIS COMO *STAKEHOLDERS* CRUCIAIS

Ao discutir ESG e serviços financeiros, faz todo sentido começar com os mercados de capitais. Afinal, foi partindo desse ponto de vista que o ESG começou, e ele se mantém firme como foco da sigla hoje. Embora poucas coisas no ESG sejam preto no branco, os mercados de capitais têm várias dualidades com o ESG que podem se insinuar no ponto de vista dos executivos de uma empresa e chegar às fileiras dos funcionários. O time executivo deve estar ciente desses riscos à medida que a empresa incorpora o ESG.

Infelizmente, a primeira dualidade é difícil de ser trabalhada, pois vem de cima, por meio do forte legado da primazia dos acionistas. Esse ponto de vista pode ser um obstáculo a lidar com os riscos de ESG, com as oportunidades e a resiliência a longo prazo. Muitos acreditam que a primazia do acionista significa buscar apenas lucros e desempenho financeiro por meio da extração de recursos naturais e aproveitamento da mão de obra, como únicos caminhos para se obter receita e lucro. No entanto, não vivemos num planeta com recursos infinitos. A certa altura, essa abordagem exploratória apresentará riscos que impactarão os acionistas. O problema, porém, pode ser ainda pior. A primazia do acionista pode levar a empresa a não observar questões materiais de ESG, ou valor intangível ou aos vários *stakeholders* da empresa, avolumando o risco ao investidor.

O argumento em favor da primazia do acionista é que uma empresa precisa maximizar os lucros para seus investidores e que ela proporciona um retorno econômico para a sociedade, mas uma empresa não pode conduzir as coisas com essas ideias, pois não são materiais, tampouco se alinham ao propósito da empresa. O propósito de uma empresa, geralmente centrado em torno de seus produtos e serviços, seria um objetivo mais material levando a retornos para o acionista. Em outras palavras, o ESG não se coloca necessariamente contrária a dar atenção ao acionista, já que ele é outro *stakeholder* no mix. O foco em questões de ESG materiais proporciona valor aos acionistas e todos os *stakeholders*.

## Em busca dos mercados

Independentemente de a empresa colocar os acionistas acima de outros *stakeholders* ou como parte do mix, os executivos examinam os mercados tentando decifrar as motivações dos investidores e procuram agir em cima disso. Uma das principais maneiras pelas quais uma empresa interage com investidores é indiretamente, por meio de relatórios. Infelizmente, os ciclos de relatórios financeiros e os modelos de remuneração dos executivos vinculados ao movimento dos preços das ações podem favorecer uma perspectiva de curto prazo. Os reguladores financeiros devem buscar equilibrar regras que levam a relatórios financeiros de qualidade e oportunos. Às vezes, essas regras podem inadvertidamente forçar um perfil de curto prazo da diretoria e executivos quando a empresa precisa reportar suas finanças com frequência. Por exemplo, a SEC requer relatórios financeiros trimestrais nos Estados Unidos, a Ásia varia entre relatórios trimestrais e semestrais,[9] enquanto a UE abandonou a exigência de relatórios trimestrais em 2013.[10] Logicamente, buscar números trimestrais induz no CFO uma mentalidade de que os investidores estão observando o desempenho com frequência, em lugar da tendência de análise a longo prazo que o ESG pode trazer. Como resultado, o CFO pode perseguir ajustes por meio de maquinações nos relatórios financeiros, a fim de criar movimentações de preços de ações de curto prazo, podendo até tentar se alinhar a modelos de remuneração de executivos relacionados ao desempenho das ações. Por exemplo, como a economia demorou a se recuperar da pandemia de covid-19 em 2023, muitas empresas adotaram metodologias de contabilização legais, mas criativas, para dar impulso ao desempenho de suas finanças, quando não havia uma mudança real de desempenho, fazendo-o para proteger um pouco o preço das ações.[11] Esforços como esse são insustentáveis e distraem de questões mais materiais.

É difícil dizer se os investidores ajustam seu ponto de vista em torno do ciclo de relatórios financeiros, pois os resultados variam. Por exemplo, um estudo de 2017 do Reino Unido não mostrou nenhuma mudança nas estratégias de investimento quando cessou a obrigatoriedade de relatórios trimestrais.[12] Em outro estudo, porém, 34% dos economistas acreditaram que a eliminação do requisito de relatórios trimestrais melhorava a atenção dos executivos ao longo prazo.[13] Seja como for, os diretores financeiros [CFOs] devem estar cientes da dualidade entre a busca dos investidores por ganhos nas ações, como um *hedge fund* [fundo de cobertura], e a resiliência de longo prazo dos retornos, como uma pensão, e ajudar a direcionar a atenção de acordo. Pelo fato de ser difícil haver acordo no lado financeiro, situá-lo no lado não financeiro do ESG pode ser igualmente desafiador.

Investidores há muito tempo contam com opções para investir seu dinheiro do jeito que preferem, gerindo sua tolerância ao risco e os retornos que buscam, mas também seus valores. Como um lembrete do Capítulo 1, há séculos a religião desempenha um papel em aconselhar as pessoas sobre as opções em investimentos éticos, de impacto e socialmente responsáveis [socially responsible investing, SRI], com base principalmente no que não investir.[14] Para comunicar esses esforços além das linhas gerais das chamadas ações do vício [tabaco, álcool e jogo], algumas empresas publicaram relatórios de Responsabilidade Social Corporativa [Corporate Social Responsibility, CSR], para informar investidores e outros *stakeholders* sobre as atividades não financeiras da empresa e redefinir os critérios de sucesso da maneira que julgam adequada.

No entanto, o ESG, desde seu começo na década de 2000, vinha fazendo algo diferente. O ESG trouxe uma nova perspectiva; que a análise do investidor das questões materiais Ambientais, Sociais e de Governança Corporativa poderia ter profundos efeitos a longo prazo.[15] Essa ideia única de investir em ESG encontrou uma maneira de alinhar valor de longo prazo ao acionista e obrigações fiduciárias a esses fatores aparentemente não financeiros.[16] Como sustentabilidade e propósito são separados de ESG, o SRI, isto é, o investimento socialmente responsável, não é a mesma coisa que o investimento em ESG, mas mesmo a Vanguard, uma das maiores gestoras de ativos do mundo, tem um site de ESG na internet que declara que os clientes podem ouvir esses termos utilizados de modo intercambiável.[17] Os clientes podem ouvir esses termos o tempo todo, mas isso não significa que tenham o mesmo contexto, e não deveriam, mas infelizmente muitas vezes eles têm. As diferenças podem ser sutis, dependendo da firma que oferece os produtos e de suas definições particulares.

Não está claro o que diferentes produtos financeiros ou agências de classificação estão tentando medir e quais são os comportamentos que estão tentando incentivar. Muitos daqueles que trabalham em serviços financeiros recomendariam que um investidor ou os executivos da empresa lessem o folheto do fundo ou as informações sobre produtos e investigassem melhor o site da empresa. Mesmo assim, muito dessa linguagem é mero chavão do setor, o que pode levar a frustração.

Para maior clareza, vale a pena mencionar três regulamentações financeiras referentes a como empresas de mercado de capitais abordam seus produtos por meio de rótulos. Um exame de alto nível pode ajudar uma empresa a considerar diferentes objetivos e perspectivas relacionadas ao ESG. Nenhuma delas é uma abordagem exaustiva, mas elas tentam dar clareza aos investidores ao esmiuçar terminologia intercambiável em categorias mais específicas.

## A SFDR da União Europeia

A UE implementou a Regulamento de Divulgação de Finanças Sustentáveis [Sustainable Financial Disclosure Regulation, SFDR], que descreve a obrigatoriedades de divulgação para produtos de investimento e financeiros como pensões, produtos de investimento, gestão de portfólio, orientação sobre seguros, e serviços de aconselhamento financeiro. Vale a pena notar que a sigla ESG não é mencionada em seu texto, mas ele menciona Ambiental, Social e Governança do início ao fim. A UE também emprega o conceito de dupla materialidade, que leva em conta o efeito material do mundo sobre a empresa (ESG tradicional) e o impacto da empresa no mundo, incluindo o potencial material sobre a empresa.

- O Artigo 6 é a categoria de investimento padrão e descreve um produto que pode ou não ter características de sustentabilidade. O participante do mercado ou conselheiro deve explicar os riscos de sustentabilidade e por que, ou não, os produtos levam em conta esses riscos.[18]

- Produtos do Artigo 8 promovem características de qualidade Ambiental, Social ou de Governança e como o produto alcança essas metas.[19]

- Produtos do Artigo 9 têm como objetivo, na essência de sua oferta, buscar uma dimensão social positiva ou de sustentabilidade.[20]

## A SEC dos Estados Unidos propôs regra em torno das práticas de investimento em ESG

A Comissão de Valores Mobiliários dos Estados Unidos [US Securities and Exchange Commission, SEC] propôs em maio de 2022 aprimoramentos de consultores e de empresas de investimento em torno de investimentos de ESG e focados em impacto.[21] O órgão regulador reconheceu que certos produtos podem visar individualmente questões de E, S e G ou focar como elas se relacionam entre si. Nesse sentido, a SEC descreve três categorias amplas.

- **Integração do ESG:** quando o produto leva em conta um ou mais fatores ESG junto com outros fatores não ESG. O produto pode considerar o ESG, mas essas questões sozinhas não orientam a seleção do investimento.[22]

- **Foco em ESG:** o ESG é uma consideração principal na seleção do investimento, incluindo estratégias de desinvestimento e engajamento.[23]

- **Impacto em ESG:** descreve estratégias de investimento que se alinham a metas ou objetivos de E, S ou G levados em consideração.[24]

## Padrões de Financiamento Sustentável e Responsável da ASEAN

A Associação das Nações do Sudeste Asiático (ASEAN), uma união política e econômica de dez Estados-membro, publicou um modelo de divulgação e uma lista que abrange oito possíveis tipos de estratégias de investimento. Essas estratégias incluem definições para o seguinte: propriedade ativa, integração ESG, investimento ético e baseado em fé, investimento de impacto, triagem negativa, triagem positiva, investimento temático e a categoria "outros".[25]

A dificuldade em relação aos mercados é que não é aparente o que os investidores querem, isto é, os rótulos e as intenções dos produtos não são claros como poderiam ser, e diferentes fundos, gestores e conselheiros de portfólio adotam abordagens diferentes. No entanto, rotular pode ser uma maneira informativa de permitir que empresas e investidores examinem as diferentes possibilidades e metas do produto financeiro.

## Pressões: desinvestimento, voto por procuração e gerenciamento

Somando-se às complexidades de ir atrás dos mercados e das novas e emergentes regulamentações, há outras pressões que podem surgir como nuances. Por exemplo, um acionista religioso às voltas com valores pode querer desinvestir de ações controversas para evitar temas polêmicos. Um investidor ativista pode investir numa empresa que lidere a transição sustentável. Um investidor ESG pode investir numa empresa petrolífera para poder gerir sua transição para renováveis, supondo que é capaz de garantir desempenho financeiro de longo prazo por meio da gestão de riscos de transição. Em cada caso, manifesta-se pressão em torno da empresa, levando-a a reagir, manter o status quo, melhorar ou inovar, não importa o nome que se dê ao produto financeiro envolvido. A diretoria da empresa precisa ouvir esses sinais e compreender a diferença entre investimento ESG liderado por valores ou baseado em valores, e ao mesmo tempo considerar que a resiliência a longo prazo e o crescimento sustentável provavelmente prevalecerão sobre o pensamento extrativista de curto prazo e apostas arriscadas para apaziguar o investidor. Quando encarados como um grupo de *stakeholders*, os investidores querem tudo, mas a empresa não pode perder seu ponto de vista de longo prazo.

Empresas de mercados de capitais buscam divulgações precisas, dados comparáveis e sinais de avanço em diferentes áreas. Esse progresso pode ser uma questão material, como reduzir a intensidade de carbono e gerir riscos de transição, ou ser progresso não material, se a empresa tem uma meta particular para esse produto financeiro. De novo, as empresas podem colocar um rótulo ESG em cada um, dificultando para os investidores discernirem se estão salvando o mundo ou gerindo riscos com seu capital.

Historicamente, tem sido empregada uma estratégia de desinvestimento em questões de ESG não materiais, similar à usada por organizações de investimento religiosas, para manter portfólios "verdes" ou se alinhar a assuntos sociais baseados em valores. Essa triagem voltada à exclusão é um tipo específico de pressão. A meta não é mudar a empresa; é simplesmente que o investidor não escolha investir nessa empresa por uma razão temática, como os valores. Os valores não são, porém, a única razão para desinvestir. Às vezes, a mudança que a empresa deve fazer é de porte tão significativo que o investidor enxerga nela um risco material grande demais.

Em 2001, o maior fundo de pensão dos Estados Unidos, o CalPERS, decidiu desinvestir no tabaco, citando riscos de litígio, de reputação e regulatórios como os principais fatores.[26] Ao longo de 19 anos, estima-se que o CalPERS tenha perdido 3,6 bilhões de dólares ao desinvestir, mas ganhou 856 milhões entre 2017 e 2020.[27] De qualquer modo, trata-se de uma questão complicada quando se considera o Social, já que o CalPERS foi também o segundo maior comprador de assistência médica para os funcionários do governo em 2020,[28] o que provavelmente não se alinha a tabaco de um ponto de vista dos valores.

O desafio é que, quando os acionistas desinvestem, a repetida pressão para mudar é perdida, porque o investidor perde acesso à influência sobre a empresa por meio de seu voto por procuração ou outros modelos de engajamento. Somente um acionista que seja dono de parte da empresa tem direito a voto. O ano de 2023 teve o segundo maior trimestre de ativismo de investidores desde 2019 na Europa e Ásia, com leve queda nos Estados Unidos.[29] No entanto, o ativismo pode também ser conduzido por valores em questões mais abrangentes, mas isso não significa que as questões não sejam materiais ou não possam afetar diretamente *stakeholders*. Os investidores, é claro, têm a escolha e nem sempre votam a favor de resoluções ativistas. Outras vezes a empresa pode decidir que de qualquer modo atuará, simplesmente pela ameaça de um voto por procuração.

Em 2023, o Key Bank recebeu pressão de acionistas para realizar uma auditoria de equidade racial, com uma empresa ameaçando levantar a questão num voto por procuração.[30] Algum terceiro, geralmente uma firma de advocacia, realizará tal auditoria para detectar possível viés sistêmico e discriminação na empresa ou em sua cadeia de suprimentos. À primeira vista, pode ser desafiador para alguém de fora dizer se essa é uma questão material, já que auditorias desse tipo atendem a problemas sociais sistêmicos em vez de diretamente a *stakeholders*. Mas o xis da questão para o banco foi um relatório não lucrativo citando o Key Bank como o pior credor hipotecário para mutuários negros entre os 50 maiores bancos dos Estados Unidos.[31] Era fácil ver que essa afirmação podia ser uma questão material por seu impacto nos *stakeholders*, pelo potencial dano à reputação e pelo escrutínio regulatório. O banco discordou das descobertas do relatório, mas, após refletir com seus *stakeholders*, decidiu levar adiante a auditoria antes da votação.[32] Tratou-se de uma decisão crucial de Governança sobre uma questão Social, independentemente de onde ela recaísse. Obviamente, como em qualquer divulgação ou auditoria, os dados e insights revelados são essenciais, mas apenas a ação em relação a essas informações pode resolver questões sistêmicas.

Um terceiro tipo de pressão de acionista representa uma oportunidade para a diretoria e o time executivo tirarem partido. Quando um investidor assume um papel de propriedade ativo, o que pode ocorrer em mercados públicos ou privados, ele pode se engajar em gerenciamento. É nessas atividades que os analistas e gestores de portfólio da empresa se engajam ativamente com a liderança da empresa no ESG.

Por exemplo, uma firma de investimento pode ter um time de gerenciamento para pesquisar e investigar tópicos de ESG na empresa, setor e cadeia de valor. A partir disso, o time compartilha um relatório do setor, sua avaliação da materialidade da empresa, ou outras informações para a empresa num manual, para ajudar os líderes da empresa a compreenderem de que modo os mercados veem os riscos e oportunidades dela. Essas informações podem constituir um ponto de vista de valor inestimável se a empresa for receptiva.

A Fidelity International é uma firma de soluções de investimento e serviços focada em crescimento a longo prazo, com escritórios na Europa, na Ásia Pacífico, no Japão e na América do Sul.[33] Seu relatório de 2020 sobre o gerenciamento na China conta a história de seu engajamento com uma empresa de petróleo e gás para a transição de baixo carbono. A firma e a empresa discutiram vários tópicos, como a transição energética de longo prazo, a integração de renováveis, *compliance* com as regulamentações do governo e a importância de divulgações sobre o clima na gestão climática.[34] Em três meses de engajamento, a empresa definiu a aspiração de zero emissões e anunciou planos para renováveis.[35] Um mês depois de ter feito o anúncio, o presidente Xi Jinping anunciou o Plano Quinquenal da China para metas de soma zero, e em 2021, três das cinco maiores empresas de energia chinesas anunciaram planos de alcançar o pico das emissões por volta de 2025.[36] O engajamento pode fazer diferença.

O modo como a diretoria e o time executivo lidam com esse tipo de pressão é uma questão de Governança para a empresa. Uma abordagem construtiva que engaje investidores e examine o assunto por meio de dados e transparência pode reduzir futuros riscos. Ao contrário, lidar com pressão do investidor sem compreender o assunto é uma receita para o desastre. Saber se o investidor quer que você salve o mundo ou lide com riscos e oportunidades para buscar crescimento a longo prazo pode ajudar a encontrar alinhamento em estratégias compartilhadas. Essa ideia oferece à diretoria e ao time executivo uma oportunidade única de ESG para trabalhar com firmas de investimento e obter insights delas.[37] Além disso, se você perguntar diretamente a várias firmas de investimento o que elas priorizam, obterá várias respostas em função da gama de motivações. Essas respostas são valiosas para análise e planejamento, mas a empresa precisa de um ponto de partida para se engajar com investidores, desenvolver e fazer evoluir o plano, e depois comunicar de modo consistente e fornecer atualizações. Em sua carta de CEO de 2022, Larry Fink, disse às empresas que na realidade cabe a elas decidirem como levar adiante sua estratégia de longo prazo e comunicá-la aos investidores.[38]

Como temos visto ao longo do livro, uma empresa não pode simplesmente ignorar suas questões materiais, especialmente as de Governança. No entanto, paralelamente, as empresas podem perseguir projetos baseados em valores e melhorias e inovações com base em valores e podem até encontrar alinhamento em algumas atividades. Além disso, essas atividades podem também estar em caminhos divergentes.

## Acionistas querem tudo, mas nem toda questão é material

Acionistas têm muito poder, diferentes maneiras de engajar uma empresa, e, o mais importante, objetivos diferentes. Quando acionistas priorizam uma questão como a redução de carbono ou DEI, isso pode fazer a empresa acreditar que se trata de algo amplamente material, quando na verdade significa que isso precisa de um exame mais aprofundado. Por exemplo, o Índice S&P 500 ESG removeu a Tesla em 2022.[39] Muitos não conseguiam entender como um índice focado em ESG pôde remover uma empresa de veículos elétricos. A razão era mais matizada e se devia à Tesla não ter estratégias para redução de carbono e não dar atenção a princípios de Governança, bem como a reclamações sobre discriminação racial e condições de trabalho inadequadas.[40] Em outras palavras, fornecer um produto ou serviço amigável ao Ambiente não significa que sua empresa tenha eliminado seus riscos de ESG. Mas a Tesla foi reconduzida ao Índice S&P 500 ESG em 2023, com a S&P citando o foco da empresa em fatores Ambientais materiais.[41]

A comunicação é vital quando se lida com acionistas e *stakeholders*. Como vimos no Capítulo 2, existem muitas regulamentações, padrões e modelos para guiar empresas a reportarem métricas ESG. Estas, com frequência, envolvem oferecer dados de alta qualidade e, espera-se, comparáveis, aos *stakeholders*, incluindo os acionistas ou potenciais investidores no mercado privado. Quando uma empresa coleta dados de seus fornecedores *upstream*, sobre o uso *downstream* de seus produtos e suas operações internas, e os publica, as empresas de serviços financeiros podem pegar esses dados para análise e alimentá-los pelo ecossistema de mercado ao tomarem decisões sobre produtos financeiros, como o reequilíbrio de um índice ou a adição ou remoção de um fundo.

Existe uma tendência emergente em relação às divulgações, com as métricas podendo ser materiais em razão de pressão do investidor para reportar e atender à compliance regulatória. Embora isso seja um efeito colateral inconveniente da padronização de dados e da transparência, as empresas ainda assim devem publicar informações. Investidores podem encarar os dados como prova da gestão de risco ESG, do desenvolvimento de novas oportunidades ou de melhoria em direção a uma meta sustentável ou Social, e os reguladores insistem em dados de qualidade. Como uma empresa deve assegurar que não está direcionando seu propósito segundo os caprichos do investidor, precisa também ter certeza de não estar conduzindo sua estratégia de ESG apenas com divulgações, porque isso não tranquilizará os mercados

## BANCOS FINANCIAM MUDANÇAS

A grande atenção dada aos pontos de inflexão Ambientais e Sociais impulsionou o movimento do capital para melhorias financeiras nessas áreas. Os bancos estão prontos para fornecer dinheiro a mudanças alimentadas por promessas intergovernamentais, compromissos corporativos e divulgações. Como o ESG representa riscos materiais e oportunidades, financiar melhorias e inovação não deve ser novidade para um banco.

Os bancos já desempenham esse papel crucial na cadeia de valor de uma empresa ao gerenciar fluxo de caixa e folha de pagamento, ao exercer a devida diligência em fusões e aquisições e financiá-las, fornecendo crédito a curto e longo prazo, entre outras coisas. Desse modo, os bancos estão focados há muito tempo em tangíveis materiais e intangíveis das empresas, de maneira direta e indireta. Por exemplo, um banco pode fornecer um empréstimo para melhorias tangíveis de capital, como um novo prédio ou equipamento de fábrica. Por outro lado, gerir de modo eficiente o fluxo de caixa da empresa e as transações da folha de pagamento garante que os trabalhadores sejam pagos em dia, ajudando indiretamente a gerir esse relacionamento com os *stakeholders* por meio de finanças.

## Empréstimos comerciais em torno de ESG

Os bancos estão tendo um papel novo e crucial para as empresas, as suas cadeias de valor e várias questões de ESG, já que agora financiam projetos de ESG materiais ou tangencialmente materiais à medida que cresce a pressão para que as empresas se transformem. Os bancos têm desenvolvido novos produtos para empréstimos à medida que as empresas buscam melhorar e inovar, especialmente em sustentabilidade, zero emissões e metas Sociais. À medida que a empresa informa investidores sobre suas estratégias, deve também determinar os projetos a serem assumidos e buscar financiamento no contexto de materialidade ou de outras questões. Além disso, como nos mercados de capitais, as empresas têm interseção com os bancos em torno de dados ESG e devem conhecer quais são os fatores envolvidos para obter termos de empréstimo favoráveis, levantar capital com empréstimos e financiar projetos de transição. Como investidores, alguns bancos podem querer salvar o mundo e financiar a transição, e outros podem estar buscando gerenciar riscos.

Nos últimos anos, emergiram três tipos de empréstimos, mais alinhados a valores ou a valor de ESG do que os empréstimos tradicionais. As empresas podem aproveitar esses empréstimos com orientação, princípios e revisão externa, como aqueles bancados pela Asia Pacific Loan Market Association (APLMA), a Loan Market Association (LMA) e a Loan Syndications and Trading Association (LSTA).[42]

## O QUE SÃO EMPRÉSTIMOS VERDES, SOCIAIS E VINCULADOS A SUSTENTABILIDADE?

- **Empréstimos Verdes** são empréstimos que apoiam um objetivo claramente Ambiental, como definido e medido pelo emprestador. Esse empréstimo pode incluir reduções de carbono por meio de projetos de eficiência de energia, transição para renováveis, conservação, tecnologias verdes, adaptação climática, entre outros.[43] Às vezes, um empréstimo Verde apoia uma nova oportunidade. Em 2020, o UOL Group Limited anunciou a obtenção de um empréstimo de 120 milhões de dólares do banco United Overseas Limited de Singapura para uma remodelação do Pan Pacific Orchard Hotel tendo em mente a sustentatiblidade.[44] O hotel abriu em 2021 com um verde exuberante, painéis solares, coleta de água de chuva e um sistema biodigestor, que biotransforma restos de comida em água de limpeza.[45]
- **Empréstimos Sociais** corrigem ou atenuam uma questão Social, incluindo populações específicas, mas sem se limitar a elas. Por exemplo, podem consistir em benefício socioeconômico, geração de empregos, investimento em casas populares, acessibilidade a serviços essenciais, entre outros.[46] Em 2022, o Banco MUFG anunciou ter trabalhado com a Housing Development Finance Corporation (HDFC) para lançar um empréstimo Social de 1,1 bilhão de dólares.[47] Como o maior empréstimo Social já realizado até hoje, seu "uso dos recursos" sob os princípios financiará apenas habitações populares.[48]
- **Empréstimos vinculados à sustentabilidade** diferem um pouco dos outros dois tipos. Eles incentivam o atendimento de metas de sustentabilidade ambiciosas em troca de termos de empréstimo tipicamente favoráveis.[49] O desafio é que esse tipo de empréstimo pode não estar necessariamente conectado a uma real melhora de ESG ou inovação, apenas à métrica. Por exemplo, a Gildan Activewear anunciou empréstimo de 1 bilhão de dólares vinculado a Sustentabilidade em 2022, que reduzirá ou aumentará os custos de empréstimo em torno de três objetivos, entre os quais suas metas

de redução dos Perfis 1 e 2 baseadas em SBTi, a incorporação de materiais reciclados ou sustentáveis, e a paridade de gênero no nível da diretoria e acima.[50] A não ser que os termos declarem de outro modo, a empresa pode usar essa linha de crédito em qualquer projeto.

Nos empréstimos Verdes e Sociais, não há exigência de materialidade ou de consideração dos *stakeholders*, apenas o objetivo. Com os empréstimos Vinculados a Sustentabilidade, o financiamento pode não contribuir com uma questão de ESG material ou não material. Nesse caso, os termos do empréstimo se conectam a métricas ESG sobre as quais haja acordo. Como sempre, cabe à empresa trazer o contexto de um investimento que valha a pena com esse empréstimo, e as empresas estão aproveitando. Em setembro de 2021, empréstimos sustentáveis compunham mais de 10% do mercado global de empréstimos corporativos sindicalizados, sendo 90% Empréstimos Vinculados a Sustentabilidade.[51] Os empréstimos Verdes e Vinculados a Sustentabilidade cresceram US$ 681 bilhões em 2021, um aumento de 275% em relação a 2020.[52] Esse aumento nos empréstimos talvez seja encorajador para ativistas, pois sinaliza que as empresas estão se engajando em projetos Ambientais. Ainda assim, com Empréstimos Vinculados a Sustentabilidade, que representam a maior parcela do mercado, pode ser difícil dizer se os projetos ESG estão recebendo financiamento ou se o foco é apenas na métrica para tornar mais favoráveis os termos de empréstimo para uma gama de projetos de certo tipo.

## O poder de parcerias corporativas e de finanças

A sustentabilidade e o trabalho de transição a ela relacionado estão se tornando mais materiais para fornecedores à medida que seus grandes clientes buscam a redução de emissões de carbono e o gerenciamento de suas pegadas ambientais. Até os consumidores priorizam a sustentabilidade em lugar dos produtos comercializados convencionalmente, com uma taxa de crescimento anual somado em cinco anos de 9,48% para produtos comercializados de forma sustentável em lugar de 4,98% para os outros.[53] Essa tendência tem se mantido estável mesmo com as recentes pressões inflacionárias.[54] A gestão efetiva, Ambiental e de transição pode ser um diferencial que impacta o resultado financeiro para um fornecedor que opere nesse ecossistema. Às vezes, as empresas precisam de maior expertise e processo para seguir por esse caminho, que por vezes é cheio de riscos, como ocorre com qualquer mudança. Os fornecedores também precisam de financiamento para auxiliá-los na transição.

A Walmart é um exemplo de engajamento com os fornecedores para gerenciá-los e aumentar sua capacitação por meio do time de Compras da empresa, o que é acompanhado pelo financiamento das transições em parceria com bancos. A Walmart anunciou o Projeto Gigaton em 2017, um programa focado nos fornecedores para remover 1 bilhão de toneladas métricas de gases do efeito estufa até 2030.[55] Em 2022, o programa tinha 4.500 fornecedores envolvidos, com a redução ou eliminação de mais de 574 milhões de toneladas métricas de gases do efeito estufa, mais da metade da meta.[56] Em 2019, a Walmart anunciou uma parceria com o HSBC para lançar um programa de Financiamento da Cadeia de Suprimento Sustentável [Sustainable Supply Chain Finance, SSCF], para impulsionar um melhor financiamento a fornecedores capazes de demonstrar progresso em sustentabilidade.[57] No final de 2021, a Walmart e o HSBC expandiram a parceria para incluir o CDP [Carbon Disclosure Project] e agora permitem que os fornecedores tenham seus pedidos pagos mais cedo pela Walmart quando reportam o CDP, definem suas metas e relatam seu impacto.[58]

Esses tipos de parcerias entre empresas e bancos, ou mesmo entre bancos e outras partes, para eliminar o risco de ESG e para investimentos sustentáveis, estão em evolução, o que levará a mais financiamentos criativos para ajudar a impulsionar a transição.

## Encontrando materialidade em perdas e danos

A mudança climática impacta aqueles menos responsáveis por ela, como muitas populações residindo em países em desenvolvimento. Com novas regulamentações e compromissos de governos, como o Acordo de Paris e o subsequente Global Stocktake, o mundo desenvolvido está focado em reduções operacionais e mitigação do impacto da mudança climática futura. Enquanto isso, o mundo em desenvolvimento, que sofre pesados danos ambientais e custos Sociais, está focado em adaptação.

Como vimos no Capítulo 3, perdas e danos apoiam a adaptação à mudança climática ao canalizar dinheiro para que o mundo em desenvolvimento possa lidar com os efeitos da mudança climática. Idealmente, esse dinheiro viria por meio de subvenções, não de empréstimos, para que o país afetado não precisasse devolver esse dinheiro. Em outras palavras, o mundo em desenvolvimento não pode adotar um esquema de empréstimos que coloque mais um fardo monetário sobre seus países, especialmente durante uma crise. Esse dinheiro ajuda países em desenvolvimento a corrigir proativamente o risco climático, planejar mais efetivamente e levar adiante uma recuperação após um evento, trazendo estabilidade e protegendo potenciais *stakeholders* da empresa. Pode haver um risco material, a depender de onde a cadeia de suprimento da empresa se situa. As empresas podem trabalhar com bancos para ajudar a financiar os esforços de adaptação de uma área antes que ela seja atingida diretamente por uma crise, ou por meio de esforços filantrópicos.[59] Essa abordagem financeira combinada permite que uma empresa participe do ecossistema e direcione fundos para onde ela possa fazer diferença com seus fornecedores.

## SEGURO TEM A VER COM RISCOS

Se há um setor na linha de frente do ESG, é o setor de seguros. À medida que as empresas enfrentam riscos de fatores Ambientais, Sociais e de Governança, as seguradoras criam produtos apoiados por dados e modelos de risco para protegê-las. Com sua perspectiva ampla sobre vários setores, as seguradoras também compreendem riscos associados e podem servir como consultoras de risco para empresas em assuntos de ESG. As seguradoras têm até estruturas estabelecidas para se assegurarem mutuamente durante choques severos ao sistema, por meio de resseguros. O resseguro é um seguro para seguradoras, a fim de minimizar o risco de perdas quando uma crise emerge. Por exemplo, segundo o Insurance Information Institute, pelo menos 16 seguradoras ficaram insolventes após o Furacão Andrew em 1992, que causou 27,3 bilhões de dólares em danos (números ajustados para 2017).[60] A gravidade desse evento mudou o cenário dos resseguros, e agora as seguradoras são mais dependentes de resseguros,[61] o que constitui um alerta a todas as empresas. Além disso, algumas crises são até grandes demais para as seguradoras. Em 2023, a State Farm and Allstate anunciou que pararia de emitir novas apólices de seguros residenciais na Califórnia em razão do risco de incêndios florestais.[62]

Crises como as dos incêndios florestais e dos novos padrões climáticos extremos podem ser difíceis de prever e constituem território não familiar para os modelos de uma seguradora. Além disso, subscritores e atuários prosperam nesse tipo de análise de risco. E da mesma forma que o valor das empresas foi transferido para intangíveis ao longo das últimas décadas, o mesmo ocorre com o que precisa ser segurado. Enquanto as empresas antes só precisavam assegurar ativos físicos sujeitos a risco, agora precisam também proteger novos intangíveis, desde propriedade intelectual digital a riscos de transição.

## Risco físico: propriedades, saúde e seguro de vida

A mudança climática traz uma série de riscos físicos para as empresas. Como vimos no Capítulo 3, eventos climáticos extremos são agora mais comuns. Inundações, tempestades violentas e incêndios florestais podem destruir ativos físicos, impactar cadeias globais de suprimentos e afetar a estabilidade de uma empresa. Seguros de propriedade podem ajudar uma empresa a se recuperar de algum desses desastres, mas é importante fazer uma avaliação proativa do espaço físico no qual a empresa opera, já que um edifício se assenta em um ecossistema. Ferramentas como imagens de satélite, dados sobre o tempo, sensores IoT e IA podem ajudar as empresas a modelarem seu risco climático. A mitigação antes de um desastre ajuda a baixar o valor dos prêmios e a reduzir a disrupção. Além disso, esse tipo de risco físico apenas arranha a superfície.

Ao lado da mudança climática, outro risco se apresenta ao longo do Social. A mudança climática afeta muito as pessoas mentalmente e fisiologicamente pela disrupção do suprimento de comida nutritiva, extremo calor, poluição do ar, perda de biodiversidade e até pela segurança em termos de água potável após eventos extremos de inundação.[63] Essas questões podem afetar os aspectos materiais e financeiros da empresa e de seus funcionários por meio de impactos diretos, como maiores custos com saúde e seguro, e indiretamente, com perdas de produtividade. Além disso, a interseção com seguros nessas áreas está se desenvolvendo devido a complexidades relacionadas à natureza de longo prazo do problema, e vêm sendo detectada uma correlação estatística entre eventos e saúde, com variação na cobertura do portfólio.[64]

## Riscos de transição: litígios e mudança

Voltando à definição de Risco de Transição da TCFD, o seguro faz interseção com riscos de Política e Legais, já que ambos, na transição ou não para uma economia de baixo carbono ou zero emissões, envolvem riscos. Como vimos, uma pequena cidade do Peru está processando a RWE por sua contribuição às emissões. O risco de litígio está aumentando em torno de sustentabilidade e lavagem verde [*greenwashing*], dano ambiental com consequências humanas, ou até mesmo contribuição de emissões com efeitos na mudança climática.[65,66] Entre 1986 e 2014, foram apresentados 800 casos, mas houve um aumento para mais de 1.000 casos entre 2015 e 2021, com os casos buscando com maior frequência impulsionar uma mudança social.[67] Independentemente de se tratar um caso isolado ou de parte de um esforço mais amplo de chamar a atenção para alguma questão, perder um caso como esse pode criar riscos à reputação para as empresas e aumentar as tarifas de seguro.

Há outra conexão indireta com a definição da TCFD de Risco de Tecnologia, que, de novo, é mais focada em melhorias relacionadas à sustentabilidade e à inovação que a empresa pode estar perseguindo. Algumas empresas tiveram que renovar o seguro ou adotar novos tipos de seguro para apoiar essas transições. Por exemplo, em 2022, 40% de todo o transporte marítimo estava relacionado a combustíveis fósseis.[68] Conforme as empresas se afastam dos combustíveis fósseis, novos seguros desses bens, como renováveis, biomassa e lítio para baterias, serão necessários.[69]

### Seguro de intangíveis: cibersegurança e propriedade intelectual

À medida que as empresas mudam para intangíveis, emergem novos riscos que podem ser segurados. Por exemplo, tecnologia, dados e sistemas digitais são subjacentes a quase todas as operações da empresa e têm grande impacto no valor do negócio. Como vimos no Capítulo 6, há riscos de cibersegurança associados a esse modo digital de operar. Com tantos potenciais vetores de ataques de hackers a ponderar, a cibersegurança deve ser uma consideração fundamental na implantação de tecnologia. Além disso, o seguro da cibersegurança pode ajudar a minimizar os custos de disrupção, violação de dados, dano digital, sequestro de dados, recuperação pós-incidente, entre outros. Uma empresa pode até obter seguro para um lapso na governança da privacidade digital, para atenuar a potencial intervenção da GDPR da UE e de multas.[70]

Outro intangível que pode ser segurado é a propriedade intelectual (PI), uma vantagem competitiva crucial de uma empresa. Esse tipo de seguro pode ajudar a defender a PI da empresa, mas também à medida que os concorrentes apresentam ações contra a sua propriedade intelectual. Um relatório da Aon Insurance declara que foram concedidos 3,8 bilhões em danos em casos de litígio sobre PI em 2021.[71] Apenas duas ações contra a Intel pela VLSI Technology somaram 2.175 bilhões de dólares, mostrando o potencial de dano monetário que um intangível pode causar.[72]

## OS DOIS LADOS DA MOEDA DOS SERVIÇOS FINANCEIROS

Embora compreendam que os serviços financeiros são cruciais para gerir os riscos e encontrar novas oportunidades financeiras a partir de atividades não financeiras, as empresas precisam liderar com materialidade, e *stakeholders* não, perante as mutáveis prioridades dos mercados. O ESG diz respeito, em última instância, a cuidar do negócio e gerir esses riscos, ao mesmo tempo que são criadas novas oportunidades. Além disso, a influência dos serviços financeiros na empresa não pode ser menosprezada.

Serviços Financeiros provavelmente examinam mais as empresas que outros *stakeholders*, até mesmo que os reguladores. No entanto, essa lente externa de análise é apenas um dos lados de uma moeda que os serviços financeiros devem considerar quando se trata de ESG.

Por outro lado, as firmas de serviços financeiros devem focar seus esforços de ESG, como outras empresas fazem. Afinal, todo setor tem considerações de materialidade e *stakeholders* para lidar. As mesmas questões de ESG colocadas como alternativas na mesa existem também para firmas de serviços financeiros, mas cada firma tem riscos únicos que deve monitorar e ajustar. Uma firma de investimento que oferece um fundo de impacto precisa assegurar que está rotulando devidamente o fundo e comunicando os investidores claramente; caso contrário, enfrentará uma questão de Governança. Um banco compartilhando seu compromisso de zero emissões pode ficar sob fogo cruzado por emprestar a um novo projeto de combustível fóssil, enfurecendo ativistas focados no Ambiente. As seguradoras devem estar cientes da interseção entre o Ambiente e o Social nos lugares em que vivem seus clientes mais marginalizados.

Mesmo as firmas de serviços financeiros podem experimentar riscos e oportunidades de ESG. Essa é uma última dualidade e, com o grau de influência que essas firmas têm na economia global, elas precisam liderar assumindo a dianteira para que todas as empresas possam fazer tudo corretamente.

## NOTAS


1 Business Roundtable (2019). Business Roundtable redefines the purpose of a corporation to promote "an economy that serves all Americans". Business Roundtable. www.businessroundtable.org/business-roundtable-redefines-the-purpose-of-a-corporation-to-promote-an-economy-that-serves-all-americans (arquivado em https://perma.cc/7XUW-QR6W).

2 Friedman, M. (1970). The social responsibility of business is to increase its profits. *The New York Times*, 13 de setembro. www.nytimes.com/1970/09/13/archives/a-friedman-doctrine-the-social-responsibility-of-business-is-to.html (arquivado em) https://perma.cc/4ZLW-MQJ7).

3 Fink, L. (2023). Larry Fink's annual Chairman's Letter to Investors. BlackRock. www.blackrock.com/corporate/investor-relations/larry-fink- annual-chairmans-letter (arquivado em https://perma.cc/DMV8-59VY).

4 Bank of America, N.A. (s.d.). Stakeholder capitalism metrics: Standards for measuring global sustainability. Bank of America. www.about.bankofamerica.com/en/making-an-impact/stakeholder-capitalism-metrics (arquivado em https://perma.cc/7SQX-N78H).

5 Feloni, R. e Mullineaux, M. (2020). Humana's CEO said the Coronavirus crisis has confirmed the value of a stakeholder-driven strategy. JUST Capital. www.justcapital.com/news/humanas-ceo-explained-how-the-coronavirus-crisis-has--confirmed-the-value-of-a-long-term-stakeholder-driven-strategy/ (arquivado em https://perma.cc/QN28-NGXD).

6 Bloomberg (2021). ESG assets may hit $53 trillion by 2025, a third of global AUM. Bloomberg Professional Services, 23 de fevereiro. www.bloomberg.com/professional/blog/esg-assets-may-hit-53-trillion-by-2025-a-third-of-global-aum/ (arquivado em https://perma.cc/S4U9-ETEZ).

7 Colas, J., Khaykin, I., Chitre, S., e Singh, S. (2021). Financing the transition to a net-zero future. Oliver Wyman. www.oliverwyman.com/our-expertise/insights/2021/oct/financing-the-transition-to-a-net-zero-future.html (arquivado em https://perma.cc/SY8W-AB3K).

8 Cho, R. (2022). With climate impacts growing, insurance companies face big challenges. *State of the Planet*. www.news.climate.columbia.edu/2022/11/03/with-climate-impacts-growing-insurance-companies-face-big-challenges/ (arquivado em https://perma.cc/57L3-3S6E).

9 Viernes, F.A.H. (2016). Asian companies' financial reporting frequency. CFA Institute, p. 4-9. www.cfainstitute.org/-/media/regional/arx/post-pdf/2016/03/20/asian-companies-financial-reporting-frequency.ashx (arquivado em https://perma.cc/EG33-3FH5).

10 European Commission (s.d.). Transparency requirements for listed companies. European Commission Finance. www.finance.ec.europa.eu/capital-markets-union-and-financial-markets/company-reporting-and-auditing/company-reporting/transparency-requirements-listed-companies_en (arquivado em https://perma.cc/B456-G7EQ).

11 Foldy, B. (2023). Business is slowing. So companies are juicing profits. *The Wall Street Journal*, 1 de junho. www.wsj.com/articles/profit-numbers-get-spruced-up--as-business-slows-8eec5017 (arquivado em https://perma.cc/T96T-DJ5B).

12 CFA Institute (2017). Study examines the impact of reporting frequency. CFA Institute Market Integrity Insights. www.blogs.cfainstitute.org/marketintegrity/2017/05/23/study-examines-the-impact-of-reporting-frequency (arquivado em https://perma.cc/PA6Y-VKN4).

13 Delbene, J. (2019). Reporting earnings less frequently could lead execs to make better long-term decisions, according to top economists. The University of Chicago Booth School of Business. www.chicagobooth.edu/media-relations-and-communications/

press-releases/reporting-earnings-less-frequently-could-lead-execs-to-make-better--long-term-decisions (arquivado em https://perma.cc/ P7VX-6ELL).

[14] Lumberg, J. e Rhineheart, C. (2019). A brief history of impact investing. Investopedia. www.investopedia.com/news/history-impact-investing/ (arquivado em https://perma.cc/5A9G-UYMV).

[15] UNEP Finance Initiative (2004). *The Materiality of Social, Environmental and Corporate Governance Issues to Equity Pricing*. UNEP Finance Initiative, p. 3-4. www.unepfi.org/fileadmin/publications/amwg/ceo_briefing_materiality_equity_pricing_2004.pdf (arquivado em https://perma.cc/3R3N-3M46).

[16] UNEP Finance Initiative (2004). *The Materiality of Social, Environmental and Corporate Governance Issues to Equity Pricing*. UNEP Finance Initiative, p. 4. www.unepfi.org/fileadmin/publications/amwg/ceo_briefing_materiality_equity_pricing_2004.pdf (arquivado em https://perma.cc/3R3N-3M46).

[17] Vanguard (s.d.). ESG funds that reflect what matters most to you. Vanguard. www.investor.vanguard.com/investment-products/esg (arquivado em https://perma.cc/5KCR-EZEK).

[18] The European Parliament and the Council of the European Union (2019). Regulation (EU) 2019/2088 of the European Parliament and of the Council of 27 November 2019 on sustainability-related disclosures in the financial services sector. Access to European Law, p. 10-11. www.eur-lex.europa.eu/legal-content/EN/TXT/PDF/?uri=CELEX:32019R2088&from=EN (arquivado em https://perma.cc/NT9N-GD84).

[19] The European Parliament and the Council of the European Union (2019). Regulation (EU) 2019/2088 of the European Parliament and of the Council of 27 November 2019 on sustainability-related disclosures in the financial services sector. Access to European Law, p. 11-12. www.eur-lex.europa.eu/legal-content/EN/TXT/PDF/?uri=CELEX:32019R2088&from=EN (arquivado em https://perma.cc/NT9N-GD84).

[20] The European Parliament and the Council of the European Union (2019). Regulation (EU) 2019/2088 of the European Parliament and of the Council of 27 November 2019 on sustainability-related disclosures in the financial services sector. Access to European Law, p. 12–13. www.eur-lex.europa.eu/legalcontent/EN/TXT/PDF/?uri=CELEX:32019R2088&from=EN (arquivado em https://perma.cc/NT9N-GD84).

[21] U.S. Securities and Exchange Commission (2022). SEC proposes to enhance disclosures by certain investment advisers and investment companies about ESG investment practices. SEC. www.sec.gov/news/press-release/2022-92 (arquivado em https://perma.cc/5TMT-TH78).

[22] U.S. Securities and Exchange Commission (2022a). *Enhanced Disclosures by Certain Investment Advisers and Investment Companies about Environmental, Social,*

*and Governance Investment Practices*. SEC, p. 14. www.sec.gov/files/rules/proposed/2022/ia-6034.pdf (arquivado em https://perma.cc/6DFN-G34U).

[23] U.S. Securities and Exchange Commission (2022a). *Enhanced Disclosures by Certain Investment Advisers and Investment Companies about Environmental, Social, and Governance Investment Practices*. SEC, p. 14-15. www.sec.gov/files/rules/proposed/2022/ia-6034.pdf (arquivado em https://perma.cc/6DFNG34U).

[24] U.S. Securities and Exchange Commission (2022a). *Enhanced Disclosures by Certain Investment Advisers and Investment Companies about Environmental, Social, and Governance Investment Practices*. SEC, p. 15. www.sec.gov/files/rules/proposed/2022/ia-6034.pdf (arquivado em https://perma.cc/6DFN-G34U).

[25] ASEAN Capital Markets Forum (2022). *ASEAN Sustainable and Responsible Fund Standards*. Google Docs, p. 8. www.drive.google.com/file/d/1zm91M_3wNvNJ4m-2-TA3fhgXSUOTTpqCH/view (arquivado em https://perma.cc/ B34N-VUGS).

[26] California Public Employees' Retirement System (2014). *Towards Sustainable Investment & Operations*. CalPERS, p. 19. www.calpers.ca.gov/docs/forms-publications/esg-report-2014.pdf (arquivado em https://perma.cc/MHV3-KHYT).

[27] Diamond, R. (2021). CalPERS rejects reinvesting in tobacco again. Chief Investment Officer. www.ai-cio.com/news/calpers-rejects-reinvesting-tobacco/ (arquivado em https://perma.cc/95BN-6WPM).

[28] Diamond, R. (2021). CalPERS rejects reinvesting in tobacco again. Chief Investment Officer. www.ai-cio.com/news/calpers-rejects-reinvesting-tobacco/ (arquivado em https://perma.cc/95BN-6WPM).

[29] Lazard (2023). *Shareholder Activism Update: Early Look at 2023 Trends*. Lazard. www.lazard.com/research-insights/shareholder-activism-update-early-look-at--2023-trends/ (arquivado em https://perma.cc/64F5-7ZTR).

[30] Ramaswamy, S.V. (2023). KeyBank named "worst lender for Black borrowers" will undergo "racial equity audit". *USA Today*. www.usatoday.com/story/money/2023/05/11/keybank-worst-lender-black-borrowers-reacts-with-audit/70188905007/ (arquivado em https://perma.cc/6AUX-GJVX).

[31] Ramaswamy, S.V. (2023). KeyBank named "worst lender for Black borrowers" will undergo "racial equity audit". *USA Today*. www.usatoday.com/story/money/2023/05/11/keybank-worst-lender-black-borrowers-reacts-with-audit/70188905007/ (arquivado em https://perma.cc/6AUX-GJVX).

[32] Ramaswamy, S.V. (2023). KeyBank named "worst lender for Black borrowers" will undergo "racial equity audit". *USA Today*. www.usatoday.com/story/money/2023/05/11/keybank-worst-lender-black-borrowers-reacts-with-audit/70188905007/ (arquivado em https://perma.cc/6AUX-GJVX).

[33] Fidelity International (s.d.). Our business. Fidelity International. fidelityinternational.com/about-us/our-business (arquivado em https://perma.cc/ DP27-MWU8).

[34] Fidelity International (2020). *Fidelity International China Stewardship Report 2020.* Fidelity International, p. 15. www.s3-eu-west-1.amazonaws.com/euissmultisiteprod-live-8dd1b69cadf7409099ee6471b87c49a-7653963/filer_public/3d/fe/3dfeed7f-74b5-42d5-9471-02fd383f4596/fidelity_china_ report_2020_v6.pdf (arquivado em https://perma.cc/3CUN-2VDN).

[35] Fidelity International (2020). *Fidelity International China Stewardship Report 2020.* Fidelity International, p. 15. www.s3-eu-west-1.amazonaws.com/euissmultisiteprod-live-8dd1b69cadf7409099ee6471b87c49a-7653963/filer_public/3d/fe/3dfeed7f-74b5-42d5-9471-02fd383f4596/fidelity_china_ report_2020_v6.pdf (arquivado em https://perma.cc/3CUN-2VDN).

[36] Min, H. (2021). China's net zero future. Climate Champions. climatechampions. www.unfccc.int/chinas-net-zero-future/ (arquivado em https://perma.cc/E5AJ-928P).

[37] McNabb, B., Charan, R., e Carey, D. (2021). Engaging with your investors. *Harvard Business Review*. www.hbr.org/2021/07/engaging-with-your-investors (arquivado em https://perma.cc/NZ9J-3QDH).

[38] Fink, L. (2022). Larry Fink's 2022 Letter to CEOs. BlackRock. www.blackrock.com/corporate/investor-relations/larry-fink-ceo-letter (arquivado em https://perma.cc/25FC-YJNP).

[39] Dorn, M. (2022). The (re)balancing act of the S&P 500 ESG Index. Indexology Blog. www.indexologyblog.com/2022/05/17/the-rebalancing-act-of-the-sp-500-esg-index/ (arquivado em https://perma.cc/Y4CH-UFVK).

[40] Dorn, M. (2022). The (re)balancing act of the S&P 500 ESG Index. Indexology Blog. www.indexologyblog.com/2022/05/17/the-rebalancing-act-of-the-sp-500-esg-index/ (arquivado em https://perma.cc/Y4CH-UFVK).

[41] Kerber, R. (2023). Tesla returns to S&P 500 ESG index with more environmental disclosures. Reuters, 21 de junho. www.reuters.com/sustainability/tesla-returns--sp-500-esg-index-with-more-environmental-disclosures-2023-06-21/ (arquivado em https://perma.cc/8NSS-H46N).

[42] Virmani, T. (2022). New ESG guidance documents published. LSTA. www.lsta.org/news-resources/new-esg-guidance-documents-published/ (arquivado em https://perma.cc/6HU3-4R75).

[43] APLMA, LMA e LSTA (2023a). *Green Loan Principles*. LSTA, p. 3. www.lsta.org/content/green-loan-principles/# (arquivado em https://perma.cc/ NSS4-X4HX).

[44] Ng, S. e Ong, C. (2020). UOL secures first Green Loan of $120 million for Pan Pacific Orchard. UOL, p. 1. www.uol.com.sg/wp-content/uploads/uol-news-releases/UOLMediaReleaseGreenLoan29Jul20.pdf (arquivado em https://perma.cc/5NAF-SPGG).

[45] Seah, N. (2023). Why Pan Pacific Orchard is an example of sustainable hospitality and graceful luxury. *SG Magazine*. www.sgmagazine.com/lifestyle/why-pan-pacific-orchard-is-the-new-example-of-sustainable-hospitality-and-graceful-luxury/ (arquivado em https://perma.cc/AZV9-GYNB).

[46] APLMA, LMA e LSTA (2023b). *Social Loan Principles (SLP)*. LSTA, p. 2-3. www.lsta.org/content/social-loan-principles-slp/ (arquivado em https:// perma.cc/D3EF-KGXE).

[47] Ho, K. e Chua, H. (2022). MUFG seals landmark USD 1.1 billion social loan for affordable housing with HDFC in India. MUFG Bank, Ltd., p. 1. www.bk.mufg.jp/global/globalnetwork/asiapacific/anncts/pdf/apacnews- 20220808-01-en.pdf (arquivado em https://perma.cc/S6U2-LZXP).

[48] Murdoch, A. (2022). HDFC's $1.1bn deal: An Indian oasis in the social loan desert. *Capital Monitor*. www.capitalmonitor.ai/factor/social/hdfc-social-loan-affordable-housing/ (arquivado em https://perma.cc/2YVU-RDG7).

[49] APLMA, LMA and LSTA (2023c). *Guidance on Sustainability Linked Loan Principles (SLLP)*. LSTA, p. 2. www.lsta.org/content/guidance-on-sustainability-linked-loan-principles-sllp/# (arquivado em https://perma.cc/3HDG-CZJY).

[50] Gildan Activewear, Inc. (2022). Gildan announces first sustainability-linked loan. GlobeNewswire News Room. www.globenewswire.com/news-release/2022/03/28/2411340/0/en/Gildan-Announces-First-Sustainability-Linked-Loan.html (arquivado em https://perma.cc/YA4N-FEDH).

[51] Kim, S., Kumar, N., Lee, J., e Oh, J. (2022). Sustainability-linked loans: A strong ESG commitment or a vehicle for greenwashing? PRI. www.unpri.org/ pri-blog/sustainability-linked-loans-a-strong-esg-commitment-or-a-vehicle-for-greenwashing/10243.article (arquivado em https://perma.cc/DRB5-5LZS).

[52] Virmani, T. (2022). Sustainable lending continues to surge. LSTA. www.lsta.org/news-resources/sustainable-lending-continues-to-surge/ (arquivado em https://perma.cc/8CJY-2XKJ).

[53] The NYU Stern Center for Sustainable Business and Circana (2023). Research from NYU Stern Center for Sustainable Business and Circana shows sustainability-marketed products continue to grow in the face of high inflation. NYU Stern. www.stern.nyu.edu/experience-stern/faculty-research/research-nyu-stern-center-sustainable-business-and-circana-shows-sustainability-marketed-products (arquivado em https://perma.cc/6KE2-MMUC).

[54] The NYU Stern Center for Sustainable Business and Circana (2023). Research from NYU Stern Center for Sustainable Business and Circana shows sustainability-marketed products continue to grow in the face of high inflation. NYU Stern. www.stern.nyu.edu/experience-stern/faculty-research/research-nyu-stern-center-sustainable-business-and-circana-shows-sustainability-marketed-products (arquivado em https://perma.cc/6KE2-MMUC).

[55] Stevens, P. (2019). Behind Walmart's push to eliminate 1 gigaton of greenhouse gases by 2030. CNBC. www.cnbc.com/2019/12/15/walmarts-project-gigaton--is-its-most-ambitious-climate-goal-yet.html (arquivado em https://perma.cc/AA9W-28AJ).

[56] McLaughlin, K. (2022). Accelerating climate action: Project Gigaton marks key milestone. Walmart. www.corporate.walmart.com/news/2022/04/06/accelerating-climate-action-project-gigaton-marks-key-milestone (arquivado em https://perma.cc/FH7C-H8B5).

[57] Walmart (2019). Walmart reports substantial emissions reductions in China as suppliers set ambitious targets. Walmart. www.corporate.walmart.com/news/2019/04/18/walmart-reports-substantial-emissions-reductions-in-china-as--suppliers-set-ambitious-targets (arquivado em https://perma.cc/YZ2N-KBCN).

[58] Walmart (2021). Walmart creates industry first by introducing science-based targets for supply chain finance program. Walmart. www.corporate.walmart.com/news/2021/12/08/walmart-creates-industry-first-by-introducing-science-based-targets-for-supply-chain-finance-program (arquivado em https://perma.cc/G8LJ-MK2Z).

[59] Bhandari, P., Warszawski, N., e Thangata, C. (2022). The current state of play on financing loss and damage. World Resource Institute. www.wri.org/technical-perspectives/current-state-play-financing-loss-and-damage (arquivado em https://perma.cc/PC6U-CVC5).

[60] Insurance Information Institute (2017). Hurricane Andrew fact sheet. Insurance Information Institute. www.iii.org/article/hurricane-andrew-fact-sheet (arquivado em https://perma.cc/PS8K-FYYZ).

[61] McChristian, L. (2012). *Hurricane Andrew and Insurance: The enduring Impact of an historic storm*. Insurance Information Institute, p.13. www.iii.org/sites/default/files/paper_HurricaneAndrew_final.pdf (arquivado em https://perma.cc/ER6A-MJBX).

[62] Gall, M. (2023). Why insurance companies are pulling out of California and Florida, and how to fix some of the underlying problems. Yahoo News. www.news.yahoo.com/why-insurance-companies-pulling-california-122420247.html (arquivado em https://perma.cc/R9PB-SK2C).

[63] Atwoli, L., Baqui, A.H., Benfield, T., Bosurgi, R., Godlee, F., Hancocks, S., Horton, R., Laybourn-Langton, L., Monteiro, C.A., Norman, I., Patrick, K., Praities, N., Olde Rikkert, M.G.M., Rubin, E.J., Sahni, P., Smith, R., Talley, N., Turale, S., e Vázquez, D. (2021). Call for emergency action to limit global temperature increases, restore biodiversity, and protect health. *New England Journal of Medicine*. https://doi.org/10.1056/nejme2113200 (arquivado em https://perma.cc/ WM6E-NE3P).

[64] Ono, A. (2023). Climate change's impacts on life and health insurance lakyara vol.366. Nomura Research Institute, Ltd., p. 2. www.nri.com/-/media/Corporate/en/Files/PDF/knowledge/publication/lakyara/2023/02/lakyaravol366.pdf (arquivado em https://perma.cc/CSN6-QBQB).

[65] Elfar, A. (2022). Landmark climate change lawsuit moves forward as German judges arrive in Peru. *State of the Planet.* www.news.climate.columbia.edu/2022/08/04/landmark-climate-change-lawsuit-moves-forward-as-german-judges-arrive-in-peru/ (arquivado em https://perma.cc/PZ9F-DBU9).

[66] Djazayeri, A. (2021). Climate change litigation and its impact on the insurance industry. HDI Global. www.hdi.global/infocenter/insights/2021/climate-change-litigation/ (arquivado em https://perma.cc/PF5S-WM4K).

[67] Setzer, J. e Higham, C. (2021). Global trends in climate change litigation: 2021 snapshot policy report. The London School of Economics and Political Science, p. 4. www.lse.ac.uk/granthaminstitute/wp-content/uploads/2021/07/Global-trends-in-climate-change-litigation_2021-snapshot.pdf (arquivado em https://perma.cc/KA85-XGDX).

[68] Subramanian, S. (2022). Forty percent of all shipping cargo consists of fossil fuels. *Quartz.* www.qz.com/2113243/forty-percent-of-all-shipping-cargo-consists-of-fossil-fuels (arquivado em https://perma.cc/J2KM-THT5).

[69] Surminski, S. (2020). Climate change and the insurance industry: Managing risk in a risky time. *Georgetown Journal of International Affairs.* www.gjia.georgetown.edu/2020/06/09/climate-change-and-the-insurance-industry-managing-risk-in-a-risky-time/ (arquivado em https://perma.cc/9QB2-YVUQ).

[70] M.W., S. (2019). A quick cyber insurance guide for GDPR compliance. TechGenix. www.techgenix.com/cyber-insurance-guide/ (arquivado em https://perma.cc/X2ZH-J9W9).

[71] Rose, W. (2021). *Patent Litigation Trends–2021 Year End.* Aon. www.insights-northamerica.aon.com/intellectual-property/aon-patent-litigation-trends-2021-year-end-report (arquivado em https://perma.cc/AN72-YDYY).

[72] Rucinski, L. e Ricci, D. (2021). $2.175 billion–with a "B"–verdict in patent infringement case. Everything IP Under One Digital Roof. www.intellectualproperty.law/2021/03/2-175-billion-with-a-b-verdict-in-patent-infringement-case/ (arquivado em https://perma.cc/A9ZS-MVBS).

CAPÍTULO 9

# CRÍTICAS E CONTROVÉRSIAS EM TORNO DO ESG

Embora o nome que se dá às coisas não seja o mais fundamental, o contexto é algo importante quando usamos a sigla "ESG", porque muitos a usam de modo inadequado. Nas empresas de serviços financeiros, o ESG não é bem definido e costuma ser mal compreendido, gerando ampla gama de opiniões a respeito do que ela é e não é. Com a propriedade do termo assentada nos mercados financeiros e a expansão do universo de produtos relacionados ao ESG, investimentos de impacto e o investimento socialmente responsável [*socially responsible investing*, SRI], as empresas estão tendo dificuldades para conseguir definir o que é ESG. No entanto, como vimos no capítulo anterior, os órgãos reguladores estão tentando esclarecer essas definições para os participantes do mercado. O fato é que, quando a pressão por ESG chega à empresa por meio de seus acionistas, os líderes não sabem muito bem o que pensar, embora saibam que há algo a ser resolvido. Portanto, a mera interpretação do ESG a partir desse ponto é uma questão de Governança.

Infelizmente, como é uma sigla curta, ela se presta a uma resposta rápida das empresas e *stakeholders*. Conversei com empresas que definem ESG como esforço filantrópico, outras que a veem como divulgações e métricas, e algumas poucas que a consideram atribuição do seu Diretor de Riscos. Algumas empresas se preocupam apenas com o Ambiente e não abordam o Social ou mesmo a parte mais crucial, a Governança. *The Economist* publicou um artigo de opinião afirmando que o Ambiente deveria ser separado e que as empresas deveriam focar apenas o E de emissões.[1]

Essas interpretações de ESG não deveriam surpreender, por várias razões. A evolução da CSR [Responsabilidade Social Corporativa] e do ESG, o capitalismo de primazia do acionista sobre os *stakeholders* e os pontos de inflexão Ambientais e Sociais já se estendem há décadas. Os mercados têm reelaborado e redefinido isso, às vezes para capturar oportunidades financeiras e não financeiras. Além da evolução, muitas questões de ESG materiais e não materiais viraram licenças para operações e para fluidez entre elas, aumentando a confusão. Há questões que afetam a empresa; ou então é a empresa que impacta o mundo e as pessoas. Às vezes, a empresa lida com ambos em algum ponto de conexão. Compreender as diferenças exige uma abordagem sistemática das questões, mas é algo que vale a pena, pois cada uma envolve resultados, um jogo de compensações e *stakeholders* diferentes. Quanto melhor uma empresa compreende sua posição, melhor sua situação. Infelizmente, leva tempo para sanar essa lacuna entre a nuance e a complexidade do ESG. Esse esforço pode ser um grande desafio no ritmo rápido do mundo digital, quando as questões tendem a ser vistas de modo radical, tipo preto ou branco. O resultado é uma mistura de críticas, informais ou acadêmicas, algumas delas válidas.

Você pode ouvir uma ampla gama de pontos de vista e opiniões a respeito do ESG e dos esforços de sua empresa, a depender da empresa ou pessoa com quem você fala, da convicção política dela, ou de seus valores. Como resultado, tais críticas e controvérsias se tornam questões de ESG por direito próprio, por meio de seus *stakeholders*, exigindo novas estratégias de Governança.

## CRÍTICAS AO ESG

Ao longo dos anos, firmas de serviços financeiros e empresas têm tentado fazer o ESG se adequar a vários aspectos para atender ao seu propósito ou às mensagens enviadas aos *stakeholders*. Sem dúvida, surgiram nesse ínterim ecossistemas totalmente novos, como agências de classificação de ESG, empresas de consultoria e especialistas de marketing tentando capitalizar a oportunidade. Muitas críticas válidas ao ESG têm interseção direta com a sigla, e também com o ecossistema em torno dela. Vale a pena explorá-las para aprender onde há coisas a melhorar e ficar atento a armadilhas. Já tratamos de uma dessas críticas ao longo deste livro – a ideia da primazia do acionista, que costuma aparecer entre os críticos. Essa crítica é fácil de examinar com uma mentalidade ESG, já que lidar com questões materiais é algo que a empresa já deveria estar fazendo, mas é também uma crítica que agrega valor ao acionista, pelo menos em tese.

## Pontuações de ESG

Uma crítica comum é à ênfase exagerada às pontuações, às vezes a ponto de os críticos colocarem pontuações e ESG como coisas equivalentes. Como vimos no Capítulo 2, as agências de classificação de ESG se desenvolveram nos últimos 20 anos para transmitir informações não financeiras a investidores, e até a algumas empresas, para apoiar tomadas de decisão. As agências de classificação com frequência ajustam os dados ESG brutos, sobrepondo pesquisa e análise a eles, e simplificam suas visões traduzindo-as como pontuações de ESG, como se faz com pontuações de crédito, dando várias dimensões de ESG aos dados. As pontuações de crédito se mostram consistentes ao longo das principais agências de crédito, e os críticos as consideram como uma maneira mais bem informada de classificar empresas, pois presume-se que se baseiam em aspectos financeiros. No entanto, as três maiores agências de classificação de crédito de corporações, a S&P Global,[2] a Moody's[3] e a Fitch,[4] têm publicado informações a respeito de como elas utilizam informações ESG materiais para moldar suas pontuações de crédito.

Por outro lado, as pontuações de ESG, que não são pontuações de crédito, podem variar entre as agências de classificação, conforme a definição e a interpretação que a agência faz de ESG, da materialidade e dos *stakeholders*.[5] Enquanto os relatórios financeiros são tipicamente baseados em números, não é assim com os dados de ESG reportados. Em uma pesquisa de 2023 do SustainAbility Institute realizada pela ERM, mais da metade dos investidores e empresas acreditaram ser necessária maior consistência e comparabilidade entre as agências de classificação de ESG.[6]

Em 2023, a UE se posicionou em relação a essa crítica com um projeto de proposta que não visava normalizar as metodologias usadas pelas agências de classificação, mas aumentar a transparência e comparabilidade das pontuações de ESG.[7] O objetivo pode ser lidar com a crítica que fala da natureza de caixa preta das agências de classificação, das pontuações e da variabilidade. Alguns acham que as pontuações de ESG e as agências de classificação desempenham um papel superdimensionado nos mercados, já que algumas empresas vão atrás dessas pontuações sem ter uma clara compreensão do que está envolvido. Outra provisão dessa proposta da UE é dirigida a empresas que buscam pontuações ESG, removendo um conflito de interesses que surge quando as agências de classificação oferecem também serviços de consultoria.[8] Em outras palavras, uma agência de classificação não deveria criar uma pontuação e então vender serviços a uma empresa para que ela melhore a pontuação.

Como a proposta tem foco nas agências de classificação, ela não proíbe as empresas de buscarem atividades inexpressivas que possam influir nas pontuações, que é outra crítica feita ao ESG. Empresas de energia podem vender ativos "sujos", como petróleo, gás e carvão, a compradores de private equity, e com isso transferir efetivamente o risco de transição e as emissões de carbono a outra parte.[9] A empresa vendedora pode aumentar sua pontuação de ESG, já que o ativo é transferido para mercados privados, nos quais a pressão para divulgação é menor, mas as emissões e o risco de transição continuam inalterados. Embora essa movimentação possa parecer não material, é uma questão material Ambiental e potencialmente de Governança para uma empresa de energia, não importa se o objetivo é perseguir pontuações ou melhorar o risco de transição da empresa.

## A falsa narrativa do ganha-ganha e de buscar o alfa

À medida que o ESG obtinha maior atenção a partir das cartas aos CEOs de Larry Fink até chegar à covid-19, a narrativa predominante nos mercados, consultores e apoiadores do ESG era um persistente ganha-ganha. A promessa se alinhava mais ao propósito que ao ESG, e as empresas podem acertar ao fazer o bem, o que às vezes é adequado, mas nem sempre, como temos visto. As questões de ESG são complexas, e envolvem muitas partes móveis que exigem uma mentalidade ESG. Quando não se alcança um ganha-ganha, os críticos ressaltam isso prontamente.

Com o ESG, costuma haver um jogo de compensações a levar em conta. Essas compensações podem ser entre os três pilares ou entre o que poderia ser resumido como os horizontes de longo prazo.[10] Vamos pegar o exemplo de um fabricante de produtos eletrônicos que quer melhorar seu produto com novos materiais sustentáveis que permitam sua fácil remoção e reutilização na economia circular. Talvez pudesse ser desenvolvido um novo adesivo como parte de um projeto de melhoria. O adesivo precisaria ser forte o suficiente para que a peça continuasse conectada, mas não a ponto de dificultar sua remoção com certa pressão. Lidar com riscos de transição como P&D inclui custos, testes da potencial confiabilidade do produto e mudanças no processo funcional. Esse jogo de compensações de curto prazo em torno do custo, do trabalho e do tempo pode levar a uma sustentabilidade de longo prazo do produto e reduzir o custo, para se equiparar à concorrência, e então mudar mais tarde. Embora a empresa possa apreciar os benefícios Ambientais dessa mudança, há potenciais riscos Sociais e de Governança para aqueles que estão na cadeia de valor do fabricante. Para um fornecedor que não tenha feito a transição para itens sustentáveis, esse pivotar do fabricante é o seu risco de ESG, com o qual terá que lidar na transição. E também terá que gerir o aspecto econômico da mudança em relação a seus trabalhadores.

Alinhar o ESG a alfa, isto é, a retornos de ações com desempenho superior, é outro cenário popular de ganha-ganha que os apoiadores do ESG citam. Há evidência de que o ESG pode levar a um desempenho superior. A NYU Stern publicou um metaestudo que mostra que empresas que buscam ESG mantêm ou têm desempenho levemente superior, o que faz sentido do ponto de vista lógico.[11] Empresas que compreendem seus riscos e oportunidades de ESG e conseguem geri-los adequadamente provavelmente terão, no mínimo, retornos de mercado ou se sairão um pouco melhor. No entanto, esse ganha-ganha não funciona para investidores que buscam ganhos de curto prazo, pois o ESG é focado em resiliência de longo prazo e, como sempre, alguma questão complicada de Governança pode fazer a empresa ter problemas. Nada na vida é garantido, especialmente o alfa [o retorno ativo de um investimento].

## A Tesla e o tabaco: o diabo está nos detalhes

SRIs ou investidores éticos podem se livrar de ações que encarem como ações do vício, quando decidem conduzir as coisas com base em seus valores. Essas estratégias geralmente evitam setores como os de armas, combustíveis fósseis e tabaco, e com frequência são confundidas com investimento em ESG, mas não são a mesma coisa. As razões pelas quais um investidor escolhe determinada estratégia que é descartada por outro podem ser diferentes, e a ética às vezes desempenha papel destacado nessa diferença. Com SRI e investimentos éticos, a escolha ética do investidor ou uma visão baseada em valores podem moldar como eles desejam alocar seu capital. Ao mesmo tempo, um investidor ESG consideraria o risco em torno dessa escolha ética da empresa e outros fatores não financeiros para indicar um investimento adequado. Por exemplo, um investidor ESG examinaria setores ligados ao "vício" e constataria que seu negócio essencial está sujeito a um risco mais elevado graças às regulamentações e à atenção negativa de *stakeholders* em função dos danos Ambientais e Sociais que eles causam. No entanto, compreenderia que, se a empresa tem princípios de Governança sólidos, será capaz de gerenciar bem esses riscos.

Por outro lado, uma empresa pode tentar causar disrupção e eletrificar um setor difícil de conter, como o automotivo, para afastar populações inteiras dos combustíveis fósseis e conseguir um mix de investidores SRI e ESG. Este exemplo capitaliza a transição ao criar oportunidade. Enquanto persegue sua ambição Ambiental, essa mesma empresa pode ter outras questões que geram uma pontuação de alto risco de ESG. O SRI e investidores éticos podem escolher investir de acordo com seus valores. Ao mesmo tempo, investidores ESG podem ser mais céticos, quem sabe celebrando o esforço de sustentabilidade em termos de riscos de transição Ambiental, enquanto se mostra cauteloso com outras questões.

Em junho de 2023, Elon Musk, CEO da Tesla, declarou que o ESG é o demônio,[12] já que as empresas de tabaco, cujo uso do produto tem claras correlações com o câncer,[13] costumam ter pontuações de ESG mais altas que a Tesla. Dois dias após ter postado isso no X (antigo Twitter), o exame das pontuações de ESG de várias agências de classificação mostrou que ele estava certo – das quatro agências de classificação mostradas aqui (Tabela 9.1), apenas a MSCI e a Sustainalytics deram à Tesla uma pontuação de ESG maior ou próxima, colocando-a no mix de uma amostra de ações de tabaco.



**TABELA 9.1** Amostra de pontuações ESG de empresas de tabaco em agências de classificação

| | MSCI | S&P Global | Refinitiv | Sustainalytics |
|---|---|---|---|---|
| | Por letras | Mais alta, melhor | Mais alta, melhor | Mais baixa, melhor |
| Altria Group | BBB | 42 | 88 | 24,2 |
| Philip Morris International | BBB | 84 | 85 | 28,4 |
| British American Tobacco plc | BBB | 88 | 86 | 33,7 |
| Tesla | A | 37 | 72 | 27,2 |

A Tabela 9.1 é um excelente exemplo da variabilidade nas pontuações das agências de classificação, uma crítica já mencionada, mas é preciso um exame mais profundo para compreender por que a Tesla tem pontuações mais baixas nesse caso. A comparação revela claras nuances a respeito das diferenças éticas entre ser dono de uma empresa de tabaco ou de uma de veículos elétricos. Como vimos com a CalPERS, o tabaco pode estar sujeito a estratégias de desinvestimento.[14] Embora a ética possa ter um papel na essência do negócio, as pontuações ESG podem não classificar as empresas quanto à ética de seu negócio, de seus produtos ou serviços, mas podem levantar considerações sobre os riscos regulatórios em torno de seu setor, o que talvez pareça a mesma coisa a um observador casual.[15, 16]

A S&P Global uma vez explicou as baixas pontuações de ESG da Tesla, pelo menos sob seu ponto de vista. Um dos produtos da firma, o Índice S&P 500 ESG, rastreia 75% das empresas por capitalização de mercado flutuante ao longo de cada setor e usa uma pontuação Dow Jones Industrial (DJI) S&P ESG, entre outros fatores, para a inclusão.

A Tesla é uma das maiores empresas do mundo por capitalização de mercado flutuante, mas suas pontuações ESG, como indicado na Tabela 9.1, não são estelares. Depois de passar um ano no Índice S&P 500 ESG, a S&P removeu a Tesla em 2022. A reação de Musk na época foi uma comparação com as pontuações ESG da Exxon Mobile e a conclusão de que o ESG é uma fraude.[17] Numa postagem em blog, a S&P descreveu as razões de ter reequilibrado o portfólio e removido a Tesla:[18]

- Falta de uma estratégia de carbono, que considere não só eficiências, mas o impacto regulatório.
- Transparência nos códigos de conduta, incluindo políticas para vazamento de divulgações e antissuborno.
- Dois eventos separados relacionados à discriminação racial e às condições de trabalho precárias em sua fábrica de Fremont.
- O tratamento de uma investigação da NHTSA relacionada a aspectos de autopilotagem dos carros.

Em seu relatório de impacto de 2020, a Tesla publicou uma matriz de materialidade baseada no feedback de investidores e *stakeholders, análise de pesquisa, entre outros.*[19] É fácil ver que um analista poderia associar as questões listadas no blog da S&P diretamente às primeiras cinco questões materiais, que a Tesla colocou na ponta mais alta do impacto em seu negócio na matriz:

- Gestão Ambiental, Redução de Carbono.
- Gestão da Qualidade – Segurança do Produto.
- Segurança no Local de Trabalho dos Empregados.
- Atração, Retenção, Desenvolvimento de Funcionários.
- Condição Ética do Negócio, Integridade, Transparência.

CAPÍTULO 9

Em outras palavras, não requer muito esforço ver que os itens que chamaram a atenção da S&P estão ligados a algumas das mesmas questões que a Tesla lista como materiais.

Comparativamente, o setor de tabaco é difícil de analisar, pois seu uso primário é um grande risco para os *stakeholders* e gera fortes reações daqueles que perderam entes queridos em razão de um câncer. Ao examinarmos o setor de tabaco, vemos um claro exemplo do quanto uma mentalidade ESG é necessária para considerar a complexidade dessas questões.

A Philip Morris é a empresa de tabaco que tem a maior receita. Segundo sua Matriz de Sustentabilidade de 2021, as três principais questões materiais são:

- Impacto do produto na saúde (Social).
- Clima (Ambiental).
- Inovação em bem-estar e assistência médica (Social).

Sua classificação 10K de 2022 contém toda uma seção de várias páginas sobre os litígios relacionados aos riscos à saúde e ressalta o potencial para efeitos adversos no negócio.[20] Em seu relatório integrado de 2022, a empresa destaca que o impacto dos cigarros na saúde é a externalidade mais importante que ela precisa enfrentar.[21] Reconhecendo esses riscos Sociais, a Philip Morris anunciou que por volta de 2025 planeja ter 40 milhões de fumantes passando para produtos sem fumaça, com 50% de sua receita vindo de fontes sem fumaça, e que investiu 9 bilhões de dólares desde 2008 para criar produtos sem fumaça.[22] A empresa também anunciou um novo esforço de Bem-estar e Cuidados com Saúde, lançado em sua subsidiária de 2021, a Vectura Fertin Pharma, que ela admite que não tem experiência, mas que faz parte dessa transição.[23]

O relatório deixa evidentes os esforços da empresa em tentar essa transição se afastando dos cigarros, e é muito claro a respeito das métricas que utiliza para medir o progresso e seus compromissos. Além disso, como ocorre com muitas coisas relacionadas ao ESG, isso depende de perspectiva e de análise, o que costuma ser subjetivo. Também depende dos resultados, que só podem ser exibidos como evidência e ao longo do tempo. E embora o tabaco permaneça como um negócio de alto risco no que se refere ao Social, é um negócio que precisa de líderes para gerir bem o risco. Com base nas pontuações de ESG do setor, a impressão é que essas empresas estão fazendo exatamente isso.

## CONTROVÉRSIA!

Não há nada de inerentemente controverso em uma empresa lidar com seus riscos materiais Ambientais, Sociais e de Governança em busca de uma resiliência a longo prazo. Quando uma empresa examina uma questão de ESG, determina o que é material e procede de acordo, então pouca ou nenhuma controvérsia deve emergir, já que os *stakeholders* estão sendo bem considerados e mesmo a primazia do acionista pode ser aplacada. No entanto, duas controvérsias opostas e estranhamente alinhadas têm emergido em meio à confusão, às críticas e às necessidades prementes de mudança climática e a questões de justiça social e de ética dos negócios.

As empresas estão sempre buscando obter vantagem competitiva em torno de seus *stakeholders*. À medida que os *stakeholders* foram encontrando novo propósito após os pontos de inflexão de 2020 em torno do Ambiental e Social, as empresas ficaram ansiosas em capitalizar essa mudança, e, em alguns casos, talvez ansiosas demais. Essa atenção renovada ao ESG, ao lado da pressão, relacionada, mas à parte, a salvar o mundo, propiciaram uma oportunidade de ampliar os lucros na superfície, mas se alinharam a uma das críticas – à crença de que uma empresa pode consistentemente ganhar ao fazer o bem. Às vezes uma situação ganha-ganha funciona, mas requer uma cuidadosa consideração material e dos *stakeholders*.

À medida que floresceu a ideia de que valores geram valor, a pressão da cadeia competitiva e de valor aumentou, em paralelo com as crescentes pressões para divulgações. Os *stakeholders* exigiam que as marcas e os funcionários apoiassem seus valores, e clientes de negócios acrescentaram requisitos de sustentabilidade e diversidade às RFPs. Em ambos os casos, a pressão era focada no impacto da empresa no mundo, não no efeito do mundo sobre a empresa. Isso levou a novos programas da empresa focados em pressões de ESG com a intenção de capturar novos mercados usando essa recém-descoberta oportunidade, mas com pouca substância a apoiá-la.

Enquanto isso, políticos conservadores nos Estados Unidos acharam que os valores endossados pelas empresas por meio desses esforços não se alinhavam à sua plataforma política. Políticos conservadores encararam como anticapitalismo esses novos esforços das empresas para transformar e lidar com questões não materiais baseadas em valores, e culparam os políticos liberais e Wall Street por pressionarem por uma agenda progressista específica.

Embora essas duas controvérsias chegassem ao ESG e às iniciativas baseadas em valores de dois lados diferentes, elas compartilhavam um refrão: o ESG é uma distração, e as empresas deveriam descartá-la.

## Ativismo: O ESG é uma distração de salvar o mundo?

Dentro dos grupos de *stakeholders*, pode haver várias partes querendo coisas diferentes. Alguns consumidores querem um produto consistente que não sofra alterações, enquanto outros podem estar preocupados com o desperdício promovido pela embalagem. Alguns investidores buscam assegurar retornos a longo prazo, enquanto outros querem usar seu capital para influenciar a empresa no curto prazo, tendo em vista um alfa percebido. Outros ainda defendem fortes pivôs e mudanças nas concessões ou investir em empresas verdes ou socialmente responsáveis. Para aqueles que buscam produzir um impacto no mundo por meio da influência de seu poder de compra, seja por meio de um produto, seja de ações, o ESG pode parecer uma distração em relação aos maiores problemas do mundo.

Em termos gerais, esses últimos *stakeholders* podem ser considerados ativistas, isto é, *stakeholders* que tentam uma mudança positiva, Ambiental, Social, de Governança, ou mesmo política. A mudança positiva, nesse caso, é assumidamente subjetiva, mas representaria uma mudança com impacto nos pilares do ESG, de modo a avançar seus valores com alinhamento ao próprio pilar. No caso de lidar com tópicos de ESG, essas pessoas querem que a empresa faça mudanças transformacionais que tenham conexão com desafios sistêmicos significativos, positivos para o planeta ou para grupos marginalizados, por exemplo, independentemente de serem imediatamente materiais ou não. Apesar das boas intenções, essas mudanças provavelmente têm compensações que implicam concessões a valor, custo, *stakeholders* e outras questões de negócios.

Em 2023, a confiança nas empresas superou a confiança no governo,[24] e as empresas viram a oportunidade de se fortalecer. O ESG pode dar aos *stakeholders* a falsa impressão de que os mercados e as empresas estão progredindo, porque a narrativa de fazer o certo fazendo o bem é muito convincente, e tranquiliza acionistas e *stakeholders*. É ao capturar essa oportunidade que podem ocorrer passos em falso. Por exemplo, quando uma empresa faz promessas de ESG, SRI, investimentos de impacto ou uma boa história de marketing corporativo sem dar provas de ações, isso cria uma receita que enfurece ativistas. Esse exemplo particular corre paralelo a outro problema que os ativistas apontam, que é o "*greenwashing*" [lavagem verde]. O *greenwashing* ocorre quando uma empresa leva enganosamente os *stakeholders* a acreditar que está sendo mais sustentável do que é de fato. O *greenwashing* se alinha à sustentabilidade, e sua teoria pode também ser aplicada a promessas feitas ao longo do pilar Social. Pressões sobre divulgações de ESG e captura de oportunidades que surgem em torno de bens Ambientais ou Sociais podem fazer aparecer *greenwashing*, que os ativistas estão sempre vigilantes em detectar.

Empresas e firmas de serviços financeiros devem se certificar de que estão entregando o que dizem. Embora uma mentalidade ESG possa revelar suas intersecções materiais, as empresas sentem pressão para levar a mudança mais longe, até questões não materiais, já que, de novo, elas são vistas como superiores aos governos para resolver desafios sistêmicos. Aqui não estamos falando de questões que podem fazer parte de uma materialidade dinâmica, mas de mudanças sistêmicas ainda mais sérias que a empresa possa ter que fazer, como mudar completamente seus produtos e serviços. O ESG é um bom argumento para o envolvimento já que as preferências dos *stakeholders* são materiais, mas muitos desafios levantados por ativistas precisam fazer parte de uma solução sistêmica que provavelmente não pode ser

CAPÍTULO 9

oferecida por uma empresa ou mesmo por um setor. Por exemplo, para fazer a transição responsável de um país, bem como de seus cidadãos e suas empresas, para energia limpa, é necessária uma solução que combine finanças, negócios e governo.

Alguns ativistas acreditam que o ESG e a sustentabilidade da empresa ou os compromissos sociais são mera distração. As reações variam de acreditar que uma empresa focada em questões materiais de ESG bloqueia soluções sistêmicas a uma dependência excessiva do livre-mercado e dos negócios para se autocorrigir. Os ativistas estão instalados dentro de grupos de *stakeholders* e podem ser provenientes de qualquer lugar, mesmo dos funcionários. Por exemplo, Tariq Fancy trabalhou na BlackRock de 2018 a 2019 como Diretor de Investimentos da firma na área de investimentos sustentáveis.[25] Ele se tornou um crítico enfático do ESG e do investimento sustentável, afirmando que a autocorreção do mercado por meio de ESG e de pressão por investimento sustentável é um placebo para o progresso, especialmente quando uma mudança sistêmica se faz necessária.[26] Fancy viu que havia grande atenção em financiar ativos ESG, mas que faltava, por exemplo, a tradução para o tipo de impacto que os governos tiveram durante a pandemia de covid-19.[27] Afinal, todos os governos e reguladores desempenham papel considerável em apoiar mudanças sistêmicas, mas os mercados podem apenas influenciar. Além disso, se nos prendermos à definição de ESG como a exposta neste livro, o caminho para impactar por meio de ESG está sem dúvida aí, mas na realidade é tortuoso. Não seria lícito contornar essa interpretação de ESG e colocar um contra-argumento de que ela trata de riscos e oportunidades materiais, já que muitas firmas e empresas associam essas duas coisas.

Outro tipo de funcionário ativista pode ser o denunciante. O denunciante costuma ser um funcionário, mas pode ser qualquer *stakeholder* que aponte uma ação específica da empresa, como *greenwashing* ou comportamento antiético. Um denunciante pode involuntariamente compreender o risco ESG que uma questão coloca à empresa, tentar trazê-la à tona e depois levá-la à imprensa ou a um regulador, ou querer impedir a empresa de se engajar no comportamento para, com isso, tentar salvar o mundo. Em algumas jurisdições, os denunciantes são um grupo protegido.

## CONTROVÉRSIA DWS

Em junho de 2020, a DWS, uma firma alemã de gestão de ativos, contratou Desiree Fixler como diretora do Grupo de Sustentabilidade. Em fevereiro de 2021, Fixler expôs à diretoria que a sustentabilidade era um nicho na empresa, ao contrário do que declarava publicamente, e recomendou que isso fosse corrigido no relatório anual de 2020 antes de sua publicação.[28] A DWS demitiu Fixler no dia anterior ao da publicação do relatório, e deixou de fazer as mudanças que ela sugerira. Em seu relatório de 2020, a firma declarou que metade dos ativos sob sua gestão, no valor de 459 bilhões de dólares, utilizavam a sua estratégia de integração de ESG.[29] Uma rápida busca no relatório mostra que o termo "ESG" é repetido nada menos que 712 vezes, incluindo referências à sua estratégia de integração de ESG, princípios de Governança de investimento responsável, gestão da qualidade, e muito mais.[30] Fixler foi bem explícita a respeito da questão publicamente e, por volta de agosto de 2021, a SEC dos Estados Unidos anunciou que investigaria as alegações.[31] Então, em 2022, a polícia alemã encontrou evidência suficiente para adentrar os escritórios da DWS, e o seu CEO foi obrigado a se demitir.[32] Houve também um processo relacionado com isso de um grupo de vigilância de consumidores a respeito desses falsas alegações.[33]

Alguém poderia argumentar que as preocupações que os ativistas apontam, ou quando eles dão o alerta a respeito de comportamento enganoso, constituem riscos materiais. No exemplo da denúncia, ele pode ser visto como uma questão de Governança disfarçado de oportunidade de ESG, como no caso de *greenwashing*. No entanto, o ativismo nem sempre tem vínculos claros com questões materiais. Por exemplo, um ativista que pressiona a empresa a realizar uma auditoria de emissões em seus fornecedores pode ajudar a detectar riscos de transição em sua cadeia de valor e influenciar o ecossistema a se transformar. Além disso, a mera existência de ativismo e de atenção desses *stakeholders* pode fazer disso uma questão material, a depender dos *stakeholders* e de sua influência. Também é possível que aquilo que os *stakeholders* estão buscando não seja material ainda, mas possa com o tempo evoluir para uma questão material, o que é conhecido como materialidade dinâmica. No geral, as empresas precisam adotar uma mentalidade ESG, considerar de modo proativo as questões que querem revelar e evitar ter pressa de fazer uma declaração imprecisa de seus esforços para capturar a oportunidade. Caso contrário, pode se deparar com um risco de Governança criado por ela mesma.

De qualquer modo, o ESG não é uma distração para uma empresa em relação ao impacto positivo no mundo, pois ela pode buscar ambas as coisas. À medida que o tempo corre, riscos de transição de longo prazo, especialmente em torno de uma questão sistêmica como a mudança climática ou a justiça social, tendem apenas a crescer e a tornar mais difícil acertar o passo. No entanto, como alguns têm associado ESG a salvar o mundo, o que é um sentido muito difundido, muitos acreditam que o ESG se alinha em primeiro lugar com valores. Essa compreensão equivocada é um caminho temerário para os negócios, pois as empresas podem refutar o ESG totalmente, passando por cima de novos riscos e oportunidades que permitiriam buscar valor de longo prazo. Isso costuma ser referido como "silêncio verde" ["greenhushing"], mas tem maiores implicações. Quando uma empresa não se abre a respeito do que está fazendo em relação ao ESG, os *stakeholders* ficam desinformados e pode-se perder a colaboração em questões sistêmicas.

## Valores: O ESG é uma distração em relação a investir e fazer negócios

Se alguém acredita que o ESG é conduzido por valores e não concorda com esses valores, pode acreditar que o ESG é uma distração da função essencial de um negócio e regredir então para a primazia do acionista. Quando se examinam os mercados financeiros e a sala da diretoria, surgem questões a respeito de obrigações fiduciárias. Uma empresa ou indivíduo com obrigações fiduciárias deve agir no interesse do beneficiário, não em interesse próprio. Portanto, quando valores entram em jogo e uma firma de serviços financeiros rotula um fundo como ESG sem aderir com rigor a uma definição consistente de valor, alguns políticos podem ver isso como atuar no interesse da firma, e não do beneficiário. Por exemplo, uma firma de investimentos pode firmar um compromisso de zero emissões. Será que faz isso para ajudar a sociedade a se adaptar à mudança climática, ou é uma mensagem de marketing para captar investimento sustentável, ou para ajudar a gerir o risco de transição da firma? Além disso, será que essas questões são materiais para a firma? E que as coisas são conduzidas tendo o beneficiário em mente quando não se faz investimento socialmente responsável (SRI) ou investimento de impacto? Infelizmente, as respostas não são preto no branco.

O ESG tem várias interpretações, como vimos no capítulo anterior. Quando vistos isoladamente, os dois primeiros pilares, Ambiental e Social, podem criar potenciais campos minados políticos, pelo menos nos Estados Unidos, onde os partidos têm se situado mais à esquerda e à direita do que em outros países em relação a esses tópicos.[34] Por exemplo, segundo um estudo do Pew Research Center, 78% dos Democratas veem a mudança climática como uma ameaça, mas para os Republicanos essa porcentagem é de apenas 23%.[35] Enquanto cidadãos de todo o espectro político de outros países estão mais próximos de se dispor a lidar com a mudança climática em suas vidas pessoais, essa divisão é mais significativa nos Estados Unidos.[36] Alguns pontos de discussão política que impulsionam ciclos de notícias em eleições surgem dessa desconexão de opiniões. Se os políticos se deparam com tendências que se opõem aos seus valores, eles constroem novas narrativas.

Desse modo, o catalisador para o movimento anti-ESG parece ter sido influenciado pelos pontos de inflexão Ambientais e Sociais, incluindo a mudança do Business Roundtable em direção ao capitalismo de *stakeholders* em 2019.[37] Uma visão política oposta foi desenvolvida à medida que cresceu a atenção dos serviços financeiros, negócios e *stakeholders* em torno de questões de ESG. Os conservadores construíram uma narrativa fundamental em torno da premissa de que se as firmas de investimento se comprometem com objetivos de sustentabilidade, elas desinvestem de empresas de combustíveis fósseis e de outras a fim de atender a essas metas. Consequentemente, a conclusão é que essas metas alavancam capital de clientes para pressionar corporações para SRIs baseadas em valores e princípios de investimentos de impacto. De novo, tais metodologias diferem de investimento ESG, mas a diferença raramente é clara no nível do produto do investimento. Infelizmente, esses são passos lógicos a serem dados e se tornaram uma retórica bem assentada por meio de organizações de lobby conservadoras e firmas de pesquisa.[38]



## Pontos de inflexão anti-ESG e serviços financeiros

Pontos de inflexão anti-ESG surgiram para os conservadores logo após 2020, de modo similar aos pontos de inflexão para ESG. Ao contrário do ESG, esses eram menos em torno de crises específicas e mais em torno de esforços coordenados de financiamento e legislação nos estados. Como ocorreu com o ESG, a reação começou com um exame dos mercados de capitais.

Talvez a primeira peça de dominó a cair tenha sido o Departamento de Trabalho dos Estados Unidos, que, sob o governo Trump em novembro de 2020, interpretou que as regras existentes para investimento em aposentadoria só podiam considerar fatores "pecuniários" ou financeiros.[39] Essa reavaliação focou na atenção efervescente aos investimentos em ESG, mas nada de significativo mudou na nova regra. Um fator material de ESG representa uma questão material para um investimento e poderia, portanto, impactar as finanças a longo prazo.[40] O Departamento do Trabalho dos Estados Unidos reverteu a regra um ano mais tarde sob o governo Biden,[41] de novo não fazendo muita diferenciação na interpretação das questões materiais. Não obstante, o dado estava lançado para as legislaturas dos estados tentarem frustrar o ESG. Estados liderados pelos conservadores, como Texas e Virgínia Ocidental, começaram a examinar quais firmas de serviços financeiros apoiavam os esforços de mudança climática e talvez planejassem desistir de investir em combustíveis fósseis.

O Texas esteve entre os primeiros a lançar legislação anti-ESG em 2021 contra firmas de serviços financeiros, impedindo o governo do estado de fazer negócios com firmas que "boicotavam empresas de energia"[42] e exigindo evidência por escrito de *compliance* com essa estratégia.[43] Vale notar que essa legislação ainda permite que cidadãos façam transações bancárias com quem quiserem, mas grandes investimentos controlados pelo estado e contratos como fundos de pensão, e mesmo prefeituras pequenas, com baixo orçamento, não podiam fazê-lo. Um estudo de janeiro de 2023 estimou que nos primeiros oito meses dessa legislação, prefeituras chegariam a gastar de 300 a 500 milhões de dólares adicionais somente em juros, em razão da incapacidade de trabalhar com os maiores subscritores de títulos, que a regra forçara a sair do mercado.[44]

A onda se manteve, os políticos conservadores aceleraram a retórica e a suplementaram com esse tipo de ação legislativa. Oklahoma veio a seguir, alguns meses mais tarde, com a sua lei que exige que o estado mantenha uma lista das firmas que boicotam empresas de energia.[45] Ao mesmo tempo, os procuradores gerais de 19 estados enviaram uma carta ao CEO da BlackRock, Larry Fink, questionando a dedicação da firma em defender esforços de emissões zero, que iriam, com efeito, eliminar os combustíveis fósseis com o tempo enquanto atuava como fiduciária.[46]

Em maio de 2022, a campanha anti-ESG estava a todo vapor, com um editorial de Mike Pence no *Wall Street Journal* intitulado "Republicanos podem deter o viés político do ESG", que publicamente puxou o fio dos serviços financeiros e de sua influência nas corporações e o levou às urnas eleitorais.[47] Aqui, a narrativa destacava uma opinião de que o ESG representava uma maneira de controlar o livre-mercado, pois passava à margem das eleições e da vontade do povo. Naquele mesmo mês, Vivek Ramaswamy, empreendedor e autor, lançou uma firma de gestão de ativos chamada Strive, lidando com "excelência", isto é, empresas focadas em produtos e entrega de serviços excelentes, contrapondo-se ao capitalismo de *stakeholders*.[48]

Em março de 2023, sete estados empreenderam ações legislativas contra investimentos em ESG ou contra bancos que apoiassem esforços de ESG.[49] Além disso, surgiram alguns oponentes, à medida que vários órgãos orçamentários dos estados, conselheiros e grupos de negócios analisaram os custos dessas leis. Por exemplo, a Agência de Serviços Legislativos de Indiana descobriu que a legislação proposta no estado poderia custar aos pensionistas 6,7 bilhões de dólares de retornos ao longo de 10 anos e restringir o acesso a investimentos de capital privado.[50] O governador de Indiana assinou a lei (HB 1008) depois que várias emendas foram acrescentadas, a fim de baixar essas perdas em retornos para 5,5 milhões.[51] Grupos como a Câmara de Comércio de Indiana[52] se opuseram à lei, chamando-a de anti-livre-mercado.[53] Além disso, o corpo da lei contém linguagem que declara que o foco em "financeiro" significa ter um efeito material no risco monetário ou retorno monetário de um investimento, diferenciando-o de ideologias que impulsionam os movimentos Ambiental ou Social, o que é uma definição bem próximo do ESG.[54] Afinal, assim como firmas de investimento têm uma obrigação fiduciária que precisa levar em conta questões ESG materiais, também os governos têm obrigações com os fundos que controlam.

Pode ser fácil classificar esse movimento como uma postura política, como evidenciado pelo anúncio de Ramaswamy de concorrer à presidência. O ESG permanece mal definida por seus vários *stakeholders*, ficando aberta a interpretações que se prestam a propósitos específicos. Apesar disso, é essencial lembrar que há um núcleo de verdade material no movimento anti-ESG. O risco para o planeta e as pessoas que o habitam de gerenciar o risco de transição a longo prazo é um risco material relacionado a estados como o Texas. As maiores exportações do Texas são petróleo e gás, pois o estado responde por 42% da produção de óleo cru dos Estados Unidos.[55] Um boicote real de energia devastaria o estado e as pessoas, e não é isso que o investimento em ESG objetiva, pois o impacto sobre essas pessoas seria considerado uma externalidade. Uma transição responsável que considere todos os *stakeholders*, já que alguns demandam mudanças, é algo mais alinhado ao ESG. O Texas parece encarar isso de ambas as maneiras, pois lança seu peso numa postura política anti-ESG ao mesmo tempo em que planeja uma transição renovável. Em 2021, o Texas também liderou os Estados Unidos em projetos de energia renovável instalados, com capacidade para mais de 7.000 megawatts.[56]

O impulso anti-ESG continua em marcha em estados conservadores, com as legislaturas desses estados tentando novas táticas para boicotar bancos e controlar com quais fornecedores o estado deve escolher trabalhar.[57] Esse esforço prossegue, embora eleitores de ambos os lados se oponham a colocar restrições ao investimento em ESG. Mesmo no cenário político altamente polarizado dos Estados Unidos, foi detectado que a maioria dos Democratas e Republicanos encara os esforços climáticos como relacionados ao seu futuro financeiro e apoia considerações de risco de longo prazo.[58] Mesmo que os políticos conservadores continuem a ignorar os custos aos cidadãos e os desejos de eleitores ao elaborarem novas estratégias legislativas,[59] a injeção de recursos em produtos financeiros anti-ESG, que começou com intensidade, vem desacelerando.[60] Talvez isso seja um sinal do livre mercado atuando.

## EMPRESAS PODEM USAR UMA MENTALIDADE ESG COMO DEFESA

À medida que os esforços de ESG aceleraram dos mercados para as empresas, os esforços anti-ESG fizeram o mesmo. Como é possível ver, as controvérsias em torno de questões ESG sempre foram problemáticas. A diretoria e o time de gestão são responsáveis por acompanhar as questões de materialidade de longo prazo, relacionadas ou não ao ESG. Além disso, algo mudou em torno do ESG e dos pontos de inflexão anti-ESG no início de 2020, e as empresas que não compreenderam a materialidade e os *stakeholders* falharam em responder às novas pressões dos *stakeholders*. As que lideraram com materialidade e *stakeholders* enfrentaram bem as tempestades, pois a mentalidade ESG pode ser uma defesa contra a controvérsia.

Setores e empresas têm sempre lidado com controvérsias. Em alguns casos, os setores se juntam para resolver questões. Por exemplo, um ano após Bowen ter cunhado a CSR, o setor de histórias em quadrinhos reconheceu que tinha uma controvérsia Social material fermentando em torno de um certo conteúdo com temática adulta. Como resultado de uma preocupação crescente, foi criada a autorregulação com o *Comics Code Authority ["Autoridade sobre Código para Quadrinhos"].*[61] Os videogames lançaram décadas mais tarde sua autorregulação pela mesma razão.[62] No entanto, mesmo em casos de regulação imposta, pode haver controvérsias. Cintos de segurança, uma questão Social material para fabricantes de automóveis e seguradoras, sofreram uma pressão que precisou ser administrada, em razão de preocupações com a limitação da liberdade pessoal.[63]

No entanto, à medida que os esforços de ESG se aceleraram nos últimos anos, as empresas foram pressionadas por *stakeholders* internos e externos a lidar de questões complexas, introduzidas no espectro político. Em 2016, Colin Kaepernick, quarterback do San Francisco 49ers, começou a ficar sentado durante a execução do hino nacional em protesto contra a escalada de disparos da polícia contra minorias nos Estados Unidos.[64] Depois da temporada de 2016, ele virou um agente independente e nunca mais voltou a jogar. Como Kaepernick tinha assinado um contrato com a Nike alguns anos antes, os conservadores colocaram essa marca na mira do boicote anti-ESG, o que se tornou uma questão material.[65] No entanto, apesar da controvérsia, a Nike lançou uma campanha em 2018 focada em Kaepernick, sacrificando tudo por aquilo em que acreditava. Em seguida, suas ações alcançaram uma alta inédita até então,[66] mostrando que a Nike compreendeu o que seus *stakeholders* apoiariam e se posicionou, deixando claro de que lado estava.[67]

Todas as questões, desde direitos civis a questões mais corriqueiras, parecem estar polarizadas nos Estados Unidos, desde o governo Obama, passando pelo governo Trump, à medida que a atenção à iminente crise climática e a questões de justiça social crescem nas mídias sociais, e ambos os presidentes decidiram opinar a respeito de Kaepernick.[68] Como resultado da pressão dos vários *stakeholders*, as empresas foram obrigadas a tomar posição e com isso refletiram valores específicos. Como tanto Obama quanto a Nike apoiaram Kaepernick, a perspectiva era que a empresa se alinhasse aos valores políticos dele. Uma chave para o sucesso do ESG é compreender suficientemente bem seus *stakeholders* para saber o que irão tolerar. No caso da Nike, os consumidores endossavam valores de justiça social, mas esse nem sempre é o caso.

Em 2023, a cerveja Bud Light fez parceria com o influenciador transgênero Dylan Mulvaney em uma campanha de marketing. Com a marca em declínio, a empresa buscou uma nova maneira de reavivar as vendas ao visar consumidores jovens de bebida, e Mulvaney tinha milhões de seguidores no TikTok.[69] Quando entra em novos mercados, a empresa deve considerar os *stakeholders* existentes e o clima vigente no mercado. Nesse infeliz caso, muitos dos consumidores conservadores da Bud Light reagiram negativamente a essa campanha, a partir de uma perspectiva de valores da época, quando os valores de pessoas transgênero estavam sob ataque.[70] Essa confluência de eventos pressionou ainda mais a marca a declinar e permitiu que outra cerveja, a Modelo Especial, ganhasse terreno.[71] Vale ressaltar que tanto a Bud Light quanto a Modelo Especial são da empresa AB InBev, o que pode indicar o valor superficial do reconhecimento da marca em relação à propriedade do conglomerado e a detalhes aos quais não se prestou atenção durante essa resistência à marca. De todo modo, a Bud Light é um bom exemplo de como o ESG não se alinha nem a valores liberais nem a valores conservadores. Nesse caso, a porta do ESG oscilou em direção ao que se tornou uma questão material para a empresa – o não alinhamento aos valores conservadores de seus *stakeholders*. O que é importante para os seus clientes é importante para o seu negócio, não importa se os valores se inclinam à esquerda ou à direita. Por isso é que o ESG não é uma questão política.

O CEO da AB InBev admitiu que a campanha da Bud Light não pretendia dividir, pois a cerveja tem a intenção de juntar as pessoas.[72] Embora esse fosse um ponto material interessante na interseção de seus *stakeholders*, as desculpas não tranquilizaram nenhum dos lados.[73] Em contraste com isso, em 2017, a Heineken realmente juntou pessoas de pontos de vista diferentes em relação a uma cerveja na sua campanha "Worlds Apart" ["Mundos Distantes"], para demonstrar o poder da conexão.[74] A campanha premiada fez os consumidores se sentirem mais próximos da marca e aumentou as vendas em 7,3% nos três meses seguintes ao lançamento do anúncio.[75]

As empresas precisam dar atenção a essas novas pressões, já que cada nova questão complexa é cada vez mais encarada em termos de preto ou branco, pelo menos nos Estados Unidos, colocando os *stakeholders* em confronto. Esse desafio não é fácil de ser superado por uma empresa, e ela pode ter que aceitar que não consegue satisfazer a todos. Mesmo assim, a atenção e análise de tendências dos *stakeholders* podem oferecer dicas à empresa. Como ocorreu com a Nike, às vezes uma empresa pode escolher um lado. No caso da Bud Light, ela pode inadvertidamente se ver excluída.

A materialidade e a profunda compreensão dos *stakeholders* são especialmente vitais para criar autenticidade, pois focam a empresa nas questões de uma maneira em que só ela se mostra capaz de lidar. Como aconteceu com a Heineken, a cerveja pode unir pessoas que vêm de diferentes espectros políticos. Liderar com valores sem se atentar para a interseção material dessas questões com a empresa ou com seus *stakeholders* pode quebrar a confiança dos *stakeholders* e levar a concessões e riscos. Ao lidar com ferramentas como a matriz de materialidade, o mapeamento de *stakeholders* e os princípios de Governança, a empresa fica mais bem preparada para evitar controvérsias. Além disso, ela acabará compreendendo as críticas ou controvérsias no contexto de sua marca se os *stakeholders* a obrigarem a reagir em intersecções não materiais.

À medida que continuam as críticas e controvérsias em relação ao ESG, as empresas desenvolvem maneiras de lidar com os riscos materiais que emergem.

## TORNAR O ESG PARTE DO *MAINSTREAM* PARA ENFRENTAR CONTROVÉRSIAS

De novo, a Governança de uma empresa é um ótimo indicador de como ela lida com riscos. Firmas de serviços financeiros e outras empresas têm oportunidades de liderar com princípios de Governança de qualidade ao integrar o ESG em toda a organização.

Firmas de serviços financeiros devem integrar o ESG ao longo da empresa para ter a flexibilidade de perseguir uma gama de opções de investimento e empréstimo a fim de atender às necessidades dos *stakeholders*. O time de gestão da firma deve comunicar uma clara visão de suas obrigações materiais, como as obrigações fiduciárias, em relação a equilibrar valores em geral e o valor dos diversos riscos de transição e oportunidades que ela tentar capturar. Transparência em relação a produtos, abordagens ao engajamento, estratégia de desinvestimento e utilização de uma linguagem clara ajudarão a dar consistência à abordagem.

Quanto às empresas, elas têm as coisas de algum modo mais fáceis, pois estão fora do escopo da legislação anti-ESG nos Estados Unidos, isso em junho de 2023, mas ainda estão sujeitas às regulamentações globais que afetam a cadeia de valor. Além disso, podem surgir controvérsias de uma gama de lugares inesperados, mas especialmente quando a empresa assume posição em uma questão baseada em valores.

Um time de gestão forte, que tenha incorporado o ESG e compreenda seus riscos materiais e oportunidades, se sairá muito melhor que outros que tenham escolhido se afastar dessas questões por medo de represálias.

No final, quaisquer grupos de *stakeholders* podem ficar insatisfeitos com o ponto de vista de uma empresa a respeito de ESG, anti-ESG, ou mesmo não ter nenhuma opinião sobre essas questões. Na realidade, talvez nunca se alcance um ganha-ganha em termos de todos os valores, valor e *stakeholders*. Essa incerteza constitui um novo tipo de materialidade – que talvez possa ser chamada de materialidade de ultraje. É quando o ultraje dos *stakeholders* obriga uma empresa a agir, fazendo dele uma questão material. É bom estar preparado com alguma estratégia para o caso de isso acontecer.

## NOTAS


[1] The Economist (2022a). ESG should be boiled down to one simple measure: emissions. *The Economist*. www.economist.com/leaders/2022/07/21/esg-should--be-boiled-down-to-one-simple-measure-emissions (arquivado em https://perma.cc/WWS4-4JMT).

[2] S&P Global (s.d.). ESG in credit ratings. S&P Global. www.spglobal.com/ratings/en/research-insights/special-reports/esg-in-credit-ratings (arquivado em https://perma.cc/3G2E-NK8V).

[3] Moody's Investors Service (s.d.). Integration of ESG into credit risk. Moody's Investors Service. www.ratings.moodys.io/integration-of-esg-into-credit-risk (arquivado em https://perma.cc/K7FA-VY8C).

[4] Fitch Ratings (2020). *2020 ESG in Credit White Paper*. Fitch Ratings. www.your.fitch.group/rs/732-CKH-767/images/Fitch%20Ratings%20-%20ESG%20 In%20 Credit%202020.pdf (arquivado em https://perma.cc/5JQ9-W6RH).

[5] Berg, F., Kölbel, J.F. e Rigobon, R. (2020). Aggregate confusion: The divergence of ESG ratings. SSRN. https://papers.ssrn.com/sol3/papers.cfm?abstract_id=3438533 (arquivado em https://perma.cc/JFH7-X2T4).

[6] Brock, E.K., Nelson, J. e Brackley, A. (2023). *ESG Ratings at a Crossroads Rate the Raters 2023*. ERM Sustainability Institute, p. 6. www.sustainability.com/globalassets/sustainability.com/thinking/pdfs/2023/rate-the-raters-report-april-2023.pdf (arquivado em https://perma.cc/9X57-3J8N).

[7] European Commission (2023a). Regulation of the European Parliament and of the Council on the transparency and integrity of Environmental, Social and

Governance (ESG) rating activities. Astrid, p. 1. www.astrid-online.it/static/upload/2306/230613-proposal-sustainable-finance_en.pdf (arquivado em https://perma.cc/9CLJ-JMAD).

8 European Commission (2023b). *Regulation of the European Parliament and of the Council on the transparency and integrity of Environmental, Social and Governance (ESG) rating activities*. Astrid, p. 11. www.astrid-online.it/static/upload/2306/230613-proposal-sustainable-finance_en.pdf (arquivado em https://perma.cc/Q4GM-P9DL).

9 The Economist (2022b). Who buys the dirty energy assets public companies no longer want? *The Economist*. www.economist.com/finance-and-economics/who-buys-the-dirty-energy-assets-public-companies-no-longer-want/21807594 (arquivado em https://perma.cc/6MR4-9X4V).

10 Wilkins, D. e Tett, G. (2023). Corporate Trade-Offs. Harvard Law School Center on the Legal Profession. www.clp.law.harvard.edu/knowledge-hub/magazine/issues/esg-and-lawyers/corporate-trade-offs/ (arquivado em https://perma.cc/ RS3H-4WAQ).

11 NYU Stern Center for Sustainable Business and Rockefeller Asset Management (2021). Research Highlights. NYU Stern. www.stern.nyu.edu/experience-stern/faculty-research/new-meta-analysis-nyu-stern-center-sustainable-business-and-rockefeller-asset-management-finds-esg (arquivado em https://perma.cc/ZK9X-XY7X).

12 Musk, E. (2023). Why ESG is the devil .... X. www.twitter.com/elonmusk/status/1668829554448777216?s=20 (arquivado em https://perma.cc/35JN-XLMA).

13 National Cancer Institute (2014). Tobacco. National Cancer Institute. www.cancer.gov/about-cancer/causes-prevention/risk/tobacco (arquivado em https://perma.cc/H2RB-5E4W).

14 Diamond, R. (2021). CalPERS rejects reinvesting in tobacco again. Chief Investment Officer. www.ai-cio.com/news/calpers-rejects-reinvesting-tobacco/ (arquivado em https://perma.cc/6585-SGPC).

15 Calvert, L.S. (2021). Understanding ESG scores. Refinitiv Perspectives. www.refinitiv.com/perspectives/future-of-investing-trading/understanding-how-esg-scores-are-measured-their-usefulness-and-how-they-will-evolve (arquivado em https://perma.cc/DZ4E-86T4).

16 Filabi, A. (2021). ESG is not "ethical investing." And that's OK. Kiplinger. www.kiplinger.com/investing/esg/603836/esg-is-not-ethical-investing-and-thats-ok (arquivado em https://perma.cc/GR97-8L4C).

17 Musk, E. (2022). Exxon is rated top ten best in world for environment, social & Governance (ESG) by S&P 500, while Tesla didn't make the list! ESG is a scam. It has been weaponized by phony social justice warriors. X. www.twitter.com/elonmusk/status/1526958110023245829 (arquivado em https://perma.cc/9LQZEABG).

[18] Dorn, M. (2022). The (re)balancing act of the S&P 500 ESG Index. Indexology Blog. www.indexologyblog.com/2022/05/17/the-rebalancing-act-of-the-sp-500-esg-index/ (arquivado em https://perma.cc/W4QB-PL9Z).

[19] Tesla (2020). *Impact Report 2020*. Tesla, p. 84. www.tesla.com/ns_videos/2020-tesla-impact-report.pdf (arquivado em https://perma.cc/E5EB-B77E).

[20] Philip Morris International (2023). *2022 Annual Report*. Philip Morris International, p. 127-140. www.philipmorrisinternational.gcs-web.com/static-files/d2370996-825f--47b8-9203-ceebbcf3a29d (arquivado em https://perma.cc/ DWZ5-9GKH).

[21] Philip Morris International (2023). *2022 Annual Report*. Philip Morris International, p. 127-140. www.philipmorrisinternational.gcs-web.com/static-files/d2370996-825f-47b8-9203-ceebbcf3a29d (arquivado em https://perma.cc/ DWZ5-9GKH).

[22] Ries, T.E. (2023). *2023 Edelman Trust Barometer Global Report*. Edelman, p. 9. www.edelman.com/sites/g/files/aatuss191/files/2023-03/2023%20Edelman%20Trust%20Barometer%20Global%20Report%20FINAL.pdf (arquivado em https://perma.cc/SSV9-9KJ4).

[23] Philip Morris International (2022). Philip Morris International launches new bonds by IQOS smoke-free device to accelerate the achievement of a smoke-free future. Philip Morris International. www.pmi.com/investor-relations/press-releases-and--events/press-releases-overview/press-release-details/?newsId=25791# (arquivado em https://perma.cc/8DBL-C29U).

[24] Ries, T.E. (2023). *2023 Edelman Trust Barometer Global Report*. Edelman, p. 9. www.edelman.com/sites/g/files/aatuss191/files/2023-03/2023%20Edelman%20Trust%20Barometer%20Global%20Report%20FINAL.pdf (arquivado em https://perma.cc/SSV9-9KJ4).

[25] Fancy, T. (s.d.). Página do perfil de Tariq Fancy no LinkedIn. LinkedIn. www.linkedin. com/in/fancy/ (arquivado em https://perma.cc/26F9-Y8DS).

[26] McKillop, P. (2021). BlackRock's former head of sustainable investing says ESG and sustainability investing are distractions. GreenBiz. www.greenbiz.com/article/blackrocks-former-head-sustainable-investing-says-esg-and-sustainability-investing-are (arquivado em https://perma.cc/F362-S4ZZ).

[27] Fancy, T. (2021). Opinion: BlackRock hired me to make sustainable investing mainstream. Now I realize it's a deadly distraction from the climate-change threat. *The Globe and Mail*, 25 de março. www.theglobeandmail.com/business/commentary/article-sustainable-investing-is-a-deadly-distraction-from-actually-averting/ (arquivado em https://perma.cc/2ZLA-UWK5).

[28] Brown, P.K. e K. (2021). Fired Executive Says Deutsche Bank's DWS Overstated Sustainable-Investing Efforts. *The Wall Street Journal*, 1 de agosto. www.wsj.com/articles/fired-executive-says-deutsche-banks-dws-overstated-sustainable-investing-efforts-11627810380 (arquivado em https://perma.cc/ MXQ6-3HRK).

[29] DWS Group GmbH & Co KGaA (2021). *2020 Annual Report.* DWS, p. 93. www.download.dws.com/download?elib-assetguid=7617fa5ea7854de3a2a2ba-9c371246ec&publishLocationGuid=eacbc9cf4b8e4d2189eb69cd09e2ff4f (arquivado em https://perma.cc/UHQ7-9RUF).

[30] DWS Group GmbH & Co KGaA (2021). *2020 Annual Report.* DWS, p. 1-282. www.download.dws.com/download?elib-assetguid=7617fa5ea7854de-3a2a2ba9c371246ec&publishLocationGuid=eacbc9cf4b8e4d2189eb69cd09e2ff4f (arquivado em https://perma.cc/MN4Y-MTA2).

[31] Kowsmann, P., Ramey, C. e Michaels, D. (2021). U.S. authorities probing Deutsche Bank's DWS over sustainability claims. *The Wall Street Journal*, 25 de agosto. www.wsj.com/articles/u-s-authorities-probing-deutsche-banks-dws-over-sustainability--claims-11629923018 (arquivado em https://perma.cc/ R478-L5DQ).

[32] Reuters (2022a). CEO of Deutsche Bank's asset manager steps down after "greenwashing" raid. CNN, 1 de junho. www.cnn.com/2022/06/01/investing/deutsche-bank-dws-greenwashing/index.html (arquivado em https://perma.cc/J5YE-C5YK).

[33] Reuters (2022b). Deutsche Bank's DWS sued by consumer group over alleged greenwashing. Reuters, 24 de outubro. www.reuters.com/business/finance/deutsche-banks-dws-sued-by-consumer-group-over-alleged-greenwashing-2022-10-24/ (arquivado em https://perma.cc/7JBL-FYU4).

[34] Poushter, J., Fagan, M. e Gubbala, S. (2022). Climate change remains top global threat across 19-country survey. Pew Research Center's Global Attitudes Project. www.pewresearch.org/global/2022/08/31/climate-change-remains-top-global-threat-across-19-country-survey/ (arquivado em https://perma.cc/53VW-D2DU).

[35] Tyson, A., Funk, C. e Kennedy, B. (2023). What the data says about Americans' views of climate change. Pew Research Center. www.pewresearch. org/short-reads/2023/08/09/what-the-data-says-about-americans-views-of-climate-change/ (arquivado em https://perma.cc/2KXC-RRGK).

[36] Bell, J., Poushter, J., Fagan, M. e Huang, C. (2021). Climate change concerns make many around the world willing to alter how they live and work. Pew Research Center's Global Attitudes Project. www.pewresearch.org/global/2021/09/14/in-response-to-climate-change-citizens-in-advanced-economies-are-willing-to-alter-how-they-live-and-work/ (arquivado em https://perma.cc/EZ7J-TN5V).

[37] Business Roundtable (2019). Business Roundtable redefines the purpose of a corporation to promote "an economy that serves all Americans". Business Roundtable. www.businessroundtable.org/business-roundtable-redefines-the-purpose-of-a-corporation-to-promote-an-economy-that-serves-all-americans (arquivado em https://perma.cc/B7GT-NS85).

[38] Vogel, K.P. (2022). Leonard Leo pushed the courts right. Now he's aiming at American society. *The New York Times*, 12 de outubro. www.nytimes.com/2022/10/12/

us/politics/leonard-leo-courts-dark-money.html (arquivado em https://perma.cc/59RY-ZM7H).

[39] U.S. Department of Labor (2020). Financial factors in selecting plan investments. Federal Register. www.federalregister.gov/documents/2020/11/13/2020-24515/financial-factors-in-selecting-plan-investments (arquivado em https://perma.cc/GW5W-97HT).

[40] U.S. Department of Labor (2020). Financial factors in selecting plan investments. Federal Register. www.federalregister.gov/documents/2020/11/13/2020-24515/financial-factors-in-selecting-plan-investments (arquivado em https://perma.cc/8A23-3BAU).

[41] U.S. Department of Labor (2022). US Department of Labor announces final rule to remove barriers to considering environmental, social, Governance factors in plan investments. U.S. Department of Labor. www.dol.gov/newsroom/releases/ebsa/ebsa20221122 (arquivado em https://perma.cc/945N-8E4A).

[42] Comptroller of Public Accounts, Texas (2023). List of financial companies that boycott energy companies: Frequently asked questions. Texas.gov. www.comptroller.texas.gov/purchasing/docs/divest-energy.pdf (arquivado em https://perma.cc/ 75LE-4Z9C).

[43] Birdwell, B. (2021). 87(R) SB 13: Committee report. Bill analysis. Texas Legislature Online. www.capitol.texas.gov/tlodocs/87R/analysis/html/SB00013H.htm (arquivado em https://perma.cc/BVS9-LCS4).

[44] Garrett, D. e Ivanov, I. (2022). Gas, Guns, and Governments: Financial Costs of Anti-ESG Policies. *SSRN Electronic Journal*. https://doi.org/10.2139/ssrn.4123366 (arquivado em https://perma.cc/7ASZ-U2M2).

[45] McBride, O'Donnell, West (Kevin), Bashore and Roberts (Sean) of the House and Allen, David, Bullard, and Bergstrom of the Senate (2022). House Bill No. 2034. http://webserver1.lsb.state.ok.us/cf_pdf/2021-22%20ENR/hB/HB2034%20ENR.PDF (arquivado em https://perma.cc/RE77-HHEM).

[46] Brnovich, M. e Paxton, K. (2022). Texas Attorney General. www.texasattorneygeneral.gov/sites/default/files/images/executive-management/BlackRock%20Letter.pdf (arquivado em https://perma.cc/JMV8-MZDE).

[47] Pence, M. (2022). Opinion: Republicans can stop ESG political bias. *Wall Street Journal*, 26 de maio. www.wsj.com/articles/only-republicans-can-stop-the-esg-madness-woke-musk-consumer-demand-free-speech-corporate-america-11653574189 (arquivado em https://perma.cc/4RTD-T48L).

[48] Strive Asset Management (2022). Depoliticizing corporate America: Strive Asset Management launches to advance excellence capitalism over "stakeholder capitalism". Strive Asset Management. www.strive.com/depoliticizing-corporate-america-strive-asset-management-launches-to-advance-excellence-capitalism-over-stakeholder-capitalism (arquivado em https://perma.cc/7HXT-4EJP).

CAPÍTULO 9

[49] Houston, C., Holland, E.B. e Malone, L. (2023). ESG battlegrounds: How the states are shaping the regulatory landscape in the U.S. The Harvard Law School Forum on Corporate Governance. https://corpgov.law.harvard.edu/2023/03/11/esg-battlegrounds-how-the-states-are-shaping-the-regulatory-landscape-in-the-u-s (arquivado em https://perma.cc/ZS33-3KQ8).

[50] Kerber, R. (2023). Anti-ESG bill could cut Indiana pension returns by $6.7 bln. Reuters. www.reuters.com/business/sustainable-business/anti-esg-bill-could-cut--indiana-pension-returns-by-67-bln-analysis-2023-02-07/ (arquivado em https://perma.cc/8CVE-PUNR).

[51] Thiele, R. (2023). Anti-ESG bill passes Indiana House with fewer losses expected for state pensioners. WFYI Public Media. www.wfyi.org/news/articles/anti-esg-bill--passes-indiana-house-with-fewer-losses-expected-for-state-pensioners (arquivado em https://perma.cc/7T2X-RPR6).

[52] Ellis, G. (2023). Wins for energy and environmental matters: Anti-free market measures mitigated. Indiana Chamber of Commerce. www.indianachamber.com/wp--content/uploads/2023/05/Ellis.pdf (arquivado em https://perma.cc/7YCX-4GV5).

[53] Thiele, R. (2023). Anti-ESG bill passes Indiana House with fewer losses expected for state pensioners. WFYI Public Media. www.wfyi.org/news/articles/anti-esg-bill--passes-indiana-house-with-fewer-losses-expected-for-state-pensioners (arquivado em https://perma.cc/2QWA-SXNZ).

[54] Indiana General Assembly (2023). House Enrolled Act No. 1008. iga.in.gov. https://iga.in.gov/pdf-documents/123/2023/house/bills/HB1008/HB1008.06.ENRS.pdf (arquivado em https://perma.cc/8WY3-HN69).

[55] U.S. Energy Information Administration (2023). Texas profile. EIA. www.eia.gov/state/print.php?sid=TX (arquivado em https://perma.cc/HPR5-TQ9F).

[56] Newburger, E. (2022). Texas led the country in new renewable energy projects last year. CNBC. www.cnbc.com/2022/02/18/texas-led-the-country-in-new-renewable-energy-projects-last-year.html (arquivado em https://perma.cc/D5H3-U4ED).

[57] Pleiades Strategy (2023). *2023 Anti-ESG Statehouse Report on legislative attacks on the freedom to invest responsibly and their opposition*. Google Docs. https://drive.google.com/file/d/1t38kmUxWFK43NZQxc-m_EbQADUk8cbPb/view?pli=1 (arquivado em https://perma.cc/RPB4-937D).

[58] Wolman, J. (2022). An unpopular crusade against sustainable investing. *Politico*. www.politico.com/newsletters/the-long-game/2022/12/08/an-unpopular-battle-00073004#:~:text=Sixty-three%20percent%20of%20respondents%20%E2%80%94%20majorities%20in%20both (arquivado em https://perma.cc/95LR-KLDY).

[59] Pleiades Strategy (2023). *2023 Anti-ESG Statehouse Report on legislative attacks on the freedom to invest responsibly and their opposition*. Google Docs. https://drive.

google.com/file/d/1t38kmUxWFK43NZQxc-m_EbQADUk8cbPb/view?pli=1 (arquivado em https://perma.cc/H2FE-W2XM).

[60] Stankiewicz, A. (2023). The anti-ESG fad might be over before it got going. Morningstar. www.morningstar.com/sustainable-investing/anti-esg-fad-might-be--over-before-it-got-going (arquivado em https://perma.cc/68B2-89PL).

[61] Rittenberg, J. (2021). A look into the history of the Comics Code Authority. Book Riot. https://bookriot.com/comics-code-authority-history/ (arquivado em https://perma.cc/7FTX-Q3FJ).

[62] ESRB (2014). ESRB celebrates 20 years of rating games and apps. ESRB Ratings. www.esrb.org/blog/esrb-celebrates-20-years-of-rating-video-games-and-apps/ (arquivado em https://perma.cc/98FH-C8KJ).

[63] Roos, D. (2020). When Americans resisted seat belt laws. History. www.history.com/news/seat-belt-laws-resistance (arquivado em https://perma.cc/5GPQ-JB8V).

[64] Jennings, P. (2017). Colin Kaepernick: From one man kneeling to a movement dividing a country. BBC Sport, 11 de outubro. www.bbc.com/sport/american--football/41530732 (arquivado em https://perma.cc/8DD4-XMXT).

[65] Abad-Santos, A. (2018). The Nike boycott over Colin Kaepernick, explained. Vox. www.vox.com/2018/9/4/17818148/nike-boycott-kaepernick (arquivado em https://perma.cc/VHF9-H2UA).

[66] Berr, J. (2018). Nike stock price reaches all-time high after Colin Kaepernick ad. CBS News. www.cbsnews.com/news/nike-stock-price-reaches-all-time-high-despite-colin-kaepernick-ad-boycott/ (arquivado em https://perma.cc/F7376M92).

[67] Youn, S. (2018). Nike sales booming after Colin Kaepernick ad, invalidating critics. ABC News. https://abcnews.go.com/Business/nike-sales-booming-kaepernick-ad-invalidating-critics/story?id=59957137 (arquivado em https://perma.cc/L2WR-8FFA).

[68] Time (2017). The difference between President Trump and President Obama's reactions to the NFL kneeling movement. *Time*. https://time.com/4955050/trump-obama-nfl-nba-kaepernick-kneeling/ (arquivado em https://perma.cc/HE7W-3U25).

[69] Frank, C. (2023). Bud Light marketing VP behind Dylan Mulvaney partnership replaced. CF.ORG. www.cf.org/news/bud-light-marketing-vp-behind-dylan--mulvaney-partnership-replaced-by-senior-exec/ (arquivado em https://perma.cc/GD3F-ZAHT).

[70] Petri, A. (2023). Anti-trans backlash against Bud Light has executives on the hot seat. What's going on? *Los Angeles Times*, 25 de abril. www.latimes.com/business/story/2023-04-25/anti-transgender-backlash-against-bud-light-explained (arquivado em https://perma.cc/HKS2-MYQ5).

[71] Associated Press (2023). Bud Light dethroned as America's top-selling beer after backlash to trans-inclusive campaign. *Billboard*. www.billboard.com/music/music-news/bud-light-not-top-selling-beer-backlash-trans-campaign-kidrock-1235354603/# (arquivado em https://perma.cc/W7TR-N29Y).

[72] Romero, D. (2023). Anheuser-Busch CEO says Bud Light partnership with trans influencer wasn't meant to divide. NBC News. www.nbcnews.com/nbc-out/out-news/anheuser-busch-bud-light-dylan-mulvaney-trans-influencer-rcna79810 (arquivado em https://perma.cc/3ZHG-LDWY).

[73] Power, S. (2023). Anheuser-Busch statement slammed amid Bud Light boycott: "No apology". Newsweek. www.newsweek.com/bud-light-boycott-anheuser-busch-statement-apology-1807552 (arquivado em https://perma.cc/D4UC-3T3D).

[74] Segarra, L.M. (2017). Heineken ad pairs up strangers with opposing views. *Time*. https://time.com/4757540/heineken-ad-worlds-apart-commercial/ (arquivado em https://perma.cc/8DKX-KG44).

[75] Edelman (2019). Worlds Apart. Edelman. www.edelman.com/work/heineken-worlds-apart (arquivado em https://perma.cc/X932-NKPS).

CAPÍTULO 10

# RISCOS E QUESTÕES INTERCONECTADAS DE ESG

Embora muitas empresas divulguem métricas de ESG e informações sobre projetos, elas em geral não discutem suas abordagens diretamente, apesar de lidarem constantemente com riscos e oportunidades de ESG. Às vezes, talvez nem se deem conta disso, já que a terminologia costuma importar menos que a ação e os resultados subsequentes. Por exemplo, a organização de TI de uma empresa pode gerir riscos de cibersegurança, proteger PI de ser roubada, ou um time de Operações pode melhorar eficiências de equipamento para poupar custos de energia. Essas coisas representam esforços materiais internos que atingem um pilar particular da sigla e lidam com uma ameaça ou então trabalham em direção a uma meta específica; nesses dois casos, trata-se de questões de Governança e Ambiente, respectivamente. Como vimos ao longo deste livro, questões como essas são materiais, e as empresas devem sempre lidar com elas para manter as operações estáveis e resilientes, como parte do negócio normal, independentemente das controvérsias tratadas no capítulo anterior. No entanto, como vimos, as empresas modernas estão longe de serem normais, pois um universo de questões financeiras e de ESG envolve a empresa, e os *stakeholders* são variados e complexos.

À medida que a globalização aumentou e ocorreram pontos de inflexão Ambientais e Sociais, por volta do início de 2020, o grande volume de questões externas novas e conectadas teve impactos, somados em nível local e global. Os diversos problemas emergentes tiveram cada um sua importância para as empresas, com múltiplas conexões com outras questões, obrigando-as a reagir a um quadro nebuloso e incompleto de várias crises ao mesmo tempo. Algumas empresas lidaram reativamente com os problemas, favorecendo uma atividade focada em alguma crise específica, em vez de adotarem uma abordagem mais sistêmica e meticulosa, como vimos com os programas DEI lançados em torno de um ponto de inflexão Social. No entanto, muitos descobriram que a disrupção contínua, um termo cooptado por firmas de tecnologia para representar oportunidades positivas durante um período de crescimento, deixava de ser mais um termo de marketing na moda e constituía uma série de intensos choques sistêmicos. Esses choques inesperados foram, e continuam sendo, desafiadores em razão de sua natureza multifacetada e contínua, mesmo para empresas com planos robustos de longo prazo.

Em seu artigo, *The End of ESG*, Alex Edmans, da London Business School, defende que o ESG não deveria ser tratado como um nicho, porque lidar com fatores de longo prazo é algo que todas as empresas e investidores devem se esforçar para fazer e, portanto, é essencial, não tem nada de especial.[1] Em outras palavras, o ESG não é especial, porque o time de gestão e suas empresas já deveriam estar fazendo o trabalho de buscar resiliência de longo prazo e crescimento estável. Edmans está certo, é claro, mas ao falar com numerosas empresas e firmas sobre esses novos tipos de desafios, na minha observação, o ESG como sigla tem um valor diferente. Se considerado a partir de uma mentalidade receptiva, o ESG empodera a empresa, seu time de gestão e seus funcionários a pensar na natureza interconectada das questões e crises e nas atividades que a conduzirão a resultados bem-sucedidos.

O termo *interconectado* aqui é diferente de *conectado*, no sentido de que as questões ESG se conectam com questões de negócios e *stakeholders* por meio de múltiplas conexões, nem sempre com um risco linear associado a uma única atividade e ao resultado subsequente. Não são apenas os pontos de inflexão Ambientais e Sociais que têm efeitos em cascata e relacionamentos interconectados ao lado das questões que constituem as apostas de praxe,[2] o ESG também. Embora ainda existam riscos singulares e eles possam ser abordados pela empresa diretamente, surgiu recentemente um fenômeno – uma rede complexa de riscos interconectados que impacta a empresa de múltiplas maneiras. O Fórum Econômico Mundial [World Economic Forum, WEF] notou pela primeira vez essa tendência de risco em seu relatórios Riscos Globais de 2006,[3] e ela voltou a ser um tema central do relatório em 2023, depois dos numerosos pontos de inflexão que examinamos, além de outros.[4] Combinar análise e mitigação de riscos, melhorias e inovação em doses iguais por meio da natureza interconectada do ESG e de outros fatores pode ajudar as empresas a planejar para enfrentar a disrupção e reagir adequadamente. Não há uma só maneira de examinar e conectar essas questões logicamente. Há maneiras específicas de considerá-las em colaboração com outras, a depender da complexidade do desafio. Como seria de se esperar, até os esforços colaborativos que levam a oportunidades de resolver questões de ESG podem introduzir novos riscos. Mesmo assim, ao lidar com questões interconectadas, adotar uma mentalidade ESG é uma ideia oportuna. Para chegar a ela, devemos construir perspectivas que se estendam da materialidade ESG interna para crises externas e policrises.



## MATERIALIDADE INTERNA: A NATUREZA INTERCONECTADA DO ESG EM SEUS PILARES

Em razão da urgente crise climática, de sua natureza quantitativa e das regulamentações emergentes, a atenção tende a focar o Ambiente, com as questões sociais ocupando o nível seguinte de alta atenção e as questões de Governança vindo por último, pelo menos no discurso público globalmente e na consciência. Um aspecto da mentalidade ESG descobre as conexões ao longo dos pilares para obter um quadro completo de questões relacionadas. Examinar os pilares é o ponto de partida para compreender a natureza interconectada do ESG.

Num ponto de vista singular, encarar uma questão de ESG com uma visão simples significa estabelecer uma conexão direta ponto a ponto entre a questão material identificada e os esforços. Um exemplo poderia ser o de uma fábrica de tecidos alavancando água em seu processo de tingimento. O Diretor de Operações pode iniciar um projeto para medir o consumo e a descarga de água, com a meta de reduzir o consumo. À primeira vista, esse exemplo é uma atividade Ambiental que gera um resultado do Ponto A ao Ponto B. No entanto, em razão da natureza do ESG, as questões são mais interconectadas e podem abranger a sigla toda. Alguém que olhe a questão a partir da lente estreita da água, como um especialista que tenha conhecimento profundo do assunto, verá apenas conexões Ambientais, mas não a amplitude ao longo da sigla nem os múltiplos vínculos com outras considerações. Reexaminar a mesma questão com uma lente mais ampla muda a maneira de pensar a respeito dela. Usando o exemplo do uso da água, a empresa poderia:

- Examinar os padrões da bacia hidrográfica e do clima local para conhecer melhor o reabastecimento natural (E).
- Usando essas estimativas, monitorar seu consumo de água, reciclagem e descarga (E) para compreender melhor seu uso operacional e sua contribuição para a bacia hidrográfica.
- Decidir reduzir o uso de água na fabricação de seu produto ou mudar para tingimento a seco (E, G) e lidar com a questão em parceria com seus fornecedores, enquanto continua a trabalhar com melhorias.
- Estudar a biodiversidade local e o impacto do legado dos novos processos (E, G) enquanto monitora a saúde da comunidade local relacionada com a bacia hidrográfica (S, G).
- Como resultado de suas observações, a empresa pode decidir defender regulamentações sobre a qualidade da água e padrões de medição (G) para dar consistência ao longo do setor e da cadeia de valor, protegendo-se de litígios.

Em outras palavras, essa única questão da gestão da água tem múltiplos aspectos de ESG que se conectam a cada um dos pilares de diferentes maneiras, revelando mais questões materiais. Examinar a sigla para descobrir os relacionamentos da questão interconectados com a empresa e seus *stakeholders* é apenas o ponto de partida. A empresa pode também descobrir questões não materiais ou dinâmicas a serem consideradas futuramente nessa abordagem. Por exemplo, pode não ser imediatamente aparente que os *stakeholders* apreciarão os benefícios de sustentabilidade de uma mudança em direção a poupar água que impulsione um relacionamento mais próximo entre consumidores e a marca. Os funcionários que vivem no local com certeza apreciarão esse esforço, que pode ter impacto na saúde de suas famílias que tomam a água do lugar.

Este exemplo particular é propositalmente limitado, servindo como uma base para pensar nos relacionamentos e na complexidade dentro de uma única questão. No entanto, um conceito do qual os times de gestão devem estar cientes é que, ao gerenciar bem essa questão, a empresa evita riscos à reputação, incluindo possíveis litígios por danos ambientais ou sociais. Nesse caso, a defesa de certas políticas pode resultar em uma verdadeira liderança de mercado e provar que a empresa compreende bem seus riscos materiais, algo que alguns investidores valorizam. Por outro lado, a confiança de *stakeholders* pode se romper se a empresa fizer greenwashing e liderar com ênfase em marketing ou métricas em lugar de ações. No mundo atual, de atenção das mídias sociais e de responsabilização, sua história só será tão boa quanto as ações que lhe derem sustentação. A empresa pode experimentar danos de reputação e litígios quando age sem que haja evidências do que faz de fato.



## PRESSÃO EXTERNA: A NATUREZA INTERCONECTADA DOS RISCOS ESG EXTERNOS

Mesmo que uma única questão de ESG revele vários tipos de interseção com cada um dos pilares a partir de uma investigação mais profunda, as questões externas de ESG podem também colocar pressão material em *stakeholders* e na empresa de uma maneira conectada. Nesse caso, a natureza interconectada de nosso mundo produz uma força externa e talvez não relacionada com ESG capaz de impactar a empresa materialmente.

A partir da década de 1990, rápidos avanços tecnológicos tornaram nosso mundo mais conectado, permitindo novas colaborações que deram impulso à globalização.[5] Essa era acelerou uma intensa hiperglobalização até a crise financeira de 2008. No entanto, após os pontos de inflexão do início da década de 2020 e por meio deles, empresas e países se encaminharam para uma estagnação e desaceleração da globalização. Por exemplo, algumas empresas começaram a reestruturar suas cadeias de suprimentos para gerir o risco de vários fatores externos introduzidos pela globalização.[6] Mas, embora essa desaceleração pareça uma estratégia protecionista contra riscos globais complexos, provavelmente é tarde demais para que seja efetiva, pois as cadeias de valor se conectam de maneiras ainda não vistas, e há questões de ESG interconectadas que transcendem fronteiras, mesmo em nível pessoal.

No verão de 2023, houve incêndios florestais em Quebec, com grandes prejuízos às florestas e à biodiversidade local.[7] O Índice de Qualidade do Ar no leste dos Estados Unidos estava no Nível Vermelho, extremamente insalubre, pois indica a presença de partículas no ar. Como resultado, eu tive dor de cabeça todos os dias, o que diminuiu a produtividade do meu trabalho e me obrigou a ficar dentro de casa, sem me exercitar, ou sequer dar uma saidinha para tomar um café. Além disso, a fumaça e a ausência de atividades ao ar livre podem ter efeitos a longo prazo na saúde da minha família e no bem-estar mental, o que talvez aumente nossos custos com seguros e sobrecarregue os provedores de assistência médica na nossa região. Como resultado de ficar dentro de casa, também deixo de gastar dinheiro na minha comunidade. Esse risco Ambiental geograficamente não relacionado criou um risco Social material que os provedores de assistência médica, seguradoras, atuários e governos locais precisam agora levar em conta.

Para empresas de todos os tipos, a fumaça de incêndios florestais representa um risco material na interseção de seus funcionários e *stakeholders* clientes. Os funcionários podem ficar menos propensos a se deslocar até o escritório, já que a fumaça de incêndios florestais e o clima extremo aumentam os riscos pessoais nesses deslocamentos. O resultado pode ser mais trabalho remoto, o que tem uma série de consequências – por um lado, uma melhora na saúde dos funcionários e melhor equilíbrio entre trabalho e vida pessoal, e, por outro lado, menor colaboração presencial e edifícios de escritório ociosos. Os departamentos de Recursos Humanos e os gestores devem considerar o impacto Social na cultura da empresa e na produtividade, enquanto os gestores imobiliários precisam se atentar para o uso físico de seus ativos.

Para varejistas e restaurantes, seus clientes podem ficar em casa e decidir comprar online, o que se traduz em potencial perda de receita e riscos para o varejo e para os trabalhadores em delivery, que não podem trabalhar de casa. Durante a pandemia de covid-19, a situação foi similar, pois esses trabalhadores tiveram que decidir entre a segurança pessoal e a necessidade de ir trabalhar para ganhar a vida.[8]

Embora essas situações sejam de certo modo hipotéticas, os incêndios florestais em Quebec afetaram o turismo no Canadá,[9] levaram 14 estabelecimentos de mineração a fechar as portas[10] e ironicamente obrigaram uma serraria a encerrar atividades, afetando os preços da madeira.[11] Esses exemplos são linhas retas entre causa (fumaça) e efeito (proteger funcionários do perigo), e resultados (diversos impactos nos negócios). Nessas situações, uma empresa pode ter, numa avaliação rudimentar, informações suficientes para compreender o motivo básico e conectá-lo às implicações que se estendem do Ambiental ao Social, pondo em ação seus princípios de Governança para lidar com o problema. No entanto, compreender os impactos internos de curto prazo da questão, mesmo dentro da gama do ESG, pode não fazer avançar o suficiente.

A diretoria e o time de gestão precisam considerar outras forças externas aparentemente não relacionadas, que podem se somar aos efeitos da fumaça do incêndio florestal no momento particular em que ele acontece, pois outras questões podem exacerbar e piorar as dificuldades da empresa. Por exemplo, além de os clientes ficarem em casa por causa da fumaça, a empresa deve também considerar que o custo de vida, um risco crucial identificado no relatório global do Fórum Econômico Mundial, tem aumentado nos últimos anos, o que pode ter um efeito multiplicador na retração dos gastos dos consumidores.[12] Especificamente para restaurantes, setor hoteleiro e o setor mais amplo de alimentação, os custos de alimentos têm aumentado em razão da mudança climática e da invasão da Ucrânia pela Rússia.[13] Essas questões, somadas à fumaça dos incêndios florestais, a clientes ficando em casa e ao aumento do custo de vida, podem ter intersecções com a empresa e seus *stakeholders*, criando uma pressão exponencial.

Nem todo setor é impactado pelos efeitos somados das mesmas forças externas. Alguns setores podem se deparar com diferentes combinações de pressão externa quando há a influência da proximidade, e, portanto, não é possível passar para trabalho remoto, como é o caso de armazéns, logística, delivery, gêneros alimentícios e serviços de refeições. Se é seguro para a empresa continuar aberta, ela pode fornecer aos funcionários máscaras para que se protejam da fumaça, como ocorreu durante a pandemia de covid-19. No entanto, é possível que riscos à saúde ainda assim se desenvolvam com o tempo. Se isso ocorrer, então outra força externa se somará à questão. Os dois maiores fornecedores de assistência médica nos Estados Unidos acreditam que o custo dos cuidados com a saúde aumentará na década de 2020,[14] o que provavelmente acarretará aumentos nos prêmios em razão dos riscos à saúde que podem se manifestar a partir da fumaça. O Canadá não está imune à elevação dos custos de assistência médica,[15] e tampouco o resto do mundo – os custos de assistência médica têm aumentado nos últimos dez anos como uma porcentagem do PIB.[16] Independentemente de quem paga pela assistência médica, sejam os contribuintes com impostos, sejam os indivíduos, esses custos estão aumentando, e a mudança climática impactará negativamente a saúde das pessoas.[17] As empresas precisam equilibrar essas questões em relação aos funcionários, e os esforços podem se manifestar como custos adicionais, salários mais altos ou competição por melhor cobertura de assistência médica, para atrair e reter talentos.

E assim sucessivamente. Questões que vão se somando interagem e pressionam os negócios de diversas maneiras. O ESG não é necessariamente especial nesse sentido, pois as empresas sempre tiveram que se planejar para reagir às crises, conforme Edmans argumentava. Mesmo assim, a natureza interconectada do risco, tendo como pano de fundo a globalização, é algo novo, e uma mentalidade ESG pode lançar um alicerce para refletir sobre essa complexidade. Cada uma dessas questões representa por si um difícil desafio material a ser superado, mas a empresa tem como descobrir seus impactos únicos na natureza interconectada do ESG. Infelizmente, a tarefa de considerar como essas crises criam intersecções com a empresa e o impacto que elas produzem pode ser cansativa e exigir uma estratégia exaustiva, incluindo talvez uma nova cadeia de valor e novos modelos de engajamento de *stakeholders*, bem como ação coletiva e defesa de políticas.

Não há uma saída ou abordagem única para essas questões externas. De todo modo, uma abordagem multifacetada adotada pela unidade de negócios relevante, talvez com o auxílio de uma consultoria com um especialista em ESG ou no tópico em pauta, é um bom ponto de partida até que os problemas e seus relacionamentos sejam mais bem compreendidos. A partir disso, a unidade de negócios pode informar o time de gestão para assegurar adesão a uma abordagem mais robusta e estabelecer uma coordenação com outros dentro da empresa para um esforço consistente. Sem o patrocínio executivo e uma tentativa coordenada envolvendo várias disciplinas, a empresa provavelmente estará o tempo todo tentando evitar questões ou apagando pequenos incêndios de modo reativo, um por vez, incapaz de evitar o avanço da disrupção do negócio. Integrar o ESG ajuda a facilitar essas conversações pelos vários níveis do negócio e pode agilizar uma abordagem proativa.



## UMA VISÃO ATUALIZADA DA MATERIALIDADE NO NÍVEL EMPRESARIAL

Ao incrementar esse exame das questões individuais de ESG, das forças externas e do impacto pelos pilares da sigla, uma empresa pode descobrir novos insights reexaminando sua matriz de materialidade e a ferramenta do mapeamento dos *stakeholders* pelas lentes da interconexão de riscos, oportunidades e *stakeholders*. Assim como as unidades de negócios colaboram em questões sistêmicas complexas da empresa e nos problemas externos, as questões materiais de ESG conhecidas fazem interseção entre elas e devem ser tratadas da mesma forma. De novo, a empresa já deve estar trabalhando nisso, mas a lente da materialidade ESG confere às empresas um modelo para examinar essas questões com outra mentalidade.

Voltando à matriz de materialidade da Figura 10.1, sobre a nossa empresa fictícia de brinquedos, podemos olhar para uma questão material particular e examinar de que maneira várias questões relacionadas na matriz estão interconectadas. Por exemplo, as linhas grossas representam conexões diretas com o engajamento de fãs, e as linhas mais finas representam conexões secundárias. Vamos examinar os relacionamentos interconectados do engajamento de fãs com um marketing responsável e com o compliance relacionado a crianças, percorrendo a matriz no sentido horário.

FIGURA 10.1 A natureza interconectada das questões materiais

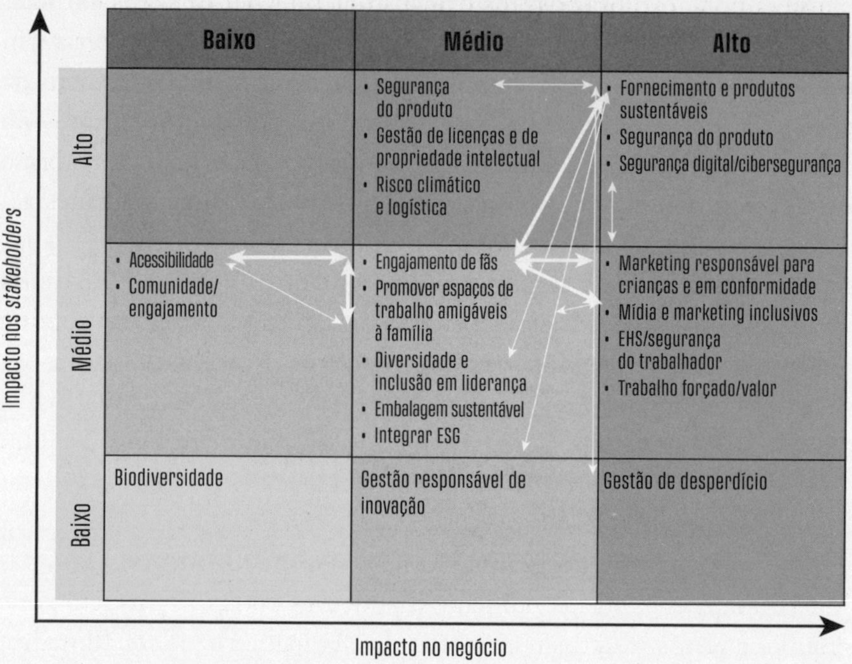


Embora a empresa possa ter fãs adultos do produto físico (colecionadores, por exemplo), as crianças representam o grupo essencial de *stakeholders* a engajar fora do produto tangível, com novas experiências digitais e criação de conteúdo. Em muitas jurisdições, crianças são um grupo protegido com regras específicas para o marketing. Se o engajamento ocorre por meios digitais, esse tópico também está conectado à segurança digital/cibersegurança, pois há regras similares para proteger e armazenar dados de crianças, o que vincula esses assuntos a *compliance* – uma questão material de Governança que não é tratada ao se adotar uma lente estreita. A empresa já encontrou valor nesse exercício, pois essa nova perspectiva ajudou a detectar uma questão material relacionada e um novo ponto de vista capaz de moldar um caminho adiante. Nesse meio-tempo, a empresa deve cuidar do engajamento de fãs a fim de capturar ou manter receita enquanto lida com essas preocupações de *compliance*.

As três questões seguintes estão relacionadas à oportunidade de capturar um grupo diferente de fãs e potencialmente novos mercados por meio de mídia e marketing inclusivos, Diversidade e inclusão em liderança, e Acessibilidade ao longo do pilar Social. Por exemplo, a empresa pode explorar a transformação de seus personagens em mais inclusivos e representativos do mercado e de seus *stakeholders*. Um executivo ou indivíduo contribuidor que compreenda o projeto de produtos inclusivos pode trabalhar com Marketing, defensores do DEI e comunidades para incorporar sensibilidade e empatia à criação e lançamento de novos produtos. Todas essas coisas se conectam para entregar uma oportunidade única de ESG.



Isso finalmente nos leva a uma conexão com o Fornecimento e com produtos Sustentáveis, que pode ser de interesse de uma gama de fãs e está conectado com segurança de Produto, já que as mudanças no produto podem resultar em ajustes no controle de qualidade. Gestão de desperdícios, gestão responsável de Inovação, embalagem Sustentável e segurança do Produto também estão conectadas aqui, pois essas mudanças têm impactos *upstream* e downstream que os times de P&D e outras unidades de negócios precisam levar em consideração.

Ao mapear os relacionamentos, podemos ver que emergem duas grandes questões materiais em torno do engajamento de fãs. Primeiro, o Fornecimento e produtos Sustentáveis, uma das questões materiais mais importantes, têm várias conexões ao longo da matriz no nível seguinte. A empresa pode já estar priorizando esse tópico para tratar do risco de transição em razão de sua localização na matriz, mas deve também empoderar líderes de negócios para lidar com a questão de modo coordenado dentro da empresa. Da mesma maneira, Diversidade e inclusão na liderança, uma questão material intermediária, pode ter conexões com questões ao longo da matriz. De novo, a empresa pode procurar líderes para impactar este tópico de maneira ampla, junto com outros grupos, a fim de capturar a oportunidade nas várias maneiras em que ela se conecta.

Vamos levar o exemplo adiante para mostrar como um esforço colaborativo pode ser formado. Com uma rápida olhada no engajamento de fãs, o time de gestão pode designar o Marketing ou a Gestão de Marca como proprietários do engajamento de fãs na empresa. Compreender os *stakeholders* por meio de pesquisa provavelmente será o primeiro passo. No entanto, esse time precisa ser empoderado para ganhar apoio na empresa em seu intento. Essa nova perspectiva interconectada na matriz de materialidade se conecta a TI, Recursos Humanos, P&D, Controle de Qualidade, Operações e Compras. O time de gestão também encontrou uma nova conexão com compliance por meio de uma cuidadosa análise, que levou ao Conselho Geral. Para executar efetivamente uma estratégia em torno do engajamento de fãs, todos os *stakeholders* internos devem compreender as prioridades e os relacionamentos para apoiar o trabalho. Em outras palavras, o ESG deve ser integrado para que os *stakeholders* possam efetivamente priorizar e se juntar. Com o time de gestão a bordo, talvez um patrocinador executivo possa ser designado para navegar a política interna do negócio e ajudar a garantir apoio ao longo das funções, bem como um orçamento para bancar os projetos necessários. Sem integrar o ESG e as estruturas para facilitar uma execução interconectada da estratégia à altura dos desafios, a matriz é na realidade inerte, e a empresa pode acabar tendo dificuldades para resolver qualquer questão material.

## QUESTÕES INTERNAS, CRISES EXTERNAS E PROBLEMAS SISTÊMICOS: POLICRISE!

Múltiplas crises externas estão transbordando dos velhos problemas do sistema para se acumularem em torno das empresas e de suas questões internas de maneiras novas e interconectadas. Essa confluência pode causar choques prejudiciais, pois as crises interagem de modo imprevisível, tornando praticamente impossível uma gestão de riscos proativa. Em seu relatório Riscos Globais de 2023, o Fórum Econômico Mundial [WEF] lista um termo que captura com perfeição essa natureza e confluência interconectada dos riscos: uma policrise.[18] O que é mais desafiador numa policrise é que, como ocorre com as questões relacionadas de forças ESG externas que podem se somar aos problemas, essas crises impactam os pilares e as questões sistêmicas materiais e não materiais, incluindo aquelas que a empresa já deve estar gerenciando em torno de sustentabilidade e DEI. As empresas devem buscar ter uma reação bem articulada, partindo de dentro, e organizar seu setor, ganhar apoio de capital dos serviços financeiros e buscar orientação regulatória para efetivamente enfrentar uma policrise ou os componentes dessas crises.

O setor de imóveis comerciais em 2020 é um ótimo exemplo de uma policrise em formação. Como vimos, muitas empresas que puderam adotar modelos de trabalho híbridos ou remotos durante a pandemia de covid-19 o fizeram. Essa tática interna necessária teve uma fatídica externalidade, pressionando a viabilidade econômica das cidades, pois os trabalhadores remotos não vinham mais gastar seu dinheiro nelas. Algumas cidades ofereceram incentivos de impostos às empresas, a partir da promessa de que os trabalhadores compareceriam ao local de trabalho, trazendo receita e impostos de volta à cidade. As cidades geralmente estruturam os benefícios fiscais em torno de alguma porcentagem de funcionários da empresa que vêm ao escritório. Historicamente, as checagens de comparecimento não eram obrigatórias, pois a suposição é que uma empresa que aluga ou é dona do local de trabalho fará seus funcionários comparecerem.[19] Mas, à medida que a covid-19 perdeu força, as empresas viram seus funcionários preferindo trabalhar remotamente, embora os edifícios continuassem semiocupados e os incentivos fiscais fossem mantidos.[20] Nos Estados Unidos, na Europa e na Ásia, trabalhadores remotos se mudaram para cidades menores e até para outros países no mesmo fuso horário.[21] Até maio de 2023, a ocupação de edifícios na cidade de Nova York foi inferior a 50%, e em junho aumentou apenas para 50,5%, com a Bloomberg estimando o custo disso para a cidade em 12 bilhões de dólares anuais.[22] Os efeitos do trabalho remoto numa área metropolitana interconectaram riscos de receita de impostos, turismo, comércio local e valor de imóveis. No entanto, essa é apenas uma das crises que empresas, setor imobiliário e cidades enfrentam.

Há outra crise no horizonte para os prédios comerciais. Até 2025, o mercado de imóveis comerciais se encaminha para 1,5 trilhão de dólares de empréstimos que precisam ser refinanciados.[23] As taxas de juros continuam altas, o que aumenta os custos de empréstimos para as empresas. Essas pressões financeiras vêm num momento em que não só os edifícios estão com metade de sua ocupação, mas os proprietários de edifícios e os gestores imobiliários têm consciência das pegadas de carbono de suas instalações, que exigem projetos de modernização [*retrofitting*] a curto prazo para atender às pressões do mercado ESG e adotem operações sustentáveis. Melhorias nos edifícios relacionadas ao

Ambiental não são uma transição pequena, pois os edifícios existentes geram 27% das emissões globais.[24] Se a taxa de ocupação não melhorar, pode ser difícil que as empresas continuem investindo em retrofitting e fazendo melhorias sem assistência financeira ou do governo.

Singapura pode ter evitado esse aspecto da policrise por meio de um bom exemplo de como um esforço do setor público-privado ajuda a fazer uma transição de risco. Por meio de um programa multietapas, com financiamento e certificações verdes, Singapura modernizou 80% dos edifícios existentes e transformou 80% dos novos edifícios deixando-os com níveis superbaixos de consumo energia e com 80% de eficiência energética, tornando-se uma das cidades mais sustentáveis do mundo.[25] Em contraste com outras cidades globais, as taxas de ocupação de Singapura estavam próximas de 95% em 2023.[26] No entanto, nem todos os países ou cidades permitem essa abordagem, e, como vimos, em muitos lugares as taxas de ocupação não são altas.

Equilibrar o refinanciamento sem contar com um sistema de apoio que desfavoreça o trabalho remoto e sem atualizações de sustentabilidade é uma proposta financeira perdedora, e fica ainda pior porque talvez não haja uma saída para as empresas. Como muitos sentem essa dor, é provável que os edifícios não sejam vendidos. Vender um edifício é ainda mais difícil nesse novo mundo de trabalho remoto, e os analistas preveem que os valores podem depreciar até 40%.[27] Riscos climáticos e de transição, que podem não ter sido levados em conta quando as empresas tomaram os empréstimos, agravam a depreciação, com impacto negativo na valorização do edifício.[28] Essa policrise tem tantas questões interconectadas que as empresas podem simplesmente abrir mão da dívida, do edifício e de quaisquer incentivos fiscais.

São Francisco é um exemplo de uma policrise localizada, com fatores internos, externos e sistêmicos impactando o setor de imóveis comerciais. Demissões no setor de tecnologia em razão de pressões econômicas, declínio do turismo por causa da covid-19, aumento da criminalidade e escassez de moradias levaram a um calote generalizado em empréstimos na cidade.[29] Com isso, a influência desse problema passou a ser uma nova crise externa que se estende para o setor bancário, sobretudo porque os edifícios passaram a valer menos que seus empréstimos, e os bancos podem ficar com ativos de valor muito baixo.

Um mecanismo para se proteger desse risco são os exercícios de teste de tensão financeira. A Autoridade Bancária Europeia e o Federal Reserve dos Estados Unidos fizeram esses exercícios com bancos, incluindo vários fatores, como o reconhecimento do desafio dos mercados imobiliários comerciais e o planejamento para uma queda de valor.[30,31] Bancos regionais respondem por 68% dos empréstimos para edifícios comerciais,[32] então é possível que haja impactos significativos nos mercados financeiros em áreas localizadas, como ocorreu com o colapso do Silicon Valley Bank, descrito no Capítulo 5. Como no caso do Silicon Valley Bank, a confluência de questões repercutiu pelas economias globalmente e teve consequências de longo alcance à medida que o crédito foi restringido. O impacto conseguiu passar dos bancos regionais para os grandes bancos e impactou empresas, proprietários de imóveis alugados e governos municipais, atingindo praticamente todo mundo, de modo similar ao que ocorreu na crise financeira de 2008.

O colapso do mercado de imóveis comerciais é um risco hipotético. O exemplo mostra crises interconectadas que podem acelerar rapidamente. As questões que têm interseção com o setor imobiliário comercial, incluindo trabalho remoto, o impacto dos riscos de transição e eficiências de sustentabilidade, são crises de ESG que se combinam com outros fatores, como o refinanciamento com taxas de juros altas, criando a policrise. Além disso, uma crise no setor imobiliário comercial, embora seja uma policrise para quem empresta e quem toma emprestado, acaba virando outra crise, que se conecta com mais crises materiais ao longo do setor bancário e impacta a economia global de maneiras desconhecidas.

Não é possível haver uma solução única para uma policrise, já que esta é uma confluência de crises e questões sistêmicas. No entanto, pode ser útil uma abordagem de multi-*stakeholders* internos e externos, que esteja à altura da sua complexidade e abrangência. Por exemplo, além de testar as tensões financeiras, o Banco Central da UE,[33] vários órgãos dos Estados Unidos e o Federal Reserve[34] divulgaram um guia atualizado para bancos que trabalham com mutuários do setor imobiliário comercial durante a tensão financeira. As recomendações vão de examinar dados de crédito, criando acomodações de curto prazo e sanando potenciais questões de ESG – como desastres ou outros eventos nacionais e internacionais –, até medidas para reestruturar o empréstimo e minimizar eventos adversos a longo prazo. Embora essas recomendações estejam fora do controle de uma empresa, o time de gestão deve compreender a orientação para estar mais bem preparado para ter conversas difíceis com os credores. Os bancos devem rever o guia e ter cautela com essa orientação preditiva, além de se disporem a colaborar com as empresas para que consigam pagar os empréstimos, mesmo que tenham que negociar concessões de curto prazo para ter certeza a longo prazo de poder recuperar ou proteger o empréstimo. Embora uma policrise de imóveis comerciais em formação possa não impactar todas as empresas, ela ilustra como essas crises se conectam e as potenciais considerações que precisam ser feitas para tentar resolvê-las.

## UMA NOTA SOBRE PROBLEMAS SISTÊMICOS, MATERIALIDADE E TEMPO

Uma policrise representa uma nuance importante para aqueles que apoiam o ESG e lidam com materialidade e uma visão de longo prazo, porque com o tempo a confluência pode alinhar valores ao valor. A globalização agravou questões e riscos sistêmicos ao levantar questões como bem-estar infantil, mudança climática, trabalho forçado, igualdade e justiça, e assim por diante, o que levou a várias dessas crises. A única opção que restou foi lidar com as questões sistêmicas e trabalhar para resolvê-las. No futuro, as crises mais sistêmicas farão interseção de uma maneira bem mais material, e essas questões e suas soluções lançarão os negócios em terreno desconhecido. As empresas devem reconhecer, contrariando uma mentalidade de curto prazo, que essas crises interconectadas de longo prazo se tornarão com o tempo materiais para todas as empresas, não importa quais sejam suas metas e compromissos estabelecidos.

Não há simplesmente como evitar essas ameaças sistêmicas no horizonte, que exigem grandes ajustes do negócio, dos mercados financeiros e dos governos; portanto, trata-se de encarar as questões que se apresentam hoje, de salvar o mundo e suas pessoas como uma oportunidade material dinâmica. À medida que as empresas despertam para essa realidade, precisam de uma nova abordagem interconectada para reduzir seus riscos e facilitar as necessárias mudanças sistêmicas exigidas para assegurar que setores inteiros e cadeias de valor façam mudanças de modo responsável. Para ser bem-sucedido, isso exigirá novas parcerias, mas cuidar desses riscos sistêmicos é algo importante para construir uma resiliência de longo prazo para o negócio.



## PARCERIAS NO ESG: LEIS ANTITRUSTE E OS PERIGOS DO *GREENHUSHING*

Nas entrelinhas das Objetivos de Desenvolvimento Sustentável da ONU [Sustainable Development Goals, SDGs], há cochichos de ESG, mesmo quando a intenção não é falar em uma resiliência de negócios material, de longo prazo. As SDGs são um guia útil e fácil de compreender no que se refere a questões materiais. Várias empresas cooptam algumas das SDGs mais materiais, alinhando-as a outros modelos e padrões, listando-as junto de projetos de trabalho relevantes e compromissos em seus relatórios de CSR. Embora as SDGs foquem o que muitos consideram ideias admiráveis baseadas em valores, como paz e prosperidade, cada meta pode ter um impacto material na empresa e representar questões inevitáveis que os times de gestão terão que resolver a longo prazo.

Exige-se uma SDG quando se trata de questões interconectadas e de uma policrise. A SDG17 é chamada de "Parceria para as Metas" e seu foco em grande parte está nas parcerias voltadas a melhorar o mundo em desenvolvimento a partir da perspectiva dos países desenvolvidos. A ideia de perdas e danos bancados por um esforço coordenado de parcerias público-privadas e empresas filantrópicas, contemplada no Capítulo 3, é um exemplo desse tipo de esforço, apesar de ter sido uma iniciativa que ficou subfinanciada. Na SDG17 há duas metas, 17.16 e 17.17, que descrevem várias abordagens a multi-*stakeholders* para parcerias público-privadas, considerando as necessidades da sociedade civil, o compartilhamento de conhecimento, financiamento, apoio técnico e assim por diante.[35] Como em outras SDGs, as empresas podem cooptar a SDG17 para tratar de desafios mais sistêmicos que não podem ser resolvidos sozinhos, tentando resolvê-los antes que se manifestem numa crise ou contribuam para uma policrise. De novo, essa abordagem proativa de longo prazo é quando os valores eventualmente se alinham ao valor.

Quando essas crises em formação e os problemas sistêmicos de longa data ameaçam a estratégia de longo prazo e a resiliência da empresa, ela deve engajar múltiplos *stakeholders* em uma abordagem coordenada. Assim como ocorre com a matriz de materialidade interconectada, encontrar os relacionamentos entre os *stakeholders* no contexto de crises em formação pode render pontos de vista melhorados e aprofundar a compreensão de quais grupos de *stakeholders* devem ser engajados em quais questões e como eles podem ajudar. Uma empresa pode descobrir que alguns *stakeholders* têm conexões inesperadas e ter uma oportunidade única de reuni-los como líderes ou de participar de um esforço coordenado. Embora governos, serviços financeiros, fornecedores, clientes e entidades filantrópicas representem esses importantes *stakeholders*, a empresa não deve descuidar de seus concorrentes. Resolver questões internas ou mesmo interconectadas de ESG pode significar uma vantagem competitiva para um player do mercado, mas problemas sistêmicos são grandes demais para serem resolvidos unilateralmente, e tentar fazê-lo provavelmente será inútil. Concorrentes no mesmo setor representam um grupo crucial de *stakeholders* que pode ajudar a melhorar ou resolver desafios sistêmicos materiais.

Ao longo deste livro, fizemos referências a consórcios que tentam organizar empresas em torno de mudanças. No Capítulo 3, examinamos a Beverage Industry Environmental Roundtable (BIER), que mobiliza o setor em torno de questões Ambientais materiais, como a da água. O Capítulo 4 finalizou com o Conteúdo para Mudança da Paramount [Paramount's Content for Change], um convite para que outros se juntassem aos seus esforços Sociais. A Green Software Foundation, no Capítulo 6, trabalha no setor para reduzir as emissões de carbono da tecnologia por meio de um desenvolvimento de software eficiente. Iniciativas e consórcios de setores se organizam em torno de tópicos para impulsionar mudanças materiais.

Um consórcio efetivo não deve restringir a participação, deve trabalhar com um bom nível de transparência, ter objetivos claros, não vincular os participantes ou sua cadeia de valor a uma ação egoísta – ao contrário, deve procurar ficar a serviço dos *stakeholders*. A ação coletiva resultante fará maior diferença do que se cada participante agisse por sua conta.



Infelizmente, algumas empresas deixaram os consórcios para seguirem seu próprio caminho de ESG. Em dezembro de 2022, a Vanguard, uma das maiores gestoras de ativos do mundo, retirou-se da iniciativa Net Zero Asset Managers (NZAM). Em seu anúncio, reconheceu que a mudança climática teria consequências econômicas de longo alcance, que é parte da identificação de riscos materiais e que há muita confusão com metas coletivas.[36] Da mesma forma, a Net Zero Insurance Alliance (NZIA) perdeu vários de seus membros.[37] Ambos os grupos têm foco mais em reduzir as emissões de carbono, uma meta de longo prazo mais bem atendida através de colaboração, pois uma empresa não pode atender sozinha a esse objetivo planetário. Além das pressões políticas nos Estados Unidos, uma das especulações a respeito da razão pela qual essas empresas saíram desses consórcios do clima são potenciais questões antitruste.[38]

Ações antitruste há muito tempo focam impedir que as empresas se juntem a fim de controlar o mercado, para instituir monopólios e em questões de definição de preços. Por exemplo, a Canada Bread se juntou a outros fabricantes de pão do setor para fixar o preço do pão ao longo de 16 anos em favor das empresas.[39] Historicamente, o antitruste foca monitorar os aspectos financeiros da concorrência, protegendo desse modo o consumidor. Preocupações antitruste passaram a ser uma crescente consideração para esses consórcios ou para qualquer grupo de empresas que coletivamente façam esforços para melhorias e inovação em ESG, independentemente de serem os objetivos materiais ou não. Essa preocupação pode significar que os setores não podem resolver seus problemas mais sistêmicos, em última instância prejudicando a empresa e seus *stakeholders*.

Nos Estados Unidos, a sustentabilidade e o ESG têm atraído a atenção do governo. O antitruste foi destacado na carta anti-ESG dos Procuradores-Gerais dos estados republicanos de agosto de 2022, citando potenciais armadilhas do ESG, como boicotes, restrições de comércio e redução de negócios para os não participantes, entre as suas preocupações.[40] Embora as empresas possam empregar essas estratégias, é menos provável que estejam relacionadas ao ESG, já que não resultam em impacto. O impacto é uma preocupação-chave dos *stakeholders*, pois as empresas gerenciam métricas e precisam de provas por meio de ações, não de ajustes punitivos. A perspectiva anti-ESG permite muitas interpretações, portanto, as empresas devem estar cientes de suas abordagens individuais e coletivas. Por exemplo, suponha que uma empresa troque de fornecedores, colocando verdes em lugar de sujos, a fim de cumprir seus compromissos de sustentabilidade sozinha. Nesse caso, ela não fez nada para lidar com o problema sistêmico de longo prazo, apenas terá atendido a requisitos de relatórios de curto prazo, sem se atentar para a real intenção de suas metas. Em outras palavras, essa abordagem míope pode ser considerada greenwashing, pois o problema persiste. O sistema legal e os reguladores podem considerá-la uma questão antitruste se um consórcio de empresas fizer isso em escala, punindo fornecedores em vez de se engajar nos riscos *upstream*.

Esse sentimento se traduziu em sindicâncias no mundo real. Em 2019, várias fábricas de automóveis, entre elas Ford, Honda, BMW e Volkswagen, concordaram com os padrões de emissões propostos pela Califórnia, que excederam as eficiências estabelecidas pelo governo federal.[41] Como resultado, o Departamento de Justiça, à margem da Casa Branca, segundo se reportou, investigou se as montadoras haviam violado leis antitruste.[42] No final, o Departamento de Justiça encerrou a investigação, concluindo que as empresas não haviam violado a lei.[43] Embora isso seja encorajador para empresas que trabalham em consórcios ou conjuntamente em torno dessas questões, que são exigidas de novo a resolver algumas das crises de seu setor, sempre será prudente consultar um advogado.

Desistir de uma ação coletiva por preocupações antitruste certamente reduz o compartilhamento de melhores práticas, o conhecimento e a influência por meio de engajamento. No entanto, de modo similar a como as crises afetam uma empresa, há outro aspecto que vem se formando em torno dos esforços anti-ESG, contribuindo para reduzir os esforços de colaboração.

As empresas começaram a se afastar da sigla ESG e de comunicar seus esforços depois que o termo virou notícia nas audiências anti-ESG do Congresso em 2023, quando estados conservadores propuseram novas leis contra o ESG, as reclamações de consumidores criaram novas controvérsias e os ativistas argumentaram que os esforços não estão sendo suficientes. Como vimos no capítulo anterior, vários tipos de afrontas materiais podem obrigar uma empresa a reagir ao lidar com riscos ou oportunidades materiais. Pode-se ter a impressão de que as empresas não estão tentando coisas novas ou assumindo riscos nessas questões por receio de entender as coisas de modo equivocado ao reportar suas métricas e ações. Mesmo o CEO da BlackRock, Larry Fink, anunciou que evitaria usar o termo ESG, mas ressaltou que ainda era favorável a um "capitalismo consciencioso".[44] O resultado pode ser que as empresas parem de tentar assumir riscos, mas talvez seja mais provável que se tornem menos explícitas a respeito de quaisquer esforços, e, portanto, sejam incapazes de resolver desafios mais interconectados, mesmos os materiais.

Quando as empresas não compartilham mais seus dados e suas ações de ESG e esforços relacionados, isso é chamado de greenhushing. Alguns acreditam que o *greenhushing* é um caminho aceitável em direção ao progresso, pois as empresas continuarão gerindo seus riscos de transição e impulsionando progresso em torno de problemas sistêmicos. Porém, quando se trata de questões interconectadas que precisam de uma abordagem coletiva, o *greenhushing* desacelera o progresso, na melhor das hipóteses, ou pode causar uma inércia devastadora, no pior cenário. Quando os setores não trabalham juntos, é extremamente desafiador para bolsões de players isolados afetarem a mudança na escala necessária. Como os problemas sistêmicos não estão sendo tratados, a linha do tempo para materialidade dinâmica, quando ela de repente impacta todas as empresas por meio de um choque sistêmico, pode ser abreviada. Além disso, a empresa não engajará *stakeholders*, pois é silenciosa a respeito de seus esforços, deixando os *stakeholders*, incluindo os acionistas, com um quadro nebuloso dos desafios e soluções. Adicionalmente, se uma empresa não comunica seus esforços de ESG quando os projetos vão bem, isto é, quando encontra novas maneiras de atender a suas metas por meio de melhorias e inovação, o conhecimento fica estancado, e outros não aprendem com o que aconteceu antes.

Há muitas pessoas talentosas trabalhando questões de ESG que não mencionam explicitamente a sigla. O trabalho e a comunicação são mais importantes que a sigla, e isso não é *greenhushing*. Embora o trabalho e seus resultados sejam certamente mais importantes que o termo, se esses esforços não são transparentes ou abertamente comunicados, não poderão moldar um setor que batalha para lidar com crises interconectadas complexas, e menos ainda com o impacto nos negócios e com questões materiais. As empresas devem encontrar maneiras de atuar com os vários *stakeholders*, incluindo seus concorrentes, para transformar seu setor e cadeia de valor em torno de riscos e oportunidades materiais.

## NOTAS


[1] Edmans, A. (2023). *The End of ESG*. SSRN, Rochester, NY, p. 2-5. www.papers.ssrn.com/sol3/papers.cfm?abstract_id=4221990 (arquivado em https://perma.cc/E2JW-HTGY).

[2] OECD (2022). *Climate Tipping Points: Insights for effective policy action*. OECD iLibrary. Paris: Organisation for Economic Co-operation and Development. www.oecd-ilibrary.org/environment/climate-tipping-points_abc5a69e-en (arquivado em https://perma.cc/9FV7-Z7A5).

[3] World Economic Forum, Global Risk Team, Mercer Oliver Wyman, a Marsh & McLennan Company, Merrill Lynch, SwissRe and The Wharton School (2006). *Global Risks 2006*. World Economic Forum, p. 4, 11. www3.weforum.org/docs/WEF_Global_Risks_Report_2006.pdf (arquivado em https://perma.cc/D9W7-9TLU).

[4] Heading, S. e Markovitz, G. (2023). *Global Risks Report 2023: The biggest risks facing the world*. World Economic Forum. www.weforum.org/agenda/2023/01/these-are-the-biggest-risks-facing-the-world-global-risks-2023/ (arquivado em https://perma.cc/BU8W-MYQ4).

[5] Jayakumar, V. (2020). How technology shapes globalization. The Hill. www.thehill.com/opinion/technology/517375-how-technology-shapes-globalization/ (arquivado em https://perma.cc/2TKM-8BWC).

[6] Keller, C. e Marold, R. (2023). Deglobalisation: Here's what you need to know. World Economic Forum. www.weforum.org/agenda/2023/01/deglobalisation-what-you-need-to-know-wef23/ (arquivado em https://perma.cc/7VHH-GDZW).

[7] The Canadian Press (2023). Smog, air quality alerts in place across much of Quebec as wildfires continue to burn. *Toronto Star*. www.thestar.com/news/canada/smog-air-quality-alerts-in-place-across-much-of-quebec-as-wildfires-continue-to-burn/

article_f371125a-a195-5d2a-9b85-018db9772895.html (arquivado em https://perma.cc/S382-BEC6).

[8] Kirkham, C., Levinson, R. e Bose, N. (2020). Warehouse workers risk COVID-19 to ship Gucci shades, face cream, sofas. Reuters, 11 de abril. www.reuters.com/article/us-health-coronavirus-retail-workforce-i-idUSKCN21T0P9 (arquivado em https://perma.cc/4W7U-NN7K).

[9] Mills, S. (2023). Quebec forest fires shutter businesses during lucrative fishing season. CBC. www.cbc.ca/news/canada/ottawa/quebec-forest-fire-smoke-business-economy-1.6875172 (arquivado em https://perma.cc/T7X2-A5HG).

[10] Reuters (2023). Wildfires halt mining operations in Canada. Reuters, 8 de junho. www.reuters.com/world/americas/wildfires-halt-mining-operations-canada-2023-06-06/ (arquivado em https://perma.cc/5MTE-3JUF).

[11] Nickel, R. (2023). Analysis: Canadian wildfires shutter sawmills, drive up lumber prices. Reuters, 12 de junho. www.reuters.com/business/environment/canadian--wildfires-shutter-sawmills-drive-up-lumber-prices-2023-06-12/ (arquivado em https://perma.cc/5XA2-ZCHA).

[12] Heading, S. e Zahidi, S. (2023). *The Global Risks Report 2023* 18th edition. p. 7. World Economic Forum. www3.weforum.org/docs/WEF_Global_Risks_Report_2023.pdf (arquivado em https://perma.cc/T7AY-7N9V).

[13] Heading, S. e Zahidi, S. (2023). *The Global Risks Report 2023* 18th edition. p. 15. World Economic Forum. www3.weforum.org/docs/WEF_Global_Risks_Report_2023.pdf (arquivado em World Economic Forum. https://perma.cc/T7AY-7N9V).

[14] Balasubramanian, S. (2023). Healthcare costs will increase significantly over the next decade. *Forbes*. www.forbes.com/sites/saibala/2023/06/20/healthcare-costs-will-increase-significantly-over-the-next-decade/?sh=48de24506c6b (arquivado em https://perma.cc/CSY9-K47Z).

[15] Jones, D. (2023). Opinion: Canada's other health care crisis: Costs are on a vius spiral – a looming economic mess. *The Globe and Mail*, 21 de junho. www.theglobeandmail.com/business/commentary/article-canadas-other-health-care-crisis-costs-are-on-a-vius-spiral-a/ (arquivado em https://perma.cc/53DC-RENR).

[16] OECD (2019). OECD Health Statistics 2019. OECD. www.oecd.org/health/health-data.htm (arquivado em https://perma.cc/B6YK-8SY2).

[17] Lenton, T.M., Xu, C., Abrams, J.F., Ghadiali, A., Loriani, S., Sakschewski, B., Zimm, C., Ebi, K.L., Dunn, R.R., Svenning, J-C., e Scheffer, M. (2023). Quantifying the human cost of global warming. *Nature Sustainability*, 6, p. 1237-1247. https://doi.org/10.1038/s41893-023-01132-6 (arquivado em https://perma.cc/8S94-VSGM).

[18] Heading, S. e Zahidi, S. (2023). *The Global Risks Report 2023* 18th edition. p. 57. World Economic Forum. www3.weforum.org/docs/WEF_Global_Risks_Report_2023.pdf (arquivado em https://perma.cc/T7AY-7N9V).

[19] Constanz, J. e Holder, S. (2023). Tax breaks threaten remote work if cities start enforcing them. Bloomberg, 21 de fevereiro. www.bloomberg.com/news/features/2023-02-21/another-threat-to-work-from-home-tax-breaks (arquivado em https://perma.cc/2TPB-V4AZ).

[20] Gonzales, M. (2022). Nearly half of workers are "definitely looking" to work remotely. SHRM. www.shrm.org/resourcesandtools/hr-topics/behavioral-competencies/global-and-cultural-effectiveness/pages/nearly-half-of-workers-are-definitely-looking-to-work-remotely.aspx (arquivado em https://perma.cc/JVR5-K9KX).

[21] Smith, M. (2023). Remote jobs are moving overseas and to smaller U.S. cities: "The same skills for 60% of the cost". CNBC. www.cnbc.com/2023/06/09/remote-jobs-are-moving-overseas-and-to-smaller-us-cities.html (arquivado em https://perma.cc/4QTQ-XKG6).

[22] Constantz, J. (2023). New York office occupancy breaks 50% for first time since pandemic hit. Bloomberg, 12 de junho. www.bloomberg.com/news/articles/2023-06-12/new-york-occupancy-breaks-50-for-first-time-since-pandemic-hit (arquivado em https://perma.cc/FUR2-H2V8).

[23] Fox, M. (2023). Commercial real estate is the next shoe to drop for regional banks and the stock market. Markets Insider. markets.businessinsider.com/news/stocks/commercial-real-estate-debt-regional-banks-risk-stock-market-cre-2023-3 (arquivado em https://perma.cc/A7VB-LW5Q).

[24] Architecture 2030 (s.d.). Why the building sector? Architecture 2030. architecture2030.org/why-the-built-environment/ (arquivado em https://perma.cc/789V-YBGE).

[25] Chan, K. (2022). How the Singapore Green Plan 2030 is creating Asia's most sustainable city. *South China Morning Post*. www.scmp.com/country-reports/country-reports/topics/singapore-national-day-2022/article/3188126/howsingapore (arquivado em https://perma.cc/ANR7-SFLH).

[26] Bloomberg (2023). Singapore stands out with climbing office rents, occupancy rates. *South China Morning Post*. www.scmp.com/news/asia/southeast-asia/article/3225387/singapore-stands-out-climbing-office-rents-occupancy-rates (arquivado em https://perma.cc/W22N-MHUN).

[27] Tayeb, Z. (2023). Commercial real estate prices could crash 40% from their peak in a worse disaster than the financial crisis, Morgan Stanley strategist warns. Markets Insider. www.markets.businessinsider.com/news/stocks/commercialreal-estate-prices-outlook-crash-financial-crisis-morgan-stanley-2023-4 (arquivado em https://perma.cc/NN2B-YXXJ).

[28] PRI (2021). TCFD for real assets investors. PRI. www.unpri.org/infrastructure-and-other-real-assets/tcfd-for-real-assets-investors/7495.article (arquivado em https://perma.cc/XU3H-JFG9).

[29] Kinder, T. (2023). Defaults raise alarm over stability of San Francisco's commercial property. *Financial Times*, 17 de junho. www.ft.com/content/d0c0fd7b-e2fc-4da3-a698-4b959efa1bfd (arquivado em https://perma.cc/M3SZ-CBEB).

[30] European Systemic Risk Board (s.d.). ECB-PUBLIC Macro-financial scenario for the 2023 EU-wide banking sector stress test. European Banking Authority. www.eba.europa.eu/sites/default/documents/files/document_library/Risk%20Analysis%20and%20Data/EU-wide%20Stress%20Testing/2023/Scenarios/Updated%202/1053809/2023%20EBA%20Stress%20Test%20adverse%20scenario%20%28updated%2020%20March%202023%29.pdf (arquivado em https://perma.cc/E3XE-UJ88).

[31] The Federal Reserve System Board of Governors (2023). 2023 stress test scenarios. The Federal Reserve. www.federalreserve.gov/newsevents/pressreleases/files/bcreg20230209a1.pdf (arquivado em https://perma.cc/GK2U-WNMM).

[32] Fox, M. (2023b). Commercial real estate is the next shoe to drop for regional banks and the stock market. Markets Insider. www.markets.businessinsider.com/news/stocks/commercial-real-estate-debt-regional-banks-risk-stock-market-cre-2023-3 (arquivado em https://perma.cc/A7VB-LW5Q).

[33] Ryan, E., Horan, A., e Jarmulska, B. (2022). Commercial real estate and financial stability–new insights from the euro area credit register. European Central Bank. www.ecb.europa.eu/pub/financial-stability/macroprudential-bulletin/html/ecb.mpbu202210_4~0aa7d44e15.en.html (arquivado em https://perma.cc/8GPF-EXUH).

[34] Federal Reserve (2022). Final policy statement. The Federal Reserve. www.federalreserve.gov/newsevents/pressreleases/files/bcreg20230629a1.pdf (arquivado em https://perma.cc/LXD4-WEGM).

[35] United Nations (s.d.). Goal 17 | Department of Economic and Social Affairs. Sustainable Development. www.sdgs.un.org/goals/goal17#targets_and_indicators (arquivado em https://perma.cc/D2Y8-FX8U).

[36] The Vanguard Group, Inc. (2022). An update on our engagement with NZAM. Vanguard. www.corporate.vanguard.com/content/corporatesite/us/en/corp/articles/update-on-nzam-engagement.html (arquivado em https://perma.cc/K46T-29Q6).

[37] Insurtech Insights (2023). Lloyd's withdraws from Net Zero Insurance Alliance, joining growing list of major players. Insurtech Insights. www.insurtechinsights.com/lloyds-withdraws-from-net-zero-insurance-alliance-joining-growing-list-of-major-players/ (arquivado em https://perma.cc/C67D-AQ99).

[38] Gasparini, M., Haanaes, K., e Tufano, P. (2022). When climate collaboration is treated as an antitrust violation. *Harvard Business Review*. www.hbr.org/2022/10/

when-climate-collaboration-is-treated-as-an-antitrust-violation (arquivado em https://perma.cc/WA5R-A2SH).

[39] Evans, P. (2023). Canada Bread agrees to $50M fine for role in bread price-fixing scandal. CBC. www.cbc.ca/news/business/canada-bread-price-fixing-1.6883783 (arquivado em https://perma.cc/M22A-NA6M).

[40] Brnovich, M. e Peterson, D. (2022). Letter. Attorney General of Texas. www.texasattorneygeneral.gov/sites/default/files/images/executive-management/BlackRock%20Letter.pdf (arquivado em https://perma.cc/6U6Y-NEPF).

[41] Shama, E. (2019). Ford, BMW, Honda, e Volkswagen agree to California emissions framework. CNBC. www.cnbc.com/2019/07/25/ford-bmw-honda-and-volkswagen-agree-to-california-emissions-rules.html (arquivado em https://perma.cc/BPJ3-PXJR).

[42] Puko, T. e Foldy, B. (2019). Justice Department launches antitrust probe into four auto makers. *The Wall Street Journal*, 6 de setembro. www.wsj.com/articles/justice-department-launches-antitrust-probe-into-four-auto-makers11567778958 (arquivado em https://perma.cc/VVT7-RHAC).

[43] O'Kane, S. (2020). DOJ drops antitrust probe into automakers that want cleaner cars. *The Verge*. www.theverge.com/2020/2/7/21128684/doj-antitrust-investigation-closed-trump-ford-vw (arquivado em https://perma.cc/NB57-33SZ).

[44] Worland, J. (2023). Larry Fink takes on ESG backlash. *Time*. www.time.com/6291317/larry-fink-esg-climate-action/ (arquivado em https://perma.cc/8TAZ-P698).

**Sem integrar** o **ESG**
e as **estruturas** para facilitar uma execução interconectada da estratégia à altura dos desafios, a matriz é na realidade inerte, e a empresa pode acabar tendo **dificuldades** para resolver **qualquer questão material**.

CAPÍTULO 11

# TUDO ISSO É ÓTIMO, SÓ QUE...

Desde os pontos de inflexão surgidos por volta de 2020, os ativistas têm recebido muita atenção dos times de gestão e de investidores. Uma das maiores críticas ao ESG vem de ativistas, que ficam compreensivelmente insatisfeitos ao verem empresas focando o ESG em divulgações, dados e questões materiais, enquanto o mundo e as pessoas sofrem. Essa crítica é de certo modo válida, pois o ESG não trata de salvar o mundo e as pessoas. No entanto, há muitas conexões entre esses dois aspectos, e focar os riscos e as oportunidades da empresa não significa que os esforços não possam gerar progressos de impacto fora de suas paredes, e tampouco significa que a empresa não possa buscar objetivos altruístas como parte de seu propósito. Embora seja provável que os esforços de ESG da empresa não aliviem as preocupações dos ativistas, uma empresa que lidere com ESG pode assegurar uma transição responsável, ao mesmo tempo que talvez faça igualmente bem ao mundo. No entanto, se uma empresa tentar capturar oportunidades sem fazer o trabalho, o que é conhecido como *greenwashing*, os ativistas estarão atentos e detectarão isso, auxiliados por novas formas de responsabilização digital.

O ESG, especialmente a Governança de qualidade, apoia a empresa para ajudá-la a permanecer viável e resiliente, propiciando tempo suficiente para ajudar a criar impacto. Neste capítulo, impacto é um termo genérico que capta o impacto da empresa no mundo. Abordar e melhorar essas questões se tornou uma licença para operar, com frequência fazendo interseção materialmente com a empresa por meio de regulamentações e *stakeholders*, e representando um padrão do que a empresa já deveria estar fazendo, especialmente enquanto se prepara para lidar com o risco de transição a longo prazo.

Hoje, as empresas têm pouca opção, precisam passar das melhorias operacionais ao impacto. Embora o impacto possa parecer uma escolha que a empresa faz, num mundo de crescente complexidade e responsabilização, as pressões que influenciam a decisão de se engajar em impacto crescem rapidamente. Pontos de inflexão Ambientais e Sociais acelerarão, sem dúvida, e os efeitos futuros são imprevisíveis, obrigando as empresas a reagir de maneiras desconhecidas, até potencialmente desconstruindo a economia extrativista e as instituições capitalistas e reconstruindo novos sistemas. Embora essa previsão seja um pouco distópica, têm surgido novos riscos interconectados que podem facilitar mudanças altamente disruptivas. Empresas têm a oportunidade de trabalhar dentro dos sistemas existentes para influenciar transições capazes de mudar o curso dos maiores problemas mundiais, o que certamente protege e devolve valor a elas no longo prazo.

As empresas devem manter essa visão de longo prazo em mente, pois ela facilita focar conexões rápidas de curto prazo entre ESG e impacto, por meio de mudanças nas preferências dos *stakeholders*. Os *stakeholders*, que podem ser investidores socialmente responsáveis, funcionários conscientes e consumidores das gerações jovens, ou governos e reguladores, todos esperam agora que as empresas se engajem em mudanças positivas em torno dessas crises e tenham ações rápidas. Assim como antes, a definição de "mudança positiva" ou de potencialmente "fazer o bem", como vimos no Capítulo 9, é objetiva. Aqui, significa que o progresso do ESG melhora ao longo de seus pilares. Em outras palavras, os esforços e resultados se alinham à obtenção do que poderia ser considerado como ideais positivos Ambientais, Sociais e de Governança, não aqueles que necessariamente têm retorno financeiro positivo. No entanto, as empresas se sentem pressionadas a criar esse equilíbrio idílico em seus *stakeholders*, isso as incentiva a agir, e esse movimento gera valor por meio de apoio financeiro ou reputacional dos *stakeholders*. Mesmo assim, essa conexão com os *stakeholders* apenas arranha a superfície da criação de valor em torno do movimento em direção a uma mudança positiva.

Se a empresa aproveita essa pressão e integra o ESG por meio de melhorias e inovação, pode começar a ver a oportunidade de melhorar seu impacto no mundo e nas pessoas. A gama de potencial aqui pode ser vasta, a depender da posição da empresa. Por exemplo, uma empresa pode assumir um papel mais ativo nas questões da comunidade local e escalar seus esforços para corrigir alguns dos problemas mais prementes do mundo por meio de sua cadeia de valor. O impacto depende muito dos resultados, mas as abordagens para chegar lá têm lugar, seja por meio de pequenas coisas que fazem uma diferença, seja por mudanças altamente ambiciosas e sistêmicas.

Além de servir como introdução ao ESG e ajudar a pensar nesses desafios, este livro serve como um precursor de mudanças ambiciosas e inspiradoras, pois uma mentalidade ESG ajuda a empresa a mover adiante seu negócio e os *stakeholders*, de maneira responsável e com propósito. Uma empresa que integre o ESG fica bem-posicionada para produzir impacto externamente ou participar de esforços sistêmicos, pois pode construir a partir do que tiver aprendido para executar mais efetivamente, ao mesmo tempo que se inspira e age com outros.



A interseção das questões que produzem impacto em seus *stakeholders* e o propósito do negócio é um bom lugar para começar, já que a empresa deve construir em cima da expertise que tem. Essa abordagem adiciona eficácia e permite uma defesa mais acessível de projetos quando surgem controvérsias, pois a empresa está engajada no que pode ser considerado filantropia, mas por meio da lente dos tópicos sobre os quais ela tem melhor compreensão (Figura 11.1). Como sempre, é essencial notar que um ganha-ganha pode ser improvável, pois qualquer projeto de mudança impõe desafios a um negócio em termos de adaptação, sem que haja algum custo em concessões de curto prazo, ainda mais no caso de buscar mudanças sistêmicas não materiais.

Com ESG comprovada ou em progresso e projetos de impacto a caminho ou já concluídos, a empresa pode comunicar resultados a *stakeholders* e depois usar a boa vontade gerada para escalar impacto por meio de outros ou tratar de projetos relacionados ao longo de sua cadeia de valor, de modo similar à sua abordagem para lidar com riscos de transição de longo prazo. Nessa visão voltada para o futuro, chegamos finalmente à complexa conexão entre ESG e impacto, ambos agora fundamentais para operar um negócio na sociedade civil. Aqui, investimentos de impacto de curto prazo aparentemente menos materiais se tornam valor de longo prazo impulsionado por ESG.

FIGURA 11.1 O caminho para a defensividade do impacto flui pelo ESG

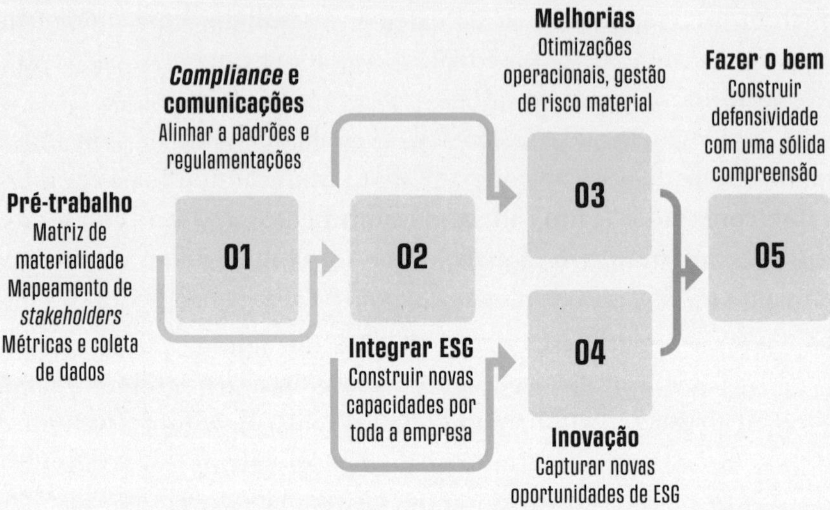


Em 1999, Kofi Annan falou no Fórum Econômico Mundial em Davos, encorajando líderes de negócios a agir buscando uma nova economia sustentável que também protegesse os direitos humanos.[1] O mundo precisa que as empresas de hoje adquiram resiliência tratando de suas questões ESG materiais e ao mesmo tempo se engajem numa perspectiva de longo prazo relacionada ao impacto para alcançar essa visão. Essas empresas descobrirão que estão bem-equipadas para lidar com novas crises e para reagir melhor à disrupção por compreenderem completamente seu lugar no mundo.

## CONSIDERANDO O ESCOPO: DE IMPACTO GLOBAL AO LOCAL

Não há dúvida de que os negócios estão mudando em torno do potencial de impacto, com muitos *stakeholders* esperando que as empresas resolvam esses desafios. Já em 2038, o mundo pode experimentar pontos de inflexão climáticos catastróficos, que não respeitarão fronteiras.[2] No aspecto Social, cerca de 12% das pessoas ao redor do mundo se identificam como LGBT+,[3] apesar do sério risco que existe em alguns países para aqueles que se autoidentificam assim. Globalmente, estima-se que 1,3 bilhão de pessoas reconhecem ter alguma deficiência significativa.[4] Se combinarmos essas estatísticas com resultados de pesquisas mostrando que 79% dos consumidores querem interagir com marcas que compartilham seus valores Ambientais, Sociais e de inclusividade,[5] não admira que o impacto esteja se tornando mais material que o valor.

Gerar impacto não é tarefa fácil. O estabelecimento da globalização significa que os negócios operam agora num mundo mais complexo e interconectado. Tanto cadeias de suprimentos *upstream* como *stakeholders downstream* são globais, o que torna mais difícil impulsionar mudança significativa de maneira exponencial ao longo desses sistemas. Além disso, o sentimento dos *stakeholders* está mudando e pressionando as empresas a se engajarem em seus valores, e o simples recurso de reportar dados e melhorias operacionais internas é insuficiente. As empresas devem abraçar esse desafio, porque 40% dos consumidores afirmam estar dispostos a boicotar permanentemente sua marca favorita se ela não estiver de acordo com seus valores.[6] No entanto, existe pouco consenso global a respeito de valores compartilhados, o que torna complicado capturar um mercado global por meio de um único propósito. As nuances locais podem se perder rapidamente, e um esforço de impacto pode rapidamente mudar para risco.

A globalização e captura de mercado em torno de propósito requerem bom equilíbrio entre apoiar impacto e produzi-lo ao longo do contexto e das leis locais. Por exemplo, na Malásia, país de maioria muçulmana, a atividade sexual entre parceiros do mesmo sexo é ilegal segundo o Código Penal de 1936.[7] Em maio de 2023, o governo confiscou relógios Pride, com as cores do arco-íris, da empresa suíça Swatch.[8] Logo depois, a empresa entrou com recurso para recuperar os relógios.[9] Em controvérsias geradas por valores, a empresa não pode manifestar ganhos consistentes nos mercados. O time de gestão deve adotar uma abordagem matizada para assegurar uma campanha de impacto que não ameace valores de mercado com sua implantação. É claro que esforços globais de impacto podem decorrer do propósito de uma empresa. Nesse caso, o time de gestão deve ser consistente em seus valores e se preparar para se engajar em quaisquer repercussões, o que inclui sair de mercados ou gerir as repercussões com os *stakeholders* interna e externamente.

Em outras situações, a empresa pode concluir que a atenção local gera impacto significativo, pois as crises afetam áreas regionais e suas pessoas. O impacto local é, afinal, a ideia por trás de perdas e danos, como vimos no Capítulo 3, no caso de comunidades do Sul Global que pedem a governos e empresas do Norte Global que assumam responsabilidade financeira por desastres de mudança climática localizados.

Além disso, nem todo esforço local precisa estar centrado na ocorrência de desastres. O foco local em comunidades é onde o impacto global pode acontecer em escala. Por exemplo, Warby Parker, uma empresa de óculos, tem um programa exclusivo chamado "Buy a Pair, Give a Pair" ["Compre um par, Dê um par"], ancorado em uma questão Social material, um cuidado acessível com os olhos. Ela distribuiu óculos e empodera comunidades carentes e de baixa renda, educando as pessoas a realizarem exames oftalmológicos básicos, além de vender óculos por preços superacessíveis e oferecer cuidados para a visão e armações por meio de parcerias.[10] O programa já entregou 13 milhões de óculos e está implantado em mais de 50 países.[11]

Os esforços de impacto, globais ou locais, podem ter benefícios planetários e sociais de longo prazo, como promover a inclusão e empoderar indivíduos, ajudar populações carentes a lidar com uma crise ou aumentar a capacidade de as pessoas ganharem um salário digno. Uma empresa pode ser percebida como tendo valores, mas são seus *stakeholders* internos que os manifestam por meio dos princípios de Governança. Como vimos, funcionários costumam agora se dispor a apoiar e trabalhar em prol desses esforços. No entanto, os desafios permanecem.

Mesmo que o resultado decorra de questões materiais, ativistas mais radicais podem julgar esses esforços corporativos como enganosos em certa medida, pois o foco ainda costuma estar na empresa, e não nos problemas maiores que o mundo enfrenta. A depender da intensidade de sua paixão, os ativistas podem pedir que as empresas se engajem de maneira não natural em áreas nas quais elas não têm expertise, ou se opor a instituições existentes, como o capitalismo, já que a exploração do trabalho e de recursos tem causado muitas crises. As empresas devem se atentar a essas pressões e trabalhar com seu capital intelectual, áreas de expertise, sistemas existentes e esferas de influência para entregar mudança. Ao liderar com o que importa à empresa, com o que ela sabe, e alavancar as lições que tiver aprendido para obter inspiração e influência, a empresa pode gerar mais facilmente impacto ao trabalhar para ajudar os outros, em vez de ser randomizada por meio de atenção não material.

## INSPIRAÇÃO E IMPACTO POR MEIO DA MENTALIDADE ESG

Com os funcionários mostrando agora um senso de propósito recém-descoberto a partir dos pontos de inflexão Ambientais e Sociais, uma das melhores oportunidades que a empresa tem em relação a projetos de impacto e ativismo pode ser encontrado focando seu capital intelectual e em sua área de expertise particular. Definir isso não é tarefa fácil, pois conseguir equilibrar as expectativas de impacto dos funcionários e as realidades ao conduzir um negócio é um exercício que exige cuidado e gestão dos *stakeholders*. O excesso de liberdade pode resultar em orçamento excessivo, algo que os acionistas questionarão, e um impacto leve demais, ou reduções durante condições econômicas difíceis, podem desmotivar a força de trabalho.

Muitas empresas tratam as expectativas dos funcionários com programas perenes de voluntariado e contribuições de caridade. Embora louváveis, tais programas são transitórios demais para incorporar o propósito da empresa e costumam não tirar partido das suas posições únicas de ESG e de negócios. Como no exemplo do programa "Compre um Par, Dê um Par" da Warby Parker, pode haver um impacto poderoso na interseção do negócio da empresa e com uma meta de impacto. Essa abordagem aumenta o poder do voluntariado e da filantropia, transformando-os em algo que traz de volta um efeito positivo para a empresa. Há muitos exemplos a explorar que mostram como esse impacto atua positivamente e retorna benefícios.

Embora as doações monetárias a várias causas de caridade sejam uma abordagem válida, trabalhar com intenção material é algo muito poderoso. A Novo Nordisk A/S, empresa global de assistência médica a doenças crônicas, faz doações multimilionárias à World Diabetes Foundation e à Novo Nordisk Haemophilia Foundation,[12] mas também coloca sua filantropia em torno do negócio e de sua missão Social. A Novo Nordisk Foundation, criada a partir das duas fundações separadas em 1989, oferece bolsas para pesquisa e humanitárias ao redor do mundo.[13] As listas das bolsas estão online e são disponíveis de maneira transparente aos *stakeholders* para consulta.[14] As solicitações vão de apoio financeiro a Centros de Diabete, bolsas para apoio à pesquisa médica, entre outros. Ao lado do financiamento da bolsa, existe um componente de tempo, de pessoal e Governança, pois há uma equipe que examina as solicitações e define o investimento exigido.[15] Muitas empresas têm braços de filantropia (ou fundações) como esse para um propósito específico, geralmente separados, mas relacionados à empresa e apoiados por seus lucros. A Novo Nordisk Foundation organiza sua filantropia em torno de três temas amplos, que parecem ter interseção material com o trabalho da empresa: Saúde, Sustentabilidade (que afeta a saúde das pessoas) e Ciências da Vida.[16]

Nem toda filantropia é focada financeiramente por meio de uma fundação, mas pode mesmo assim ter custos em termos de tempo dos voluntários ou de outras atribuições estruturadas dos programas. Porém, quando feita com competência, a empresa tem um retorno não financeiro. A SAP, empresa de aplicativos, oferece um programa exclusivo gratuito que permite aos funcionários se engajarem em projetos de impacto social de curto prazo. O programa Social Sabbatical da SAP, iniciado em 2012, tem mais de 1.400 participantes e impactou mais de 6,4 milhões de pessoas nos primeiros 10 anos.[17] Reúne vários times de funcionários, permitindo que alavanquem sua expertise empresarial com organizações sociais e sem fins lucrativos em mercados emergentes.[18] A SAP traz benefícios para a empresa por meio do programa, pois os funcionários desenvolvem liderança, aumentam sua bagagem cultural e compreendem melhor os mercados emergentes.[19] Em outras palavras, esse esforço tem uma missão de caridade, mas a empresa se beneficia por meio do ganho de aprendizado e de conhecimento dos *stakeholders*.

Parte da filantropia pode consistir em tratar de um desafio global que ajude a empoderar um amplo conjunto de *stakeholders*. Big techs como Microsoft, Amazon, Google e IBM lançaram vários programas de capacitação em tecnologia, sobre compreender o que é IA, cibersegurança, a nuvem, entre outros assuntos. Esses programas, em geral gratuitos, têm o intuito de sanar uma lacuna de aptidão para manter clientes corporativos consumindo tecnologia responsavelmente e ficando bem protegidos. Empoderar pessoas para que possam ganhar um salário digno com empregos high-tech é uma generosa oportunidade e faz interseção material com os pilares Social e de Tecnologia. Esses esforços têm um componente material e comercial, pois os programas criam uma força de trabalho capacitada a apoiar e incrementar tecnologias.

Enquanto vários programas de aprimoramento em tecnologia têm como foco modernizar e recapacitar a força de trabalho existente, o programa Student TechCrew da Dell é um exemplo fascinante e com enfoque mais precoce em potenciais trabalhadores. Por meio deste programa, a Dell oferece a alunos do curso secundário a oportunidade de aumentar sua aptidão tecnológica atuando como apoio da empresa em tecnologia na sua escola, ao dar-lhes experiência prática em reparos.[20] Não só o programa entrega certificações Dell Tech, como as ferramentas com as quais os estudantes trabalham são as mesmas que um grupo de empresas de TI utiliza.[21] Essa conexão dá aos estudantes uma linha direta, desde o seu caminho educacional até a força de trabalho. O resultado vai além da inclusão digital, permitindo que estudantes entrem no mercado de trabalho de tecnologia ao se formarem ou ganhem opções para futuros estudos em tecnologia.[22]

Em cada exemplo, o fio que liga o negócio ao impacto e o realimenta é fácil de localizar. Cada empresa conduz esses esforços com sua expertise essencial e seus *stakeholders* para produzir impacto. De certo modo, tais empresas produzem impacto da única maneira que são capazes, revelando a interseção entre ESG e iniciativas mais filantrópicas. Muitos desses programas têm também um fio que une a perspectiva global à local, criando inspiração nos *stakeholders* por meio de uma abordagem material. Conforme a empresa elabora suas melhorias e inovações e direciona o capital intelectual para a filantropia, os *stakeholders* podem se inspirar, dando impulso à reputação. A inspiração pode vir também de reconhecer o lugar único que a empresa ocupa na sociedade e de suas ações com os s*takeholders* e suas necessidades.

## Engajando clientes *downstream* com impacto

Sem dúvida, um serviço ao cliente de qualidade é crucial na gestão de um negócio bem-sucedido. Uma empresa tem a oportunidade direta de criar valor *downstream* para os clientes ao melhorar e inovar em produtos e serviços, como vimos no Capítulo 7. Puxar um pouco mais o fio do capital intelectual e do propósito da empresa revelará oportunidades de engajar clientes no impacto.

Em 2019, a Holanda realizou um estudo e descobriu que cerca de 26% das pessoas se sentem sozinhas às vezes, mas que esse número sobe para 33% quando se trata de pessoas com mais de 75 anos.[23] O ministro da Saúde, Bem-Estar e Esportes do país criou uma campanha, "Juntos contra a Solidão", focada nesses adultos mais velhos, para lidar com o desafio. A Jumbo, uma cadeia holandesa de supermercados que tenta criar uma experiência de compras prazerosa,[24] decidiu agir. Trabalhadores da linha de frente notaram que os clientes mais idosos que vinham comprar também gostavam de conversar com os funcionários, e reservaram um tempo para isso. Escalaram a observação para o escritório central, que detectou a oportunidade de impacto e criou um novo programa.[25] Em 2019, a cadeia Jumbo produziu um piloto de um programa chamado "kletskassa", que significa "papo no caixa",[26] inaugurando uma fila de caixa mais lenta para atender clientes idosos que se dispunham a gastar um tempo conversando com alguém. Em 2021, o escritório central complementou o programa com um manual para os funcionários, dando orientações, e depois expandiu o programa para 200 lojas.[27] O programa continua crescendo e agora inclui um "cantinho do bate-papo" para pessoas que querem conversar com outras da sua comunidade, tomando um cafezinho.[28]

A Jumbo considera que suas lojas são como como o coração da comunidade e que o impacto local pode vir delas.[29] É incrivelmente inspiradora essa ideia de uma empresa assumir uma questão Social na interseção de seus *stakeholders* e em torno da essência de sua função de negócios. Essa inspiração é certamente difícil de mensurar, como também muitos dos esforços Sociais, mas a Jumbo conecta os dados sobre satisfação do cliente com seu programa, para rastrear e prever progressos.[30] *Kletskassa* não é um mero programa de serviço ao cliente com filantropia e impacto sobrepostos. Ao reconhecer o lugar único da empresa na comunidade e alinhá-la a uma necessidade conhecida do grupo de *stakeholders*, a Jumbo pode fazer diferença em relação aos compradores individuais e à comunidade em geral.

Há uma interseção interessante entre exemplos como este e o ESG, que percorre o impacto e os *stakeholders*. Uma empresa pode liderar com um projeto filantrópico que cria impacto por meio de uma conexão com seu propósito. Como a empresa faz isso independentemente e as preferências dos *stakeholders* se alinham positivamente, o programa ou projeto pode se tornar uma preocupação material para outras empresas no setor, levando-as a seguir o exemplo e fazer escalar o impacto. No final, a inspiração para os *stakeholders* dos clientes pode se traduzir em um risco reputacional em formação para um concorrente que não esteja liderando com impacto. É claro, em certas jurisdições, a reação adversa de *stakeholders* pode criar um efeito oposto, deixando o risco reputacional assentado com a empresa que tentou a mudança.



## INTENÇÃO POR MEIO DE CORPORAÇÕES DE BENEFÍCIO PÚBLICO E B-CORPS

É possível que surjam questões a respeito de atividades filantrópicas ou de voluntariado de uma empresa a partir de seus acionistas ou daqueles que observam de perto as suas finanças. Afinal, a doutrina Friedman continua bem entranhada na cultura de negócios e nos mercados. No entanto, filantropia e voluntariado podem gerar tanto inspiração quanto valor, a depender do grau de materialidade e do quanto estão sintonizadas com o crescimento ou com atenção aos *stakeholders*.

À medida que o capitalismo dos *stakeholders* foi ganhando terreno, surgiu a opção de tratar dessa preocupação colocando-a no centro de uma clara intenção. A partir de 2010, o estado de Maryland nos Estados Unidos – com expansão posterior para um conjunto restrito de jurisdições, incluindo outros estados americanos,[31] Itália,[32] Colômbia[33] e Colúmbia Britânica (Canadá)[34] – designou que empresas com fins lucrativos podem ser um benefício público ou uma corporação beneficente. Essa designação nessas jurisdições permite que uma empresa com fins lucrativos se engaje em valor com os *stakeholders*, em vez de focar unicamente o crescimento financeiro. A incorporação como empresa com fins lucrativos de benefício público oferece um caminho para lidar com questões de ESG de longo prazo na interseção com impacto, com menos questionamentos e menor escrutínio em torno de investimento em projetos de curto prazo, já que a intenção e o propósito da empresa são claros.

Desde 2007, as empresas têm contado com uma opção separada, mas relacionada, de obter certificação em torno de um foco em metas Ambientais e Sociais por meio do processo de certificação B-Corp. Esse processo, gerido pela B-Labs, envolve uma avaliação rigorosa do impacto da empresa, uma revisão de riscos e até uma reavaliação feita à medida que as situações do negócio evoluem e mudam.[35] Um requisito interessante é o reconhecimento legal de que a empresa é responsabilizável junto aos *stakeholders*, não apenas aos acionistas.[36] A B-Labs opera de modo razoavelmente transparente, com pontuações empresariais numa escala de 200, e a certificação é concedida a partir de uma pontuação de 80. As pontuações são disponibilizadas abertamente online para todas as 7 mil empresas certificadas.[37]

Tornar-se uma corporação beneficente ou uma B-Corp certificada não é necessariamente fácil e não significa que a empresa compreende ou sabe lidar com suas questões materiais, mas sem dúvida reorienta a atenção para os *stakeholders*. Embora uma corporação beneficente represente a incorporação da empresa e o B-Corp seja uma certificação, algumas empresas buscam os dois veículos. Ambos sinalizam aos seus *stakeholders* que ela leva em conta o impacto, um amplo conjunto de *stakeholders*, e que não está obrigada apenas a maximizar os retornos ao acionista.

## EXEMPLO: TONY'S CHOCOLONELY

A Tony's Chocolonely é uma empresa holandesa com certificação B-Corp, cuja missão é livrar a cadeia de suprimento de chocolate da exploração.[38] A empresa obteve a certificação B-Corp em 2013 e tem dois desafios especiais em sua certificação B-Lab. Primeiro, a Tony's Chocolonely tem sua missão ligada a um modelo de negócios voltado a um resultado específico para o grupo de *stakeholders*.[39] Segundo, a B-Lab também lista alívio à Pobreza da Cadeia de Suprimento como seu foco particular sob a categoria Comunidade de sua pontuação.[40]

A empresa está numa jornada nesse seu esforço ao longo de seus fornecedores de cacau, que são 100% baseados em cooperativas.[41] Em 2019, ela lançou a Tony's Open Chain [Cadeia Aberta], que reúne vários apoiadores e participantes para focar equidade e igualdade na cadeia de suprimento de cacau. A iniciativa convoca cinco partes integradas ou interconectadas a pôr foco em resolver esse desafio específico, incluindo grãos rastreáveis, um adicional para permitir que os agricultores ganhem um salário digno, criação de novas oportunidades para agricultores em novos mercados, engajamento em compromissos de cinco anos com cooperativas e apoio aos esforços colaborativos dos agricultores para melhorar a produtividade.[42]

Alguns questionaram esse propósito depois que a empresa publicou seu relatório anual de 2020–2021, no qual constava que os casos de trabalho infantil na cadeia de suprimento haviam aumentado para 1.701.[43] Um porta-voz comentou que a Tony's é transparente em reportar e que esses números, em grande parte em razão da entrada de duas novas cooperativas, mostravam que a empresa assumia responsabilidade por isso, destacando as reduções de longo prazo na questão do trabalho infantil.[44] Vale a pena lembrar que uma empresa pode melhorar continuamente sua cadeia de valor ao se engajar em melhorias e impacto material. O desinvestimento de fornecedores os exclui do ecossistema da empresa, o que significa que a empresa e seu programa não podem influenciá-los. Logicamente, uma empresa não pode atender às metas de seu *stakeholder* se há o desinvestimento; portanto, deve permanecer engajada.

A Tony's Chocolonely é um exemplo de uma empresa trabalhando em sua cadeia de valor para produzir impacto por meio de melhoria, engajamento e cooperação. No entanto, as empresas não precisam ter uma certificação B-Corp para lidar com questões de impacto desse tipo. Em última instância, decidir empreender qualquer projeto relacionado a impacto é uma questão de Governança na esfera da diretoria e do time de gestão. Como vimos, pode haver oportunidades únicas de impactar na interseção das questões materiais ESG de negócios e de criar retornos de impacto positivos para a empresa. Além disso, a oportunidade de causar impacto na cadeia de valor deve ser aproveitada, porque pode escalar esse impacto no ecossistema mais amplo se a empresa permanece engajada. Embarcar nesse caminho requer novos modelos de engajamento escalados, que coincidentemente se alinham aos mecanismos para exercer influência ESG.

## INFLUÊNCIA, IMPACTO E MELHORIA DA CADEIA DE VALOR

Como vemos, *stakeholders* conectam a responsabilização ao longo de setores, entre empresas, com seus fornecedores *upstream*, e com o uso *downstream* de seus produtos e serviços. A lógica é bem direta, pois uma empresa não pode funcionar sem sua cadeia de valor. Portanto, *stakeholders* definem as atividades nessa cadeia de valor para a empresa ou, no caso de investimentos e empréstimos, para a firma de serviços financeiros que fornece capital. Por exemplo, *a fast fashion* ["moda rápida"] é conhecida entre os fornecedores do setor de vestuário por seus baixos salários e pelas questões com horas extras.[45] Essas questões Sociais são transferidas para a marca final de moda à medida que cresce a preocupação com segurança, trabalho forçado e direitos humanos.[46] A culminação do risco da cadeia de valor é o risco de reputação da empresa. Se uma firma de serviços financeiros investe nessa empresa, o modo como os *stakeholders* percebem esse investimento pode também ser afetado.

Essas conexões podem aflorar, igualmente, na maneira pela qual o ESG e as organizações de padronização da sustentabilidade constroem modelos de relatórios. Por exemplo, o Protocolo GHG alinha a responsabilização entre uma empresa e seus fornecedores por meio de uma contabilização de carbono Perfil 3. Como resultado, as empresas contatam seus fornecedores para coletar seus dados Ambientais *upstream* para seus relatórios. Propostas por procuração também conectam e trazem responsabilização compartilhada por meio de atividades como auditorias de equidade racial dentro da cadeia de suprimentos da empresa, que revelam trabalho forçado ou outras questões Sociais, como equidade.

*Stakeholders*, incluindo clientes, funcionários e investidores, usam informações sobre a cadeia de valor da empresa e sobre parte de sua

PI intangível para formar opiniões ou tomar decisões a respeito dela, traduzidas em riscos reputacionais e oportunidades. A oportunidade para uma empresa é se engajar em impacto por meio de sua influência na cadeia de valor. Esse caminho crucial combina mudança positiva e gestão de um risco de ESG.

Essa interseção pode levar as empresas a tropeços, à medida que a mistura de valores e valor é complexa e percorre vários relacionamentos interconectados ao longo da cadeia de valor. Ainda assim, essas empresas não engajadas em melhorias operacionais internas ou impactando suas externalidades terão dificuldades em estimular mudanças de seus fornecedores upstream, pois eles terão poucos exemplos como base.

ESG e impacto são similares às informações que nos são passadas antes da decolagem de um avião: "Em caso de despressurização da cabine, coloque primeiro sua máscara antes de ajudar os outros". Em outras palavras, as empresas devem primeiro trabalhar suas questões na interseção de sua expertise exclusiva e do ESG para montar projetos de alta qualidade, resilientes, que melhorem, inovem ou produzam impacto. Reportar métricas não será suficiente para estimular ações, apenas levará fornecedores a compartilhar divulgações similares. Somente depois que uma empresa prova ou ao menos começa a jornada para o impacto é que se torna capaz de inspirar outros em sua cadeia de valor a fazer o mesmo, o que é uma maneira poderosa de usar a influência. A utilização efetiva de dois intangíveis únicos na geração de impacto – quais sejam, credenciais ESG estabelecidas e uma reputação positiva – significa que as empresas devem passar das divulgações à ação.

## DADOS, DESINVESTIMENTO E ENGAJAMENTO

O time de Compras desempenha papel crucial em influenciar o impacto na cadeia de valor, já que esse time tem os relacionamentos e a expertise necessárias, pois contratos financeiros, renovações e RFPs integram mais ESG e critérios de impacto. Nos Capítulos 3 e 4, vimos algumas maneiras pelas quais os times de Compras podem interagir com a cadeia de suprimentos para coletar dados ou compreender o que seus fornecedores estão fazendo em relação a esforços Ambientais e Sociais. O time de gestão deve ser claro em sua orientação ao time de Compras, pois muitas atividades ESG e relacionadas a impacto se desdobram, a depender das metas da empresa. Por exemplo, será que o time de gestão lida com mitigação de riscos, impacto, ou com um pouquinho de cada? Como resultado, Compras pode ter que se atualizar rapidamente com as diferenças e nuances entre ESG e impacto. A partir daí, o time e sua liderança podem adquirir uma visão e executar uma estratégia com o fornecedor. Por exemplo, Compras pode começar coletando métricas básicas de ESG do fornecedor e complementar os dados com informações sobre risco e contexto, por meio de diálogo e análises junto a fornecedores. A partir disso, o time pode circular internamente, talvez em consulta com um Diretor de Sustentabilidade e seu time, para examinar o quanto o fornecedor se alinha bem às metas da empresa e então ver como ela pode apoiar o impacto ou estratégia de mitigação de risco por meio do trabalho que a empresa já realizou ou está engajada em realizar.

O time de Compras desempenhará papel crucial no ESG e na abordagem de impacto pela cadeia de valor. Embora esta seção trate de impacto, uma empresa pode empregar estratégias similares para atender às metas do fornecedor em relação à mitigação de riscos de ESG e à criação de oportunidades. Há algumas estratégias gerais que o time de Compras pode utilizar em seus esforços e em suas considerações:

- **Coleta de dados:** este é o ponto de partida para avaliar e compreender a posição de seu fornecedor. Inclui métricas e informações contextuais sobre impacto em torno da estratégia do fornecedor, sua aptidão de executar e sua expertise. Aqui, Compras pode definir uma linha de base e fazer o benchmark de seus fornecedores, mas reconhecendo que os dados, sozinhos com as ações, não são capazes de exercer influência ou impacto.

- **Desinvestimento:** desistir do fornecedor em razão de seu mau desempenho em informações ou ações de impacto.

- **Engajamento:** engajar o fornecedor no impacto, dando mentoria ao fornecedor, conectando-o a ecossistemas e financiamento mais amplos, e compartilhando as melhores práticas.

Alguns times de Compras podem parar na coleta de dados até que sua empresa consiga criar uma estratégia mais refinada ou decida não tomar nenhuma ação adicional com fornecedores se o impacto não for prioridade e o foco estiver nos relatórios e em *compliance*. Outros times de Compras farão uma avaliação básica dos fornecedores para compreender sua posição e dividirão seus fornecedores em materiais e não materiais.

Categorizar fornecedores dessa maneira pode revelar onde a empresa tem condições de fazer seu impacto mais significativo. Independentemente das intenções em relação a coleta de dados, ESG ou impacto, a empresa pode partir para estratégias de desinvestimento ou engajamento a fim de impulsionar a mudança desejada.

Como vimos muitas vezes, desinvestir em um fornecedor funciona da mesma maneira que ocorre com serviços financeiros. Depois que a empresa desiste de um fornecedor, não há mais oportunidade de influenciar sua posição. Essa estratégia surte mais efeito como último recurso para a empresa, pois tem como foco apenas melhorar a posição dela, sem elevar a cadeia de valor. Suponha que uma empresa pare de trabalhar com um fornecedor. Nesse caso, ela não colocou esforço para transformá-lo, e permitiu que continue operando, talvez contrariamente às intenções das metas declaradas da empresa, embora melhore as métricas. Uma empresa que repetidamente pune seus fornecedores por meio do desinvestimento a fim de melhorar suas métricas pode ganhar má reputação, transformando o desinvestimento num potencial risco de Governança. Além disso, sem a influência da empresa em ação, o risco de transição do fornecedor pode se agravar ao longo do tempo, perpetuando e aumentando comportamentos potencialmente danosos. Mesmo que o fornecedor faça um ajuste positivo, a empresa que desistiu dele não contribuiu para esse impacto.

Por outro lado, às vezes existem razões válidas para desinvestir de um fornecedor, tendo em conta o impacto. Primeiro, se o fornecedor abertamente se recusa a se engajar ou ativamente combate as melhorias e o propósito da empresa, esta talvez não tenha outra escolha a não ser se retirar em razão do não alinhamento ao seu propósito. A segunda razão é que, como ocorre com o risco de transição, o tempo pode afetar uma questão material. A incapacidade do fornecedor de mudar ou de impulsionar impacto pode representar um risco material dinâmico para a empresa, aumentando seus custos ou sujeitando-a a risco reputacional. Esses movimentos, no entanto, são arriscados. Suponha que uma empresa faz uma mudança em seu produto para um componente sustentável, e seus fornecedores atuais precisam mudar para atender à nova demanda e remover materiais legados. A empresa tem uma escolha. Pode tentar fazer o fornecedor se engajar para impulsionar a mudança positiva ou descartá-lo e escolher novos fornecedores. O engajamento mostra que a empresa compreende a maneira pela qual tem como gerar impacto.

Enquanto o time de Compras da empresa exerce influência na cadeia de suprimento, o time de Vendas é quem recebe essas questões dos clientes da empresa. Vendas tem uma oportunidade única de compor com o time de Compras e expandir sua compreensão dos requisitos desses novos clientes. Compras pode capacitar Vendas a ser reativa o ESG e a requisitos relacionados a impacto, compreender o posicionamento e os diferenciais da empresa e apoiar os esforços dos clientes. Com efeito, essa conexão entre Compras e Vendas representa uma maneira de capturar uma nova oportunidade e receita de ESG e não deve ser negligenciada.

## ENGAJAMENTO EM ESCALA POR MEIO DA COLABORAÇÃO SETORIAL

Para qualquer estratégia de engajamento, é crucial contar com comunicação e adaptabilidade. A empresa deve comunicar seu posicionamento de impacto, metas, métricas e intenção por trás de sua busca, bem como o que espera alcançar. Por exemplo, uma redução de 80% nas emissões de carbono do Perfil 3 é uma meta com métricas alinhadas. A intenção por trás de um esforço de impacto pode apoiar fornecedores para lidar com seu risco de transição, permitindo que continuem competitivos, além de promover resiliência. A mensagem ajuda a delinear o contexto para um fornecedor que pode não ter expertise nessa área e necessite de ajuda para entender as motivações por trás dessas novas metas.

Embora as empresas possam montar novos programas, financiar veículos e dar mentoria de estratégias para fornecedores, o plano deve ser flexível o suficiente para apoiar aqueles que precisam disso, reconhecer que provavelmente não há vitórias rápidas e compreender que fornecedores de maior porte executam programas similares e podem promover impacto do jeito que acharem mais adequado. Priorizar fornecedores que precisam de ajuda impulsiona impacto, pois sua falta de expertise às vezes perpetua inércia e incompreensão, retardando a mudança. Por exemplo, suponha que a empresa examina sua cadeia de suprimento e descobre que muitos fornecedores não têm expertise em determinadas áreas de impacto visadas. Nesse caso, poderá engajar fornecedores diretamente por meio de especialistas em impacto dedicados no time de Compras, junto com ferramentas digitais e uma abordagem programática. A empresa que preferir engajamento precisará investir em adotar essa abordagem.



Como vimos com riscos interconectados no capítulo precedente, a colaboração pode ser uma ferramenta poderosa para lidar com crises e questões de ESG em escala. A colaboração funciona da mesma forma ao longo do impacto, pois o engajamento é uma opção preferida para empoderar impacto entre os fornecedores e ecossistemas existentes, especialmente se a empresa compreende esses tópicos bem e o time de Compras apoia soluções para seus fornecedores, como financiamento, educação ou mentoria. No entanto, como ocorre com ESG e filantropia, esse não é um cenário ganha-ganha, pois a empresa precisará investir tempo e dinheiro nos outros. De novo, essa preocupação pode aflorar com acionistas que busquem apenas retornos financeiros, já que talvez não queiram que a empresa invista seus recursos dessa maneira, pois o impacto aparece mais como caridade do que como material. A empresa pode construir uma base defensável se integrar ESG, abordar impacto por meio de sua expertise e colaborar dentro de seu setor abertamente para dar assistência e apoio ao fornecedor. Uma abordagem aberta é essencial, porque ajuda a atenuar medos de problemas antitruste. Essas ações criam uma defesa compartilhada ao se alinharem ao valor de longo prazo dos fornecedores resilientes em um setor, por meio de uma consideração material, em vez de focar a visão míope de curto prazo, em custos transientes e numa abordagem puramente caritativa. Na realidade, o impacto pode se tornar material por meio de um posicionamento de longo prazo.

Numa cadeia de suprimento compartilhada, o fornecedor pode ficar sobrecarregado pela gama de abordagens de impacto sob medida e em silos dos times de Compras de seus clientes. As metas e os requisitos de cada empresa variam, potencialmente exigindo que o fornecedor reporte as mesmas informações ou informações diferentes na mesma ferramenta digital ou em outra. Fornecedores de menor porte não podem lidar com o volume e a variabilidade desses requisitos e talvez não tenham como responder, e menos ainda de forma eficiente. Os *players* do setor podem descobrir que uma colaboração organizada ao longo da cadeia de suprimento compartilhada de um consórcio ou de um esforço coletivo de engajamento ajuda a superar esse desafio. Por exemplo, a Tony's Open Chain tenta juntar os *players* do setor de cacau dessa maneira unificada. Essa abordagem aumenta o poder do setor ao distribuir os custos e recursos entre múltiplos participantes para ficar à altura da amplitude e complexidade da cadeia de suprimento.

Em 2021, Mars, Pepsi, McCormick e a empresa de consultoria Guidehouse anunciaram um novo consórcio focado no fornecedor, chamado Supplier Leadership on Climate Transition (Supplier LoCT) [Liderança do Fornecedor em Transição Climática], voltado a trazer recursos educacionais aos fornecedores e ajudar a empoderá-los para que criem suas próprias metas e seus planos de ação baseados em ciência.[47] Esse consórcio cresceu e inclui um caminho para impactar por meio de divulgações e neutralizações, e mais marcas têm aderido, como Coca-Cola, Estée Lauder, Nestlé, entre outras. Ele oferece recursos, como uma escola de clima com instrutores especializados, suporte *help-desk*, oportunidades de networking, e certificados e insígnias para demonstrar progressos.[48] No capítulo precedente, cooptamos o SDG17, Partnership for the Goals, para ajudar a lidar com questões sistêmicas de ESG. Aqui, voltamos à sua intenção original de mostrar como as empresas podem se juntar para impactar de uma maneira colaborativa. Em abril de 2023, havia mais de 600 fornecedores participando do programa Supplier LoCT.[49]

Com um modelo de engajamento compartilhado, o setor pode levar os fornecedores a compreender riscos e oportunidades de ESG por meio primeiro do impacto, que é o inverso do que propõe este livro. Fornecedores podem aprender sobre projetos de impacto por meio de educação e capacitação, possibilitando discussões diretas com cada empresa a respeito do risco de ESG e de novas oportunidades. O exercício em escalar impacto por meio de colaboração do setor é um ganho material para cada empresa e seus fornecedores.

## NOTAS


[1] United Nations (1999). Secretary-General proposes global compact on human rights, labour, environment, in address to World Economic Forum in Davos. UN Press. United Nations Meetings Coverage and Press Releases. www.press.un.org/en/1999/19990201.sgsm6881.html (arquivado em https://perma.cc/HNM9-NX6S).

[2] Turner, B. (2023). Catastrophic climate "doom loops" could start in just 15 years, new study warns. Live Science. www.livescience.com/planet-earth/climate-change/catastrophic-climate-doom-loops-could-start-in-just-15-years-new-study-warns (arquivado em https://perma.cc/382Y-VXBS).

[3] Ipsos (2023). Pride month 2023: 9% of adults identify as LGBT+. Ipsos. www.ipsos.com/en-us/pride-month-2023-9-adults-identify-lgbt (arquivado em https://perma.cc/6B8M-VYPF).

[4] World Health Organization (2023). Disability. World Health Organization. www.who.int/en/news-room/fact-sheets/detail/disability-and-health (arquivado em https://perma.cc/M8NZ-NN83).

[5] Capgemini Research Institute (2020). *How sustainability is fundamentally changing consumer preferences*. Capgemini, p. 7. www.capgemini.com/wp-content/uploads/2021/02/20-06_9880_Sustainability-in-CPR_Final_Web-1-2.pdf (arquivado em https://perma.cc/97Y8-UKBF).

[6] Buonfantino, G. (2022). Data shows shoppers prioritizing sustainability and values. Google Cloud Blog. www.cloud.google.com/blog/topics/consumer-packaged-goods/data-shows-shoppers-prioritizing-sustainability-and-values (arquivado em https://perma.cc/SHB3-VNFD).

[7] Human Dignity Trust (2023). Malaysia. Human Dignity Trust. www.humandignitytrust.org/country-profile/malaysia/ (arquivado em https://perma.cc/7AJC-AKMQ).

[8] Reuters (2023). Rainbow Swatch watches confiscated in Malaysia-company. Reuters, 24 de maio. www.reuters.com/world/asia-pacific/rainbow-swatch-watches-confiscated-malaysia-company-2023-05-24/ (arquivado em https://perma.cc/JAD4-DQQS).

[9] Reuters (2023). Swiss watchmaker Swatch sues Malaysia for seizure of Pride watches. NBC News. www.nbcnews.com/nbc-out/out-news/swiss-watchmaker-swatch-sues-malaysia-seizure-pride-watches-rcna94649 (arquivado em https://perma.cc/KDE9-57A9).

[10] Warby Parker (2019). The whole story begins with you. Warby Parker. www.warbyparker.com/buy-a-pair-give-a-pair (arquivado em https://perma.cc/Y44M-4DL6).

[11] Warby Parker (2019). The whole story begins with you. Warby Parker. www.warbyparker.com/buy-a-pair-give-a-pair (arquivado em https://perma.cc/Y44M-4DL6).

[12] Novo Nordisk Global (s.d.). Social. Novo Nordisk. www.novonordisk.com/sustainable-business/esg-portal/social.html (arquivado em https://perma.cc/NWV8-5XL2).

[13] Novo Nordisk (s.d.). Our heritage: Driving change. Novo Nordisk USA. www.novonordisk-us.com/about/our-heritage.html (arquivado em https://perma.cc/5US8-5QVT).

[14] Novo Nordisk Foundation (n.d.a). List of grant recipients. Novo Nordisk Fonden. www.novonordiskfonden.dk/en/grant-recipient/ (arquivado em https://perma.cc/NQ2L-Q8FL).

[15] Novo Nordisk Foundation (n.d.b). What are grants? Novo Nordisk Fonden. www.novonordiskfonden.dk/en/how-we-work/what-are-grants/ (arquivado em https://perma.cc/2SCZ-4Z3E).

[16] Novo Nordisk Foundation (2022). *Strategy*. Novo Nordisk Fonden, p. 2. www.novonordiskfonden.dk/app/uploads/Novo-Nordisk-FoundationStrategy-EN.pdf (arquivado em https://perma.cc/LJ33-HHQV).

[17] SAP (s.d.). Bringing our best to the world. SAP Global Sabbatical. www.sap.com/dmc/exp/2017_03_46558/enUS/ (arquivado em https://perma.cc/8BNBGDAW).

[18] SAP (2023). *SAP CSR Annual eBook 2022*. Issuu, p. 13. www.issuu.com/sapleadingwithpurpose/docs/sap_2023_ebook (arquivado em https://perma.cc/49EX-E7Q6).

[19] SAP (s.d.). Bringing our best to the world. SAP Social Sabbatical. www.sap.com/dmc/exp/2017_03_46558/enUS/ (arquivado em https://perma.cc/8BNBGDAW[).

[20] Dellesline III, N. (2022). Students get hands-on learning with Dell's Student TechCrew. ZDNET. www.zdnet.com/education/computers-tech/students-get-hands-on-learning-dell-student-tech-crew/ (arquivado em https://perma.cc/M9CS-695G).

[21] Dellesline III, N. (2022). Students get hands-on learning with Dell's Student TechCrew. ZDNET. www.zdnet.com/education/computers-tech/students-get-hands-on-learning-dell-student-tech-crew/ (arquivado em https://perma.cc/M9CS-695G).

[22] Dell Technologies (2022). Dell Student TechCrew expands ten-fold, equipping the next generation with the digital skills needed in a rapidly transforming world. Dell. www.dell.com/en-us/dt/corporate/newsroom/announcements/detailpage.press-releases~usa~2022~09~09122022-dell-student-techcrewexpands-ten-fold-

-arming-the-next-generation-with-digital-skills-needed-in-a-rapidly-transforming-world.htm (arquivado em https://perma.cc/Y5ZB-AQU4).

[23] Statistics Netherlands. (2020). Nearly 1 in 10 Dutch people frequently lonely in 2019. Statistics Netherlands. www.cbs.nl/en-gb/news/2020/13/nearly-1-in-10-dutch-people-frequently-lonely-in-2019 (arquivado em https://perma.cc/EFC6-GTV3).

[24] Jumbo Supermarkten (n.d.a). De missie van Jumbo. Jumbo Supermarkten. https://web.archive.org/web/20230129001600/https:/www.jumbo.com/service/het-bedrijf-jumbo/missie (arquivado em https://perma.cc/UUS9-QKLW).

[25] Jumbo Supermarkten (n.d.b). Onze winkels zijn meer dan alleen een plek om boodschappen te doen. Jumbo Supermarkten. www.eentegeneenzaamheid.nl/deelnemer/onze-winkels-zijn-meer-dan-alleen-een-plek-om-boodschappen-tedoen/ (arquivado em https://perma.cc/5LDL-69CG).

[26] Massey, J. (2023). Grocery store introduces "slow checkout lane" for people who enjoy talking in line. UNILAD. www.unilad.com/news/slow-checkout-lane-netherlands-supermarket-205944-20230109 (arquivado em https://perma.cc/M9RG-8FJK).

[27] Jumbo Supermarkten (n.d.b). Onze winkels zijn meer dan alleen een plek om boodschappen te doen. Jumbo Supermarkten. www.eentegeneenzaamheid.nl/deelnemer/onze-winkels-zijn-meer-dan-alleen-een-plek-om-boodschappen-tedoen/ (arquivado em https://perma.cc/5LDL-69CG).

[28] Jumbo Supermarkten (n.d.b). Onze winkels zijn meer dan alleen een plek om boodschappen te doen. Jumbo Supermarkten. www.eentegeneenzaamheid.nl/deelnemer/onze-winkels-zijn-meer-dan-alleen-een-plek-om-boodschappen-tedoen/ (arquivado em https://perma.cc/5LDL-69CG).

[29] Jumbo Supermarkten (n.d.c). Lokale betrokkenheid. Jumborapportage. www.jumborapportage.com/Aandachtspunt_lokaal-betrokken (arquivado em https://perma.cc/BA5D-3SGE).

[30] Jumbo Supermarkten (n.d.c). Lokale betrokkenheid. Jumborapportage. www.jumborapportage.com/in-cijfers/lokale-betrokkenheid (arquivado em https://perma.cc/6AMT-VME9).

[31] UpCounsel (s.d.). B Corp states: Everything you need to know. UpCounsel. www.upcounsel.com/b-corp-states (arquivado em https://perma.cc/F23D-G4ZE).

[32] Valsan, R. (2017). The legacy of B Lab: Italy's Società Benefit. The ECCLblog. www.ecclblog.law.ed.ac.uk/2017/03/31/the-legacy-of-b-lab-italys-societa-benefit/ (arquivado em https://perma.cc/JHT3-THUG).

[33] The Columbian Congress (2018). LEY 1901 DE 2018. SUIN-juriscol. www.suin-juriscol.gov.co/viewDocument.asp?ruta=Leyes/30035321 (arquivado em https://perma.cc/2JX4-WHJK).

[34] Gillis, M. e Siracusa, D. (2020). Benefit Companies: New British Columbia corporate form combines profit and public purpose. McCarthy Tétrault. www.mccarthy.ca/en/insights/articles/benefit-companies-new-british-columbia-corporate-form-combines-profit-and-public-purpose (arquivado em https://perma.cc/3RTB-CELF).

[35] B Corporation (n.d.a). B Corp Certification demonstrates a company's entire social and environmental impact. B Corporation. www.bcorporation.net/en-us/certification/ (arquivado em https://perma.cc/M9DX-Z6AS).

[36] B Corporation (n.d.a). B Corp Certification demonstrates a company's entire social and environmental impact. B Corporation. www.bcorporation.net/en-us/certification/ (arquivado em https://perma.cc/M9DX-Z6AS).

[37] B Corporation (n.d.b). Find a B Corp. B Corporation. www.bcorporation.net/en-us/find-a-b-corp/ (arquivado em https://perma.cc/YRM6-5H9T).

[38] Tony's Chocolonely (s.d.). Our mission. Tony's Chocolonely. www.tonyschocolonely.com/us/en/our-mission (arquivado em https://perma.cc/8GRC-6NAS).

[39] B Corporation (n.d.c). Tony's Chocolonely. B Corporation. www.bcorporation.net/en-us/find-a-b-corp/company/tonys-chocolonely/ (arquivado em https://perma.cc/Q87Q-CKTB).

[40] B Corporation (n.d.c). Tony's Chocolonely. B Corporation. www.bcorporation.net/en-us/find-a-b-corp/company/tonys-chocolonely/ (arquivado em https://perma.cc/Q87Q-CKTB).

[41] Tony's Chocolonely (2022a). *Disclosure Materials*. p. 1. www.s3.amazonaws.com/blab-impact-published-production/9oVKMJhaC0t6s61OO49b3H7jORDgzkDE (arquivado em https://perma.cc/3258-2H4T).

[42] Tony's Open Chain (s.d.). 5 Sourcing Principles. Tony's Open Chain. www.tonysopenchain.com/sourcing-principles/#traceable-beans (arquivado em https://perma.cc/KU8M-LL48).

[43] Tony's Chocolonely (2022b). *Report*. Tony's Chocolonely, p. 200. www.tonyschocolonely.com/storage/configurations/tonyschocolonelycom.app/files/jaarfairslag/2020-2021/jfs_2021_en_binw_13.pdf (arquivado em https://perma.cc/XT8J-69TL).

[44] Green, W. (2022). Tony's Chocolonely admits to 1,700 cases of supply chain child labour. *Supply Management*. www.cips.org/supply-management/news/2022/february/tonys-chocolonely-admits-to-1700-cases-of-supply-chain-childlabour/ (arquivado em https://perma.cc/UV23-BJWF).

[45] Rosalez, R. (2023). The exploitation of garment workers: Threading the needle on fast fashion. U.S. Department of Labor blog. www.blog.dol.gov/2023/03/21/the-exploitation-of-garment-workers-threading-the-needle-on-fast-fashion (arquivado em https://perma.cc/G4N7-GFDQ).

[46] Goodman, P.S., Wang, V., e Paton, E. (2021). Global brands find it hard to untangle themselves from Xinjiang cotton. *The New York Times*, 6 de abril. www.nytimes.com/2021/04/06/business/xinjiang-china-cotton-brands.html (arquivado em https://perma.cc/J738-UP9A).

[47] Mars (2021). Mars launches new coalition to mobilize suppliers & accelerate climate action. Mars. www.mars.com/news-and-stories/press-releases/mars-launches-new-coalition-to-accelerate-climate-change (arquivado em https://perma.cc/U8MG-DFV8).

[48] Supplier LoCT (s.d.). Supplier LoCT. Supplier LOCT. www.supplierloct.com/ (arquivado em https://perma.cc/44DK-KSAY).

[49] Mehta, S. (2023). It will take teams of rivals to save the planet. Fast Company. www.fastcompany.com/90880066/it-will-take-teams-of-rivals-to-save-the-planet (arquivado em https://perma.cc/9WU4-6F6Z).

CAPÍTULO 12

# O FUTURO DO ESG

Examinar o futuro de qualquer tópico é um desafio, mas como o ESG tem foco fundamentalmente no longo prazo, nesse caso deveria ser simples. No entanto, se você saltou para o final deste livro, é preciso considerar que nada que se refere ao ESG é simples.

O curto período em que o ESG vem se constituindo como sigla e as narrativas confusas em torno dele tornam mais difícil fazer previsões precisas, especialmente neste mundo atual, de crescentes valores intangíveis, globalização e crises interconectadas. Por exemplo, no início de 2000, será que algum líder de negócios seria capaz de prever que o mundo se fecharia em razão de uma pandemia global, causando desarranjo em setores inteiros, na natureza do trabalho moderno e nas cadeias de suprimento? Com a perpétua sucessão de eventos climáticos cada vez mais extremos agredindo o planeta e seus habitantes, a próxima crise global já está entre nós, e uma disrupção de negócios desconhecida será inevitável.

Não há alívio na pressão para gerir fatores ESG não financeiros e de Tecnologia, e os impactos externos sobre a empresa tampouco desaceleram. Agora que o ESG se tornou uma estratégia de investimento convencional ao redor do mundo, transferindo capital para mitigação de risco ESG e para novas oportunidades de melhoria e inovação, as empresas devem estar preparadas. Para isso, devem incorporar o ESG à sua estratégia de negócios de longo prazo, embora lidar com questões materiais de ESG seja algo que as empresas já deveriam estar fazendo. Além disso, se o ESG fosse amplamente praticado e incorporado, não haveria tanto debate, e os times de gestão conduziriam os negócios da maneira usual. O fato de estar sendo amplamente discutido é um indicativo de seu valor, mas as empresas ainda se debatem para defini-lo de maneira consistente, o que é compreensível.

O ESG tem tido múltiplas iterações. Começou como uma perspectiva para firmas de serviços financeiros destinarem capital para investimentos, com muitas delas acionando ainda mais a alavanca do risco para gerar impacto nos pilares. A certa altura, passou a ser combinada com os esforços e relatórios de CSR da empresa, o que acelerou um alinhamento com informações, dados e métricas. A ideia de materialidade de ESG e de valor de longo prazo foi sendo perdida por algumas empresas e mantida por outras. À medida que a Tecnologia avançou, também cresceu nas firmas de serviços financeiros a expectativa por qualidade e dados comparáveis. A pressão por dados transparentes e consistentes tem se manifestado no surgimento de padrões e regulamentações. Portanto, o ESG tem evoluído para se alinhar à necessidade dos serviços financeiros de ter informações úteis ao investidor, consistentes e transparentes, focando os mercados. Infelizmente, essa última iteração parece ser excessivamente focada no aspecto de dados do ESG, porque as empresas às vezes perdem a conexão com melhorias e inovação, em busca de descobrir dados dos sistemas e processos existentes. Mas, apesar de todas essas mudanças, não é possível encontrar a consistência, portanto, o termo tem múltiplos sentidos abrangentes.

Se há duas coisas que o futuro ESG deve ter é a clara definição de ESG e a ação que se segue aos dados. A definição precisa conferir flexibilidade para poder dar conta do papel do impacto ao longo do tempo. Talvez uma nova definição de ESG como a seguinte possa incorporar uma materialidade dupla e dinâmica:

> **ESG:** As questões materiais Ambientais, Sociais e de Governança que impactam uma empresa hoje e a direcionam a uma resiliência e crescimento sustentável de longo prazo, incluindo questões sistêmicas que a empresa possa influenciar, capazes de trazer de volta impacto material ao longo do tempo.

Essa definição incorpora a nuance entre ESG e impacto. Embora não esteja em uso hoje, tem como moldar a perspectiva dos times de gestão nas duas direções, oferecendo defensividade para esforços materiais e não materiais. As empresas, afinal, devem ser capazes de buscar ambos, mas precisam entender as diferenças entre eles e como comunicar cada um aos *stakeholders*. Sem essa referência, terão dificuldade para progredir da maneira como os *stakeholders* querem, ao mesmo tempo que continuam tendo que proteger o negócio, o mundo e suas pessoas. As empresas devem lidar com questões materiais para melhorar e inovar, e engajar seus *stakeholders*, incluindo mercados financeiros e governos, para criar resiliência e impactar os problemas mais desafiadores de nosso mundo.

No entanto, para embarcar nesse caminho, a propriedade do ESG precisa se mover dos mercados financeiros para as empresas, porque é nelas que a maior parte do trabalho acontece.



## AS EMPRESAS PRECISAM SE APROPRIAR DO ESG PARA CUMPRIR SEU PROPÓSITO

Um dos maiores desafios com o ESG é que ele depende de ser entendido e integrado à estratégia geral da empresa, mas aqueles que cuidam do ESG em serviços financeiros permanecem fora dos muros da empresa. A linguagem usada no ESG deriva de serviços financeiros e flutua entre o efeito sobre a empresa e o impacto que esta exerce no mundo, e nunca se encaixa nitidamente com a definição que propusemos. Em razão disso, inúmeros artigos, podcasts e posts nas mídias sociais começam com ESG e acabam derivando vagamente para questões de impacto, ignorando a ambiguidade, as incertezas e as conexões que existem, como se o autor e seu público compreendessem apenas esquemas binários em branco e preto.

Embora o investimento socialmente responsável remonte a 200 anos, quando investidores conduziam as coisas a partir de interpretações e valores religiosos e estratégias de desinvestimento, o conceito de ESG começou, da mesma forma, como conceito financeiro, mas apenas no início da década de 2000. O ESG integrou fatores materiais cruciais em torno de três pilares e colocou foco em riscos e oportunidades para revelar resiliência de investimento a longo prazo. Essa mentalidade de abordagem ao valor continua sendo uma explicação atraente para auxiliar firmas financeiras a analisar quais empresas entendem o efeito que as questões ESG têm nelas e, e que, portanto, entendem melhor seu negócio.

Esse foco de investimento criou muita confusão à medida que a ausência de definições consistentes deixou uma lacuna crucial a ser preenchida pelas empresas, perpetuando o desafio. Essa inconsistência decorre de o termo ser usado para se ajustar ao propósito. Voltando ao Quem se importa vence, a expectativa é que as empresas ofereçam ESG e informações sobre impacto a firmas por meio de suas relações com investidores e reduzam rapidamente a participação da empresa em métricas. Mesmo assim, o artigo não menciona educar diretorias ou times de gestão das firmas financeiras a respeito de ESG, além dos gestores de fundo e dos analistas da firma financeira.[1] Essa falta de uma atividade de educação tem se revelado uma lacuna, pois anos mais tarde, quando os pontos de inflexão finalmente se manifestaram, alguns times de gestão se mostraram confusos a respeito do que o ESG é e não é, sobre o que fazer a respeito, e até mesmo por onde começar. Vendo retrospectivamente, é como se o ESG fosse um mecanismo para revelar quais empresas já estão fazendo ESG bem, sem contar a outros times de gestão o que ela é. Em última análise, empresas nunca foram a audiência-alvo para ESG, mas ainda eram o alvo no que se refere aos resultados.

À medida que novas crises emergiram, o foco apenas se ampliou no sentido de atender melhor aos investidores com dados e informações, e ainda não caminhou no sentido de educar empresas a respeito de integrar ESG ou tratar de seus riscos e oportunidades cruciais. Conforme o valor intangível continua crescendo, essa refocalização do ESG em divulgações, afastando-se de seu propósito essencial, é a perpetuação de uma lacuna para as empresas. Infelizmente, as empresas veem a próxima iteração do ESG em regulamentações e padrões em torno do ESG. Algumas listam materialidades, mas isso com frequência é uma parte negligenciada na coleta de dados. Esses mecanismos de elaboração de relatórios tem como foco levantar dados de qualidade para investidores em torno de métricas não financeiras e oferecê-los aos *stakeholders*, alinhando essas informações a dados financeiros por meio de relatórios integrados. No entanto, esses conjuntos de dados solicitados ou apresentados voluntariamente não estimularão times de gestão a compreender a complexidade e as nuances do ESG ou as maneiras únicas em que uma empresa pode entregar valor ou criar impacto. Coletar dados de ESG, o que permanece no domínio dos contribuidores individuais, certamente não ajudará os funcionários a entenderem o ESG nem levará a empresa a alavancar os propósitos deles e os dela para ajudar a melhorar e inovar. Obviamente, as empresas devem continuar a cumprir as regulamentações, mas conduzir esforços de ESG com *compliance* e regulamentações não agregará valor; entregará apenas dados a empresas de serviços financeiros sempre ansiosas por eles, sendo que elas mesmas muitas vezes têm dificuldades para apreender seu sentido.

Embora financiar melhorias e inovações em ESG seja uma função crucial, e as firmas de serviços financeiros precisem de dados para apoiar essas decisões, a propriedade e a narrativa de ESG deve passar às empresas para que elas possam progredir em ESG material e em questões de impacto, especialmente para atuarem em escala.

Infelizmente, o ESG ainda precisa avançar até fazer o mundo dos negócios assumir a propriedade da sigla e passar dos relatórios à ação. Nesse meio-tempo, algumas empresas individuais assumirão a propriedade sozinhas, e provavelmente serão aquelas que já estão há algum tempo nessa jornada. Outras empresas focadas apenas em divulgações e que não tenham incorporado paralelamente o ESG, ficarão limitadas a reagir a tendências, em vez de assumir um controle proativo e ficar preparadas, com sério risco de desvantagem competitiva, na melhor das hipóteses. Quando esses times de gestão despertam da condição nebulosa de apenas medir seus dados de ESG para comunicá-los às firmas de serviços financeiros e *stakeholders*, perceberão rapidamente que fizeram pouco progresso e que os *stakeholders* estiveram o tempo todo na expectativa de que elas empreendessem ações em busca de resultados.

Está na hora de as empresas assumirem o controle do ESG, decidirem seus alvos materiais e onde devem impulsionar impacto, e comunicarem intenções e progressos aos mercados financeiros, em vez de tentarem acertar os alvos móveis das necessidades dos investidores em ESG. Se isso soa como uma declaração de empoderamento, é porque há de fato essa intenção. Mas vamos seguir adiante. As empresas devem conduzir seus negócios, compreender suas questões materiais, trabalhar em iniciativas de impacto selecionadas e movidas por propósitos, e aprender a recusar solicitações de dados não materiais e de iniciativas de *stakeholders* que sejam irrelevantes ou talvez mera distração. Se fizerem isso bem, ficarão mais bem posicionadas em relação a um novo intangível – uma mentalidade ESG –, para ajudar a entregar valor futuro.

## O ESG EVOLUI DOS DADOS PARA A TECNOLOGIA

Muitos equiparam o ESG a dados, o que é razoável, tendo em vista que boa parte do mundo correlaciona o ESG a investimento em ESG. Nesse contexto, os dados são úteis para avaliar o risco de investimento e para a análise de oportunidade, mas há muito mais que uma empresa pode fazer com uma mentalidade ESG, com dados e com Tecnologia.

Como vimos em capítulos anteriores, a Tecnologia tem um papel a desempenhar no ESG por meio de sua presença nos pilares e do seu próprio risco e da oportunidade de ESG. Infelizmente, com tanta confusão em torno da sigla e a falta de um corpo global de governança que a controle, parece improvável que o mundo dos negócios adote Tecnologia como um quarto pilar oficial. Mesmo assim, as empresas devem lembrar de considerar com muita atenção a implementação da Tecnologia, sua gestão e aplicação, pois ignorar a Tecnologia e sua Governança cria riscos. Como vimos no Capítulo 6, vêm emergindo pontuações relacionadas à Tecnologia, portanto, há uma crescente atenção a essa questão.

Por outro lado, há uma oportunidade futura para o ESG e para o impacto, a partir dos dados que as empresas publicam. Embora venham emergindo regulamentações em torno do ESG e do impacto, focadas também em informações comparáveis destinadas a serviços financeiros, as empresas continuam empacadas na pressão para divulgar. Além disso, podem perder a oportunidade de usar esse esforço de coleta para analisar os dados e integrar o ESG ao longo do negócio para seus propósitos internos – uma área na qual a Tecnologia pode ser útil. Mas esse ponto é apenas uma parada no caminho para a real oportunidade: ajudar a gerir o risco de ESG pela cadeia de valor ou gerar impacto sistêmico como preparação para modelos futuros de resiliência no negócio.

O mundo está se tornando mais complexo, e é preciso haver colaboração para lidar com a pressão de riscos e as crises sistêmicas e interconectadas. No futuro, a colaboração deve ir além das atuais metodologias de compartilhamento de dados entre *stakeholders* e consórcios. Para colaborar efetivamente com rapidez e impulsionar insights e ação em escala, as empresas precisam assegurar o desmonte dos silos de dados pela cadeia de valor e o compartilhamento de informações entre as empresas. Muito do ESG se assenta em dados, mas o ESG vai além de dados, e a diferença vem por meio do resultado e de sua interpretação, o que varia dependendo dos *stakeholders*. Em outras palavras, um investidor quer dados comparáveis para tomar uma decisão de investimento ou de empréstimo. Um time de Compras pode solicitar dados da cadeia de valor para analisar um contrato e se reportar ao Diretor de Sustentabilidade. Órgãos reguladores podem solicitar dados para se certificar de que a empresa entrega informações consistentes e de alta qualidade a firmas de serviços financeiros e *stakeholders*. No entanto, algo novo pode acontecer se uma empresa tem uma mentalidade de ESG e recebe dados da cadeia de valor e de seu contexto. Se a empresa democratiza acesso a dados ao longo de *stakeholders* internos cruciais e tem ESG integrado, abre os componentes que impulsionam melhorias e *inovação em escala*.

Mesmo que a empresa tenha de fato integrado ESG e trabalhado em sua cadeia de valor para que esta também o faça, há um risco de Governança considerável nisso. Como dados de ESG representam dados do negócio essencial e da propriedade intelectual da empresa, fornecedores e seus clientes de negócios relutam em se desapegar de métricas de ESG calculadas e agregadas, que são úteis apenas em parte. Por exemplo, se um fornecedor compartilhar demais suas informações logísticas sobre risco climático ou análise de trabalho forçado, pode revelar sua PI. Se boa parte de sua PI está digitalizada, pode surgir um risco de cibersegurança. Essas informações talvez permitam que outra empresa crie um modelo similar e desbanque o fornecedor. Por isso, essa informação fica trancada, o que reduz a colaboração.

Embora haja riscos no compartilhamento excessivo de dados proprietários das empresas, elas já compartilham informações opacas, pois isso é requisitado por firmas de serviços financeiros e ao longo da cadeia de valor. Infelizmente, existe por outro lado uma questão de Governança, com muitas firmas de serviços financeiros, empresas e agências de classificação de ESG tentando se apropriar da cadeia de valor em razão de seu imenso valor, do seu reuso infinito e de características de não rivalidade. Os players da cadeia de valor têm pouca escolha, a não ser compartilhar informações de ESG e excluir dados de propriedade e controle, pois o compartilhamento de dados se tornou uma exigência para conseguir financiamento e fechar novos negócios. Para complicar essa preocupação, as atuais metodologias de compartilhamento de informações de ESG são em grande número proprietárias e incômodas, exigindo que aqueles que respondem preencham uma infindável série de pesquisas personalizadas, a depender do sistema em que os subscritores investem e da jurisdição em que operam, cada um com nuances individuais e pouca oportunidade para automação ou operacionalização dos relatórios. Na realidade, as empresas têm receios bem-fundamentados de compartilhar dados e estão sujeitas a sistemas complexos que criam percalços em torno da coleta de dados.

A Tecnologia já está no mix da coleta de dados, mas oferece uma nova maneira de devolver o controle às empresas e de aprimorar o processo. Alcançar essas metas requer padrões e regulamentações atualizados, com coordenação global. Uma taxonomia digital flexível, baseada em métricas de ESG amplas que permitam métricas materiais e descrições qualitativas, matizadas, seria um ponto de partida. Levando isso adiante para alinhar com um padrão de publicação digital de fonte aberta, como um formato API ou XBRL de consenso, um formato digital de relatório de negócios também seria útil. Empresas de publicações poderiam reter o controle da informação por meio de marcas d'água digitais ou checagens de permissão que exigissem destravar os dados, de modo que apenas stakeholders aprovados pudessem ter acesso. Essa taxonomia digital e *capacidades* de publicação em comum dariam às empresas propriedade e controle diretos dos dados, permitindo automatizar sua coleta a partir de sistemas de negócios, poupando tempo na publicação de múltiplos formatos.

O resultado final seriam feeds digitais da empresa com dados ESG e contexto mais próximos do tempo real, ao longo da cadeia de valor, que poderiam ser complementados por conjuntos de dados externos, permitindo decisões mais bem informadas e completas. Obviamente, aproveitar isso em escala exigiria que todos os s na cadeia de valor tivessem uma definição consistente de ESG e a incorporassem. No geral, esse avanço é uma proposta altamente ambiciosa, que requer coordenação global dos reguladores e da Tecnologia dentro de um horizonte multianual, e talvez seja uma meta não razoável. No entanto, se isso não acontece, as empresas continuarão reportando dados por reportar e entregando o valor de seus dados de ESG abertamente aos outros, o que pode introduzir riscos imprevistos.

O impacto da Tecnologia no futuro do ESG pode ir além, numa análise avançada. Para auxiliar a compreender a montanha de informações da cadeia de valor resultante, independentemente de os padrões continuarem iguais ou evoluírem, as empresas precisarão de ajuda, pois integrar ESG é um esforço circular, que exige contínua avaliação e feedback. Os *s* do negócio podem recorrer às tecnologias existentes, que são fortes em processar dados quantitativos, como aprendizagem de máquina, a fim de compreender as métricas reportadas. Novas tecnologias, como a IA Generativa, podem desempenhar um papel na compreensão de dados qualitativos e nuances de contexto ao longo das descrições de atividades e de progresso. Por exemplo, firmas de serviços financeiros ou empresas podem usar a IA Generativa para resumir informações publicadas sobre fornecedores e investimentos, a partir de relatórios CSR e de feeds de notícias, procurar novos insights e tendências, e criar relatórios únicos, individualizados, para grupos internos de *stakeholders*, em busca de melhorar e inovar por meio de modelos de engajamento com *stakeholders* externos. Existem até maneiras de combinar modelos de aprendizagem de máquina com IA Generativa, a fim de alavancar as duas capacidades por meio de uma interface. Por meio desses resumos com alvo definido, os *stakeholders* obtêm apenas as informações materiais para a decisão ou para a necessidade dos *stakeholders*, e não todos os pontos de dados irrelevantes extraídos da montanha de material disponível.

Como sempre, as empresas devem sobrepor princípios de Governança ao uso da Tecnologia e compreender ESG ao longo da empresa para usar de modo efetivo essas potenciais novas aplicações. Por exemplo, qualquer design final de IA deve propiciar compreensão suficiente dessas questões complexas para dar aos grupos de *stakeholders* uma perspectiva que vá além de um único pilar de ESG, mesmo que a audiência-alvo seja um cientista do clima. Além disso, como as empresas e sua cadeia de valor compartilham cada vez mais dados de ESG, os times de gestão e de TI devem ser os guardiões éticos de seu uso, para ajudar a aliviar temores de que compartilharão os dados. Caso contrário, a empresa corre o risco de prejudicar a confiança e sua reputação no âmbito dos negócios.

## O FUTURO PRÓXIMO DO ESG SERÁ MOLDADO PELA EVOLUÇÃO DE SUAS TENDÊNCIAS ATUAIS

Muitas das tendências que abordamos neste livro continuarão pelo futuro próximo, e novas tendências certamente surgirão. Times de gestão devem apoiar a empresa na avaliação contínua de tendências, engajando consistentemente os *stakeholders*, e rever crises quanto à sua materialidade. Por exemplo, às vésperas da invasão russa da Ucrânia, houve temores relativos aos preços de combustíveis fósseis no Reino Unido e na Europa.[2] Infelizmente, era tarde demais para tentar um giro radical para os renováveis, e os preços de fato aumentaram após a invasão. A disponibilidade de combustíveis fósseis representou um risco geográfico para essas empresas, e apenas em 2023 a UE anunciou que daria impulso aos renováveis na próxima década.[3] Examinar os combustíveis fósseis por meio dessa lente complexa é um exemplo de como os times de gestão precisam pivotar para impulsionar a adaptabilidade e o equilíbrio necessários para enfrentar a disrupção climática e prever desafios.

No entanto, como vimos no Capítulo 10, crises contínuas, complexas, interconectadas, especialmente uma guerra, podem ser difíceis de prever e acabar destacando um dos pilares, refocalizando atenções no ESG de novas maneiras. Os pontos de inflexão Sociais combinados de 2020 e o foco resultante em DEI são também bons exemplos. Mesmo uma crise singular em qualquer dos pilares, como a do Silicon Valley Bank, pode despertar renovada atenção no ESG, nas regulamentações e nas mudanças nos setores. Cada tendência descrita a seguir representa um caminho razoavelmente linear em direção a um resultado. Na realidade, muitos movimentos moldarão o ESG futuro dos negócios em conjunto, ofuscando o resultado final.

## O caminho da resistência leva à clareza

O ESG enfrenta problemas, como vimos no Capítulo 9, com as controvérsias em torno dele. No entanto, entre os ativistas e as queixas dos conservadores, o mais provável é que a reação conservadora seja a que produza o fim completo do ESG, ou o leve a lugar nenhum. A questão é por quanto tempo a batalha continuará.

Enquanto as legislaturas dos Estados Unidos examinam seus relacionamentos com as firmas de investimento naquilo que elas conseguem controlar – contratos com o estado e pensões –, elas escalam os pontos de discussão ao colocarem ênfase na escala do sentimento do consumidor, em alguns casos, e se engajando em ataques frontais às empresas. Em março de 2022, o governador da Flórida, Ron DeSantis, assinou a lei "Parental Rights in Education" ["Direitos dos Pais na Educação"], que impedia professores de educarem sobre identidade de gênero da pré-escola até a terceira série do primário.[4] O CEO da Disney à época, Bob Chapek, pronunciou-se contra a lei, após agitação dos funcionários, e depois reavaliou a posição da empresa em relação a contribuições políticas.[5] Isso desencadeou pronunciamentos entre DeSantis e a Disney, resultando em processos legais de ambos os lados. Em sua essência, dá a impressão de uma batalha entre valores conservadores por parte de DeSantis e uma questão material Social e de Governança para a Disney.

Ambos os lados experimentaram perdas. DeSantis tentou assumir o controle do distrito especial de Reedy Creek, que ajuda a governar o uso da terra e as propriedades da Disney World de Orlando, Flórida. O conselho anterior votou para abrir mão do seu poder um dia antes da instalação do novo conselho de DeSantis no distrito, exceto no que se refere à manutenção básica de ruas e infraestrutura.[6] Ao mesmo tempo, a Disney descartou o plano de relocar 2 mil funcionários da Califórnia para a Flórida, que teriam acrescentado novas instalações e novos contribuintes de impostos ao estado, num valor estimado de 1 bilhão de dólares.[7]

Os pontos de discussão anti-ESG de políticos dos Estados Unidos vêm ganhando atenção global de firmas de serviços financeiros, de empresas e de políticos ao redor do mundo. Em 2023, o político do Reino Unido Nigel Farage, que na época não ocupava nenhum cargo, começou a atacar o sistema financeiro quando os bancos fecharam contas de consumidores, a dele inclusive, colocando a culpa abertamente no "wokismo".[8] Segundo reportado, o banco teria considerado os limites comerciais em vigor, mas uma fonte declarou que ter Farage como cliente era discrepante com o fato de a organização ser inclusiva.[9]

Quanto ao ESG, que é um conceito não político, a conexão fabricada artificialmente com a política é uma tendência perigosa que tem levado algumas empresas a se afastarem totalmente do ESG, ironicamente por preocupações com a Governança, à medida que emergem novas regulamentações e riscos reputacionais. A adoção de valores, que tem uma complexa interseção com o ESG, pode tornar a empresa um alvo, resultando em boicotes, perda de receita, entre outras consequências.

De qualquer modo, é possível que o resultado desse embate político seja maior clareza. A pressão anti-ESG permite que firmas de serviços financeiros e empresas favoreçam o surgimento de uma linguagem comum em torno do ESG, separada do impacto baseado em valores. As empresas podem ainda perseguir ambos os esforços, mas estabelecendo diferenciações. Como vimos no capítulo anterior, a empresa que lidera com mentalidade ESG pode se defender melhor da reação contra os projetos de impacto. Essa clareza permitiria que os *stakeholders* se alinhassem às empresas de maneiras que fizessem sentido e ofereceria defensibilidade para aquelas que não o fizessem.

As empresas devem monitorar essa tendência, mas lembrar que os políticos têm ciclos de vida. Alguns podem ter longos mandatos, mas muitos deles vêm e vão com as eleições. Monitorar as novas gerações e as mudanças em suas preferências pode prover um norte mais consistente para o que vem por aí. Afinal, o ESG traz resiliência a longo prazo e, portanto, tem uma vida útil mais longa que um político.

## A DEI oferece lições para o futuro

Embora muitos atribuam a ascensão do ESG às cartas de Larry Fink e ao foco da Roundtable nos *stakeholders*, talvez tenham sido os pontos de inflexão Sociais que deram força ao ESG. Como resultado dessa conexão, o momento em que surgiram esforços relacionados, como a DEI, parece ter relação com o ESG.

Na época dos pontos de inflexão Sociais, de setembro de 2019 a setembro de 2020, as ofertas de emprego em torno de DEI na Indeed.com aumentaram 56,3%.[10] Infelizmente, foi um fenômeno de vida curta. À medida que as pressões econômicas se avolumaram na metade do ano de 2022 e a reação contra o ESG cresceu, os programas de DEI que haviam tido destaque, principalmente em reação às questões de justiça social de 2020, começaram a declinar de modo desproporcional às demissões mais amplas que vinham ocorrendo na época.[11] No Capítulo 4, vimos que foi a atenção à crise, e não a interseção material com a empresa, que tornou esses programas transitórios.

A DEI e o ESG correm em pistas paralelas. A atenção dispensada a ambos cresceu em torno dos mesmos pontos de inflexão. Além disso, se as empresas não aproveitam a oportunidade para focar as questões essenciais e sistêmicas que fazem interseção com seu negócio e setor, correm o risco de ficar para trás. Não faz sentido tentar construir um programa de longo prazo em torno de uma crise, em vez de fazê-lo em torno de desafios essenciais. A Tecnologia pode nos oferecer um exemplo de por que isso não funciona. Se uma empresa é hackeada por meio de uma vulnerabilidade no sistema de gestão de sua identidade, como a ausência de uma autenticação multifator, o simples fato de acrescentar essa capacidade provavelmente não impedirá outro ataque. Uma empresa que adote uma abordagem de cibersegurança holística para proteger seu portfólio material de Tecnologia e que eduque seu pessoal estará mais bem situada.

No entanto, à medida que os pontos de inflexão Sociais perderam vigência e o foco nos *stakeholders* cresceu, as empresas iniciaram programas DEI e ESG para lidar com eventos Sociais isolados e com as pressões dos *stakeholders*, ignorando a interseção material com o negócio. Ambos os esforços experimentam agora uma reação de oposição nos círculos políticos e condições de incerteza na economia. Essas pressões são uma receita para levar os times de gestão a cortarem programas custosos de DEI e ESG.

A DEI parece estar à frente do ESG nessa retração. Esse recuo precoce pode estar relacionado à emergência de regulamentações de ESG, que o time de gestão não pode ignorar, e à confluência do ESG com questões focadas no clima, que atraem muita atenção do público. Mas talvez haja outra razão. Enquanto a DEI e o ESG têm implicações materiais, a DEI tem conexão direta com a moralidade e a ética, por meio de problemas sistêmicos sobre diversidade, obstáculos à equidade e sistemas que impedem a inclusão. As empresas que não lideraram com preocupação com a materialidade do ESG mal conseguem lidar com aqueles que atacam sua defesa de valores, e menos ainda criar programas significativos de longo prazo.

Há lições a serem aprendidas das similaridades entre programas bem-sucedidos de DEI e ESG, que os times de gestão podem usar para futuros programas de resiliência:

- Aja com intenção. Se a empresa precisa reagir a uma crise, lide com ela, mas explore as implicações sistêmicas mais amplas e os potenciais caminhos para avançar.

- Trabalhe com líderes com expertise naquele domínio específico, mas vá além e integre e incorpore essa expertise por toda a empresa.

- Considere seu universo inteiro de *stakeholders*, não apenas os funcionários. Além disso, alavanque os funcionários e seu senso de propósito para entregar trabalho significativo.

- Nunca adote decisões programáticas de longo prazo com uma crise ou com tendências transitórias, ou com as métricas; prefira usá-las para informar a estratégia.

- Gerencie as expectativas. Seja consistente e se comunique de forma transparente com os *stakeholders*, já que nem todo projeto movido por propósito pode ser financiado e levado adiante. Reconheça que haverá um jogo de concessões mútuas e determine o que é aceitável e alinhado ao propósito da empresa.

- Opere sempre dentro dos limites legais do que é permitido.
- Aprenda com os erros e cresça. Não tenha receio de abandonar projetos que não estejam funcionando, mas não use o fracasso como uma desculpa para encerrar de vez os esforços.

Como DEI e ESG ganharam muita atenção paralelamente, o declínio dos esforços de DEI pode ser indicação de que haverá declínio também de ESG, mas a diferença em termos de *compliance* pode manter ESG ainda na superfície. No entanto, ainda haverá esperanças, porque se o ESG sobreviver, a DEI provavelmente voltará com programas mais efetivos, montados dentro de uma visão mais bem informada e mais material.

CAPÍTULO 12

## O CRESCENTE FOCO EM GOVERNANÇA E RESPONSABILIZAÇÃO (*ACCOUNTABILITY*)

Os pilares Ambiente e Social lideram a sigla e a mentalidade em torno de ESG, mesmo que a empresa não consiga executar efetivamente trabalho de ESG se não conta com uma Governança de qualidade. As empresas se esforçam para provar seus esforços de E e S com conjuntos de dados quantitativos e qualitativos e uma boa história, pois ambos podem representar vantagens competitivas. A Governança, talvez o pilar menos controvertido dos três, é o que pode ser o mais difícil de mensurar, o mais difícil de encarar como vantagem competitiva, e é também o pilar que pode derrubar a empresa.

Muito da Governança e dos princípios operacionais se assentam na diretoria, o que significa que a influência reside nas pessoas eleitas pelos acionistas para servir. Uma queixa comum é que os investidores institucionais costumam dar seus votos em nome dos acionistas que investem em ETFs e outros produtos financeiros, alijando o investidor final do processo de votação. Os três maiores gestores de ativos mundiais, BlackRock, Vanguard e State Street, começaram nos últimos anos a permitir que acionistas individuais votassem por intermédio de seus produtos de investimento.[12] Em geral, com o voto por procuração, o acionista tem três opções: votar diretamente, escolher uma política de votação à qual aderir ou dar o controle do voto à empresa. Para melhor apoiar a Governança, os acionistas engajados que optam por votar ou escolher uma política de votação precisarão agora prestar muita atenção aos candidatos indicados se esperam eleger novos membros do conselho que possam ter papel mais ativo nas questões de ESG.

Embora Governança seja um conjunto de princípios operacionais em torno da empresa, são pessoas reais, com expertise, experiências, moralidade e ética variadas que a executarão. Conforme a responsabilidade pela escolha dos líderes passar nos próximos anos da firma de serviços financeiros para acionistas individuais, surge uma rica oportunidade para os acionistas votarem suas preferências, mas apenas se estiverem atentos e engajados. Numa revisão de 2020, a Proxy Pulse reportou que 92% dos investidores institucionais votam em suas ações, mas apenas 28% dos investidores de varejo (pense em indivíduos) fazem o mesmo.[13] À medida que o status quo muda e surgem novos métodos de votação, as implicações podem ir de acelerar transições, focar mais preocupações de ativistas, lidar com questões de remuneração de CEOs e com modelos de remuneração de executivos, mas apenas se os acionistas se tornarem mais ativos.

Ao mesmo tempo, os ativistas estão acrescentando novas pressões de responsabilização à diretoria e não ficam sentados pacientemente esperando que ela atue. Duas tendências em torno dos membros da diretoria merecem ser observadas, pois podem moldar como a influência da Governança pode se desenvolver no futuro.

Primeiro, uma estratégia de acionista bem executada e coordenada, mesmo correspondendo a uma minoria, pode levar investidores institucionais e outros a agir. Em 2021, um *hedge fund* ativista, Engine No. 1, virou manchete com seus 0,02% de propriedade da Exxon, pois levou os grandes investidores institucionais e fundos de pensão a votarem contra a recomendação da empresa referente a três dos quatro assentos na diretoria.[14] Não se tratava de simples candidatos ativistas, mas de candidatos qualificados com experiência material no setor de energia. Em seu Boletim do Voto, a BlackRock destacou que os três candidatos que ela apoiou a partir das recomendações da Engine No.

1 tinham expertise em energia, renováveis, legislação e capacidade de trazer novos pontos de vista.[15] Nesse caso, venceu o alinhamento entre ativismo e expertise material. Como isso vai funcionar ainda está para ser visto, já que combustíveis fósseis são um dos setores mais difíceis de dobrar, e a expertise material pode rapidamente dar lugar a um pensamento de curto prazo.

A segunda tendência a ser observada é como os ativistas influenciam os membros da diretoria de modo direto e criativo. Durante a pandemia, os funcionários da Starbucks começaram a pensar em sindicalização. As razões variam, de preocupações com segurança, condição financeira, com horas de trabalho consistentes, tratamento justo e outros benefícios.[16] O CEO da Starbucks, Howard Schulz, achava que os sindicatos não tinham lugar na empresa.[17] No início de 2023, um juiz declarou que a Starbucks havia mostrado "má conduta grave" contra algumas tentativas de suas lojas de aderir ao sindicato.[18] Um mês após essa determinação, ativistas do sindicato adotaram outra via e foram procurar os membros da diretoria da Starbucks numa campanha coordenada. O esforço incluía uma escultura em manteiga de Beth Ford, CEO da Land O'Lakes, enviada a ela; um trailer do LEGO Star Wars postado online tendo como alvo Jørgen Vig Knudstorp, presidente executivo do Grupo LEGO; e uma banda de música direcionada ao diretor de Operações [COO] da Nike, Andrew Campion.[19] Esses esforços levaram diretamente as questões dos ativistas para os membros da diretoria por meio de formas criativas de chamar a atenção a uma questão de ESG, tendo em seu cerne uma responsabilização pessoal.

Os ativistas agora têm a expectativa de poder influenciar os membros da diretoria diretamente com suas eleições e por meio de interações do mundo real e digitais, introduzindo novos níveis de responsabilização. O tempo do membro de diretoria passivo pode estar terminando.



## A TERRA E AS PESSOAS COMO *STAKEHOLDERS*

Corporações públicas beneficentes e B-Corps foram vistas no capítulo anterior, mas a Patagonia tem feito algo notável do ponto de vista dos negócios. Ela pode ter dado um exemplo para empresas ambiciosas seguirem no futuro, mas isso exige tempo e prática.

Desde seus primeiros dias fabricando pitões de ferro para escalada de montanhas até a moderna empresa de vestuário em que se tornou, a Patagonia construiu uma longa história de ativismo ambiental. Mesmo antes de pivotar para vestuário, os pitões que ela fabricava precisavam ser martelados na rocha, causando danos. A empresa substituiu o design do pitão por calços de alumínio que os escaladores podiam aplicar manualmente em 1972, a fim de reduzir o impacto.[20] Com o tempo, a empresa explorou, estudou e testemunhou riscos ambientais. Em 2002, o fundador da empresa, Yvon Chouinard, e o fundador da Blue Ribbon Flies, Craig Mathews, criaram uma organização, chamada 1% for the Planet, abrindo caminho para outras empresas assumirem responsabilidade por seu impacto na Terra.[21]

A Patagonia e seu fundador continuaram a focar o impacto da empresa no Ambiente. A empresa promoveu uma grande ação de marketing sobre seus esforços num anúncio de uma Black Friday de 2011, proclamando "Não Compre esta Jaqueta". A campanha encarou de frente o consumismo ao educar clientes para que fizessem reparos em suas roupas Patagonia a fim de estender-lhes a vida útil.[22] A campanha também foi bem-sucedida financeiramente, resultando num crescimento de 30% nas vendas em 2012.[23] Nesse mesmo ano, a Patagonia se tornou a primeira corporação pública beneficente da Califórnia e uma B-Corp certificada.[24]

A Patagonia continuou evoluindo, com muitas de suas decisões de impacto tendo interseção material com o negócio. Por exemplo, em 2021, a Patagonia anunciou que pararia de acrescentar logos não removíveis da empresa em suas roupas. Explicou que o logo encurtava a vida útil da roupa, visto que um funcionário poderia sair da empresa ou os nomes e logos da empresa podiam mudar.[25] Mais tarde ela atualizou essas Orientações sobre Logo Responsável para incluir flexibilidade para itens removíveis, como cordões, puxadores de zíperes e etiquetas nas bainhas das roupas. Agora, a Patagonia tem até um parceiro que remove logos bordados, tudo para obter o maior aproveitamento possível do uso das roupas.[26] Ao longo dos anos, a Patagonia tem introduzido muitos trabalhos bem-pensados como esses em seu impacto, uma lista extensa demais para colocar num livro sobre ESG. De qualquer modo, a condução de seu negócio tem sido associada ao progresso Ambiental ao longo de sua história.

Como evidência do compromisso da empresa, a Patagonia mudou sua missão em 2018 para "salvar nosso planeta natal".[27] Em 2022, a Patagonia se baseou em décadas de trabalho para levar essa ideia adiante. Chouinard trabalhou com sua família e uma equipe de advogados na criação de dois fideicomissos para gerenciar a empresa e ao mesmo tempo cuidar de salvar o planeta. A família transferiu 2% das ações e todo o controle de voto para o Patagonia Purpose Trust, a fim de assegurar que a empresa continue a operar responsavelmente.[28] Os outros 98% de ações sem direito a voto foram para o Holdfast Collective, uma organização sem fins lucrativos que recebe todos os lucros e trabalha no combate à mudança climática.[29] Quando a gestão de uma empresa tem esse tipo de mudança, ela se assenta perfeitamente em Governança, embora caiba observar que essa mudança dá a impressão de que os princípios da empresa não mudaram, pois a Patagonia tem seguido essa trilha há muito tempo de maneira consistente.

À primeira vista, isso pode ser encarado como um movimento inspiracional em direção a um propósito. Embora diretamente alinhado ao impacto no mundo, há intersecções com o ESG. Esse movimento mostra que uma empresa pode evoluir para romper a cadeia de propriedade pública ou privada para perseguir metas globais de impacto em seu propósito. Como vimos ao longo deste livro, há forte conexão entre propósito, impacto e ESG. No caso da Patagonia, ela há muito tempo tem um forte propósito, enraizado em valores Ambientais e apoiado por décadas de muita educação e trabalho. Essa atenção e execução consistentes permitiram que os valores conduzissem uma transformação material para a empresa, colocando-a em bases sólidas para iniciar sua próxima evolução.

Obviamente, a Patagonia serve como ótimo exemplo para futura inspiração e talvez como modelo a ser considerado por outras empresas públicas beneficentes. Se uma empresa consegue encontrar vias para alinhar ESG e valores de modo consistente em seu negócio ao longo do tempo, estará bem assentada para esse tipo de mudança.

## O MOMENTO CERTO PARA ENCERRAR O ESG

Há muitas forças conspirando para o fim definitivo da sigla ESG. Em conversas com diretores de Sustentabilidade, Diversidade e Impacto, há um refrão comum, qual seja: a expectativa de que chegará um dia em que seu trabalho estará integrado ao negócio. Alguns acreditam que seu cargo desaparecerá, e outros acham que continuarão como consultores-chave da empresa por sua expertise na área. Os ativistas querem o fim do ESG para que as empresas possam focar em salvar o mundo e suas pessoas. No entanto, cresce um contramovimento, à medida que alguns políticos conservadores procuram apressar seu fim antes que a integração do ESG se consolide e as questões sistêmicas tenham declínio. Outros acreditam que o ESG não é nada especial e representa desafios do negócio essencial nos quais todo líder de negócios responsável já deve estar trabalhando. No entanto, o ESG ainda tem caminho pela frente antes que sua utilidade se esgote.

É mais importante o que as empresas fazem do que o nome que possam dar a isso, o que parece um pouco contraditório num livro que tem a intenção de empoderar empresas em torno do assunto. No entanto, o ESG tem imenso valor para uma empresa, seu time de gestão e *stakeholders*. A sigla fornece um modelo simples para considerar questões materiais em busca de valor de longo prazo, mas as empresas não têm sido consistentes em adotar o ESG amplamente. Esse desafio é visível, já que o termo tem circulado apenas nos últimos 20 anos, e o interesse dos MBAs começou a ficar mais concentrado em 2021.[30] O mundo corporativo mal teve tempo de integrar ao negócio os estudantes treinados em ESG.

As empresas podem perder muito se deixarem de integrar o ESG e pararem de discutir o assunto ou as relações interconectadas entre as questões de ESG. Muitas empresas ainda não compreenderam esse tópico o suficiente e precisam de ajuda para montar programas efetivos e executá-los. Se o ESG terminar cedo demais, essas empresas nunca terão a oportunidade de fazer uma transição responsável e integrar o ESG à sua estratégia, o que em última instancia as colocará em maior risco a longo prazo. As empresas perderão a capacidade de lidar com questões materiais ou de construir defensividade sob pressões sistêmicas para entregar impacto. A diretoria e o time de gestão talvez reajam às crises de modo precipitado, com nível precário de execução, como ocorreu com os *stakeholders* diante das crises decorrentes dos pontos de inflexão Sociais e dos programas DEI transitórios que resultaram disso.

Se o ESG não é bem compreendido ou sua integração não for plena, os funcionários perdem a capacidade de entender as mudanças ocorridas nas preferências dos *stakeholders* que podem moldar a criação de novas oportunidades para capitalizar essas mudanças. E, é claro, não há como fugir do impacto material dessas questões na empresa, colocando-a em desvantagem. Mas talvez o problema mais prejudicial seja a complexa interseção do ESG com os desafios mais prementes do mundo. Sem esse modelo simples para compreender por que essas questões importam para a empresa, a colaboração pode desacelerar, a aprendizagem compartilhada se perde e nada muda, o que é uma proposição insustentável para as empresas e para o mundo e suas pessoas.

Em seu conjunto, o ESG é uma parada no caminho rumo à resiliência do negócio e a um crescimento sustentável. As empresas que integram o ESG e montam novos programas em torno de sua proposta de valor única acharão mais fácil impulsionar mudança sistêmica e se alinhar a conceitos como o de dupla materialidade. As empresas têm maneiras particulares de salvar o mundo, mas esses caminhos estão em seu capital intelectual e no seu entendimento das questões de ESG. Por meio dessa mentalidade ESG, a empresa cria resiliência de longo prazo, que lhe permite sobreviver e potencialmente prosperar por tempo suficiente para ver o mundo mudar e ter o poder de impactá-lo da maneira que escolher.



## NOTAS

[1] United Nations (2004). *Who Cares Wins*. p. ii. www.unepfi.org/fileadmin/events/2004/stocks/who_cares_wins_global_compact_2004.pdf (arquivado em https://perma.cc/3HPN-FHUW) .

[2] Hume, N. e Wilson, T. (2021). UK and European gas prices rise on Russia-Ukraine concerns. *Financial Times*, 14 de dezembro. www.ft.com/content/17b58434-be03-4cb8-b75a-456e49f3bc0b (arquivado em https://perma.cc/S2VG-NGXD).

[3] Abnett, K. (2023). EU on pace to end Russian fossil fuel reliance within the decade. Global News. www.globalnews.ca/news/10045056/eu-russian-fossil-fuels/ (arquivado em https://perma.cc/ECR4-S37C).

[4] Diaz, J. (2022). Florida's governor signs controversial law opponents dubbed "Don't Say Gay". National Public Radio, 28 de março. www.npr.org/2022/03/28/1089221657/dont-say-gay-florida-desantis (arquivado em https://perma.cc/JP49-4FUX).

[5] Atterbury, A. (2022). Disney pledges to stop Florida campaign donations over "Don't Say Gay" bill. Politico. www.politico.com/news/2022/03/11/disney-pledges-to-stop-florida-campaign-donations-dont-say-gay-00016705 (arquivado em https://perma.cc/2RRU-NH8L).

[6] Swisher, S. (2023). Disney stripped power of board before DeSantis takeover, new board says. *Tampa Bay Times*, 29 de março. www.tampabay.com/news/florida-politics/2023/03/29/disney-desantis-board-reedy-creek-special-district/ (arquivado em https://perma.cc/CS7H-586T).

[7] Anderson, Z. (2023). Disney deals major blow to Florida, cancels $1 billion investment as DeSantis feud escalates. *USA Today*, 18 de maio. www.usatoday. com/story/money/2023/05/18/desantis-disney-fight-dooms-florida-project/70233608007/ (arquivado em https://perma.cc/RGB8-SATD).

[8] Pickard, J. e Morris, S. (2023). Nigel Farage, NatWest and the fight over "woke" capitalism. *Financial Times*, 28 de julho. www.ft.com/content/f7c5300a- b92d-44dd-bc03-22cf4d840902 (arquivado em https://perma.cc/LN38-Y7CH).

[9] Jack, S. e Thomas, D. (2023). Nigel Farage bank account shut for falling below wealth limit, source tells BBC. BBC News, 4 de julho. www.bbc.com/news/business-66097039 (arquivado em https://perma.cc/U5ZW-N57C).

[10] Kellogg Murray, J. (2022). Jobs in diversity, inclusion and belonging have risen 123% since May – Here's how to get one. Indeed Career Guide. www.indeed.com/career-advice/finding-a-job/diversity-inclusion-and-belonging-jobs-rise (arquivado em https://perma.cc/6RLQ-LV8S).

[11] Alfonseca, K. e Zahn, M. (2023). How corporate America is slashing DEI workers amid backlash to diversity programs. ABC News. www.abcnews.go.com/US/corporate-america-slashing-dei-workers-amid-backlash-diversity/story? id=100477952 (arquivado em https://perma.cc/FU3C-RKH3).

[12] Andrew, T. (2022). State Street joins BlackRock and Vanguard in devolving proxy voting powers. ETF Stream. www.etfstream.com/articles/state-street-joins-blackrock-and-vanguard-in-devolving-proxy-voting-powers (arquivado em https://perma.cc/U4GY-UV3L).

[13] Broadridge Investor Communication Solutions and PricewaterhouseCoopers LLP (2020). *2020 Proxy Season Review*. Broadridge Financial Solutions, Inc. www.broadridge.com/_assets/pdf/broadridge-proxypulse-2020-review.pdf (arquivado em https://perma.cc/NYU4-S995).

[14] Phillips, M. (2021). Exxon's board defeat signals the rise of social-good activists. *The New York Times*, 9 de junho. www.nytimes.com/2021/06/09/business/exxon-mobil-engine-no1-activist.html (arquivado em https://perma.cc/ZV9T-HGG6).

[15] BlackRock (2021). Vote bulletin: ExxonMobil Corporation. BlackRock, p. 4. www.blackrock.com/corporate/literature/press-release/blk-vote-bulletin-exxon-may-2021.pdf (arquivado em https://perma.cc/YQ29-5NTL).

[16] Higgins, A. (2022). More Starbucks stores want to unionize. These women and nonbinary workers are leading the push. *Washington Post*, 4 de março. www.washingtonpost.com/lifestyle/2022/03/04/starbucks-employees-unionizing/ (arquivado em https://perma.cc/U589-6ZQH).

[17] Jaffe, G. (2022). Howard Schultz's fight to stop a Starbucks barista uprising. *Washington Post*, 8 de outubro. www.washingtonpost.com/business/2022/10/08/starbucks-union-ceo-howard-schultz/ (arquivado em https://perma.cc/E9FKCWZ7).

[18] Wiener-Bronner, D. (2023). Starbucks displayed 'egregious and widespread misconduct' in union fight, judge says. CNN Business. www.cnn.com/2023/03/01/business/starbucks-union-ruling/index.html (arquivado em https://perma.cc/RGL8-SMJE).

[19] Reuter, D. (2023). Starbucks union is using billboards, a brass band, and a butter sculpture to pressure board members from Nike, Land O'Lakes and Lego. Business Insider. www.businessinsider.com/starbucks-union-using-brass-band-butter-sculpture-to-pressure-board-2023-4 (arquivado em https://perma.cc/8LLT-YJXG).

[20] Patagonia (2022). Company history. Patagonia. www.patagonia.com/company-history/ (arquivado em https://perma.cc/Z94E-UCTL).

[21] 1% for the Planet (s.d.). The 1% for the Planet Story. 1% for the Planet. www.onepercentfortheplanet.org/about/story (arquivado em https://perma.cc/YM49-DXGC).

[22] Patagonia (2011). Don't Buy This Jacket, Black Friday and the New York Times. Patagonia. www.patagonia.com/stories/dont-buy-this-jacket-black-friday-and-the-new-york-times/story-18615.html (arquivado em https://perma.cc/FX57-4375).

[23] Stock, K. (2019). Patagonia's "buy less" plea spurs more buying. Bloomberg. www.bloomberg.com/news/articles/2013-08-28/patagonias-buy-less-plea-spurs-more-buying (arquivado em https://perma.cc/HQ5E-FQQW).

[24] Patagonia (2022). Company history. Patagonia. https://www.patagonia.com/company-history/ (arquivado em https://perma.cc/Z94E-UCTL).

[25] Gilbert, B. (2021). The finance bro uniform is officially dead as Patagonia stops adding corporate logos to its ubiquitous fleece vests. Business Insider. www.businessinsider.com/patagonia-no-longer-adding-corporate-logos-to-its-clothing-2021-4 (arquivado em https://perma.cc/9Q3Y-QE53).

[26] Patagonia (s.d.). Group Sales & Logos. Patagonia. www.patagonia.com/transitioning-away-from-logos.html (arquivado em https://perma.cc/5MDNXUX5).

[27] Feloni, R. (2018). Patagonia's environmental mission hasn't just been good for the planet – it's also boosted the bottom line. Business Insider. www.businessinsider.com/patagonia-mission-environmentalism-good-for-business-2018-12 (arquivado em https://perma.cc/VH4C-D7PC).

[28] Gelles, D. (2022). Billionaire no more: Patagonia founder gives away the company. *The New York Times*, 14 de setembro. www.nytimes.com/2022/09/14/climate/patagonia-climate-philanthropy-chouinard.html (arquivado em https://perma.cc/32VC-QBL7).

[29] Gelles, D. (2022). Billionaire no more: Patagonia founder gives away the company. *The New York Times*, 14 de setembro. www.nytimes.com/2022/09/14/climate/patagonia-climate-philanthropy-chouinard.html (arquivado em https://perma.cc/6AMB-MNNC).

[30] Gross, J. (2021). Business schools respond to a flood of interest in E.S.G. *The New York Times*, 13 de novembro. www.nytimes.com/2021/11/13/business/dealbook/business-schools-esg.html (arquivado em https://perma.cc/Z8HC3L

**Aprenda com os erros e cresça.** Não tenha receio de abandonar projetos que não estejam funcionando, mas não use o fracasso como uma desculpa para encerrar de vez os **esforços**.

# LISTA DE ABREVIATURAS (OU SOPA DE LETRINHAS DO ESG)

**B2B** Business to business

**CDP** Antes Carbon Disclosure Project, agora conhecido como CDP

**COP** Conference of the Parties (Conferência das Partes)

**CSR** Corporate Social Responsibility (Responsabilidade Social Corporativa)

**CSRD** Corporate Sustainability Reporting Directive (Diretiva de Relatórios de Sustentabilidade Corporativa da UE)

**DEI** Diversity, equity, and inclusion (Diversidade, equidade e inclusão)

**EFRAG** The European Financial Regulatory Advisory Group

**EHS** Environmental, health, and safety (Ambiente, Saúde e segurança)

**ERG** Employee Resource Group (Grupo de Recursos de Funcionários)

**ESG** Environmental, Social, and Corporate Governance (ou Governance apenas)

**ESGT** ESG, mais Tecnologia

**GHG** Greenhouse gas (Gases de efeito estufa)

**IFRS** International Financial Reporting Standards (Normas Internacionais de Relatórios Financeiros)

**IoT** Internet of Things (Internet das Coisas)

**IP** Intellectual property (PI Propriedade Intelectual)

**ISSB** International Sustainability Standards Board

**NGO** Non-government organization (ONG, Organização não Governamental)

**NIST** National Institute of Standards and Technology

**PPA** Power Purchase Agreement (Contrato de Compra de Energia)

**REC** Renewable Energy Credit (Crédito de Energia Renovável)

**RFP** Request For Proposal

**SASB** Sustainability Accounting Standards Board

**SBTi** Science Based Targets Initiative

**SDGs** The United Nations' Sustainable Development Goals (Objetivos de Desenvolvimento Sustentável das Nações Unidas)

**SEC** The United States Securities and Exchange Commission (Comissão de Valores Mobiliários e Câmbio dos Estados Unidos)

**SRI** Socially Responsible Investing (Investimento Socialmente Responsável)

**TCFD** Task Force on Climate-related Financial Disclosures

**TNFD** Taskforce on Nature-related Financial Disclosures

**VRF** Value Reporting Foundation

# ÍNDICE REMISSIVO*

* Nota: números de página em *itálico* se referem a tabela, figuras ou quadros.

## C



## D

## E

## F



## G

## H



## I



## J



## K

## S



## T

## U



## V



## W



## X



## Z

# LEIA TAMBÉM

**A BÍBLIA DA CONSULTORIA**
*Alan Weiss, PhD*
TRADUÇÃO *Afonso Celso da Cunha Serra*

**A BÍBLIA DO VAREJO**
*Constant Berkhout*
TRADUÇÃO *Afonso Celso da Cunha Serra*

**ABM ACCOUNT-BASED MARKETING**
*Bev Burgess, Dave Munn*
TRADUÇÃO *Afonso Celso da Cunha Serra*

**BOX RECEITA PREVISÍVEL (LIVRO 2ª EDIÇÃO + WORKBOOK)**
*Aaron Ross, Marylou Tyler, Marcelo Amaral de Moraes*
TRADUÇÃO *Marcelo Amaral de Moraes*

**CONFLITO DE GERAÇÕES**
*Valerie M. Grubb*
TRADUÇÃO *Afonso Celso da Cunha Serra*

**CUSTOMER SUCCESS**
*Dan Steinman, Lincoln Murphy, Nick Mehta*
TRADUÇÃO *Afonso Celso da Cunha Serra*

**DIGITAL BRANDING**
*Daniel Rowles*
*TRADUÇÃO Afonso Celso da Cunha Serra*

**DOMINANDO AS TECNOLOGIAS DISRUPTIVAS**
*Paul Armstrong*
*TRADUÇÃO Afonso Celso da Cunha Serra*

**ECONOMIA CIRCULAR**
*Catherine Weetman*
*TRADUÇÃO Afonso Celso da Cunha Serra*

**ESTRATÉGIA DE PLATAFORMA**
*Tero Ojanperä, Timo O. Vuori*
*TRADUÇÃO Luis Reyes Gil*

**INGRESOS PREDECIBLES**
*Aaron Ross, Marylou Tyler*
*TRADUÇÃO Julieta Sueldo Boedo*

**INTELIGÊNCIA EMOCIONAL EM VENDAS**
*Jeb Blount*
*TRADUÇÃO Afonso Celso da Cunha Serra*

**IOT: COMO USAR A INTERNET DAS COISAS**
*Bruce Sinclair*
*TRADUÇÃO Afonso Celso da Cunha Serra*

**KAM: KEY ACCOUNT MANAGEMENT**
*Malcolm McDonald, Beth Rogers*
*TRADUÇÃO Afonso Celso da Cunha Serra*

**MARKETING EXPERIENCIAL**
*Shirra Smilansky*
*TRADUÇÃO Maíra Meyer Bregalda*

**TRANSFORMAÇÃO DIGITAL COM METODOLOGIAS ÁGEIS**
*Neil Perkin*
*TRADUÇÃO Luis Reyes Gil*

**NEGOCIAÇÃO NA PRÁTICA**
*Melissa Davies*
*TRADUÇÃO Maíra Meyer Bregalda*

**NEUROMARKETING**
*Darren Bridger*
*TRADUÇÃO Afonso Celso da Cunha Serra*

**NÔMADE DIGITAL**
*Matheus de Souza*

**POR QUE OS HOMENS SE DÃO MELHOR QUE AS MULHERES NO MERCADO DE TRABALHO**
*Gill Whitty-Collins*
*TRADUÇÃO Maíra Meyer Bregalda*

**RECEITA PREVISÍVEL (2ª EDIÇÃO)**
*Aaron Ross, Marylou Tyler*
*TRADUÇÃO Marcelo Amaral de Moraes*

**VENDAS DISRUPTIVAS**
*Patrick Maes*
*TRADUÇÃO Maíra Meyer Bregalda*

**VIDEO MARKETING**
*Jon Mowat*
*TRADUÇÃO Afonso Celso da Cunha Serra*

**TRANSFORMAÇÃO DIGITAL**
*David L. Rogers*
*TRADUÇÃO Afonso Celso da Cunha Serra*

**WORKBOOK RECEITA PREVISÍVEL**
*Aaron Ross, Marcelo Amaral de Moraes*

**INOVAÇÃO**
*Cris Beswick, Derek Bishop, Jo Geraghty*
*TRADUÇÃO Luis Reyes Gil*

**CUSTOMER EXPERIENCE**
*Martin Newman, Malcolm McDonald*
*TRADUÇÃO Maíra Meyer Bregalda, Marcelo Amaral de Moraes*

**ONBOARDING ORQUESTRADO**
*Donna Weber*
*TRADUÇÃO Maíra Meyer Bregalda, Marcelo Amaral de Moraes*

**AGILE MARKETING**
*Neil Perkin*
*TRADUÇÃO Luis Reyes Gil*

**MARKETING CONVERSACIONAL**
*David Cancel, Dave Gerhardt*
*TRADUÇÃO Maíra Meyer Bregalda*

**BUYER PERSONAS**
*Adele Revella*
*TRADUÇÃO Luis Reyes Gil*

**CANAIS DE VENDAS E MARKETING**
*Julian Dent, Michael K. White*
*TRADUÇÃO Afonso Celso da Cunha serra*

**CUSTOMER EXPERIENCE B2B**
*Nick Hague, Paul Hague*
*TRADUÇÃO Maíra Meyer Bregalda*

**TRANSFORMAÇÃO DIGITAL 2**
*David L. Rogers*
*TRADUÇÃO Luis Reyes Gil*

**MARKETING DE CONTEÚDO B2B**
*Gay Flashman*
*TRADUÇÃO Maíra Meyer Bregalda*

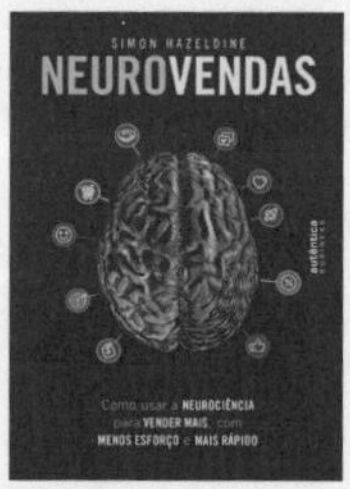


**NEUROVENDAS**
*Simon Hazeldine*
*TRADUÇÃO Luis Reyes Gil*

**ALIANÇAS ESTRATÉGICAS**
*Richard Gibbs, Andrew Humphries*
*TRADUÇÃO Luis Reyes Gil*

**PESQUISA DE MARKETING NA PRÁTICA**
*Paul Hague*
*TRADUÇÃO Luis Reyes Gil*

**SALES ENABLEMENT**
*Pam Didner*
*TRADUÇÃO Luis Reyes Gil*

**PROPOSTAS DE VALOR**
*Grant Oliver, Malcolm McDonald*
*TRADUÇÃO Luis Reyes Gil*

**SEGMENTAÇÃO DE MERCADO**
*Malcolm Morley*
*TRADUÇÃO Luis Reyes Gil*

FSC
www.fsc.org
MISTO
Papel | Apoiando uma gestão florestal responsável
FSC® C092828

2023
CARBON NEUTRAL
SAVE cerrado

Este livro foi composto com tipografia Adobe Garamond Pro e impresso em papel Off-White 80 g/m² na Formato Artes Gráficas.